ハヤカワ文庫 NF

〈NF559〉

ホット・ゾーン

エボラ・ウイルス制圧に命を懸けた人々

リチャード・プレストン
高見　浩訳

HAYAKAWA NONFICTION

早川書房

8523

THE HOT ZONE

The Terrifying True Story of the Origins of the Ebola Virus

by

Richard Preston

Translated by
Hiroshi Takami
Published 2020 in Japan by
HAYAKAWA PUBLISHING, INC.
This book is published in Japan by
arrangement with
GREAT ROAD PUBLISHING CO. LLC
c/o JANKLOW & NESBIT ASSOCIATES
through JAPAN UNI AGENCY, INC., TOKYO.

本書への賛辞

「本書の第一章は、私が生まれてこのかた読んだ最も恐ろしいものの一つである――しかも、その恐怖は章を追うにつれて深まってくる。驚嘆すべきはその点だ。恐怖はいや増す一方なのだから。実際、なんと稀有なノンフィクションだろう。貪るように読み終えたいま、ここに描かれた事実はこの先長く自分の脳裡から離れないだろうという予感がしている」

――スティーヴン・キング（作家）

「これまで読んだ本のなかで最高に恐怖を感じた一冊。これにはスティーヴン・キングやマイクル・クライトンも歯が立つまい。この恐怖は現実に、首都ワシントンの近くを襲ったのだから。しかもそれは、いつまた再来するかもしれないのだ」

――アーサー・C・クラーク（作家）

「時節柄、カミュの『ペスト』が売れているらしいが、私の一押しはエボラ出血熱を扱ったリチャード・プレストンの『ホット・ゾーン』の方だ。ノンフィクションと小説の中間を行く構成と描写は、映像以上の迫真性と現実感を帯びている」

——篠田節子（作家）
日本経済新聞二〇二〇年四月二一日

「ウイルス・ノンフィクションのスタイルを創った画期的傑作。いま再読してもっとも心に迫るのは本書の見事に抑制された端正な筆致だろう。丹念な調査と誠実な執筆姿勢、なにより科学と物語への敬意がある」

——瀬名秀明（作家）
日本経済新聞二〇一一年一〇月二六日

彼を知るすべての人に敬愛されている
フレドリック・ディレイノ・グラント・ジュニアに捧ぐ

調査資金を提供してくれたアルフレッド・P・スローン基金に対し、
ここに感謝の意を表したい

第二の天使が鉢を海の上に傾けると、海は死者の血のようになった——黙示録

目次

読者の方々へ

本書はノンフィクションである。描かれた物語は事実であり、登場人物もまた実在している。〝シャルル・モネ〟と〝ピーター・カーディナル〟を含めて、犠牲になった人々の名前は匿名にしたケースが多い。が主要な人物は実名のまま登場している。

文中の会話は、それぞれの人物の記憶をもとに再現した。物語の途中で登場人物の意識の流れを述べている箇所もあるが、そういう場合は、その人物に対して行ったインタヴューをベースにしている。そのインタヴューに際し、彼らはさまざまな記憶を呼びもどしてくれた。それらの記憶は、その後、事実の裏づけをとって、彼らの確認を得ている。〝そのときあなたは何を考えていましたか？〟という問いに対して返ってくる答は、小説家が勝手に想像して描きだす意識の流れよりはるかに豊かで、人間の条件の解明に役立つことが多い。私は人々の表情を通して彼らの精神の内奥に迫り、耳で聞きとる言葉を通して彼らの実生活を把握しようと努める。その結果得られるものは、概して、想像をはるかに越えている。

リチャード・プレストン

エチオピア
スーダン
マリディ
ウガンダ
ケニア
エルゴン山
キタム洞窟
エンテベ
キサンガニ
ヌツォイア川
カセンセロ
キスム
ルワンダ
ナイロビ
ヴィクトリア湖
キガリ
ブジュンブラ
キリマンジャロ山
モンバサ
ブルンジ
タンザニア
アフリカ大陸
ザンビア

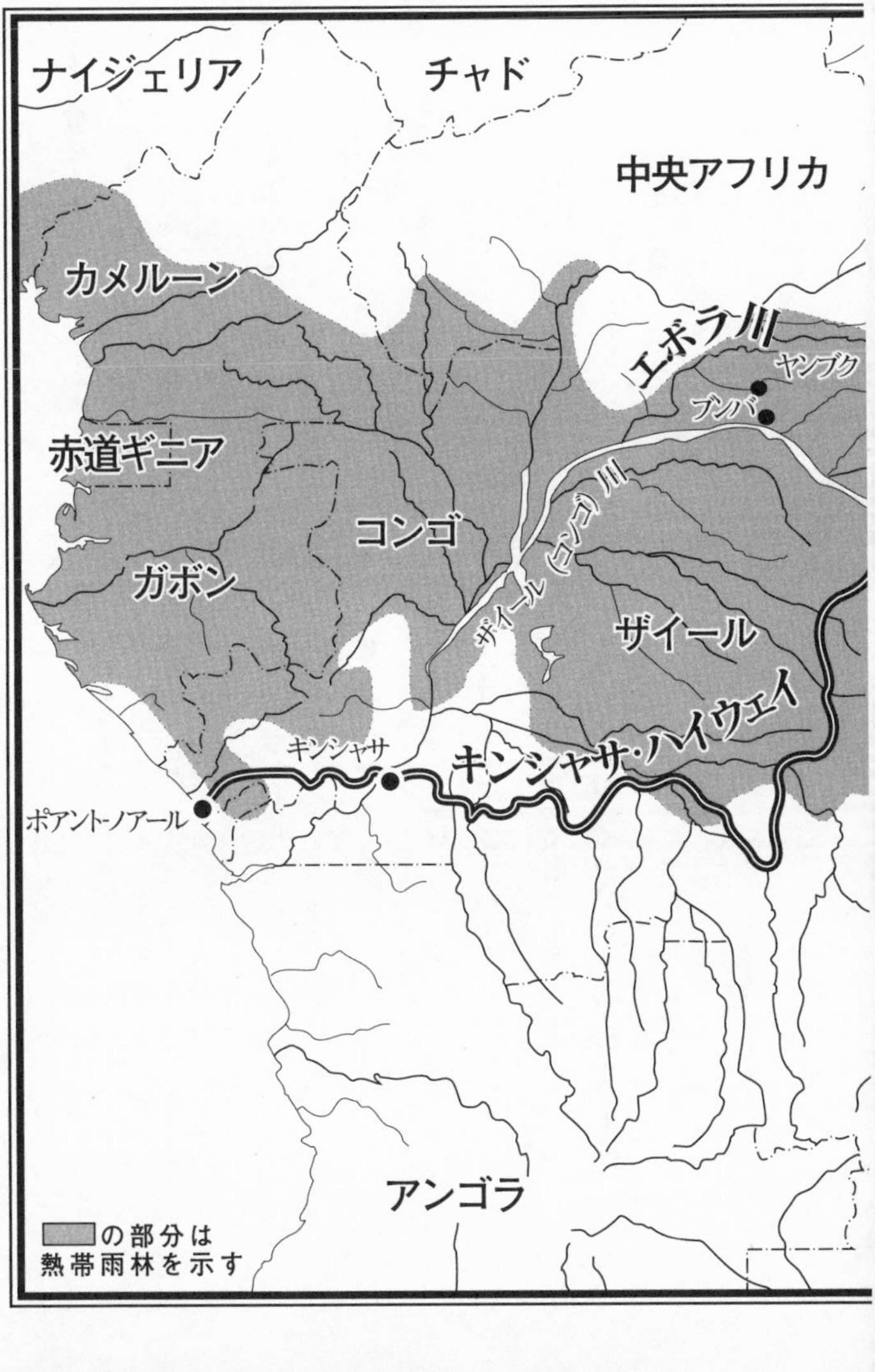

ナイジェリア
チャド
中央アフリカ
カメルーン
エボラ川
ヤンブク
ブンバ
赤道ギニア
ザイール（コンゴ）川
コンゴ
ガボン
ザイール
キンシャサ・ハイウェイ
キンシャサ
ポアント-ノアール
アンゴラ
の部分は
熱帯雨林を示す

主な登場人物

〝シャルル・モネ〟
ケニア西部在住のフランス人祖国放棄者。一九八〇年一月、飛行機で移動中にマールブルグ病の爆発的症状を示す。

ナンシー・ジャックス中佐
ユーサムリッド（アメリカ陸軍伝染病医学研究所）の獣医病理学者。一九八三年、エボラ・ウイルスを取り扱っている最中、着ていたバイオハザード（微生物災害）用防護服の手袋に穴があいたが、九死に一生を得る。

ジェリー・ジャックス中佐
ナンシーの夫。ユーサムリッドの獣医部門の主査。レストン・バイオハザード作戦の特別チーム指揮官として活躍した。

ユージーン（ジーン）・ジョンスン
陸軍のために働く民間人のウイルス・ハンター。エボラ・ウイルスの専門家。一九八八年、〝ピーター・カーディナル〟の死後、エルゴン山のキタム洞窟を探査した。

〝ピーター・カーディナル〟
デンマーク人の少年。一九八七年、ケニア在住の両親を訪問中、マールブルグ・ウイルスに感染して死亡。ユーサムリッドの冷凍庫には、彼の名を冠したマールブルグ・ウイルスが保存されている。

ダン・ダルガード
レストン・モンキー・ハウスの獣医。

ピーター・ヤーリング
陸軍軍属のウイルス学者。レストン・モンキー・ハウスを襲ったウイルスを発見。

トマス（トム）・ガイスバート
大学院の学生。一九八九年秋、ユーサムリッドの電子顕微鏡部門の責任者として活躍した。

クラレンス・ジェイムズ（C・J）・ピータース軍医大佐
ユーサムリッドの疫病分析部門の責任者。レストン・バイオハザード作戦の総指揮官。

※軍人の階級は、レストン事件当時のものである。

ホット・ゾーン

エボラ・ウイルス制圧に命を懸けた人々

第一部

エルゴン山の影
THE SHADOW OF MOUNT ELGON

森の中に何かがいる

一九八〇年一月一日

シャルル・モネは孤独なフランス人だった。彼はヌツォイア川沿いに広がるケニア西部の大農園、ヌツォイア砂糖工場私有地内の小さなコテッジで、一人暮らしをしていた。その付近一帯からは、アフリカ大地溝帯の端にそそり立つ高さ一万四千フィートの死火山の巨峰、エルゴン山の威容を仰ぎ見ることができる。

モネがなぜアフリカにやってきたのかは、定かでない。アフリカに流れ着く多くの祖国放棄者の例に洩《も》れず、彼の経歴にも曖昧《あいまい》な面がすくなからずあるからだ。母国フランスで何らかのトラブルに巻き込まれたのが原因だったのかもしれないし、ただ単にケニアの美しい風土に魅《ひ》かれたのかもしれない。彼はアマチュアの博物学者で、小鳥や動物たちを愛していた。が、人間はあまり好きではなかったらしい。このときの年齢は五十六歳。中肉中背で、なめらかな茶色い髪の優男だった。彼と格別親しかったのは山の麓《ふもと》の町に住む女性たちに限られていたようだが、その女性たちにしても、後に彼の死因を調査した医師団に対して、彼の人となりの多くを語ることはできなかった。

　モネの仕事は、ヌッォイア川から汲《く》みとった水を広大な砂糖きび畑に送りだす水道ポンプ装置の管理だった。人々の証言によれば、彼は一日の大半を川のたもとのポンプ小屋ですごしていた。機械の作動する様を見たり、その音に聞き入ったりするのが楽しかったらしい。

　こういうケースの常として、事件の細部まではっきり特定することは難しい。もちろん、彼の示した症状は医師たちが鮮明に記憶している。なぜなら、〝微生物危険レヴェル4〟に属するホットな（危険な）ウイルスに感染した人間の症状を一度でも目にした者なら、それを忘れることなど不可能だからだ。が、それらの症状が次々に積み重なっていくうちに、それを患っている当人の人柄はだんだんぼやけてしまうのである。シャルル・モネのケースは冷厳な医療上の事実としてわれわれの前に現われるのだが、そこにはあたかも奇怪な色彩の異星を目の当りにするような、ついのけぞって瞬きしてしまうほど鮮明で不快な恐怖の映像もないまぜになっている。

　モネがその大農園にやってきたのは、一九七九年の夏だった。ちょうど、エイズを惹《ひ》き起こすＨＩＶ（ヒト免疫不全ウイルス）が中部アフリカの熱帯雨林から姿を現わして、人類を汚染させてゆく長い旅路の緒についた頃《ころ》である。エイズはすでにそのとき、中部アフリカの住民たちの上に黒い影を落していたのだが、その存在をはっきり認識している者はまだ皆無だった。それはキンシャサ・ハイウェイ沿いに静かに広まりつつあった。キンシャサ・ハイウェイとは、アフリカを東西に横断して、エルゴン山を見はるかすヴィクトリア湖岸沿いを通過する大陸横断道路である。ＨＩＶは、致死性こそかなり高くとも伝染性はさほどでもない〝微生物危険レヴェル２〟に属するウイルスだ。それは容易には伝染しないし、空気感染もしない。ＨＩＶに感染した血液を扱うに際して、バイオハザード（微生物災害）用防護服を着る必要はないのだ。

モネは毎日ポンプ小屋で勤勉に働き、週末や休日ともなると砂糖工場の近くの森林地帯を訪れるのを常としていた。彼は餌《えさ》を持っていって周囲にばらまき、小鳥たちや野生の動物たちがそれを食べる様を眺めては楽しんでいたらしい。動物を観察しているあいだは、完《まった》き静寂の中にいくらでもすわっていることができたようだ。モネを知る者は、彼が野生のサルに並々ならぬ愛着を抱いていたことを記憶している。彼はサルを手なずけることができたというのだ。彼が餌を手にすわっていると、サルが近寄ってきて、彼の手から食べたという。

夜になると、彼は自分のコテッジに閉じこもった。ジョニーという名の家政婦を雇っていて、家の中の清掃や食事の準備は彼女に任せていた。彼はアフリカの各種の鳥の識別法を自己流で習っていた。家の近くの木にハタオリドリの集団が棲《す》みついていて、彼らが袋のような巣作りをする様を、飽きずに観察してすごした。クリスマスを目前にしたある日、彼は病気にかかった小鳥を自宅に持ち込んだことがあったという。それは彼の掌《てのひら》の上で死んだらしい。断定はできないが、その小鳥はハタオリドリだったかもしれず、死因は〝微生物危険レヴェル４〟に属するウイルスによる感染だったかもしれない。それはだれにもわからない。

モネはまたカラスとも仲が良かった。それはアフリカの人々がよくペットにする、白と黒のマダラカラスだった。とても人なつこく頭のいい鳥で、モネの小屋の屋根にとまるのを好み、彼が出たり入ったりするのを眺めていた。腹を空《す》かしたときにはヴェランダに降りて、家の中に入ってゆくこともあっただろう。モネはテーブルに散らばった食べ物のかけらを、やはり手から与えていたかもしれない。

彼は毎朝砂糖きび畑を歩いて仕事に通った。二マイルの道のりだった。そのクリスマス・シーズン、畑は砂糖労働者の手で焼かれていたので黒く焦げていた。黒焦げの畑の北、二十五マイルの彼方にはエルゴン山の二つの峰が見えた。雨と陽光、天候の変転と共に山は絶えずその貌《かお》を変え、アフリカの光と影の饗宴《きょうえん》を演じて見せた。暁のエルゴン山は、押しつぶされたような灰色の尾根が麓から迫る靄《もや》に包まれ、二つの峰を備えた頂上が截然《せつぜん》たるシルエットを刻む。二つの峰は、侵食された噴火口の相対する縁なのだ。日が昇るにつれて山は麓の雨林の色、銀色がかった緑色を帯びる。そして昼が近づくと共に雲が現われて山容を隠してしまう。やがて日が午後に移ろい、夕暮れどきになるにつれて雲が厚さを増してゆく。もくもくと湧《わ》きあがった雲は雷雲に変じたと見るまに、音もなく稲光りがひらめく。雲の底は炭の色だ。一方、上層の気流に向かって羽のようにのびた雲の上縁は夕日に照らされて鈍いオレンジ色に照り映える。その上の空は深い紺色に染まり、そこには早くも熱帯の星がいくつか瞬いている。

モネには、エルゴン山の南東、エルドレットの町に住む大勢のガールフレンドがいた。その町の住民は一様に貧しく、いまもベニヤ板とトタン屋根の小屋で暮らしている。彼はガールフレンドたちに金を与え、彼女たちはその返礼に喜んで彼と寝た。その年のクリスマス休暇が訪れたとき、モネはエルゴン山にキャンプに出かける計画を立て、エルドレトに住むガールフレンドの一人を誘って同伴した。その女性の名前を記憶している者は一人もいない。

モネとそのガールフレンドは、ランドローヴァーでエンデベス・ブラフに至る赤土の直線道路を登っていった。エンデベス・ブラフとは、エルゴン山の東面にある険しい断崖《だんがい》のことである。道は乾いた血のように赤い火山土に覆われていた。エルゴン山の低い山麓《さんろく》に達した二人は、そこからトウモロコシ畑やコーヒー農園の間を縫って、なおも走りつづけた。道はやがて動物たちが草をはむ草原に変わる。その両側に立ち並ぶユーカリの木の背後には、半ば廃墟《はいきょ》と化したイギリス植民地時代の農園が隠されていた。なおも道を登るにつれて大気は冷たくなり、ヒマラヤスギの枝の間からカンムリワシがパタパタと飛びだした。エルゴン山を訪れる観光客は、さほど多くはない。おそらく、そのとき、その道を走っていたのは、モネとそのガールフレンドの車くらいのものだっただろう。だが、同じ道を徒歩で登っている人々は大勢いた。エルゴン山の麓で小さな畑を耕している村人たちだった。二人は熱帯雨林の入り組んだ外縁部に達し、ほんの二、三本連なった木々や島のように密集した樹林のそばを通過した。今世紀初頭に建てられたイギリス風の旅荘、マウント・エルゴン・ロッジの前も通過したが、そこはいまや修復不可能なまでに荒れはてて、暑い陽光や雨に打たれるままに壁はひび割れ、ペンキも剝《は》げ落ちていた。

エルゴン山はウガンダとケニアの境界にまたがっており、スーダンからもさほど隔たっていない。その山麓は、中部アフリカにおける熱帯雨林の島と呼んでもいいだろう。幅《はば》八十キロに及ぶ乾燥地の上にそそり立つその隔絶した世界は、各種の樹木、竹、湿原等に隈《くま》なく覆われている。それは中部アフリカの背骨の、一つの節《ふし》でもある。エルゴン山は、いまから一千万年ないし七百万年前まで火山活動をつづけていた。その間、激しい噴火によって噴き上げられた火山灰は、その山麓に生じていた森林をいくたびとなく消滅させた。休みない火山灰の堆積《たいせき》によって、その山頂はとてつもない高さ、おそらくは今日のキリマンジャロ山をもしのぐ高さにまで達したことだろう。

その後の長期にわたる侵食作用によって山頂が削られるまで、エルゴン山はアフリカで最も高い山だった可能性もある。その山麓の広大さという点では、いまもこの山はアフリカ一の座を保持しているのだ。太陽が東から昇るとき、エルゴン山の投げる影ははるか西方のウガンダにまで達するし、日が没すると、東方のケニアまでその影に覆われてしまう。広大なその影の中に点在する村々に住んでいるのは、草原の民、エルゴン・マサイ族の人々だ。彼らは数世紀前、北部から移住してきてこの山麓に住みつき、牛を育てて生計を立てている。エルゴン山の低部の山麓は常におだやかな雨に洗われて大気は清涼だ。火山性の土壌はトウモロコシの豊かな収穫を保証し、放牧に適した草の生育にも良いため、多数の人間の暮らしを支えてくれる。各村落は、この死火山の周囲を定住地の輪でとりまいていると言ってもいい。だが、その輪は近年、山麓の雨林の周囲に徐々にすぼまりつつある。いわば縛り首の輪のようにこの山の生態系を絞め殺しつつあるのだ。樹林は開墾され、巨大な樹木は薪《まき》をつくったり放牧地を広げるために、つぎつぎに伐採されつつある。雨林に棲む象の群も、しだいに姿を消しつつあるのが現状である。

エルゴン山のごく一部は、国立公園になっている。モネとそのガールフレンドは公園のゲートに止まって入園料を払った。当時はゲートの周辺にサル、もしくはヒヒが——そのどちらだったのか、正確に記憶している者はいない——うろつきまわって、餌を与えてくれる人間を捜していた。モネはバナナを見せて、その動物を肩にすわらせた。見ていたガールフレンドはおかしそうに笑った。その動物がバナナを食べているあいだ、二人は微動もしなかった。そこからすこし山を登ったところで、二人はテントを張った。小川に向かってなだらかに下降している濡れた草地だった。小川は原生林から勢いよく流れだしていて、不思議な色をしていた。火山灰で白濁していたのである。ケープ・バッファローに食べられるため、空き地の草は常に短く、そこかしこに彼らの糞《ふん》が散らばっていた。

二人の野営地は、鬱蒼《うっそう》たるエルゴン雨林にとりまかれていた。節くれだったアフリカ・オリーヴの木が網の目のように密生し、蔦《つた》や苔《こけ》類が枝から垂れ下がっている。その間に覗《のぞ》いている実は、人間には有毒だった。カサカサとサルが枝の間を飛び移る音や、昆虫の羽音が二人の耳に聞こえた。かと思うとオリーヴ・ハトがいっせいに木から飛び立って急降下してゆく。目にも止まらぬ速さで彼らが飛翔《ひしょう》するのは、はるか上空から垂直降下して彼らの羽を引き裂いてしまうタカの一種、チュウヒの攻撃を逃れるための戦術なのである。樹木の種類も多様だった。クスノキ、チーク、アフリカ・シーダー、それに各種の赤い臭木群。ところどころ、暗緑色の葉が自然の天蓋《てんがい》のように森の頭上を覆っている。それはカリフォルニアのセコイアの木にも匹敵するアフリカ最大の木、ポドの木の梢《こずえ》なのだ。当時この山麓には何千頭という象の群がいたから、彼らがパリパリと枝を折ったり、樹皮を剝いだりしながら雨林の中を移動する音も、二人の耳には聞こえただろう。

エルゴン山の常で午後には雨が降ったろうから、二人はテントの中に留まっただろう。キャンヴァスに打ちつける雷雨の音を聞きながら、セックスもしたかもしれない。日が落ちると、雨音はしだいに遠のいてゆく。二人は火をおこして夕食をこしらえた。その日は大晦日《おおみそか》だった。二人はたぶんシャンペンを飲んで祝ったことだろう。例によって数時間もすると雲も消え、天の川の下の黒い影のようにエルゴン山が浮かびあがった。深夜、モネはおそらく草の上に立ち、シャンペンの酔いでフラつきながらも、大きく首をのけぞらせて星を見あげたのではあるまいか。

明ければ元旦の朝だった。気温は摂氏七、八度、草は冷たい朝露に濡れていた。モネとそのガールフレンドは再びランドローヴァーで泥濘《でいねい》の道を登りはじめ、キタム洞窟《どうくつ》の下の小さな谷間で車を止めた。

それから二人は、雑草を薙《な》ぎ払いつつ渓谷を登って、キタム洞窟を目指した。オリーヴの木や草原の間を流れる小川沿いの象の道を、二人はたどっていったのである。ケープ・バッファローに出会うと危険なので、それには絶えず目を配っていた。渓谷を登りつめたところにキタム洞窟が口を覗かせており、その入口を覆うように上から水がほとばしっていた。象の道は洞窟に達して、その中に呑《の》み込まれている。モネとそのガールフレンドも洞窟の中に入り、元日のほとんどをそこですごした。その日は雨が降っていただろうから、二人は入口に何時間もすわって、ヴェールのように上から降り注ぐ水越しに外を眺めていたことだろう。彼らが用心していたのはケープ・バッファローとミズカモシカだった。ずんぐりしたリスのような毛深い動物、ロック・ハイラックスが洞窟の入口近くの岩を駆け登ったり降りたりしている姿も、見えたにちがいない。

夜になると、このキタム洞窟にはミネラルや塩を求めて象の群が入ってくる。草原に棲む象は、硬い岩盤や乾いた水たまりなどで容易に塩分を見つけることができる。が、雨林にあっては、塩は貴重な摂取物なのである。この洞窟は、いちどきに七十頭もの象が入れるほどの広さがある。ここに入ってきた象は、立ったまま眠ったり、牙《きば》で岩壁を剥がしたりして夜をすごすのだ。そうしてこそぎ落した岩を、彼らは丹念に嚙《か》み砕き、小さな破片を呑み込んでしまう。洞窟内のそこかしこに残されている象の糞には、小さな岩の破片がたくさんまじっている。

モネとそのガールフレンドは懐中電灯を手に、洞窟の奥の探検をはじめた。洞窟の入口は巨大だが――幅、約五十メートル――奥にいくにつれてさらに広がっている。粉のように乾燥した象の糞にまみれた平らな岩盤を、二人は横断していった。進むにつれて、足元から塵《ちり》がパッパッと舞いあがる。光はしだいに薄れてゆき、岩盤は徐々に上り勾配《こうばい》を描いてゆく。

段々状の岩盤は緑色の粘ついた物体で覆われていた。それはコウモリの糞だった。洞窟の天井にとまっているオオコウモリの集団が排泄《はいせつ》する、消化された植物の残滓《ざんし》が主体の糞だった。

天井の穴から飛びだしたコウモリが、懐中電灯の光芒《こうぼう》をよぎり、甲高い鳴き声をあげながら二人の頭の周囲を飛び交った。二人のかざす懐中電灯がコウモリたちを刺激するらしく、ますます多くのコウモリが眠りからさめた。数百もの、赤い宝石のようなコウモリたちの目が、洞窟の天井から二人を見下ろした。油の切れた蝶番《ちょうつがい》のドアが、いくつもいっせいにひらいたようなキーキーという音。コウモリ独特の鳴き声が、洞窟の天井に谺《こだま》して走った。次の瞬間、二人の目には息を呑むような光景が飛び込んだ。そこは化石の森だったのである。洞窟の天井や壁から突き出ている、さまざまな形の鉱物化した枝。それは石と化した熱帯雨林の樹木だった――チーク、ポド、各種の常緑樹。七百万年前に起きたエルゴン山の噴火によって雨林は灰の中に埋まり、木々はオパールや石英に変身したのだった。樹木は、岩の変形した白い針のような鉱物、すなわち水晶に囲まれていた。注射針のように鋭い水晶は、懐中電灯に照らされてキラキラと輝いた。

モネとそのガールフレンドは、化石の森を電灯で照らしながら、洞窟の中をさまよった。その際モネは、石の木を撫《な》でさするうちに水晶で指を傷つけることがなかったろうか？

二人は天井や岩壁から突き出ている石化した骨を見つけた。ワニや古代のカバ、はては象の先祖の骨。石の枝からは蜘蛛《くも》が吊《つ》りさがっていた。蜘蛛は蛾《が》や昆虫を食べていたのだ。やがて二人は岩盤がわずかに上向いている箇所、左右の幅が百メートル以上、並のフットボール場よりも広い場所に出た。そこでクレヴァスを見つけ、その底を懐中電灯で照らしてみた。クレヴァスの底には奇妙なもの、灰色と茶色がかった何かの塊があった。それは象の子供のミイラ化した死体だった。夜間、この洞窟内を歩きまわる象たちはもっぱら触覚に頼り、鼻の先端で岩盤をさぐりつつ移動する。子象たちの中には、ときどきクレヴァスに転落してしまうものも出るのだ。

モネとそのガールフレンドは、さらに洞窟の奥深くを目指した。ゆるやかなスロープを下ると、洞窟の天井を支えていると覚《おぼ》しい柱の前に出た。その柱の表面には大小の溝や削り跡がついていた。いずれも、象が牙でえぐった跡だった――ここまでやってきた象たちは柱の周囲を牙で削り、その破片を嚙んで塩分を摂取していたのである。このまま象たちが柱の基部を削りつづければ、いずれ柱は崩れてキタム洞窟の天井は崩落してしまうかもしれない。さらに一段奥に入ったところで、二人はもう一本の柱を見つけた。その柱はすでに崩れており、その上の天井にはビロードの塊のようなコウモリの一団がぶらさがっていた。それらのコウモリは黒い糞で柱を汚していた――洞窟の入口近くの岩盤にこびりついていた、緑色の糞とは別種の糞だった。そこにいるコウモリの群は昆虫を主食にしているため、消化された昆虫の残滓が糞に滲《にじ》んでいたのだ。モネはその糞に手を突っ込んだりしただろうか?

モネと同行したこの女性は、エルゴン山へのこの旅の後、数年間行方を絶った。そのうち突然、モンバサの酒場に姿を現わした。そこで体を売っていたのである。たまたま、その後モネを診断したケニア人の医師がその酒場でビールを飲んでいて、彼女と世間話をはじめた。

そこで何気なくモネの名前を出したところ、彼女は言った。「その話なら知ってるわ。あたしはケニア西部の出身なの。そのときシャルル・モネと一緒だった女って、あたしだったのよ」

医師は愕然《がくぜん》とした。彼女の話が信じられなかった。が、その女が当事者でなければ知らないような事実まで話すに及んで、彼女が事実を述べているのだと確信した。酒場でのその遭遇の後、彼女は再び姿を消し、モンバサのスラムに呑み込まれて消息を絶った。彼女はたぶんエイズで死亡しただろう、といまでは推測されている。

シャルル・モネはその後、砂糖工場の水道ポンプを管理する仕事にもどった。彼は毎日焼け焦げた砂糖きび畑を通り、エルゴン山の雄姿を賛嘆の眼差《まなざ》しで眺めながら仕事に通った。エルゴン山が雲に隠れても、おそらく彼は、見えない星の引力のように自分を引きつけるものを感じていただろう。そのとき彼の体中では、何かが、それ自身の複製をつくりはじめていた。何らかの生物単位がシャルル・モネを宿主として獲得し、その体内で増殖しはじめていたのである。

頭痛はきまって感染後七日目にはじまる。キタム洞窟を訪ねて七日後——一九八〇年一月八日——モネは眼球の奥に疼《うず》くような痛みを覚えた。で、勤めを休むことにし、自宅のベッドに横たわった。頭痛はひどくなる一方だった。眼球が痛み、こめかみも痛みはじめた。痛みは頭の内部をぐるぐる回転しているようだった。アスピリンを服《の》んでも、いっこうにひかない。そのうち背中にまで激痛を覚えるようになった。家政婦のジョニーにはクリスマス休暇を与えていたので、モネはつい最近臨時の家政婦を雇ったばかりだった。彼女はなんとかモネを看病しようとしたが、どうしていいかわからなかった。そのうち、頭痛がはじまって三日後、モネは吐き気を覚え、熱が出て、嘔吐《おうと》しはじめた。嘔吐はしだいにひどくなり、吐くものがなくなっても発作がつづいた。

それと同時に、彼は奇妙に受動的になった。生き生きとした表情が顔から失われ、眼球が麻痺《まひ》したように固定した結果、顔全体が仮面に似てきた。おまけに目蓋《まぶた》がやや垂れ下がり、目が半ば閉じながら飛びだしたような、妙な様相を帯びた。眼球自体は眼窩《がんか》の中で凍結したかのようで、しかも真っ赤に充血していた。顔の皮膚は全体に黄ばみ、赤い星のような斑点《はんてん》がぽつぽつと出てきた。一言で言えば、彼はゾンビに似てきたのである。臨時の家政婦は震えあがった。自分の雇い主の変貌《へんぼう》ぶりが、理解できなかった。外見のみならず、モネは人柄までが変わってきた。むっつりとふさぎこみ、やたらと怒りっぽくなったばかりか、物忘れがひどくなった。といって、まだ譫妄《せんもう》状態にまで陥ってはいないようだった。訊《き》かれたことには答えるのだが、自分がどこにいるのかわからないらしいのだ。

モネの無断欠勤に不審を抱いた同僚たちは、様子を見に彼の自宅を訪れた。中に入る彼らを、屋根にとまった黒と白のまだらのカラスが見守っていた。モネを一目見て、同僚たちは、彼を入院させる必要があると判断した。モネはもはや車を運転できなかったので、同僚たちの一人が自分の車で彼をヴィクトリア湖畔の町キスムの私立病院につれていった。モネを診断した医師たちには、彼の顔や目の症状、不安定な精神状態の原因がまったくつかめなかった。ある種のバクテリアに感染したのかもしれないと考えて、彼らはモネに抗生物質の注射をした。が、効果はなかった。

こうなったら、東アフリカ屈指の私立病院であるナイロビ病院に送るほかない、と医師たちは判断した。が、その地方の電話は故障しがちで、モネが診断を仰ぎにいくことを事前にナイロビ病院に知らせることはできなかった。奇妙な症状を呈しているとはいえ、モネはまだ歩くことができたし、一人で空の旅もできそうだった。それに、金にも困っていない。自分がナイロビにいく必要があることを、彼は理解した。モネはタクシーに乗せられて空港にゆき、ケニア航空のナイロビ行きの定期便に搭乗した。

熱帯雨林に生じたホットなウイルスは、地球のどの都市からだろうと二十四時間以内の空の旅には優に耐えられる。地球のすべての都市は、網の目のような空路で連結されている。ひとたびウイルスがその網に乗れば、一日のうちに、どの街をも襲うことができる――パリ、東京、ニューヨーク、ロス・アンゼルス、空路の通じている都市ならどこにでも移動できるのだ。シャルル・モネとその体内に巣くった生命体は、かくしてその網の目にまぎれこんだのだった。

モネが乗ったのは、三十五人乗りのプロペラ機、フォッカー・フレンドシップだった。滑走路を離陸した同機は、漁師たちの丸木船が点々と浮かんだ、青くきらめくヴィクトリア湖の上に舞いあがった。そこで翼を傾けると東に方向を転じ、高度をあげながら茶畑や小さな農場が綴《つづ》れ織りをなしている緑の丘の上を飛んでいった。アフリカの上空を飛ぶ定期便の飛行機は、満席になることが多い。この飛行機も、おそらく満員だっただろう。円形の小屋の集落、トタン屋根の家の集まる村、大森林の帯の上を、フレンドシップ機は通過してゆく。

そのうち大地が急に下降し、深くえぐれた峡谷に変じて、緑から褐色へと色彩も変わってゆく。機はアフリカ大地溝帯の上にさしかかったのだ。乗客はいっせいに窓を覗いて、人類の始祖が誕生した地を見下ろしたことだろう。茨《いばら》の木々の輪の内側には住民の小屋の集落が点在し、それぞれの小屋の前から家畜の牛の通る道がのびている。プロペラは轟音《ごうおん》をあげ、フレンドシップ機はこの空域独特の分厚い雲の連なりの中に突入する。機体は縦に、また横に、激しく揺れだした。モネは酔いはじめた。

定期便の飛行機内には、狭いシートがぎっしりつまっている。客席内で起きていることは、だれの目にも入るはずだ。機内は気密性が高く、空気は常に循環している。もし機中に何らかの臭気があれば、気づかれずにはすまない。客の中に吐き気を催している人間がいれば、すぐに気づかれたにちがいない。モネは上体を折っている。何かがおかしい。だが、いったい何が起きているのか、だれにもわからない。

彼は乗り物酔い用の袋を口に押し当てている。そして大きく咳《せ》き込み、袋の中に何かを吐きだす。袋はたちまちふくれあがる。彼はたぶん、こっそりと周囲を見まわしたことだろう。そのとき、唇に何かしら赤い粘ついたものが付着しているのを周囲の人間に見られる。その赤い粘ついたものには、彼がコーヒーの豆でも噛んでいたかのように、黒い斑点も混じっている。彼の目はルビー色で、無表情な顔は打撲傷を負ったように変色している。数日前、星の形で現われた斑点は、いまや赤みを増して拡大し、紫色の影と混ざりあっている。頭部全体が、青黒く変色している。顔の筋肉も弛緩《しかん》していた。顔の結合組織が溶解しかけているため、あたかも顔が頭蓋骨《ずがいこつ》から剥離《はくり》しはじめたかのように、表面の皮膚が骨から垂れ下がって見える。

モネは口をあけて、袋の中に嘔吐する。それはいつまでもつづいて止《や》むことがない。胃が空になったあとも、なお液体が吐きだされる。乗り物酔い用の袋は、〝黒色吐物〟と呼ばれるものでいっぱいにふくれあがる。〝黒色吐物〟は黒一色ではない。黒と赤、二つの色がまだらに混ざり合った液体だ。それは黒い顆粒《かりゅう》が新鮮な動脈血とシチューのように混ざり合ったものなのである。それは出血にほかならず、さながら食肉処理場のような臭気を伴う。〝黒色吐物〟には、致死性の高い大量のウイルスが含まれている。感染性もすこぶる高い。軍の微生物専門家が見たら、恐怖のあまりすくみあがってしまうような液体だ。この〝黒色吐物〟の臭《にお》いが、ほどなく客席に充満する。乗り物酔い用の袋は〝黒色吐物〟で溢《あふ》れそうになるので、モネは袋の口を閉じてぐるぐるねじる。ふくれあがった袋は紙も柔らかくなり、いまにも中身が洩れだしそうになる。モネはそれを機の接客係に手わたす。

ある宿主の中で活発なウイルスが増殖するとき、その宿主の肉体は脳から皮膚に至るまでウイルス粒子で飽和させられてしまう。軍事専門家はそれを、ウイルスが〝究極的拡大〟をとげた、と言う。それは、人がインフルエンザにかかったときのような症状とはまるでちがう。究極的拡大が峠を越えたとき、犠牲者の血一滴の中には一億個ものウィルス粒子が存在するかもしれないのである。このプロセスが進行している間に、肉体は部分的にウィルス粒子そのものに変換させられてゆく。言い換えると、宿主は、その肉体を自分と同じ姿に変えてしまおうとする生命体に乗っとられたも同然なのだ。が、その変換は完璧《かんぺき》に成功するわけではなく、その結果はウィルスを含んだ肉体の融解現象となって現われる。それはある種の生物学的な事故とも言えるだろう。モネの体内ではウィルスの究極的な拡大が起こった。その徴候が〝黒色吐物〟なのだ。

彼は、すこしでも動いたが最後その体が破裂しかねないかのように、微動だにしない。そのとき、彼の血液は凝固しようとしている——血管の中に血栓が生じ、それが至るところで血の流れをせきとめている。彼の肝臓、腎臓《じんぞう》、肺、両手足、それに頭の中は、血栓で詰まりつつある。要するに、彼は全身を通じて発作を起こしつつあると言っていいだろう。腸筋肉内にも血栓が生じて、腸への血液の供給が遮断される。腸筋肉は死にはじめ、腸は緊張を失って弛緩しはじめる。彼はもはや、痛みを感じているようにも見えない。なぜなら、脳の中の血栓が血の流れを遮断して、軽い脳発作を起こさせているからだ。

脳の障害によって、彼の人格も失われてしまう。これは離人化と呼ばれる現象だが、それが起きると、こまやかな感情や精神の活力が消えてしまい、彼はロボットも同然になってしまう。脳の細部もまた融解しはじめているのだ。意識の高度な機能がまず失われ、脳幹のより深い部分（ネズミの脳やトカゲの脳）のみがまだ活動をつづける。それは要するに、シャルル・モネの精神がすでに死に、その形骸のみが生きつづけている状態と言えようか。

嘔吐の発作によって鼻の内部の血管が破裂したらしく、モネは鼻血を出しはじめる。両方の鼻孔《びこう》から流れ落ちる血は、色鮮やかな動脈血で、彼の歯や顎《あご》の上に滴り落ちる。この血は凝固せずに流れつづける。彼は接客係からもらったペーパー・タオルで、その血を抑えようとする。が、血は依然として固まらず、タオルは血でぐっしょりと濡れそぼってしまう。


飛行機内に乗っていて、隣席の客の様子が変だったら、あなたはどうするだろう？　彼はベルトでシートに括《くく》りつけられているし、あなたもシートに括りつけられている。フレンドシップ機はなおも揺れながら飛行しつづける。彼の肘《ひじ》がこちらの肘にぶつかる。きっと大丈夫だろう、とあなたは内心呟《つぶや》く。彼はたぶん空の旅が性に合ってないだけなんだ。可哀相に、乗り物酔いにかかっているんだろう。飛行機に乗って鼻血を出す人はたくさんいるからな。空気が希薄で乾いているから、鼻血が出やすいんだ——そしてあなたは小さな声で、どこかお悪いんですか、と彼にたずねる。答はない。彼は意味不明の言葉を呟くばかりなので、あなたは見て見ないふりをしようとする。飛行機が着陸態勢に移る気配はいっこうにない。

そのうち接客係がやってきて、どうなさいました、とたずねる。だが、この種の危険なウイルスの犠牲者は、日頃とは態度が変わってしまって、そういう問いかけにも応《こた》えることができない。彼らはむしろ敵意をむき出しにし、体にさわられるのをいやがるのだ。話すことすら億劫《おっくう》がる。何を訊かれても、低く唸《うな》るか、ああ、とか、うん、とか、単純な受け答えしかできない。適当な言葉が見つからないらしい。自分の名前は答えられるが、その日が何曜日なのかわからないし、自分がなぜそういう状態になったか、説明することもできない。

フレンドシップ機は大地溝帯に沿って、爆音をあげつつ雲の中を飛びつづける。モネはぐったりとシートにもたれかかり、うたた寝しているように見える——とうとう死んだのだろうか？　いや、彼はまだ死んではいない。動いている。赤い目はひらかれているし、眼窩の中でわずかに動いてもいる。

時は夕方に近い。日は大地溝帯の西側の丘陵に沈みかけ、鮮烈な光の矢があらゆる方向に走っている。あたかも太陽が赤道上で破裂しかかっているかのようだ。フレンドシップ機はゆるやかに旋回し、大地溝帯の東の山麓の上を横断する。大地が高く隆起しはじめ、その色も褐色から緑に変わってゆく。数分後、機は降下を開始し、やがてジョモ・ケニアッタ国際空港に着陸する。モネはすこし身じろぎする。

彼はまだ歩くことができる。血を流しつつ、彼は立ちあがる。よろめきながらタラップを降りて、滑走路の上に立つ。シャツは真っ赤に濡れそぼっている。荷物はさげていない。彼の唯一の荷物は体内にある。すなわち、増殖したウイルスだ。モネは〝人間ウイルス爆弾〟に変身したのである。彼はゆっくりとターミナル・ビルに入ってゆく。搭乗客のゲートをくぐってラウンジを通り抜け、なだらかに弧を描いている道路の端、タクシーがいつも客待ちをしている区画に出る。運転手たちが彼をとりかこむ――「タクシー？」「ナイロビ……病院」モネは呟く。

運転手たちの一人が、自分の車に彼を乗り込ませる。ナイロビのタクシー運転手は話し好きだ。この運転手もおそらく、お客さん、気分でも悪いんですか、とたずねただろう。答は明白だったはずだ。が、このとき、モネの腹具合はすこし良くなっている。カッカと火照《ほて》っているような、胃の内部が引き裂かれたような感じではなく、ちょっとした食事をしたように重い膨満感に包まれているからだ。

タクシーはウールー・ハイウェイに乗ってナイロビを目指す。ハニー・アカシアが点々と立つ草地を抜け、工場群の前を通過してからロータリーに出て、にぎやかなナイロビ市街に入ってゆく。道路の両側は人で溢れている。堅く踏みしめられた小道を歩いている女たちや、あてもなくブラついている男たち。子供たちは自転車で走りまわっている。道端には靴の修理屋が陣どり、炭を満載した荷車をトラクターが引っ張っている。

タクシーは左折してヌゴン・ロードに入り、市立公園の前を通過してから、背の高いユーカリの木の立ち並ぶ上り坂にさしかかる。それから細い道に入って門衛所の前を通り抜け、ナイロビ病院の構内に入る。モネを乗せた車は花の売店の隣のタクシー乗り場に止まる。すぐ前のガラスのドアには、〝救急外来〟と書いてある。運転手になにがしかの金を渡してからモネはタクシーを降りる。ガラスのドアをあけ、受付の窓口に歩み寄って、とても気分が悪いのだ、と告げる。彼は満足に話すこともできない。

出血していることは一目でわかるので、すぐに中に入れられる。先生がくるまでちょっと待っててくださいね。心配要《い》りませんよ、すぐに見えますから。モネは待合室のベンチにすわり込む。

狭い待合室には、クッションのついたベンチが何列も並んでいる。東アフリカ独特の、澄み切った強烈な光が一列に並んだ窓から射《さ》し込み、汚れた雑誌の積まれたテーブルの上をよぎる。中央に排水溝がある砂利敷きの灰色の床に、テーブルの四角い影が落ちている。汗と薪《たきぎ》の煙の臭いがうっすらと漂っている待合室には、アフリカ人とヨーロッパ人が肩を寄せ合ってすわっている。

救急外来の待合室には常に、切傷をこしらえて縫合を待っている者がいる。人々は頭にタオルを押しあてたり、包帯を指で押えたりしながら辛抱強く待っている。タオルには血の斑点が滲んでいる。その待合室のベンチに、シャルル・モネもすわっている。皮膚の変色した無表情な顔と赤い目を除けば、彼は周囲の人間たちとさほど変わらない。待合室の壁には、〝スリに注意〟という注意書きが貼ってある。もう一つの注意書きには、こう書いてある。

お静かに

皆様のご協力を感謝いたします。ここは救急外来です。緊急を要する方の診察が優先されます。そういう方の手当てが終わったあとで、診察を受けてください。

モネは自分の番がまわってくるのを待つ。と、突然、彼は最終段階に移行する。〝人間ウイルス爆弾〟はついに爆発する。軍のバイオハザード専門家たちは、この現象を独特の言い回しで表現する。彼らは、患者が〝崩壊し、大出血した〟と称するのだ。より穏健な言い回しとしては、患者が〝屈服した〟という表現を用いることもある。

モネは眩暈《めまい》と共に完全な脱力感に襲われ、背筋がぐったりして感覚がなくなる。次いで、バランス感覚が完全に失われてしまう。部屋がぐるぐる回りはじめる。彼はショック状態に陥ろうとしている。〝崩壊〟しつつある。もはや、自分ではそれを止めることはできない。彼はがくっと前にのめり、膝《ひざ》に顔をのせると同時に、信じられないほど大量の血を胃から吐きだして、苦しげな呻《うめ》き声と共に床にまき散らす。次の瞬間意識を失って、前のめりに床に倒れる。唯一聞こえるのは、失神しながらも喉《のど》を詰まらせて吐きつづける音だ。次いで、シーツを真っ二つに引き裂いたような音がする。それは肛門《こうもん》の括約筋がひらいて、大量の血を排出した音だ。その血には腸の内層も混じっている。彼は自分の内臓まで壊死《えし》させたのだ。

剥がれ落ちた彼の腸の内層は、大量の血と共に排出されつつある。モネは〝崩壊〟し、〝大出血〟しつつある。周囲にいた男女はいっせいに立ちあがり、床に倒れた男から離れて医者を呼ぶ。モネの周囲には血だまりが生じて急速に広がってゆく。その宿主を破壊した病原体は、いまや彼の体のあらゆる孔《あな》から外に出て、新たな宿主を捜そうと〝努めて〟いる。

伝 染

一九八〇年一月十五日

看護師やアシスタントたちがストレッチャーを押して駆けつけた。急いでモネをストレッチャーにのせると、彼らはナイロビ病院の集中治療室に運び込んだ。医師を呼ぶアナウンスが院内に流れる。至急集中治療室にきてください、出血している患者がいます。シェム・ムソキという若い医師が現場に駆けつけた。

ムソキ医師は温かいユーモアのセンスを持った精力的な男性で、院内のだれからも若手ではピカ一の内科医と見なされていた。彼は深夜まで働くことが多かったから、緊急事態に対処する術《すべ》は心得ていた。ストレッチャーに横たわるモネを見たとき、一瞬、どこが悪いのか、彼にはわからなかった。明白なのは、何らかの大量出血が認められることだった。とにかく、いまはその原因を詮索《せんさく》している暇はない。モネの呼吸はしだいに荒くなりつつある。彼は呼吸困難に陥っていた――そしてほどなく、呼吸が停止した。血を吸い込んだために、呼吸が停止してしまったのだ。

ムソキ医師は脈をさぐった。弱々しく、遅滞があった。看護師が走って、気道を広げるための喉頭鏡《こうとう》をとってきた。ムソキ医師はモネのシャツの前を引きちぎって、胸が上下しているかどうか調べた。それからストレッチャーの頭部に立つと、モネの顔の上にかがみ込んで、頭のほうから彼の目をまっすぐ見下ろした。

モネは赤い目でムソキ医師を見あげた。が、眼球は停止したままで、瞳孔《どうこう》もひらいたままになっている。脳の障害の徴候だ。この男の精神は空き家になっているらしい。鼻も口も、血まみれだった。気道を広げて喉頭鏡を挿入しやすくするために、ムソキ医師はモネの頭を手前に傾けた。彼はそのとき、ゴム手袋をはめてはいなかった。その裸の指で、彼は患者の舌の周囲をさぐり、壊死《えし》した組織片を口中から取り除いたり、血まみれの粘液をかきだしたりした。両手はたちまち黒い凝乳状のものでベトベトになった。患者は吐瀉《としゃ》物と血の臭《にお》いを放っていた。が、ムソキ医師にとって、それは初めての体験ではなかった。彼は自分の仕事に熱中した。モネの顔からわずか数インチのところまで顔を近寄せ、モネの口中を覗《のぞ》いた。それからモネの舌の上に喉頭鏡をすべらせると、舌をわきにどけた。そうすれば、喉頭蓋《がい》の奥の気道、肺の奥に通じている黒い孔《あな》を覗き込めるはずだった。彼は喉頭鏡をその穴に押し込んで、中を覗いた。突然、モネが体を突っ張って、もだえた。

モネは嘔吐《おうと》した。

喉頭鏡の周囲から黒い吐瀉物が噴出し、黒と赤の入りまじった液体が空中に飛んだ。それはムソキ医師をも襲った。彼の目に、その液体は飛び込んだ。白衣にも飛び散って、黒斑《こくはん》のまじった赤い粘液が彼の体を覆った。一部は彼の口にも飛び込んだ。

患者の頭の位置を直すと、ムソキ医師は自分の指でモネの口中から血をぬぐいとった。ムソキ医師の二の腕から手首、指の先までが、モネの血に覆われた。血は至るところに飛び散った。ストレッチャー、ムソキ医師、それに床の上まで血まみれになった。集中治療室にいた看護師たちは目の前の光景が信じられず、どうしていいかわからないまま背後のほうでウロウロしていた。ムソキ医師はモネの気道を覗き込み、喉頭鏡をさらに深く肺に押し込んだ。気道の中も血まみれになっているのが見えた。

ゼイゼイという音と共に、モネの肺に空気が通った。モネは呼吸を再開していた。

彼が大量の失血によるショック状態にあるのは明らかだった。あまりに多くの血を失ったため、脱水状態に陥りつつあるのだ。血は彼の体の孔という孔から流れつつあった。循環するに足る量の血が残っていないため心拍も遅くなり、血圧はゼロに近づいていた。彼は輸血を必要としていた。

看護師が全血の袋をもってきた。ムソキ医師は袋をスタンドにかけて、針を患者の腕に刺した。が、モネの血管には異常があった。針の周囲から血が噴きだしてしまうのだ。ムソキ医師はモネの腕の別の箇所に針を突き刺して、血管をさぐった。またしても、失敗。さらに多くの血が流れ出てくる。血管はさながら茹《ゆ》でたマカロニのように壊れて、血が流れ出てしまうのである。モネの腕に流れた血は、凝固する気配もない。このままでは腕にあいた小さな孔からも血が流れ出て失血死につながるかもしれない。ムソキ医師は輸血を断念した。その間にも大腸からの出血はつづき、その血はいまやコールタールのように黒く変色していた。モネの昏睡《こんすい》は深まって、とうとうそのまま意識をとりもどすことはなかった。彼は早朝、集中治療室で死亡した。ムソキ医師は最後まで彼のベッドに付き添っていた。

いったい何がモネを殺したのか、彼らにはさっぱりわからなかった。死因の見当がまるでつかない——不可解な死、というほかなかった。モネは検屍《けんし》のために解剖された。まずわかったのは腎臓《じんぞう》が破壊され、肝臓も壊死していたことだった。モネの肝臓は死亡する数日前からすでに機能を停止していたのだ。それは黄色く変色しており、融解した部分もいくつかあった——全体として、死後三日を経た死体の肝臓にそっくりだった。モネは死ぬ前からすでに死体に変わっていたかのようだった。臓器の内層が剥離《はくり》するのも、死後三日ほど経た死体に通常見られる特徴の一つである。いったい、正確な死因は何だったのだろう？　それを断言するのは不可能だった。考えられる原因がたくさんありすぎたからである。モネの体内ではすべてが、ありとあらゆる組織が異常を呈していたのだ。そのどれ一つをとっても致命的だったろうと思われた。血栓、大量出血、プリンのように変質した肝臓、それに血が充満した臓器。モネの症状に当てはまる適切な言葉も、範疇《はんちゅう》も、用語も欠いたまま、彼らは結局それを〝劇症肝不全〟と呼んだ。彼の遺体は防水の袋に納められ、ある証言によれば、地元のどこかに埋葬された。数年後に私がナイロビを訪れたとき、その墓の正確な場所を記憶している者は一人もいなかった。

モネという患者の吐血を目や口に受けてから九日後、シェム・ムソキ医師は腰痛を覚えはじめた。彼はもともと腰痛持ちではなかった――事実、腰痛を覚えたことなど、それまで一回もなかったのである。が、彼もそろそろ三十になろうとしていた。自分も、腰痛に悩む年頃《ごろ》になったのかな、とムソキ医師は思った。それまでの数週間、彼は車を運転して動きまわることが多かった。心臓疾患を抱えている患者の治療で、ほとんど徹夜したこともあった。そしてその翌日、どこか北部からやってきて異常な出血症状を見せたあのフランス人の介護にあたったのである。だから、数日間というもの、ほとんど寝ていなかったことになる。

あの奇妙な患者の吐瀉物を体に受けたことについて、彼はその後あまり深く考えてはいなかった。痛みが体中に広がったときも、まだそのことには考えが及ばなかった。そしてふとしたときに鏡を見たとき、両眼が赤くなりかけていることに気づいた。

赤い目――マラリアにかかったのだろうか？ それに熱もある。きっと何かに感染したのだろう、とムソキ医師は思った。腰痛の範囲はかなり広がって、体中の筋肉が激しく痛みはじめていた。で、マラリアの錠剤を服用しはじめたのだが効果がない。抗マラリア薬の注射をしてくれないか、と彼は看護師に頼んだ。

看護師はムソキ医師の腕に注射をした。その際、彼は異様な痛みを覚えた。注射をされて、それほどの痛みを覚えるのは初めてだった。忘れられないほどの異様な痛み。簡単な注射を受けただけで、どうしてこんな痛みを覚えるのだろう？ そのうち彼は腹部にも痛みを覚えはじめた。ひょっとすると、チフスにかかったのかもしれない。で、ムソキ医師は抗生物質を一クール分服《の》んだのだが、やはり効き目がない。その間も患者たちを診《み》る必要があったので、彼は病院で働きつづけた。胃と筋肉の痛みは耐えがたいまでになり、黄疸《おうだん》の症状が出はじめた。

自己診断のできぬまま激痛に苦しみ、とうとう仕事をつづけられなくなって、ムソキ医師はナイロビ病院の同僚である女医、アントニア・バグショーの診断を仰いだ。彼女はムソキ医師のいくつかの症状に注目した。高熱、赤い目、黄疸、そして腹痛。だが、これという決定的な診断を下すことができず、結局、胆石を疑った。ふつう、胆嚢《たんのう》が何らかの機能障害を起こすと、高熱、黄疸、それに腹痛という症状をもたらすことがあるのだ――赤い目に関しては、彼女も説明できなかったのだが――で、彼女はムソキ医師の肝臓の超音波検診を命じた。その映像は、肝臓が肥大していることを示していた。が、それ以外の異常は何も認められない。彼女は依然として胆石を疑っていた。そうこうしているうちにムソキ医師の病状は一段と悪化したため、二十四時間看護の個室に移された。彼の顔が無表情な仮面のように変《へん》貌《ぼう》しはじめたのは、その頃からだった。

もし胆石による発作だとすると致命的にもなりかねない。そう考えて、バグショー医師は、ムソキ医師に試験開腹を施すことを勧めた。ムソキ医師はナイロビ病院の中央手術室で、イムレ・ロフレル医師の率いる外科医チームによる開腹手術を受けた。彼らは肝臓の位置の皮膚を切開し、腹筋をわきによけた。ムソキの体内は、なんとも不可解で奇怪な様相を呈していた。彼の肝臓は赤く肥大し、とても健康には見えなかったが、胆石はまったく見当らなかかったのである。そうしている間も、出血は止まらなかった。

ふつう、どんな外科手術を行なう場合でも、血管を切ってしまうことがある。その血管からはしばらく血が滲《にじ》み出るが、そのうち凝固してしまうものだ。仮に出血が止まらない場合は、外科医がゲル状止血剤を血管の上にまぶして血を止める。が、ムソキの血管からはいつまでも血が滲出《しんしゅつ》しつづけた――彼の血はいっこうに凝固する気配を見せないのだ――そう、まるで血友病者にでもなったかのように。医師陣は彼の肝臓表面全体にゲル状止血剤をまぶしつけた。ところが、そのゲル状止血剤を通り抜けて、血が滲み出てきてしまう。さながらスポンジのように、彼は血を流しつづけた。医師陣は多量の血を吸引する必要に迫られた。ところが、そうして血を汲《く》み出すそばから、血はどんどん溢《あふ》れてきてしまう。それは地下水系の上に穴を掘るのに似ていた。いくら血を汲みだしても、あとからあとから血が湧《わ》きだしてくるのだから。医師たちの一人は後に、手術チームはみな〝肘《ひじ》まで血に漬かっているような〟状態だったと語っている。彼らはムソキの肝臓の一部を楔《くさび》状に切り取り――いわゆる肝生検だ――その切片を固定液の入った罎《びん》の中に落して、可能な限り素早くムソキの腹を閉じた。

試験開腹後、ムソキ医師の容態は急速に悪化し、腎臓の機能も衰えはじめた。彼は死にかけているかに見えた。そのとき、アントニア・バグショー医師が海外に出張する必要が生じたため、ムソキの介護はデーヴィッド・シルヴァースタインという医師に任されることになった。ムソキ医師の腎臓機能が低下し、人工透析が行なわれることが確実になったことで、病院には危機感がひろまった――同僚たちはみなムソキ医師を好いていて、彼を失いたくなかったのである。シルヴァースタイン医師は、ムソキが特異なウイルスに感染しているのではないかと疑いはじめた。彼はムソキの血液を採取して、血清を分離した。血清とは、血液から赤血球が除去された後に残る、透明な琥珀《こはく》色の液体である。シルヴァースタイン医師は血清を凍結させてから二か所の研究所に送って、検査を依頼した。二か所の研究所とは、南アフリカのサンドリンガムにある国立ウイルス研究所と、アメリカのジョージア州アトランタにあるCDC（疾病対策センター）だ。それから、シルヴァースタインは結果が出るのを待った。

診断

デーヴィッド・シルヴァースタインはナイロビに住んでいるが、アメリカの首都ワシントンの近郊にも家を持っている。ついこのあいだの夏のある日、私は彼の家にほど近いショッピング・モール内のコーヒー・ショップで、たまたま仕事でアメリカを訪れた彼と会った。われわれは小さなテーブルにすわり、彼はモネとムソキのケースについて語ってくれた。

シルヴァースタインは四十代の後半、小柄でほっそりした男である。口ひげを生やして眼《め》鏡《がね》をかけており、素早く動く視線は用心深そうな光を宿している。生粋のアメリカ人なのだが、その口調にはスワヒリ語の訛《なま》りがかすかにまじっているようだ。私と会った日の服装はブルー・ジーンズにデニムのジャケットだった。きれいに日焼けした肌、引き締まった体軀《たいく》。見るからに寛《くつろ》いでいる様子だった。彼はパイロットの免許も持っていて、自家用機を自分で操縦する。経営する診療所は東アフリカ最大の規模で、ナイロビでは広く名の知れた有名人の一人である。現在ケニアの大統領ダニエル・アラップ・モイの主治医をつとめており、モイ大統領が海外に出かけるときは必ず同行する。東アフリカの有名人たちはたいてい彼の厄介になる。サファリの最中に急病になった男優や女優、堕落した政治家、それに没落したイギリス系アフリカ人の貴族たち。若かりしころ社交界を騒がせたレイディ・ダイアナ・デラメアが晩年旅をしたとき、そのかたわらには必ず主治医としてシルヴァースタインが付き添っていた（そのおかげで彼女は生き延びることができたのである）。彼はまたベリル・マーカムの主治医でもあった。長年、東アフリカで飛行家として活躍したマーカムは、その生涯の回想録『西への夜間飛行（West with the Night）』で有名だが、一時期、ナイロビ・エアロ・クラブを溜《たま》り場にしていた。そこでの彼女は、威勢のいい、男まさりの酒飲みとして有名だった（「自分の知り合った頃《ころ》の彼女は、飲んだくれの老婦人だったな」とはシルヴァースタインの言である）。

彼の扱った患者、ムソキ医師もまた、疫病の世界ではある種の有名人の仲間入りをしている。

「わたしはもっぱら、ムソキ医師の体力の保持に努めたんだ」シルヴァースタインは私に語った。「こちらにできることは、それくらいだったからね。彼に栄養を与え、すこしでも熱を下げるように努めた。わたしとしては、何らの作戦プランもなしに治療を行なっているようなものだったのさ」

ある晩、午前二時に、ナイロビのシルヴァースタイン邸の電話が鳴った。かけてきたのはケニア駐在のアメリカ人研究者だった。南アフリカ共和国の研究者たちが、ムソキの血液中に奇怪なものを発見したという。「彼はマールブルグ・ウイルスに感染してるんだ。これは容易ならざる事態だぜ。マールブルグってやつは、まだほとんど知られてないからな」

シルヴァースタイン自身、マールブルグ・ウイルスという言葉は初耳だった。「その電話を受けた後、眠れなくなってしまってね」と、彼は言った。「マールブルグってのは何だろうと、そればかり気になって、ある種の幻影まで浮かんでくる始末さ」彼はベッドに横たわったまま、同僚にして友人であるムソキ医師の受難について考えつづけた。病院の医療スタッフの間に、いったいどんな病原体が広がったのかと考えると恐ろしくなった。〝マールブルグってやつは、まだほとんど知られてないからな〟という電話の声が、繰り返し頭によみがえってくる。どうしても寝つかれずに、シルヴァースタインはとうとう服を着て、病院まで車を走らせた。自分の研究室に着いたときには、夜がしらじらと明け始めていた。彼はウイルス関連の参考書をとりだして、マールブルグ・ウイルスの項を調べた。

説明は短かった。マールブルグ・ウイルスの発生地はアフリカだが、ドイツ語の名前がついている。ウイルスは、最初に発見された場所にちなんで命名されるのが普通である。マールブルグは森と草原に囲まれた北ドイツの古い町で、緑の渓谷に抱かれていくつかの工場が建っている。このウイルスがそこで猛威をふるったのは、一九六七年のことだった。アフリカ・ミドリザルの腎臓《じんぞう》細胞を使ってワクチンを製造しているベーリング・ワークスという工場が、その舞台となったのである。ベーリング・ワークスは中部アフリカから定期的にサルを輸入していた。ウイルスは、ウガンダのエンテベから何回かに分けて空輸された総数五、六百匹のサルにまぎれてドイツに侵入したらしい。実際にそのウイルスにとりつかれていたのはわずか二、三匹のサルで、おそらく一見したところでは病気のようには見えなかったのだろう。いずれにしろ、ベーリング・ワークスに到着した直後にウイルスはサルの間に広がりはじめ、そのうちの数匹が〝崩壊〟し、〝大出血〟した。マールブルグ病原体は人知れず中部アフリカからドイツまで移動し、そこに到着すると同時に種の境界を飛び越えて人間のあいだに出現した。これはウイルスの増殖の一例である。

マールブルグ・ウイルスに最初に感染したのは、ベーリング・ワークスのワクチン工場従業員、クラウス・Fという人物だった。サルに食料を与えて、檻《おり》を清掃するのが彼の任務だった。彼は一九六七年八月八日にウイルスに感染し、二週間後に死亡した。マールブルグ病原体に関して知られていることはごくわずかで、研究書も一冊しか公刊されていない。それは、一九七〇年、マールブルグ大学で開催された、このウイルスに関するシンポジウムで発表された論文をまとめたものである。そこには以下のような事実が公表されている。

サルの世話係ハインリッヒ・Pは、一九六七年八月十三日にヴァカンスからもどり、十四日から二十三日にかけてサルを殺す任務を遂行した。最初の徴候は八月二十一日に現われた。

実験室の助手レナーテ・Lは、八月二十八日に、試験管を消毒しようとして、割ってしまった。その試験管にはウイルスに感染した物質が入っていた。彼女は一九六七年九月四日に発症した。

犠牲者たちは感染後七日頃から頭痛を覚えはじめ、その後は高熱、血栓、激しい出血、ショックと、坂道を転げ落ちるように病状が悪化していった。数日間というもの、マールブルグの医師たちはこの世の終りが近づいたのかとすら思ったという。結局三十一人がこのウイルスに感染し、そのうち七名が血の海の中で息絶えた。マールブルグ・ウイルスの致死率は約二十五パーセント。これはマールブルグが飛び抜けて凶悪な病原体であることを示している――患者が生命維持装置の世話になれるような最新設備の整った病院でも、マールブルグは感染患者の四人に一人を殺してしまうのである。その点、同じく致死性の高いウイルスと見なされている黄熱の場合は、病院の治療を受けた患者の約二十人に一人が死亡するにすぎない。

マールブルグはフィロウイルスと呼ばれるウイルス科に属している。最初に発見されたフィロウイルスがマールブルグだった。〝フィロウイルス〟という名称はラテン語で、〝ひも状ウイルス〟を意味する。フィロウイルス同士は互いに兄弟のように似ているが、この地上の他のいかなるウイルスにも似ていない。ほとんどのウイルスは胡椒《こしょう》の実に似た球状をしているのに対し、フィロウイルスはもつれたロープ、髪の毛、ウジ虫、ヘビ等の形状にたとえられている。とりついた人間を殺してしまったときによく見られるように、これらフィロウイルスがウジャウジャ集まっているところは、一皿のスパゲッティが床にぶちまけられた様に似ている。マールブルグ・ウイルス粒子は、身を反り返らせて環状になることもある。その環は、スナック菓子のチェリオに似ている。マールブルグは現在知られる限り、輪のような形をした唯一のウイルスなのだ。

ドイツで猛威をふるった際、マールブルグ・ウイルスが人の脳に与えた影響は、戦慄《せんりつ》すべきものだった。それは狂犬病の症状にも似ていた。このウイルスに侵されると狂犬病のように中枢神経が損なわれるため、脳が障害を受けるのである。粒子の形状という点でも、マールブルグ・ウイルスは狂犬病ウイルスのそれに似ている。狂犬病のウイルスの粒子は弾丸のような形をしている。弾丸を両端から引っ張れば、ひものような形になるだろう。そのひもを輪のように結べば、マールブルグ・ウイルスの形になる。最初の頃、マールブルグは狂犬病と関連があると考えて、医師たちはそれを〝引き伸ばされた狂犬病ウイルス〟と呼んだ。が、後日、マールブルグはそれ自体の独自な科に属することが明らかになったのである。

シャルル・モネが死んでまもなく、フィロウイルス科にはマールブルグのほかに〝エボラ〟と呼ばれる二種のウイルスが加わった。それは〝エボラ・ザイール〟と〝エボラ・スーダン〟と命名されている。マールブルグはこの三兄弟のウイルスの中では、〝最もおとなしい〟ウイルスなのだ。いちばん凶悪なのは、エボラ・ザイールである。エボラ・ザイールに感染した人間は、十人中九人が死んでしまう。死亡率は九十パーセント。まことエボラ・ザイールは、人間界の大量殺戮《さつりく》者だと言っていいだろう。

マールブルグ・ウイルス――おとなしい弟――は、人間の肉体のほとんど全組織を侵してしまうという点で、放射能にたとえられるかもしれない。それはすさまじい獰猛《どうもう》さで、内臓、結合組織、腸、そして皮膚を攻撃するのだ。ドイツの事例では、生存者たちは例外なく頭髪を失った――彼らは完全な、もしくは部分的な禿頭《とくとう》になったのである。彼らの頭髪はその毛根から壊死《えし》し、放射能を浴びたかのように、束になって抜け落ちた。おまけに肉体の孔《あな》という孔から出血が起きた。私は、マールブルグ・ウイルスに侵された人間の、死ぬ数時間前に撮られた写真を見たことがある。彼は上半身裸でベッドに横たわっている。顔にはまったく表情がない。胸、腕、顔は打撲傷のような血斑《けっぱん》に覆われ、乳首には血の滴が滲《にじ》み出ていた。

生き残った者が回復する過程では、顔、両手足、それに性器の皮膚が剝《は》がれ落ちた。男性の患者の中には睾丸《こうがん》がふくれあがって、腐れかけた者もいた。その最悪の症状が現われたのは、このウイルスに感染した死体を取り扱っていた死体置場の係員のケースだと言われる。感染による症状が緩和してからも、その精液にはマールブルグ・ウイルスが棲《す》みつき、回復後数か月間、感染力を持ちつづけたのである。それはあたかもウイルスが睾丸を定住の場に選んで、増殖しながら棲みついたかのようだった。ウイルスはまた、眼球内部の液体内にも数か月にわたって残留しつづけた。マールブルグがなぜ睾丸と眼球に特別な愛着を抱くのか、説明できる者はいない。セックスを通じて妻にマールブルグを感染させた男性も一人いた。

マールブルグ病原体は人間の脳にも奇妙な影響を与えることに、医師たちは気づいた。

〝患者の大半は不機嫌な、攻撃的、もしくは反抗的な態度をとるようになった〟と、シルヴァースタインの参照した研究書には記されている。〝パン粉の上に寝ているような感覚につきまとわれた患者も二人いた〟。

一人の患者は精神に異常を来したが、これは明らかに脳の障害の結果だった。ハンス・O

・Vという患者は、精神異常の徴候を当初まったく見せなかった。高熱も下がって、回復に向かうかに見えた。ところが突然、何の前触れもなく血圧が急低下し、瞳孔《どうこう》が拡大して黒い深みのある斑点のようになった――彼は〝崩壊〟しつつあったのだ――そして死亡した。直ちに解剖が行なわれ、頭蓋《ずがい》をひらいたところ、脳の中央に大量の致命的な出血が認められた。彼は自らの脳の中に〝大出血〟したのである。

世界の主要厚生機関は、マールブルグ・ウイルスがこの自然界のどこで棲息《せいそく》しているのか特定すべく、ミドリザルの原棲息地の発見に躍起になった。が、このウイルスが本来サルの中に棲みついているのでないことは明らかだった。なぜなら、このウイルスはあまりにも迅速にサルを殺してしまうので、彼らの中に定着する暇がなく、彼らを有益な宿主にすることが不可能だからだ。とすると、マールブルグは何か別の宿主の中で生きていることになる――それは何らかの昆虫なのだろうか？　ネズミだろうか？　蜘蛛《くも》だろうか？　それとも爬虫《はちゅう》類だろうか？　そもそもミドリザルが捕獲されたのはどこだったのだろう？　それが重要なのは、その地こそがウイルスの隠れている場所である公算が高いからだ。ドイツで患者が大量発生した直後、WHO（世界保健機関）の調査官の一団がウガンダに飛んで地元のサル捕獲業者たちを尋問した。彼らはいったいどこでサルを捕獲したのか？　業者たちの答はきわめて曖昧《あいまい》だった。彼らの口は実に重く、捕獲した場所も記憶していないらしかった。調査官たちは結局、捕獲場所はウガンダ中部の密林、という結論を出したものの、サルの原棲息地やウイルスの発生源を発見することはできずに終ったのだった。

こうして、謎《なぞ》は未解決のままに終った。それから十五年たった一九八二年、あるイギリス人の獣医がマールブルグ・ウイルスに感染したサルに関する興味深い情報を公にした。仮にこの人物をミスター・ジョーンズと呼ぶことにしよう（彼は現在も匿名を希望している）。マールブルグ・ウイルスがドイツで浮上したあの一九六七年の夏、ミスター・ジョーンズは問題のミドリザルを輸出したエンテベの貿易商会で臨時のサル検査官を務めていた。正規の検査官は夏のヴァカンスに出かけていたのである。この貿易商会はドイツ人の裕福なサル捕獲業者が経営していて（ミスター・ジョーンズによると、〝愛すべき小悪党〟だったという）、年間約一万三千匹の猿をヨーロッパに輸出し、ウガンダの基準に照らせば巨額の利益をあげていたという。ウイルスに感染したサルたちは最初夜行便でロンドンに送られ、そこからドイツに空輸された——そこでウイルスはサルの間から出現し、人間界に定着しようと〝試みた〟わけである。

あちこちに数え切れないくらい電話をかけた後、私はとうとうイギリスのケンブリッジに住んでいるミスター・ジョーンズを捜し当てた。彼はケンブリッジ大学のある職を定年で退《しりぞ》いてから、獣医学のコンサルタントとして目下働いている。

ミスター・ジョーンズは私に言った。「あのとき、輸出される前にサルたちが受けたのは、目視検査だけだったんだ」

「その検査をしたのはだれだったんです？」私は訊《き》いた。

「わたしだ」彼は答えた。「検査の目的は、一目《ひとめ》で病気とわかるサルを選《よ》り分けることでね。

輸出されるサルの中には、傷を負ったり皮膚に異常のあるサルがときどきまじっていたんだ」

彼の仕事はそういうサルを選別することで、それらのサルは輸送機に積み込まれる前に除外されたという。それから数週間後、送りだしたサルの間からマールブルグ病にかかったものが出たと聞いて、ジョーンズは打ちのめされた。「とにかく、愕然《がくぜん》としたね。なぜって、輸出承認書にサインしたのは、このわたしだったのだから」と、彼は私に語った。「いまでは、あのときの犠牲者たちの死に責任を感じているよ。というと、あのとき自分にできることが何かあったように聞こえるかもしれないが、本当のところ、こちらにできることなど何もなかったんだよ」

事実、その通りだっただろう。当時、このウイルスは科学界には知られていなかった。一見しただけでは病気に見えない、ほんの二、三匹のサルがあの災厄をもたらしたのである。彼を責めることは、だれにもできないはずだ。

ミスター・ジョーンズの証言は、さらに奇怪な色を帯びてゆく。彼はつづけた。「わたしはてっきり、病気のサルは殺されたものと思ってたんだ」ところが、そうではなかったことを、彼は後に知った。くだんの貿易商会のドイツ人のボスは、なんと病気のサルを木箱に詰めてヴィクトリア湖に浮かぶ小島に送らせていたのである。そこでサルたちは解き放たれた。それほど大量の病気のサルが飛びまわっていたからには、おそらくその小島はサルのウイルスの中心地になったことだろう。「しかも、そのボスときたら、サルが足りなくなるとわたしに無断でその小島に出かけて、必要な数を捕獲していたんだからね」

　マールブルグ病原体がこの島に定着し、サルたちの間を循環していた可能性は十分にある、とミスター・ジョーンズは考えている。ドイツに渡ったサルの何匹かはもともとその島で捕獲されたのかもしれない、とも彼は見ている。だが、後日、WHOの調査官たちが訪れたとき、〝わたしはドイツ人のボスから、訊かれたこと以外何も言うな、と口止めされてたんだ〟。結局、ミスター・ジョーンズに何らかの問いをぶつけた者は一人もいなかった——彼はWHOの調査官たちに会わずに終ったのだ。調査官たちがサルの検査官たる彼と会わなかったのは、〝疫学的には遺憾なことだったけれども、商売の上では好都合だった〟とミスター・ジョーンズは私に語った。もしそのとき彼が病の蔓延《まんえん》しているヴィクトリア湖の小島の存在を明かしていたなら、ドイツ人のサル輸出業者は営業停止処分をくらっていただろう。仮にそこまでいかなくても、疫病を恐れるヨーロッパのサル業者たちからの注文は激減し、ウガンダは貴重な外貨獲得源を失っていたかもしれない。

　マールブルグ病の発生した直後、ミスター・ジョーンズは、考えれば考えるほど重要に思われてくるある事実を思いだした。一九六二年から一九六五年にかけて、彼は東ウガンダのエルゴン山の麓《ふもと》に駐在し、牛の病気の検査をしていた。あるとき彼は地元の族長の一人から、エルゴン山の北側、グリーク川沿いで、多数の住民が奇病にとりつかれているという話を聞かされた。その病気にかかると、〝皮膚に奇妙な発疹《はっしん》〟ができ、大量出血したあげく死亡するという。しかも、同地域に棲《す》むサルたちも似たような病気で死亡しているというのだ。そのときミスター・ジョーンズは噂《うわさ》の真偽を確かめることはしなかったので、その病気の原因は確認できなかった。が、いまにして思えば、ドイツにおけるマールブルグ病の発生に先立つ数年前、すでにエルゴン山の麓でこのウイルスがひそかに出現していたことは十分に考えられるのではあるまいか。

マールブルグ・ウイルスに関するミスター・ジョーンズの回顧談は、暗い穴を照射する懐中電灯の光のように私には思える。それは熱帯性ウイルスの発生と伝播《でんぱ》現象に関して、局部的ながらも驚くべき実相をかいま見させてくれるのだ。彼の話によれば、マールブルグに冒されたサルの一部がとらえられたのは、ヴィクトリア湖上のセセ群島という島嶼《とうしょ》だったという。セセ群島はヴィクトリア湖の北西にある低い森に覆われた島々で、エンテベから簡単にボートで渡ることができる。ウイルスの発生源の島はその中の一つだったかもしれないし、その近くにあったのかもしれない。その島の名を、ミスター・ジョーンズは覚えていない。とにかく、エンテベに〝近い〟島だった、と彼は言う。

ミスター・ジョーンズの当時のボスであるエンテベのサル捕獲業者は、このセセ群島の村人たちからサルを買いあげる段取りをつけた。村人たちにとって、作物に害をなすサルはペストのようなものだったから、彼らを捕獲してもらうことに異存はなかった。金になるとなれば、なおさらだった。こうして捕獲業者はセセ群島から野生のサルを集め、明らかに病気とわかるサルはエンテベの近くのどこか別の島に放っていた。そして、それらのサルの何匹かが、その後ヨーロッパに渡ったらしいのだ。

セセ群島に面したヴィクトリア湖の西岸、パピルスの茂る荒涼たる低地に、カセンセロという漁村がある。この村からは、セセ群島がよく見える。カセンセロは、エイズが最初に出現した場所の一つだった。以来、ヴィクトリア湖の北西岸がエイズの初期発生地の一つだったことが疫学者たちによって確認されている。エイズに最初に感染したのはアフリカのサルや類人猿だったというのが、現在の定説だ。そのサルや類人猿から、エイズは何らかの経路で人間界に飛び火したらしい。その際エイズは実に迅速な一連の突然変異を繰り返し、その結果人間のあいだにうまく定着したのだった。エイズ・ウイルスが出現して数年もすると、カセンセロの村はすっかり荒廃してしまった。住民の大半が死亡したからだ。ヴィクトリア湖岸の他の村の中にも、地図の上から消滅してしまったところがいくつかあると言われている。

カセンセロの村人の大半は漁師で、彼らは当時密輸業者として有名だった。それはいまも変わらない。彼らは船外機つきのカヌーで密輸品を運び、セセ群島を隠匿場所として利用していた。当時ヴィクトリア湖のあちこちにサルを転送していた捕獲業者は、当然カセンセロの密輸業者やその隣人たちとも接触があったと見ていいだろう。

エイズの起源に関しては、こういう説がある。一九六〇年代の後期に、アフリカでは、ある新しいビジネスが急成長をとげた。医学研究用のサルの先進国への輸出、がそれだ。そのサルの最大の輸出国がウガンダだった。中部アフリカの各地でサル貿易が定着するにつれて、それに携わる地元の労働者たち、すなわちサルの捕獲者や飼育係が、特異なウイルスに感染したものを含む大量の野生のサルと接触することになった。そうして捕獲されたサルのほうも、狭い檻《おり》に詰め込まれたため、ウイルスをうつしたりうつされたりすることになった。そればかりか、それらの檻では異なる種類のサルも一緒に詰め込まれた。それは、種を飛び越える能力を持つウイルスにとって、大量に発生するための格好の環境だったにちがいない。それはまたウイルスの急速な進化を促す自然の実験室ともなって、ＨＩＶ（ヒト免疫不全ウイルス）の誕生につながったのだ――。

この説に果たしてどの程度の妥当性があるのかはわからない。ＨＩＶはサル貿易の結果として人間界に飛び火したのかどうか。エイズは本当にヴィクトリア湖上の島で誕生したのかどうか。それはだれにも断定できない。エイズとマールブルグの起源を探ろうとすると、光は急に弱々しく薄れて、視界は暗転してしまう。だが、どうやら、この二つのウイルスの間には隠れたつながりがあるらしい。いずれのウイルスも、同一のパターンの一部のように思われるのである。

マールブルグ・ウイルスの恐ろしさを知ったとき、デーヴィッド・シルヴァースタイン医師は、ナイロビ病院を閉鎖するようケニアの厚生当局を説得した。ほぼ一週間にわたって外来の患者は追い返され、六十七人の人々が病院内で隔離された。その大半は医療スタッフだった。そこに含まれていたのは、モネの検屍《けんし》を行なった医師、モネやムソキ医師の看護に当った看護師、ムソキの手術を行なった外科医チームと看護師、それにモネやムソキの分泌物を扱ったことのある看護師、アシスタント、技師等々だった。その後明らかになったのだが、病院のスタッフの大半がモネやムソキと直接接触していたり、彼ら二人の患者の血液サンプルや体液等に触れていたのである。ムソキの手術に参加した外科医たちは、手術中〝肘《ひじ》まで血に漬かった〟ことをよく覚えていたから、二週間の隔離期間中、冷や汗を流しながら、自分たちもマールブルグ病を発症するのではないかと気が気ではなかったという。

たった一人の〝人間ウイルス爆弾〟がある日救急外来に入ってきて、そこで〝崩壊〟する。その結果、病院は休業に追いやられてしまったのだ。シャルル・モネはまさしく病院の喫水線下に命中したエグゾセ・ミサイルのようなものだったのだろう。

幸いなことに、シェム・ムソキ医師は凶悪なウイルスとの闘いに勝ち抜くことができた。彼が発病してから十日後、病状が改善しはじめたことに医師陣は気づいた。それまで、ただ言われるがままにベッドに横たわっていた彼が、その状態に不満を示し、怒りだして、薬の服用を拒んだのである。ある日、看護師が寝返りを打たせようとすると、彼は拳《こぶし》を振りまわして叫んだ。「ぼくは杖《つえ》を持ってるんだ。これで殴るぞ」

その頃を境に彼の病状は山を越し、高熱も引いて目の赤みもとれだした。頭の働きやふだんの個性もよみがえってきた。ゆっくりと、だが完全に、ムソキ医師は以前の自分にもどりはじめた。今日の彼はナイロビ病院の中心的な医師の一人で、デーヴィッド・シルヴァースタインのグループの一人として活動をつづけている。

ある日、私はムソキ医師にインタヴューしてみた。マールブルグ・ウイルスに感染していた数週間の記憶はまったく残っていない、と彼は言う。「実際、断片的な記憶しか残ってないんですよ。覚えているのは、意識が混濁しはじめた頃のこと。それから、手術の前に点滴のチューブを腕からぶらさげて部屋を出たこと。それに、ベッドで寝ているわたしに、看護師が何度も寝返りを打たせてくれたことも覚えてますね。でも、苦痛はあまり覚えていません。苦痛で覚えているのは筋肉痛と腰の痛みですね。ああ、それと、モネの吐瀉物《としゃ》を体に浴びたことも覚えてますよ」

ナイロビ病院のスタッフで、マールブルグ・ウイルスに感染したとはっきり断定された者は、彼以外に一人もいない。

あるウイルスが人類の間に潜入しようと〝試みる〟とき、もしその予兆があるとしたら、それは異なる時、異なる場所で、散発的に発病者が出ることだと言えるかもしれない。それは、〝小規模発病〟のケースと言えるだろう。ナイロビ病院で起きたのは、一つの孤立した発病の事例だった。そう、まだ未知の威力を秘めた熱帯雨林のウイルスが、人類の間に連鎖的な伝染を起こさせるべく、その第一歩を記した〝小規模発病〟のケースだったのである。

試験管に入れられたムソキ医師の血液は世界中の研究室に送られたため、各研究室のウイルス・コレクションに生きたマールブルグ・ウイルスのサンプルが加えられた。ムソキ医師の血中のマールブルグ・ウイルスは、もともとシャルル・モネの黒い吐瀉物中にあったものである。今日、このマールブルグ・ウイルスの株は、〝ムソキ株〟として知られている。そのうちのいくつかは、アメリカ陸軍の保有する冷凍庫中のガラス罎《びん》にも納められた。かくしてマールブルグ・ウイルスは、殺人ウイルスの〝動物園〟の中で永遠に保存されることになったのだった。

女性兵士

一九八三年九月二十五日　一八：〇〇時

メリーランド州サーモント。シャルル・モネの死から三年目。夕刻。典型的なアメリカの町。州中央部を北から南に走るアパラチア山脈の一支峰、カトクティン山の木々の葉はかすかに色彩を変えて、柔らかな黄金色に輝きつつあった。ピックアップ・トラックでゆっくりと町の通りを流すティーンエイジャーたちは、何か面白いことを探し求めながら、夏がまだつづいてくれないかと願っていた。が、大気には早くも秋の香りが仄《ほの》かに漂っている。それは熟しつつあるリンゴの香りであり、枯れ葉の匂《にお》いであり、畑で乾燥しつつあるトウモロコシの茎の香りだった。町はずれのリンゴ畑では、夜を迎えるべく、大ムクドリモドキの群が鳴きながらリンゴの木の枝に止まっている。ゲティスバーグ・ロードでは、北に向かう車のヘッドライトが切れ目なくつづいていた。

町の中心に近い、とあるヴィクトリア風の家のキッチンでは、アメリカ陸軍の獣医ナンシー・ジャックス少佐がカウンターの前に立って、子供たちの夕食の用意をしていた。電子レンジに皿を入れると、彼女はボタンを押した。今夜の夕食はチキンだ。ナンシー・ジャックスは素足で、Tシャツにスエット・パンツという格好だった。彼女の足にはたこができている。空手の訓練の結果だった。赤褐色の髪にはウェーヴがかかっていて、肩の上でカットされている。目の色はグリーンだが、よく見ると、瞳《ひとみ》の外側にもう一色、琥珀《こはく》色の輪がある。彼女は以前、同窓会の女王、カンザス州のミス・アグリカルチャー（農業）に選ばれたことがある。体つきはいかにもスポーツウーマンらしく引き締まっている。手の動きも機敏で、ちょっとした仕草も素早かった。いま、子供たちは疲れて、落ち着きがない。彼女は夕食の支度を急いだ。

五歳の娘のジェイミーがナンシーの足にまとわりついていた。ジェイミーにスエット・パンツの足を引っ張られて、ナンシーはそっちによろめく。ジェイミーが反対側に引っ張ると、ナンシーはまたそっちによろめく。五歳にしてはジェイミーは小柄で、母親の緑色の瞳を受け継いでいる。七歳になる息子のジェイスンは、居間でテレビを見ていた。彼はストローのように細くて、口数が少ない。このまま成長すれば、おそらく父親のように長身の男性になることだろう。

ナンシーの夫、ジェリー・ジャックス少佐もやはり獣医だった。彼はいまテキサスに講習を受けにいっているので、ナンシーが一人で子供たちの相手をしているのだ。ジェリーはテキサスから電話をかけてきて、言った。こっちはすさまじく暑いんだ。早く家に帰って、おまえに会いたいよ。その思いは、ナンシーも同じだった。なにせ二人は、大学生時代に初めてデートをして以来、二、三日以上離れていたことが一度もないのだから。

　ジャックス夫妻は、二人とも〝ワンワンのお医者さんたち〟の小さな兵科、陸軍獣医部隊に属していた。彼らの任務は、陸軍の飼っている各種の動物たちの面倒を見ることである。軍用犬、軍馬、軍牛、軍羊、軍豚、軍騾馬《らば》、軍兎、軍鼠、そして軍猿。軍の糧食の点検もまた、彼らの任務に入っている。

　ナンシーとジェリーがそのヴィクトリア風の家を購入したのは、フォート・デトリック基地に転勤になって間もないときだった。それは基地への通勤には便利な場所にあり、二人はゆっくりと時間をかけてインテリアの補修を行なっていた。キッチンはとても狭く、目下壁には各種のパイプやコードが這《は》いずりまわっている。居間はキッチンからさほど離れていない。そこには張り出し窓があって、各種の熱帯植物や羊歯《しだ》類の鉢が置かれている。ハーキーという名のアマゾン産のオウムが飼われている鳥籠《とりかご》は、それらの鉢の間にある。そのオウムが歌いだした。

　　　ハイホー、ハイホー、
　　　さあ、仕事から帰ってきたぞ！

「マミー！　マミー！」ハーキーは興奮して叫ぶ。その声はジェイスンに似ている。

「なあに、どうしたの？」答えてしまってから、オウムの声だったことにナンシーは気づいて呟《つぶや》く。「変なオウム」

ハーキーは籠から出してもらいたがっているのだ。ナンシーの肩に止まりたがっているのである。「マミー！　マミー！　ジェリー！　ジェイミー！　ジェイスン！」家中の人間の名をハーキーは叫ぶ。それでも見向きもされないとわかると、こんどは『戦場にかける橋』の主題歌〝クワイ河マーチ〟を口笛で吹きはじめる。それから――「なあに？　なあに？　マミー！　マミー！」

ナンシーはハーキーを籠から出したがらない。

彼女は皿やフォーク類をてきぱきとカウンターに並べていった。フォート・デトリック基地の士官たちの中には、彼女の手の動きにどこかしら唐突なものを認めて、危険な状況でデリケートな手作業をするには〝動きが早すぎる〟と言った者がいる。

ナンシーが空手の練習をはじめたのは、一つには自分の手足の動きをもっと沈着、且《か》つなめらかで、力強くしたいと思ったからだった。それと、陸軍で昇進していこうと願う女性士官に共通のフラストレーションを発散したかったせいもある。彼女の身長は五フィート四インチ。だが、練習の相手には、身長六フィートの巨《おお》きな男性兵士を選ぶ。彼らを小突きまわすのが楽しいのだ。相手の頭より高くキックできると思うと、痛快なのである。練習相手と闘うとき、ナンシーは手より足のほうをよく使う。彼女の手はとても繊細だからだ。一方、足は強靱《きょうじん》そのもので、四枚重ねの板をまわし蹴《げ》りで割ることもできる。いまでは素足で男を蹴り殺せるくらいのところまで技量は上達しているが、それ自体は格別嬉《うれ》しくもない。練習がある日など、彼女はときどき爪先《つまさき》を骨折したり、鼻を血まみれにしたり、目の下を黒く腫《は》らしたりして帰宅することがある。夫のジェリーはそれを見て首を振り、ひそかに胸に呟く——ナンシーのやつ、また痣《あざ》をこしらえちまって。

　ジャックス家の家事はナンシーの担当だが、彼女にとってはそれが苦痛だった。絨緞《じゅうたん》にしみこんだグレープ・ゼリーを苦労してとりのぞいたところで、何の達成感も得られはしない。それにだいいち、彼女にはふだんそんな悠長な暇はなかった。が、ときどき発作的に掃除意欲が湧《わ》いてきて、一時間ほど家の中を駆けまわっては、散らかっている物を片っ端からクローゼットに放り込んだりする。それと、家族のための食事の準備をするのも彼女の分担だった。ジェリーは、からっきしキッチンでは役に立たないのだ。彼には衝動買いをする癖があって、それで口論になることもたびたびあった。彼の衝動買いの実例としては、バイクやヨットがある。ヨットを買ったのは、カンザス州のフォート・ライリー基地に駐屯しているときだった。そしてもう一つ。あの、ディーゼル・エンジンを搭載した、赤い革のインテリアの、とんでもないキャデラック。彼ら夫婦は最初そのキャデラックで一緒に通勤していたのだが、まだローンの返済も終らないうちに、その車は走行中物凄《ものすご》い黒煙を噴きだしはじめた。ある日、ナンシーは堪忍袋の緒が切れて、ジェリーに言いわたした。「あなたはいくらでも好きなだけ、あの赤革の車に乗ってればいいわ。でも、あたしはもうごめんですからね」

　で、二人はそのキャデラックを売っ払い、代わりにホンダ・アコードを買ったのだった。

　ジャックス夫妻の家は町のヴィクトリア風の住宅としては最大で、屋根はスレート張り、窓は縦長、レンガ造りの小塔があちこちにあり、小さな丸屋根の塔まで一つ備わっていた。場所は賑《にぎ》やかな町角で、近くに救急病院があった。それが計算違いだった。夜間とんでもない時刻に鳴りわたるサイレンで起こされることが、しょっちゅうあったからである。もっとも、その家の買い値は安かった。長いあいだ空き家で、窓は割れていたし、おまけに前の家主が地下室で首吊《つ》り自殺をしたという噂《うわさ》が町には流れていた。ジャックス夫妻がその家を購入してしばらくしたとき、死んだ家主の未亡人が玄関に現われた。しなびた老婦人で、自分の前の家がどう変わったのか見にきたのだという。彼女は青い目をじっとナンシーの面上に据えて言った。「ねーえ、あなたはきっとこの家が嫌いになるわよ。わたしがそうだったんだから」

ジャックス家では、オウム以外にもいろいろ動物を飼っている。居間にある檻《おり》の中にはサンプスンという名のニシキヘビが棲《す》んでいるのだ。彼はときどき檻から逃げだして、ダイニング・テーブルを支える中空の柱をのぼり、その中に入り込んで眠ってしまう。それから数日後に目覚めるまでは、そこを動かない。ダイニング・テーブルの中でニシキヘビが眠っているかと思うと、ナンシーは肌が粟立《あわだ》つ思いだった。夕食の最中にサンプスンが目を覚ましたらどうしよう。ナンシーの書斎は丸屋根の小塔の中にあった。あるときサンプスンが逃げだして、二、三日姿を消したことがあった。また例のところだなとみて、サンプスンを追い出そうと、一家全員でダイニング・テーブルをどんどん叩《たた》いた。ところが、出てこない。ある晩遅くナンシーが書斎で仕事をしていると、天井の梁《はり》からだらっとサンプスンが顔の前に垂れ下がり、目蓋《まぶた》のない目でじっと彼女を見つめた。さすがのナンシーも悲鳴をあげたという。

ジャックス家では、ほかにアイリッシュ・セッターとエアデイル・テリアも飼っている。夫婦が転勤になると、それらの動物たちも箱や檻に入れられて、一家と移動する。彼らはジャックス家の〝動く生態系〟なのである。

ナンシーは夫のジェリーを愛していた。彼は長身の、整った容貌《ようぼう》の主で、若白髪が生えている。ナンシーはその白髪を〝銀の髪〟だと思っている。自分を言いくるめて赤い革張りのディーゼル・キャデラックを買わせてしまうような、夫のあの〝銀の舌〟には似合いではないかと思っているのだ。ジェリーは鷹《たか》のように、鋭い茶色の目と隆《たか》い鼻を備えている。この地上で彼くらい深くナンシーを理解してくれる男性はいない。ナンシーとジェリー夫婦は、あまり派手な社交生活もしていない。二人は共にカンザス州の農場で生れ育った。二人の生家は互いに二十マイルと離れていなかったのだが、子供の頃《ころ》は顔を合わせたこともなかった。知り合ったのは、共にカンザス州立大学の獣医学部に進んだときである。知り合って数週間後には婚約し、ナンシーが二十になったときに結婚した。いよいよ卒業を迎えたとき、二人の家計は救いようのない赤字で、とても獣医の病院を開業できるようなゆとりはなかった。それで、二人揃《そろ》って陸軍に入隊したのだった。

月曜から金曜までは料理をしている暇はないので、ナンシーは土曜日にまとめて料理をすることにしている。鉄の鍋《なべ》でビーフ・シチューをこしらえたり、チキンを何羽かまとめて焼くことが多い。そして、できたものを袋に入れて冷凍しておくのだ。ウィークデイの晩はそれを冷凍室からとりだして、電子レンジで解凍する。今夜はチキンを解凍しながら、彼女は、野菜をどうしようかと考えていた。グリーン・ピースの缶詰などはどうだろう？　子供たちも、あれは好きだし。ナンシーにはカンザス州ウィチタで食料品店を経営している祖母がいるのだが、その祖母は〝リビー〟のグリーン・ピースしか客には売らない。ナンシーは食器棚をひらき、〝リビー〟のグリーン・ピースの缶詰をとりだした。

引出しを次々にあけて、缶切りを捜す。が、見つからなかった。で、攪拌《かくはん》用のスプーンだの、野菜の皮剝《む》きだの、調理用具がたくさん入っている大きな引出しをあけた。雑多な道具がごっちゃになっていて、見ているだけで頭が痛くなってくる。

缶切りなんかに頼るもんか。ナンシーは引出しから肉切り包丁をとりだした。まだ子供の頃、彼女は父親から、包丁で缶詰をあけたりしては絶対にいけない、とよく注意されたものだった。が、ナンシー・ジャックスは父親の忠告を真面目に聞いたことなど一度もない。彼女は肉切り包丁の尖《とが》った切っ先を缶詰に突き立てた。うまく突き刺さった。もっと深く突き刺そうと、右手の掌《てのひら》で包丁の柄の頭を叩いた。突然、手がすべり、刃の根本の部分にあたった。手はそのまま刃の上をすべった。止める間もなかった。刃先が手に深く食い込むのを感じた。

包丁がガタンと床に落ち、血がカウンターに滴った。「くそ！」思わず悪態が口をつく。切ったのは、右手の掌の中央部だった。かなり深い。刃先が骨に達してたり、腱《けん》まで切ってなければいいのだが。血を止めるために傷口をおさえ、流しの前に足を運ぶ。水道の栓をひねり、流れ出る水の下に掌を差しだした。流しは赤く染まった。指先を動かしてみる。自由に動いた。腱は切れていなかったのだ。思ったほどひどくはないのかもしれない。手を頭上にかざしながら浴室にいって、バンドエイドを捜した。血が固まるのを待って、傷口を左右からぴったり合わせ、その上からバンドエイドを貼《は》りつける。たとえ自分のものであっても、ナンシーは血を見るとぞっとするのだ。本能的な恐怖を覚えるのだ。血液中にはどんなものが潜伏し得るか、並の人間以上によく承知していたからである。

手に傷を負ったこともあって、その晩は子供たちのお風呂は休むことにし、いつものようにベッドの中で二人を抱いた。ジェイミーは彼女と一緒に寝た。いまは夫がいないので、ナンシーもそれは苦にならない。それに、そうすると子供たちがいっそう愛《いと》おしく思える。ジェイミーには、まだそうして安心させてやることが必要のようだった。父親が留守だと、ジェイミーはきまって、むずかるのだ。

エボラ・プロジェクト

一九八三年九月二十六日

　翌朝、ナンシー・ジャックスは四時に目を覚ました。ジェイミーを起こさないよう静かにベッドから起きだし、シャワーを浴びて制服を着る。黒いストライプ入りのグリーンの陸軍のスラックスに、同じくグリーンの陸軍のシャツ。それに、まだ日の出前で寒いので黒い軍用セーターを着る。セーターには金の樫《かし》の葉をかたどった少佐の肩章がついている。ダイエット・コークを飲んで眠気を払うと、ナンシーは丸屋根の小塔の中にある自分の書斎にのぼっていった。

　その日、彼女はバイオハザード用防護服を着ることになるかもしれなかった。彼女はいま、動物の疾病の研究、すなわち獣医病理学の訓練を受けているところだった。専門は、〝微生物危険レヴェル４〟に属する危険な病原体の研究にきまりかけている。この種の病原体を扱う場合は、バイオハザード用防護服の着用が義務づけられているのだ。彼女の直面している課題はもう一つあった。一週間後に迫った病理学の試験の勉強だ。その朝、町の東方のリンゴ園や野原の上に太陽が昇る頃《ころ》、ナンシーはテキストをひらいて読みはじめた。木々の枝でムクドリモドキがさえずりはじめ、眼下のサーモントの大通りをトラックが走りだす。肉切り包丁で切った右手の掌《てのひら》がまだ疼《うず》いていた。

七時になると、彼女は主寝室に降りてゆき、ベッドで身を丸めて寝ているジェイミーを起こした。次いで、ジェイスンの部屋に入ってゆく。ジェイスンはすぐには起きてくれない。何度か揺すぶって、ようやく起きてくれた。その頃、ミセス・トラペーンという年配のベビーシッターが到着する。彼女がジェイミーとジェイスンに服を着せて朝食を食べさせてくれているあいだ、ナンシーは書斎にもどって試験勉強を再開する。ミセス・トラペーンはいずれジェイスンをスクール・バスに乗せ、ナンシーが夜になって帰宅するまでジェイミーの面倒を家で見てくれるはずだった。

七時半になった。ナンシーはテキストを閉じて、子供たちに別れのキスをする。そうだ、きょうは銀行にいって、ミセス・トラペーンのお給料分のお金をおろすのを忘れないようにしなければ、と彼女は心に呟《つぶや》く。それからアコードに乗り込んで、カトクティン山の麓《ふもと》をめぐるゲティスバーグ・ロードを南に向かって走りだした。フレデリック市にあるフォート・デトリック基地に近づくにつれて、車の数が増え、渋滞がはじまる。ナンシーはハイウェイを降りて、基地のメイン・ゲートに到着した。衛兵が手を振って、通してくれる。彼女はすぐ右に曲がり、旗竿《はたざお》の立っている練兵場の前を通りすぎて、駐車場に車を止めた。すぐ近くに、コンクリートの黄色いレンガ造りの、窓のほとんどない大きな建物がある。その広さは、ほとんど十エーカーにのぼるだろう。その屋根にある高い通気管からは、密閉された微生物研究室からポンプで排出される、フィルターで濾過《ろか》された空気が吐きだされている。この建物が、United States Army Medical Research Institute of Infectious Disease（アメリカ陸軍伝染病医学研究所）、通称 USAMRIID である。

軍部の人間は、USAMRIID をただ〝研究所〟と呼ぶことが多い。この場所を USAMRIID という言葉で呼ぶときは、軍関連の常で音をいくらか引きのばし、〝ユーサムリッド〟というふうに発音する。ユーサムリッドの任務は、医学防衛である。この研究所の中では、兵士たちを生物兵器や伝染病から守る研究が日夜行なわれているのだ。なかでも、薬品やワクチンの開発、微生物封じ込めの研究が、中心課題となっている。ここでは常に、複数の研究が同時に進行している――たとえば、炭疽《たんそ》菌やボツリヌス菌のような各種のバクテリアに対抗するワクチンの研究や、非人工的な形で、もしくは生物兵器として使用されて、アメリカ軍部隊が感染する可能性のあるウイルスの特徴の研究等である。

開設当初のユーサムリッドの任務は攻撃的生物兵器の研究だった――そこでは爆弾に搭載して敵の上に投下し得るような恐るべきバクテリアやウイルスが開発されていたのだ。が、一九六九年、ニクソン大統領はアメリカにおける攻撃的生物兵器の開発を非合法化する大統領命令に署名した。以来、ユーサムリッドは防御的なワクチンの開発に専念し、致死性の高い微生物を統御する方法の基礎研究を集中的に行なってきた。現在この研究所には、怪物的なウイルスが人類の間に爆発的な感染を引き起こすのを阻止する各種のノウハウが蓄積されている。

ナンシー・ジャックス少佐は裏口からこの建物に入り、受付の衛兵にセキュリティ・バッジを示した。衛兵は笑いながら彼女に会釈した。そこから迷路のような通路を通り抜けて、ナンシーは高度警戒ゾーンのメイン・ブロックに入ってゆく。至るところに戦闘服姿の兵士たちや、身分証明バッジを胸につけた民間人の科学者や技師たちがいる。みな忙しそうに歩きまわっていて、廊下で立ち話をしている者はほとんどいない。

ナンシーは、夜の間にエボラ・サルの身に起きた変化を見てみたかった。彼女は微生物危険レヴェル0の通路を通って、AA―5、もしくは〝エボラ・エリア〟と呼ばれているレヴェル4の封じ込め区域に向かう。

各レヴェルは危険度に応じて0、2、3、そして最高度に危険な4に区分されている（なぜか、レヴェル1の区域は存在しない）。レヴェル2から4に至るすべての封じ込め区域は陰圧下に保たれている。そのため、万が一漏洩《ろうえい》事故が生じた場合でも、空気は外から内側に流れ込むのでホットなウイルスが外部に流れ出る事態は避けられるのである。AA―5室として知られるゾーンは、一連の陰圧封じ込め室から成っている。それをエボラ・ウイルスの実験室として開設したのが、軍属の科学者、ユージーン・ジョンスンである。

ジョンスンは、エボラ・ウイルスとその〝弟〟、マールブルグ・ウイルスのエキスパートだ。彼は何匹かのサルにエボラ・ウイルスを植えつけ、彼らに各種の薬を投与して、エボラ感染を阻止できるかどうか研究している。つい最近になって、サルたちは死亡しはじめた。

ナンシーは病理学者としてジョンスンのエボラ・プロジェクトに参加したのである。サルの死因を特定するのが彼女の役割だった。

ナンシーは壁の窓の前に立った。その窓は水族館のそれのような分厚いガラス製で、レヴェル4のエボラ・エリアを直接覗《のぞ》き込むことができる。が、サルの姿をその窓越しに見ることはできない。ここでは毎朝民間人の飼育係が宇宙服を着て中に入り、サルに餌《えさ》を与えてから、檻《おり》の清掃とサルの健康状態のチェックを行なっている。この朝、ガラスの内側には、メモを記した一枚の紙がテープで貼《は》りつけられていた。飼育係が貼っていったのだ。そこには、前夜二匹のサルが〝倒れた〟と書かれていた。その二匹のサルはつまり、〝崩壊〟して〝大出血〟したのだ。

そのメモを目にしたとき、きょうは防護服を着て死んだサルを解剖することになるな、とナンシーは覚悟した。エボラ・ウイルスは動物の臓器を破壊してしまう。死体は死の直後から変質してゆく。たとえ冷蔵庫に入れて冷たく保っていても、組織がゼリーのように柔らかくなってしまうのだ。したがって、自然発生的な融解がはじまる前に、素早く解剖したほうがいい。ガンボ・シチューのようになったものを解剖することは不可能だからである。

ナンシー・ジャックスがこの研究所の病理学者グループへの参加を申請したとき、指揮官の大佐はなかなか首を縦にふろうとはしなかった。それはきっと、自分が女性だからだろう、とナンシーは考えた。指揮官は彼女に言った。「この仕事は既婚の女性には向いてないんだよ。既婚の女性がこの仕事に加わると、任務を怠けるか、家事を怠けるか、どちらかになりがちだからね」

ある日ナンシーは、なんとか自分の力を認めてもらおうとして、詳《くわ》しい履歴書を指揮官のオフィスに持っていった。指揮官は言った。「わたしは自分のほしい人間はだれでも自分のグループに編入できるんだ」――つまり、彼女の能力が十分ではないと匂《にお》わせたわけである――次いで彼は、あの偉大な競走馬セクレタリアットの名前まで出した。「あのセクレタリアットだって、わたしがほしいと思えばすぐにグループに編入できるんだからね」

「わかりました、あたしは農耕馬じゃありませんから！」彼女は叫んで、履歴書を指揮官のデスクに叩《たた》きつけた。それでかえって指揮官は彼女の根性を認めたのか、考え直して、ナンシーの参加を認めたのだった。

陸軍の研究所で微生物の研究に従事する場合、たいていはまず微生物危険レヴェル2からスタートさせられる。それからレヴェル3に進むのだ。レヴェル4に進むにはかなりの体験を積まなければならないし、仮に積んでも、直ちにそこに進めるとは限らない。下のほうのレヴェルで働く場合は、たくさんのワクチン注射を打つ必要がある。ナンシーが打ったワクチンの例でも、次のようなものになる――Q熱、リフト・ヴァレー熱、ヴェネズエラ・ウマ脳脊髄炎《せきずい》、東部ウマ脳炎、西部ウマ脳炎、それに野兎《やと》病、黄熱、炭疽《たんそ》、そしてボツリヌス中毒。もちろん、獣医である以上、狂犬病の予防注射も何度も打っている。こうした一連の注射に対する彼女の免疫システムの反応は、かんばしくなかった。ナンシーは吐き気を覚えたのだ。で、陸軍当局はワクチン注射を止《や》めさせ、彼女をレヴェル4区域における防護服着用の仕事のみに起用することにした。レヴェル4の微生物を扱う場合は、ワクチンを打たずにすむ。なぜなら、レヴェル4の病原体に効くワクチンはいまのところ存在せず、その治療法も存在しないからである。

エボラ・ウイルスの名は、コンゴ（ザイール）川の支流エボラ川にちなんでいる。コンゴ川はザイール北部を流れているが、エボラ川は付近に散在する村々の間を縫いつつそこに合流し、熱帯雨林から湧《わ》きだした水を流し込んでいる。エボラ・ウイルスの中で最も凶悪なタイプ、エボラ・ザイールが初めて出現したのは、一九七六年九月のことだった。それはエボラ川の源流に近い五十五の村落で同時に発生したのである。どこからともなく現われたこのウイルスに感染すると、十名のうち九名が殺された。エボラ・ウイルスは最も〝ホットな〟ウイルスであり、〝研究所〟でもいちばん恐れられている病原体である。〝エボラを扱う連中は頭がどうかしている〟というのが、ユーサムリッドでも一般的な空気だった。エボラをいじるのは、死への近道だからだ。エボラを扱うくらいなら炭疽菌を扱うほうがずっと安全だというのが、一般の見方だったと言っていいだろう。民間人のバイオハザード専門家、ユージーン・ジョンスンは、〝研究所〟におけるエボラ研究計画の責任者でもあるが、以前から〝やや常軌を逸した人間〟という評がつきまとっていた。危険な病原体に精通し、その扱い方を心得ている、世界でもごく少数の人々にとって、彼はいわば伝説的な存在なのである。

ユージーン・ジョンスンは、世界でも屈指のエボラ・ハンターだ。彼はジョンズ・ホプキンス大学の伝染病学の学位を持っている。

ジーン（ユージーン）・ジョンスンは、巨漢とは言わないまでも、大柄な男である。大きくて重厚な顔、すぐ風にほつれるモジャモジャの茶色い髪、同じくモジャモジャの茶色い顎《あご》ひげ、そして深く落ち窪《くぼ》んだ、炯々《けいけい》たる光を宿した目。腹はたるんで、ベルトの上にせりだしている。もしこのジョンスンに黒い革のジャケットを着せれば、あのロック・グループ、グレイトフル・デッドの〝追っかけ〟で通るだろう。よもや彼が陸軍のために働いている人間だとは、だれも思うまい。

ジーン・ジョンスンは世界でもトップ・クラスの野外ウイルス学者（自然界や人間界における伝染病の流行に立ち向かって、ウイルスを狩り立てる人物）と見なされているが、どういうわけか、その研究成果を活字にすることはあまりない。それもまた、彼を伝説的な存在に仕立てている理由の一半かもしれない。ジョンスンを知る人々が彼について話すときには、〝ジーン・ジョンスンがこうした、ジーン・ジョンスンがああした〟というような形容がよく口にのぼる。そこには、聡明で想像力豊かな人物に対する畏敬《いけい》の念がにじんでいる。

どちらかと言えば、ジョンスンは内気な人物で、人間に対する軽度の猜疑《さいぎ》心とウイルスに対する深い猜疑心を抱いている。ジーン・ジョンスンくらいウイルスを恐れている人間に、私はお目にかかったことがない。そして、ウイルスに対する彼の恐怖は、長年の体験に基づいているのだ。エボラ・ウイルスとマールブルグ・ウイルスの保有宿主を捜して、彼はこれまで何年も中部アフリカを踏破してきている。アフリカ中を隈《くま》なく捜し歩いてきたと言ってもいいくらいだが、それだけのエネルギーを傾けてなお、それらのウイルスの自然界における隠れ場を捜しだすには至っていない。フィロウイルスがどこからやってきたのか、自然界のどこに棲《す》んでいるのか、知っている者はまだ皆無なのである。探索の道はきまって中部アフリカの大密林や大草原の中に消えてしまう。エボラ・ウイルスの隠れた保有宿主の発見こそは、ジョンスンの大きな野望にほかならなかった。

〝研究所〟の人間で、彼のプロジェクトに積極的に参加したがる者は一人もいない。凶悪なエボラ・ウイルスは、人間を、あまり考えたくないような目にあわせるからだ。防護服を着ての作業に習熟した人間にとってすら、この生命体を取り扱うのは空恐ろしいことなのである。彼らはエボラの研究もしたがらない。なぜなら、その結果、自分がエボラに研究されるハメにもなりかねないからだ。このウイルスがどういう宿主に棲みついているのかも、彼らにはわからない――それが蠅《はえ》なのか、コウモリなのか、ダニなのか、蜘蛛《くも》なのか、それとも、何らかの爬虫類《はちゅう》なのか。それはひょっとすると、豹《ひょう》や象に棲みついていないとも限らない。おまけに、このウイルスがどうやって伝播《でんぱ》するのか、どうやって宿主から宿主へ飛び移るのかも、定かでないのである。ただ一つわかっているのは、人間がそれに感染した場合、どういう症状を呈するか、だ。

エボラ・ウイルスの研究をはじめて以来、ジーン・ジョンスンは繰り返し悪夢にうなされてきた。人間界にエボラが侵入した夢を見て、冷や汗と共に目覚めることが何度あったかしれない。彼の悪夢はだいたい同じような展開をたどる。ジョンスンは防護服を着て、手袋をはめた手でエボラ・ウイルスを扱っている――エボラに感染した液体のようなものを手にしている。と、突然その液体が手袋に流れ落ちる。しかも、その手袋には穴がたくさんあいていて、その液体が防護服の中にしみとおってくる――。そこで目が覚めるのだが、ジョンスンの頭はくらくらしていて、無意識のうちに叫んでいる――「くそ、感染しちまった！」

次の瞬間、そこが寝室で、隣では妻が安らかな寝息を立てていることに気づくのである。

現実には、われわれ人類に対して、エボラ・ウイルスはまだ決定的な、回復不可能な規模の攻撃を加えてきてはいなかった。が、そういう攻撃を加えてくる可能性はきわめて高いようにも思われた。実際、それまでにもアフリカ各地で、このウイルスは小規模な攻撃を人間に加えていたのだから。心配なのは、この小規模な攻撃がいずれ抑止不可能な大波に発展しないとも限らないという点だ。致死率が九十パーセント、しかも、効果的なワクチンも治療法も存在しないとなったら、どういう可能性が行く手に待ち受けているか、容易に想像できるだろう。それは地球的な規模の災厄になるはずである。それは突然地上に現われて、種の存在をすら脅かすことにもなりかねない。この場合の種とはもちろん、人類にほかならない。

エボラが過去に何をしたか、将来何をしそうか、われわれにはわからない、とジョンスンは人に語りたがる。エボラの出現は、予知不可能だった。もしエボラが空気感染し得るものならば、さながらインフルエンザのように、約六週間で地球を席捲《せっけん》してしまうだろう。その結果、全人類の三分の一から十分の九に及ぶ人々が犠牲になる事態も予想され得るのだ。もちろん、エボラはこの先も永遠に謎《なぞ》めいた小食のウイルスであるに留まり、一度に数人の人間を犠牲にするだけで満足しつづけるという可能性もあるのだが。

構造的には、エボラは単純なウイルスのほうに属する――だが、それは猛火のような単純さでもある。エボラはきわめて迅速に、幅広い破滅的な症状を伴って、人間を殺す。それはハシカ、オタフクカゼ、それに狂犬病の遠い親戚である。ある種の肺炎ウイルス、子供たちに風邪を引き起こさせるパラインフルエンザ・ウイルス、エイズ感染者に致命的な肺炎を引き起こさせる呼吸合包体ウイルスとも関連がある。熱帯雨林における未知の宿主や感染経路を循環しつつ進化を繰り返しているうちに、エボラは上記のすべてのウイルスの最悪の要素をとり込んでいったらしい。ハシカ同様、エボラは感染者の全身に紅斑《こうはん》を生じさせる。その症状のいくつかは、精神錯乱、狂気、といった狂犬病のそれにも似ている。たちの悪い風邪に似た症状が現われることもある。エボラ・ウイルス粒子には、たった七種の異なった蛋白《たんぱく》質――七種の大きな分子――しか含まれていない。これらの蛋白質のうち三種まではある程度解明されている。残りの四種の蛋白質はまったく未知のものであり、それらの構造と機能は謎である。

エボラの蛋白質は、標的の免疫システムに攻撃を集中するらしい。その点では、やはり免疫システムを破壊するＨＩＶ（ヒト免疫不全ウイルス）に似ている。だが、ＨＩＶとちがって、エボラの攻撃は迅速で爆発的だ。エボラが標的の体中をかけめぐるとき、犠牲者は免疫システムの機能を失い、ウイルスの攻撃を跳ね返す能力を失う。そのときの犠牲者の肉体は、敵の攻撃に耐え切れずに開門した城市にも比せられるだろう。門からなだれ込んできた敵軍は広場で野営し、周囲のものに片っ端から火を放つ。エボラが犠牲者の血管に侵入した瞬間、敗北はすでに決まったも同然なのだ。挽回の見込みはこれっぽちもない。風邪を払いのけるような調子でエボラを払いのけることは不可能なのである。エイズが十年かかって成しとげることを、エボラはわずか十日間で成就してしまうのだから。

エボラが人から人に感染する仕方は、まだ正確には解明されていない。陸軍の研究者たちは、エイズ・ウイルス同様、エボラ・ウイルスも血液や体液の直接接触によって伝染すると信じている。が、エボラの場合は、別の伝染経路も持っているようだ。アフリカでエボラに感染した人々の多くは、エボラに感染した死体を扱っていた。どうやらエボラは、死者から生者へ、死体から滲《にじ》み出る粘液や凝固しない血液を媒介することによっても伝染するらしい。一九七六年にザイールで大量発生した際は、悲嘆に暮れる親族たちが死体にキスしたり、抱きついたり、あるいは死体の埋葬の準備をしたりした。そして、その後三日から十四日を経て、エボラの発症をみている。

ジーン・ジョンスンのエボラの実験は簡単だった。まず数匹のサルにウイルスを感染させる。それから、これはと思う薬品で治療をはじめるのである。それによって、エボラ・ウイルスと戦い、できればそれを殺し得る薬品の発見につなげたいと彼は望んでいた。

生物学的な意味で、サルは人間とほとんど変わりない。彼らが医学の実験にしばしば使われるのはそのせいである。人間とサルは共に霊長類だが、エボラは、ちょうど猛禽類《もうきんるい》がある特定の肉を好むように、霊長類に寄食する。しかも、エボラには人間とサルの区別がつかない。だから、人間とサルの間を好んで行き来するのだろう。

ナンシー・ジャックスは、ジョンスンのエボラ・プロジェクトを支える病理学者の一員になるべく自ら志願した。それはレヴェル４の仕事だが、ワクチンを打つ必要がなかったので、彼女にもその資格があったのである。ナンシーはなんとか自分の能力を証明して、危険なウイルスを扱う仕事をつづけたくてたまらなかった。が、〝研究所〟内には、防護服着用の作業における彼女の能力を疑問視するむきもいた。彼女は〝結婚している女性〟だから、いつパニックを起こすかもしれない、というわけである。ナンシーの手の動きは神経質だし、ぎごちない、レヴェル４の危険なウイルスを扱う仕事には向いてない、と彼らは主張した。彼女は過って自分の手を切ってしまうかもしれないし、ウイルスの付着した針で自分の手を突き刺してしまうかもしれない――自分のみか、他人の手まで突き刺してしまうかもしれない、と彼らは見ていた。かくして、ナンシー・ジャックスの両手は、安全問題の論議の対象になったのだった。

ナンシーの直接の上司は、トニー・ジョンスンという名の中佐だった（エボラ・プロジェクトのチーフである民間人のジーン・ジョンスンとは関係ない）。トニー・ジョンスンは穏やかな物腰の冷静な人物だが、そのとき、一九八三年当時はナンシーの直接の上官だった。彼は、ナンシー・ジャックスを微生物危険レヴェル４の区域で活動させるべきかどうか決定しなければならない立場に追いやられた。で、〝研究所〟内に、ナンシー・ジャックスをよく知る人物は名のり出てほしい、という意向をそれとなく広めた。彼女の長所と欠点について論評できる者はだれかいないか？

するとある日、ナンシーの夫、ジェリー・ジャックス少佐がジョンスン中佐のオフィスに出頭した。ジェリーは自分の妻が防護服を着ることに反対だったのである。彼はそれを強硬に主張した。ナンシーがエボラ・ウイルスを研究することに関しては〝家族会議〟もひらかれたんです、と彼は言明した。〝家族会議〟——それはつまり、ジェリーが妻に対して、おまえには防護服を着てほしくない、と告げたということなのだ。ジェリー自身は、バイオハザード用防護服に関する知識をほとんど持ってないに等しかった。仕事で着用したことは一度もなく、妻にも着用してほしくないと願っていた。彼がなによりも懸念していたのは、妻がエボラ・ウイルスを扱うようになることだった。自分の愛する妻であり子供たちの母親でもある彼女が、現在治療法も存在しないような恐るべき病原体をその手で扱うなどというのは、耐えがたいことだったのである。

トニー・ジョンスン中佐はジェリー・ジャックス少佐の言い分に耳を傾け、ほかの部員たちの主張も聞いてから、ナンシー本人と話す必要があると判断した。で、彼はナンシーを自分のオフィスに呼び入れた。ナンシーは見るからに緊張していた。彼女の話に耳を傾けながら、中佐は彼女の両手に注目していた。特に問題があるようには思えなかった。ぎごちなさも感じられないし、性急そうな動きもしていない。いままで耳にしていた噂《うわさ》は根も葉もないことだったのだろう、と彼は判断した。

ナンシーは言った。「どうか、あたしを特別扱いしないでください」

その点に関しては、中佐も否やはなかった。「きみにはエボラ・プロジェクトに参加してもらうつもりだよ」と彼は言った。きみには防護服を着てエボラ・ゾーンに入ってもらう。最初の数回はわたしも同行して、いろいろと教えてあげるから。

その際彼女の手の動きをじっくりと観察しよう、と彼は思っていた。そう、彼女を鷹《たか》のように見張るのだ。いずれにせよ、彼女が〝ホット・ゾーン〟、すなわちエボラを扱う最高度に危険な区域に入って、危険なウイルスを取り扱う機は熟した、と彼は信じていた。

ジョンスン中佐の話を聞いているうちに、ナンシーは感きわまり、彼の目の前で泣きだした——〝涙を二、三滴流したようだ〟と、ジョンスン中佐は後に回顧することになる。それは喜びの涙だった。彼女は、ほかのだれも参加したがらないような計画に参加することを許されたのだ。そのとき、この世の何にも増してナンシーが切望していたのは、エボラ・ウイルスを扱うことだったのである。

一三：〇〇時

一九八三年九月二十六日。ナンシーは午前中、自分のオフィスでペーパー・ワークをしてすごした。いよいよ準備にとりかかったのは、昼食をすませてからだった。まず金の首飾りをはずし、ダイヤの婚約指輪と金の結婚指輪を指からはずして、それを金の首飾りに通す。

それからデスクの引出しにしまった。いよいよだ。ナンシーはトニー・ジョンスンのオフィスに顔を出し、用意ができているかどうかたずねた。二人は階下に降りて、エボラ室に通じる通路を歩きだした。エボラ室への入室準備をするロッカー・ルームは一つしかない。トニー・ジョンスンは、ナンシーに先に入るよう促した。彼女の準備ができてから、彼も入ることになった。

ロッカー・ルームはさほど広くはない。壁際にいくつかロッカーが並んでいるほか、棚と、鏡を備えた流しがあるくらいである。ナンシー・ジャックスは服を脱いだ。下着を含めて、着ているものをすべて脱ぎ、ロッカーにしまう。昨夜手に貼《は》りつけたバンドエイドはそのままにしておいた。次いで、外科医がふつう手術室で着用する手術衣――グリーンのズボンにグリーンのシャツ――をとりあげた。ズボンをはいてから腰のひもをむすび、シャツのスナップをはめる。手術衣の下には、下着を含めて、何も着てはならないことになっている。彼女は手術帽をかぶり、鏡の前で、髪を帽子の下にたくしこんだ。鏡に映っている自分は、ふだんと同じに見える。が、内心、彼女はかすかな緊張を覚えはじめていた。彼女が〝ホット・ゾーン〟に入るのは、その日でまだ二度目にすぎなかったのだ。

素足で立っていたナンシーは、鏡の前から向き直って、レヴェル2に通じるドアの前に立った。ドアの窓から深みを帯びた青い光線――紫外線――が室内に注ぎ込んでいる。紫外線を浴びると、ふつうのウイルスは死滅してしまう。遺伝物質を破壊されて、増殖が不可能になるからである。

レヴェル2ゾーンに入るべくドアを手前に引いてあけたとき、彼女は、気圧の差によってドアが内側に吸い寄せられ、自分の力に抵抗するのを感じた。ヒューッという音と共に、自分の肩先の空気が内部に、〝ホット・ゾーン〟に向かって吸い込まれてゆく。それは危険な病原体を孕《はら》んだ空気が外部に流れ出るのを防ぐために、室内の気圧が低く保たれているせいだった。レヴェル2からレヴェル4まで、〝研究所〟のすべての微生物封じ込め区域は陰圧下に保たれている。そのため万が一漏洩《ろうえい》が起きたとしても、空気は外の通常の世界にではなく、危険なウイルスを扱う〝ホット・ゾーン〟の中に流れ込むわけである。

ドアが背後で閉じて、ナンシーはレヴェル2に入った。顔が青い光線に洗われる。彼女は紫外線に包まれたシャワー室を通り抜けていった。シャワー室には石鹸《せっけん》や普通のシャンプーの用意もある。シャワー室の隣は浴室で、トイレと、清潔な白いソックスののっている棚があった。彼女はそこでソックスをはき、またドアをあけてレヴェル3に入った。

そこは最終準備区域と言われているところである。中には流しと、電話ののっているデスクがある。デスクの隣の床には、蠟《ろう》を塗り込まれた厚紙製の、円筒状の箱が置いてある。形状が帽子《ハット》の箱に似ているので、それは通常〝ハット・ボックス〟とも〝アイスクリーム容器〟とも呼ばれている。バイオハザード対策用の容器なのだ。その側面には、バイオハザードのシンボル・マークが派手にあしらわれている。そのマークは、先端の尖《とが》った触手にも似た三つの花弁を持つ赤い花に似ている。この容器は本来、感染性の物質を運ぶために使われるのだが、この部屋では即席の椅子《いす》代わりに使われていて、中身は空だった。

んだ。ナンシー・ジャックスはラテックス・ゴムの外科手術用手袋とベビー・パウダーのたくさん入ったプラスティック製の箱を見つけた。まずベビー・パウダーを両手にまぶし、ゴムの手袋をはめる。それから粘着テープを一巻き見つけると、一定の長さにいくつかちぎって、デスクの端に並べて貼っておく。最後に、いま自分が身につけているものをしっかりと体に固定する作業にとりかかった。一度に一片ずつテープの断片をデスクからはがしとり、ゴム手袋の裾《すそ》の部分をシャツの袖《そで》に貼りつけるのだ。裾の部分をぐるぐるとテープで巻いて、完《かん》壁《ぺき》に貼りつけた。同じようにして、ソックスもズボンにしっかりと貼りつける。そうするとでナンシーは、自分の身をウイルスから守る最下層の防護膜をつくりあげたわけである。

そのとき、やはり手術衣姿に着替えたジョンスン中佐がレヴェル2から入ってきた。彼もゴムの手袋をはめて、それをシャツの袖にしっかり貼りつける。ソックスもズボンに貼りつけた。

ナンシーは右手に曲がって、控えの部屋に入った。壁のラックに自分の防護服がかかっている。それはケムチュリオン・バイオハザード用防護服で、胸には〝ジャックス〟という名前も入っていた。ケムチュリオンの色は鮮やかなブルーなので、〝ブルー・スーツ〟とも呼ばれている。それは危険な微生物を扱う際の政府規格に合致した、ヘヴィー・デューティなビニール製陽圧防護服である。

ナンシーは防護服をひらいてコンクリートの床に置き、足から先にその中に踏み込んだ。次いで服を脇《わき》の下まで引きあげ、両手を袖に通してゴム手袋をはめた指を防護服の手袋の中に突っ込む。その手袋は褐色の丈夫なゴム製で、ガスケットで防護服にとりつけられている。それは彼女の身体とエボラを分かつ最も重要な防壁と言っていいだろう。両手は、それが扱う物が物だけにウィーク・ポイントであり、防護服の一番脆弱《ぜいじゃく》な部分なのである。ほかでもない、両手は針を、ナイフを、そして鋭い骨片を扱うのだ。

防護服を着用する者は、ちょうど空挺《くうてい》部隊の兵士が自己のパラシュートを折りたたんで管理することに責任を持つように、自己の防護服の管理に責任を持っている。この日ナンシーはすこし慌てていたので、自分の防護服の点検に遺漏があったのかもしれない。

ジョンスン中佐はこれからの手順を簡単に説明したあと、ナンシーがヘルメットを頭にかぶるのを手伝った。ヘルメットは柔らかで柔軟性に富むビニールでできていた。ジョンスンは透明なフェイス・マスク越しに見えるナンシーの顔を覗き込んで、彼女の様子をうかがった。

ナンシーは、よく油のさされたジップロック式の胸のジッパーを閉めていった。ジッパーはパン、パン、パンと弾《はじ》けるような音をたてて閉まっていく。防護服が完全に密閉されたとき、フェイス・マスクが吐息でくもった。壁に手をのばしたナンシーは、丸く輪になっている黄色いエアホース（通気管）を引っ張って、防護服に嵌《は》め込んだ。次の瞬間、唸《うな》りをあげて流れ込んだ空気の作用で、防護服はぱんぱんに膨れあがった。フェイス・マスクの内側にたまった小さな汗の玉も、シュッと流れ込んだ乾いた空気にきれいに吹き払われる。

〝研究所〟では、微生物用防護服を着用した場合、だれがパニックに陥るかを予測するのは難しい、と言われている。それは往々にして、未経験な者に起こることなのだ。ヘルメットががっちりと顔にかぶさった瞬間、未経験なスタッフの目は恐怖でギラつきはじめる。体中から汗がふきだし、顔色が紫に変わり、防護服をかきむしりはじめる。なんとか防護服をひらいて新鮮な空気をとりいれようと焦ったあげく、バランスを失って床に倒れてしまう。それから悲鳴をあげることもあれば、呻《うめ》きはじめることもある。さながら押入れの中で窒息しかけているような声を、彼らはあげるのだ。

トニー・ジョンスンは、ナンシー・ジャックスを手伝って防護服を着せ終った。フェイス・マスク越しに彼女の目を覗き込んでパニックの徴候がないのを確かめると、彼は自分自身の防護服を着はじめた。ジッパーを閉めて準備を完了したところで、ナンシーに解剖用具入りの袋を手わたす。二人は背後に向き直って、ステンレス・スティール製の扉の前に並んで立った。その扉は、エアロック（気圧調整気密室）とレヴェル4ゾーンに通じている。扉の前面には、バイオハザードのシンボル・マークと警告が書かれていた。

注意

バイオハザード

防護服未着用での入室を禁ず

　この国際的なバイオハザード・シンボル・マークは、ユーサムリッド内各ゾーンの連結部にあたるすべてのドアに貼ってある。赤い三つの弁をあしらったこのマークを見ると、私は三つの花弁の花を思い起こす。それはユリ科の赤いエンレイソウ、もしくはヒメエンレイソウに似ていなくもない。

レヴェル4のエアロックは、二つの世界が交わる場所、ある種のグレイ・ゾーンである――そこはホット・ゾーンが通常の世界と交わる場所なのだ。このグレイ・ゾーンはホット（致死率が高い）でも、コールド（致死率が低い）でもない。曖昧《あいまい》で、確たる定義のしがたいところとでも言おうか。そこは無菌であることが証明されている場所でもなければ、感染度が高いと判定されている場所でもない。ナンシー・ジャックスは空手の訓練で覚えた呼吸コントロール法を用いて、深い呼吸をしながら精神統一に努めた。この鋼鉄製の扉を前にして、人はそれぞれに安全祈願のためのちょっとした儀式を行なう。胸で十字を切る者もいれば、防護服内に異物を入れてはならないという規則に反して、あらかじめ防護服内にお守りや悪魔払いの護符をしのばせておく者もいる。万が一防護服に裂け目が生じた場合、それらのお守りの力で危険なウイルスを撃退してもらおうというわけだ。

ナンシーはエアホースをはずし、鋼鉄の扉の掛け金をはずしてエアロックに入った。トニー・ジョンスンが後につづいた。エアロックは完全なステンレス・スティール製で、水と化学薬品を噴射するノズルが壁にずらっと並んでいる。それが〝ディコン・シャワー〟、すなわち〝汚染除去シャワー〟だ。ここはホット・ゾーンと通常の世界の間に存在するグレイ・ゾーンなのである。二人の背後で扉が閉まった。ナンシーはエアロックの突き当りの扉をあけ、二人は〝ホットな側〟に踏み込んでいった。

ホット・ゾーン

一九八三年九月二十六日　一三：三〇時

二人はシンダーブロックの細い通路に立っていた。両側には各種の実験室にいく通路が枝分かれしている。ホット・ゾーンは一つの迷路でもあるのだ。壁からは黄色いエアホースが垂れ下がっている。天井のストロボ警告灯は、通気システムが故障した場合に点灯されるはずだ。壁は分厚いエポキシ樹脂塗料で塗装されており、電気関係のアウトレットは例外なくその周囲を粘ついた物質で固められている。これはすべての隙間《すきま》や穴を密封して、危険な病原体が電気の導管伝いに外に流れ出ないようにするための措置である。壁から垂れているエアホースに手をのばすと、ナンシーは自分の防護服に嵌《は》め込んだ。とたんに、ヘルメットの中に流れ込む空気の轟音《ごうおん》以外、何も聞こえなくなる。防護服内にはかなりの音が響きわたるので、互いに言葉を交わす気にもなれない。

ナンシーは鋼鉄製の戸棚をひらいた。中から青い光が洩《も》れてくる。そこから黄色いラバー・ブーツを一足とりだした。それは、納屋ではくブーツを思わせた。防護服に包まれた両足をそのブーツの中にすべらせ、ジョンスンのほうを一瞥《いちべつ》して、彼の目をとらえる。用意ができました、ボス。

二人はエアホースをとりはずして通路を進み、サル室に入った。真ん中に通路があり、それを挟んで両側の壁際にサルの檻《おり》が並んでいる。ナンシーとジョンスンは再びエアホースを嵌め込んで、檻の中を覗《のぞ》き込んだ。片側の二つの檻の中には、サルが一匹ずつ収容されている。それは〝管理サル〟と呼ばれる、エボラ・ウイルスの注射を受けていない健康なサルだった。

防護服に身を包んだ二人の陸軍士官が現われたとたん、健康な二匹のサルは狂ったように騒ぎだした。檻をガタガタ揺すっては跳びはねる。防護服姿の人間を見ると、サルは怯《おび》えるのだ。彼らは可能なかぎりの鳴き声をあげる――ウー！　ウー！　ホー、ワッ、ホー！　イーク、イークと甲高い金切り声をあげるときもある。それから、檻の前方に出てきて扉を揺すぶる。背後に跳びすさってはまた前に跳びだす。ドシン、ドシン。その間、ナンシーとジョンスンから片時も目を離さず、警戒心を最高度に発揮しながら二人の動きを目で追う。それぞれの檻の扉には、サルの指では外れないような、精巧な閂《かんぬき》がとりつけてある。このサルたちは才気に富んだイタズラ者なんだわ、とナンシーは思った。それに、この連中はすっかり退屈しているのだ。

それに比べて、反対側の檻は終始ひっそりしている。そちらはエボラの檻なのである。そこにいるサルは、すべてエボラ・ウイルスに感染している。彼らの大部分は受動的で声もたてず、自分の殻に閉じこもっている。が、妙な躁《そう》状態にあるらしいものも二、三匹はいる。彼らの免疫システムはすでに破壊されているか、障害を起こしている。もっとも、彼らの大部分は、外見上、特に病んでいるようには見えない。ただ、普通のサルが示すような警戒心は示さないし、やたら跳びはねたり、扉を揺すったりもしない。それに、ほとんどが朝の食事のビスケットにも手をつけてなかった。彼らは身動きもせずに、無表情な顔で二人の陸軍士官を見守っていた。

彼らが感染しているのは、エボラ・ウイルスの中でも最も獰猛《どうもう》なタイプだった。その名を、エボラ・ザイールのメインガ株という。この株の名はメインガ・Nという若い女性に由来するのだが、彼女は一九七六年十月十九日、そのウイルスのために死亡したのである。彼女はザイールのさる病院の看護師で、エボラで死んだローマン・カトリックの尼僧の看護をしていたのだった。その尼僧の死に立ち会ったメインガ看護師は、尼僧の血を体に浴びてしまった。その数日後、彼女はエボラの症状を起こして死亡した。その後、メインガ看護師の血清の一部はアメリカに渡った。そしていま、かつてメインガ看護師の血液中に生きていたウイルス株は、〝研究所〟の高性能冷凍庫中に保管されている小さなガラス壜《びん》の中で生きている。ちなみに、この冷凍庫の内部は、華氏零下百六十（摂氏零下百七）度に保たれている。冷凍庫には南京錠と警報装置がついており、派手なバイオハザード・マークが描かれていて、粘着テープで隙間が密封されている。危険なウイルスに対する第一の防御線は粘着テープなのだ。それは隙間を完全に密閉してくれるからである。この粘着テープがなかったら、微生物封じ込めなども不可能なのではあるまいか。

　民間人学者のジーン・ジョンスンは、このエボラのメインガ株を少量溶かして、サルに注射した。その後サルが病気になるのを待って、彼はある薬品で治療を試み、ウイルスに対する効果を確かめていた。が、いまのところ、効果は現われてないようだった。

　ナンシー・ジャックスとトニー・ジョンスンは、檻から檻へと移動しながらサルの様子を調べていった。そのうち、二匹のサルが〝崩壊〟し〝大出血〟しているのを発見した。いずれのサルも、それぞれの檻の中で体を丸めていた。鼻は血に染まり、薄くひらいた目は真っ赤になっていて、瞳孔《どうこう》もひらいている。いずれのサルも無表情で、苦痛や苦悩の色はつゆほども示していない。顔の結合組織がウイルスに破壊されてしまったため、顔全体がかすかに歪《ゆが》んでいた。表情をコントロールする脳の部位が破壊されたことも、奇妙な表情の原因の一つだった。仮面のような顔、赤い目、血まみれの鼻は、サルと人間とを問わず、エボラ・ウイルスに感染したすべての霊長類に現われる古典的な症状である。それは脳の障害と皮膚の下の軟組織の破壊という恐るべき組み合わせが発生したことを物語っている。エボラに冒されたサルの顔は、何かしら不可解なものを見たかのような表情を浮かべている。天国を見たのでないことは、たしかだった。

　ナンシー・ジャックスは平静ではいられなかった。苦しんでいるサルを見ると、心が痛んだ。一人の獣医としては、動物を治療して彼らを苦しみから救ってやることが自分の責務だと彼女は信じていた。と同時に、一人の科学者としては、人間の苦しみをすこしでも軽減するのに役立つような研究に従事するのが自分の責務だとも信じていた。父の手で食肉用の家畜が飼われていた農場に育ったにもかかわらず、ナンシーはいまだに動物の死を平静に受け止めることができない。子供の頃《ころ》、4Hクラブの賞品として自分がもらってきた雄牛を父が食肉処理場に連れていってしまったときは、悲しくてオイオイ泣いてしまった。いまでも、たいていの人間よりは動物のほうに親近感を抱いている。獣医の誓約を行なったとき、彼女は動物の介護をする義務に従うことを誓った。が、それは同時に、医学を通して人間を救済することをも彼女に義務づけた。仕事をしていると、その二つの理想がときどきぶつかることがある。たとえサルを苦しめることになろうとも、この研究はエボラの治療法を発見するために不可欠なのだ、と彼女は自分に言い聞かせていた。そう、それは人間の命を救うための医学研究であって、結果的には人類の滅亡を回避することにつながるかもしれないのだ、と。そう思うと罪悪感はいくぶん薄れたが、完全に消えたわけではない。彼女はつとめてその感情を胸から閉めだそうとしていた。

サルを運び出す作業に入るナンシーの様子を、ジョンスンは注意深く見守っていた。レヴェル4において、意識を失っているサルを扱うのは危険な作業だ。サルはいつ目を覚ますかもしれないし、とがった歯で噛《か》みつくかもしれないからである。おまけに彼らは力も強く、動きも敏捷《びんしょう》だ。研究所で使われるサルは、両手で軽く抱けるようなサイズではない。彼らは密林から運ばれてきた大柄な野生の動物なのだ。エボラに感染したサルに噛まれたら、まず死は免れないと見ていいだろう。

最初にナンシーは、檻の隙間から、運び出すべきサルを注意深く観察した。大柄な雄だった。本当に死んでいるように見える。が、そのサルにはまだ犬歯があるのに気づいて、心穏やかではなくなった。普通この種の研究に使われるサルは、安全上の配慮から、犬歯の先端をやすりで削られているものなのである。どういうわけかこのサルは、自然に生えた大きな犬歯を備えていた。彼女は手袋をはめた手を、鉄棒の間から突っ込んだ。サルの爪先《つまさき》をつねって、目が動くかどうかを確かめる。サルの目は、ぼんやりとある一点に据えられていた。

ジョンスンが言った。「よし、檻の錠をはずしてくれ」防護服の中の空気の轟音にかき消されまいとすると、声を大きく張りあげなければならない。

彼女は檻の錠をはずして上にすべらせた。檻の入口が大きくひらいた。もう一度、注意深くサルを観察する。筋肉はピクリとも動かない。このサルは完全にやられているらしい。

「よし、そいつを外に出すんだ」と、ジョンスン。

檻の中に手を突っ込むと、ナンシーはサルの上腕をつかみ、自分から離して向こうむきにした。仮に意識をとりもどしても、自分に嚙みつけないようにするための用心である。両腕を後ろにまわして動けないようにしてから、彼女はサルを持ちあげて檻から出した。ジョンスンがサルの両足を持つ。二人は協力してそのサルを〝ハット・ボックス〟まで運び、その中にすべりこませた。それから、ゆっくりと床を踏みしめながら、〝ハット・ボックス〟を検屍《けんし》室まで運んでゆく。一匹の霊長類を運ぶ二人の霊長類。片方は地球の支配者であり——すくなくとも、自分ではそう信じており——もう片方は、その地球の支配者の甥《おい》とも言うべき敏捷な密林の住人。いま、その双方の霊長類が、彼らのいずれよりも古く、強力な、もう一つの生物学的単位を前にしている。そしてその生物学的単位は、血液を棲《す》みかにしているのだった。

サル室を出たナンシーとジョンスンは、通路を左に曲がってから、さらにもう一度左に曲がった。そこで検屍室に入り、ステンレス・スティールの台にサルをのせた。サルの皮膚には疥癬《かいせん》が生じており、赤い斑点《はんてん》に覆われているのが疎《まば》らな毛をすかして見える。

ジョンスンが言った。「**手袋を着用**」

二人はラテックス・ゴムの手袋をはめ、その裾《すそ》を防護服の手袋の上に引っ張りあげた。これで二人の手は、いちばん下の手袋、防護服の手袋、外側の手袋、と三層の手袋に覆われたことになる。「**よし、チェック・リストを読みあげよう**」ジョンスンが言った。

「**ハサミ、鉗子《かんし》**」言いながら彼は、台の上に解剖道具を並べてゆく。道具にはすべて番号が付されており、彼はその番号を大きな声で読みあげていった。

二人は仕事に着手した。先端の丸められたハサミを使って、ジョンスンはゆっくりとサルを開腹してゆき、ナンシーがかたわらで手助けをする。二人は万全の注意を払いながら作業を進めた。鋭い刃物は使わない。なぜなら、このホット・ゾーンでは、鋭い刃物くらい危険なものはないからだ。たとえばメスなどを使うと、知らないまに手袋を切って、指を傷つけてしまうかもしれない。痛みを覚える間もないうちに、ウイルスが血管中に侵入しかねない。

ナンシーは言われたとおりジョンスンに道具を渡してゆく。そのかたわら、サルの腹の中に手を入れて血管を結び、小さなスポンジで血をぬぐいとる。サルの体腔《たいこう》の中は血の海だった。それはエボラの血であって、サルの体中の至るところに溢《あふ》れていた。大量の内出血があったらしい。肝臓は腫《は》れあがっていた。小腸内部にも若干の血が認められた。あせっちゃだめよ、とナンシーは自分に呼びかけた。いまの自分の手の動きは、すこし早すぎるかもしれない。彼女は終始自分に呼びかけつつ警戒心をとぎすまし、精神を集中していた。用心して、あせらないで。そう、鉗子をとりあげて。その動脈を結紮《けっさつ》しなさい、血が洩《も》れているから。一区切りついたら、手袋をはめた手を洗う。手袋を通して、エボラの血が感じられる。手袋の中の自分の手はベビー・パウダーをまぶされてさらさらしていたが、エボラの血はぬらついていた。

死体から両手を上げると、流しの中の消毒液の容器でよく洗う。消毒液はエンヴィロケムと呼ばれるもので、日本の緑茶のような淡い緑色をしている。その液体がウイルスを殺してくれるのだ。手袋を洗うにつれて、液体は茶色に変色した。いま彼女の耳に聞こえるのは、防護服の中を吹いている空気の音だけだ。それは、地下の鉄路を疾走する地下鉄のような轟音で防護服を満たしていた。

ウイルスとは、膜と蛋白質《たんぱく》でできた小さなカプセルである。このカプセルには、一本鎖、もしくは二本鎖のDNAかRNAが含まれている。DNA、RNA、いずれも核酸と呼ばれている。ウイルスの複製を作るソフトウェア・プログラムを有する、細長い分子のことだ。

生物学者のなかには、ウイルスを一つの〝生物学的単位〟と呼ぶ者がいる。なぜなら、ウイルスそれ自体は、厳密な意味で、〝生きている〟とは言えないからだ。といって、〝死んでいる〟わけでもない。実に曖昧《あいまい》な形で存在しているのである。それは〝生物〟と〝無生物〟の境界領域に存在している、という言い方も可能だろう。細胞の外にいるウイルスは、ただそこにいるだけにすぎない。どんな活動も起こさない。その意味では、死んでいるも同然だ。それは結晶すら形成するのである。

血液や粘液中に存在するウイルス粒子は一見死んでいるかのようだが、その粒子の表面は粘ついている。それらの粒子は、何かが接近してくるのを待っている。仮に一つの細胞が接近してきて、そのウイルスに接触したとする。その場合、そのウイルスがしかるべき粘着性を持っていれば、その細胞にとりついてしまう。細胞のほうでは、ウイルスがとりついたことを感知して、そのウイルスを内部にとりこむ。ひとたびウイルスが細胞内に入ると、それはトロイの馬に変身する。スイッチがカチッと入り、ウイルスはそこで増殖しはじめるのだ。

ウイルスは寄生体である。それ自体では生きることができない。それは、他の細胞内でのみ、それ自体の複製をつくることができる。ウイルスはあらゆる生物の細胞中に存在する。真菌やバクテリアですらウイルスに寄生されており、彼らによって死滅させられることが往々にしてある。つまり、病原体もまた病原体にとりつかれているということだ。ウイルスが増殖するためには、必ず他の生物の細胞の中に入り込まなければならない。さもなければ死んでしまう。ウイルスは他者の細胞のエネルギーと物質を利用して延命を図るのである。

ある細胞内でウィルスが自己の複製をつくりつづけているうちに、その細胞はやがてウィルスで溢れ返り、壁が弾《はじ》けてウィルスが外にこぼれ出る。ちょうど水道の蛇口からしたたる水滴のように、成長したウィルスが細胞壁の外にこぼれ落ちる――ポタ、ポタ、ポタ――一個、二個、三個――エイズのウィルスはそうして増えてゆく。水滴が蛇口からこぼれつづけるうちに、細胞は消耗し、破壊される。破壊された細胞がかなりの数にのぼれば、宿主は死んでしまう。が、ウィルスは宿主が死ぬことを〝望んで〟いるわけではない。それはウィルスの利益に反するからだ。なぜなら、もし宿主が死ねば、ウィルスもまた――素早く新しい宿主に飛び移らないかぎり――死ななくてはならないからである。

エボラの内部の遺伝子コードは、一本鎖のRNAである。このタイプの分子は、最も古く、また最も〝原始的な〟遺伝子コード・メカニズムと見なされている。地球が形成されて間もない頃、いまから約四十五億年ほど前に生まれた原初の海の中には、RNAに基づくごく微小な生物学的単位が存在していたと見ていい。それから推測すると、エボラは地球それ自体と同じくらい起源の古い生命形態なのかもしれない。それ自体では生きているとも死んでいるとも見えないという事実もまた、エボラの起源の古さを物語っているだろう。エボラは〝生物〟と〝無生物〟の境界領域で存在しつづけているのだ。

増殖しているときのウィルスは、たしかに、生きているように見える。だが、それ以外のときは死んでいるも同然で、一つの機械にしか見えない。繊細ではあるが、実質的には機械も同然で、携帯ドリルが生き物に見えないように、生物らしさをおよそ持ちあわせていない。

ウイルスは〝ジョーズ〟のような分子である。〝心を持たない駆動力〟と言ってもいい。コンパクトで、堅牢《けんろう》で、論理的で、百パーセント利己的――そのウイルスの唯一の存在目的は自己の複製をつくることにある――ウイルスはときに、すさまじいスピードでその営みをやってのける。彼らの最優先目的は増殖なのである。

もちろん、ウイルスは肉眼では見えないほど小さい。ウイルスのサイズを具体的に頭に思い描くのに良い方法がある。ニューヨークのマンハッタン島が、次の括弧《かっこ》内のサイズに縮小されたと想像していただきたい。

（ ）

このマンハッタンには、優に九百万個のウイルスが存在し得るのだ。このマンハッタンを顕微鏡で拡大すれば、おそらく昼食時に五番街に集まる人込みのように、ウイルスがウヨウヨ集まっているのが見えることだろう。別の言い方をしてみよう。英語の文章の末尾に打たれるピリオッド。そのピリオッド一つの表面には、約一億個の結晶化したポリオのウイルスが存在し得るのである。あのウッドストックに集まった人数が仮にウイルスだとして、その二百五十倍もの数――イギリスとフランスの人口の合計――のウイルスが、そこには存在し得る。しかも、われわれがその存在に気づくことはまずあり得ない。

ミスらないように、ミスらないように。ナンシーは頭の中で自分に呼びかけていた。血を付着させちゃだめ。血を付着させないように。血は嫌いだわ。一滴の血を見るたびに、十億のウイルスを見ているも同然なんだから。一区切りついたら、洗わなきゃ。きれいに洗わなきゃ。慌てないで。ゆっくりと。トニーの防護服を見て。ちゃんとチェックしてあげるのよ。

この種の作業中にはときどきパートナーの防護服を見て、穴や裂け目があいてないかどうかチェックすることになっている。それはちょうど、母親が子供の様子を見守るようなものだった——何かいつもと違う点がないかどうか、常に目を配っていなければならない。

それはジョンスンのほうも同じだった。ナンシーが何かミスをしないかどうか、道具を扱う手つきに異常はないかどうか、彼は目を配っていた。彼女が何かを落したりしなければいいのだが。

「ロンジュール」彼は言った。

「なんですか？」ナンシーが訊《き》き返す。

彼はナンシーのエアホースを指差して、折り曲げるように指示した。そうすれば、彼の声がもっとよく聞こえるだろう。ナンシーはホースをつかんで、折った。空気の流れが一時的に遮断されて、防護服がしぼむ。それと同時に、ごうっという轟音も薄れてゆく。ジョンスンはヘルメットを彼女のそれに近づけて、もう一度〝ロンジュール〟と言った。ナンシーはエアホースを元の状態にもどし、言われたとおり、〝ロンジュール〟と呼ばれるプライアーを手わたす。

〝ロンジュール〟とはフランス語で、骨鉗子を意味する。頭蓋《ずがい》を切開するための道具だ。レヴェル4における頭蓋の切開作業は、常に危険と隣り合わせである。霊長類の頭蓋は堅牢そのもので、骨板も緊密に折り重なっている。ふつうは電気骨鋸《ほねのこぎり》で切断していくのだが、このレヴェル4ではその手は使えない。骨鋸を使うと血の滴と骨の微小な破片が霧のように空中に飛ぶからだ。たとえ防護服を着ていても、感染力のある霧をまき散らすことは避けたほうがいい。あまりにも危険だからだ。

二人はプライアーで頭蓋を割りはじめた。ばりっという音をたてて、骨は砕けてゆく。脳、両眼、そして脊髄《せきずい》――順々に取り除いて、保存容器に落してゆく。脳には、虫に噛まれたような、小さな出血の跡があった。

試料の入ったチューブをナンシーに手わたそうとして、ジョンスンは動きを止め、手袋に包まれた彼女の手を見つめた。彼はナンシーの右の手袋を指差した。

ナンシーはそこを見下ろした。あたしの手袋。それは血まみれだった。が、穴が見えた。右の手袋の 掌《てのひら》 の部分に、小さな裂け目が生じていた。

ナンシーはかきむしるように手袋を脱いだ。防護服の手袋が現われた。それも血にまみれている。幾筋もの細い血の流れが、防護服の袖口にまで達している。最高、最高だわ――あたしの防護服がエボラの血にまみれてるなんて。手袋に包まれた部分を消毒液で洗うと、血はきれいに落ちて、手袋はつやつやと輝いた。次の瞬間、彼女は、二枚重ねの手袋に包まれた手が、ひんやりと、じとついているように感じられるのに気づいた。防護服の手袋の内側も、何かで濡れているらしい。穴はこの手袋にも達しているのだろうか。その下の、最後の盾代《たて》わりの手袋は大丈夫だろうか。防護服の手袋を、丹念に点検した。すると、あった。手首の部分の裂け目。防護服にも穴があいていたのだ。急に、右手が濡れているように感じられた。防護服の内部にも、そう、もしかして昨夜自宅のキッチンで傷つけてしまった掌にも、エボラの血は達しているのだろうか。ナンシーは自分の手袋を指差して、言った。**「穴があいています」**

ジョンスンは腰をかがめて、彼女の手袋を点検した。手首の部分に裂け目が見えた。ジョンスンの顔が驚愕《きょうがく》に歪むのを、ナンシーは見た。ジョンスンはこちらの目を覗き込んでくる。彼は怯えていた。それが彼女を恐怖に陥れた。ナンシーは親指で出口をさして言った。**「この部屋を出ます。あとは一人で大丈夫ですか？」**

彼は答えた。**「すぐに出てくれ。この区域の安全措置を講じてから、わたしもすぐに出る」**

無事とわかっている左手だけを使って、ナンシーはエアホースを防護服からはずした。それから、右腕をしっかり脇腹《わきばら》に押しつけたまま、エアロックに通じる廊下を駆けだした。右腕は動かしたくなかった。なぜなら、すこしでも動かすと、手袋の中で何かがビチャビチャ揺れるような気がしたからだ。彼女は恐怖に圧倒されそうになった。右手を使わずに両足のブーツを脱ぐには、どうすればいい？　ナンシーはブーツを蹴《け》り捨てた。ブーツは廊下を飛んでいった。エアロックの扉をあけるなり中に踏み込み、後ろ手にバシンと閉めた。

飛びつくようにして、エアロックの天井から垂れているチェーンを引く。汚染除去シャワーが噴出しはじめた。このシャワーが終了するまでには七分かかる。その間出口の扉は自動的にロックされるから、汚染除去がすむまでは外に出ることはできない。ウイルスを殺すためには、それだけの時間が必要なのだ。最初に水が噴出し、防護服から血を洗い流す。水の噴出が止まると、こんどはエアロック内の全壁面にとりつけられたノズルからエンヴィロケムの噴出がはじまる。それが防護服の汚染を除去する。もちろん、手袋の中に何かが入り込んでいるとしたら、それまでこのシャワーで洗い流すことはできない。

エアロックの中に、照明装置はない。内部は仄《ほの》暗い闇《やみ》に包まれている。ここは文字どおり〝グレイ・ゾーン〟なのだ。せめて時計でもあればいいのに、と彼女は思う。そうすれば、あとどれくらいで外に出られるかわかるのだから。あと五分？　四分？　化学薬品の霧がフェイス・マスクに滴り落ちる。ちょうどワイパーの壊れた車で雨の中を走るようなものだ。何も見えない。ああ、くそ、と胸の中で悪態をつく。

〝研究所〟には、通称〝スラマー（刑務所）〟というレヴェル4の封じ込め病院がある。そこに収容された患者は、やはり防護服を着た医師や看護師による治療を受ける。もし危険なウイルスに感染して〝スラマー〟に入れられ、生きて退院することができなかった場合、死体は近くのレヴェル4封じ込め死体置場に運ばれる。その死体置場の俗称は〝サブマリン〟

だ。入口の扉が分厚い鋼鉄製で、サブマリン（潜水艦）の気密扉に似ているため、〝研究所〟周辺の兵士たちがそう呼びはじめたらしい。

ああ、なんでこんなことに！　ナンシーは思わず胸中で悪態をついていた。ああ、くそ！　あたしは十中八、九、〝スラマー〟に入れられるわ。そしてトニーが事故報告書を書いている頃、こっちはエボラの症状が出ている。一週間後にはきっと〝サブマリン〟に運ばれているだろう。ああ、くそ！　いま、夫のジェリーはテキサスだ。それに、きょうは銀行にもいかなかった。家にはお金がぜんぜんない。子供たちは今頃、家でミセス・トラペーンと一緒にいるだろう。そのミセス・トラペーンには、きょうお給料を払うことになっている。きょうはスーパーにもいかなかった。家には食料もない。もしあたしが〝スラマー〟に入れられたら、子供たちはどうやって食べていけばいい？　今夜はだれが子供たちの面倒を見てくれるというのだ？　ああ、くそ、どうしてこんなことに！

シャワーが止まった。扉をひらいて、最終準備区域に飛び込む。すぐに防護服を脱ぎにかかる。かなぐり捨てるようにして脱ぎ捨てた。防護服は水を滴らせながらコンクリートの床に叩《たた》きつけられた。

最初に右手を防護服から引き抜いたとき、彼女はすでに、袖が濡れていて、いちばん下の手袋が赤く染まっていることに気づいていた。

防護服の手袋も、やはり洩れていたのだ。エボラの血は、いちばん下の手袋の上にまで流れていたのである。その血は、彼女の肌と、あのバンドエイドとじかに接するラテックス・

ゴムの手袋の上をのたくっていた。最後の手袋は薄くて透明だ。エボラの血のすぐ下に、バンドエイドが透けて見えている。心臓の鼓動が早まり、ナンシーはもうすこしで吐きそうになった――胃袋がひきつって、何かがこみあげてくるような動きが喉《のど》に伝わる。反射的な嘔《おう》吐《と》衝動。微生物危険レヴェル4の生命体に、自分が無防備で身をさらしたと知ったときの生理反応。ナンシーは懸命に思いをめぐらした。ああ、どうしよう、これからどうすればいいの？　あたしは汚染除去されてない手袋をはめている――この最終準備区域にエボラの血が入ってきたのだ。ああ、大変。この場合、どういう措置をとるべきなのだろう？　どうすればいいの、あたしは？

　エアロックで、トニー・ジョンスンの青い体が動いている。ノズルがシュッと噴出しはじめる音が聞こえた。彼の汚染除去プロセスがはじまったのだ。ジョンスンに教えてもらいたくても、あと七分は待たなければならない。

　いま、何よりも問題なのは、エボラの血がこの最後の手袋まで通過して、あの傷跡に達したかどうかだ。とにかく、それを確認しなければ。外科用手袋にあいた針の先ほどの穴からも、血は通り抜けることができる。その血の滴には、エボラ・ウイルス粒子がどれくらい混ざっていることか。その一滴だけで、爆発的な感染を引き起こすには十分だ。このウイルスはとてつもないスピードで自己増殖をするのだから。手袋にあいた針の先ほどの穴は、肉眼ではおそらく見ることはできまい。ここにはエンヴィロケムの消毒液もない。手袋の血は水で洗い流さなければならない。ナンシーは流しに歩み寄り、水道の蛇口の下に右手を差しだして、栓をひねった。とたんに出はじめた水が、血を洗い流してゆく。エボラを含んだ水が排水口から流れ落ちてゆく。その排水はすべて、タンクの中で煮沸されることになっていた。祈るような思いで、彼女は最後の手袋を脱いだ。左手で右手の手袋の裾の部分をつかんで、そうっと右手を引き抜く。現われた右手には、ベビー・パウダーがまぶされていた。マニキュアをしていない短い爪。手首にうっすら残っている傷跡は、子供の頃ヤギに噛まれた跡だ。そして、バンドエイドの貼ってある掌。

ベビー・パウダーに血がまじっている。

ああ、お願い。この血はあたしの血であってほしい。

それはたしかに、彼女自身の血だった。バンドエイドの周辺から、血が滲《にじ》んでいたのだ。サルの血は、彼女の手のどこにも見当らなかった。

最後の手袋を、水道の蛇口の下にもってゆく。水はさっきから流れつづけていた。手袋の中に水を注ぐ。さながら水風船のように、手袋がふくらんでゆく。ナンシーが何より恐れていたのは、ふくらんだ手袋のどこかから、突然、細い糸のような水が噴きだすことだった。それこそは手袋にも穴があいている証拠、自分の命運が尽きた証拠なのだから。

手袋はぎりぎり一杯にまでふくらんで、そのまま保ちつづけた。穴はあいていなかった。

急に、脚から力が抜けていった。シンダーブロックの壁にぐたっともたれかかるなり、彼女の腰はずるずると落ちていった。まるでみぞおちにパンチでも食らったような気分だった。だれかが椅子《いす》代わりに使っていたバイオハザードの容器、あの〝ハット・ボックス〟の上に、彼女は尻《しり》をついた。両足を投げだしたまま、ナンシーはぐったりと壁にもたれかかった。エアロックからトニー・ジョンスンが出てきたとき、彼女はまだその姿勢のまま身じろぎもしていなかった。

事故報告書は、ナンシー・ジャックス少佐がエボラ・ウイルスに感染しなかったという結論を出した。彼女の最後の手袋は無傷だった。このウイルスは血液と体液の直接接触によってのみ感染するというのが当時の一般的見解だったため、たとえエボラが防護服を通り抜けたとしても、それが彼女の血液中にまで入り込めたはずはない、という結論が出されたのである。

わずか手袋一枚の厚さで〝スラマー〟行きを免れたナンシーは、その晩自分で車を運転して家路についた。彼女が間一髪のところで感染を免れたエボラは、もともとメインガという若い女性の血液から採取されたものだった。そのメインガは、もう何年も前にザイールのジャングルで〝崩壊〟し〝大出血〟した尼僧からそのエボラをうつされたのである。その晩、ナンシーはテキサスにいる夫のジェリーに電話をかけた。「ねえ、きょう何があったと思う？　あたし、ちょっとしたトラブルに巻き込まれたの。もうすこしでエボラに感染しそうになったのよ」

彼女は一部始終を打ち明けた。

ジェリーは慄然《りつぜん》とした。「言わないこっちゃない、ナンシー！　あのエボラ・ウイルスにだけは関わりを持つな、と言ったのに！　あのろくでもないエボラを取り扱うなんて！」

それから十分間にわたって彼は、防護服を着てホットなウイルス、とりわけエボラを取り扱う危険について論難しつづけた。ジェリー自身はあの青い防護服を着たことは一度もなく、レヴェル4に立ち入ったことも一度もない。そもそも、ああいう作業自体危険すぎると、彼は日頃考えていたのである。

ナンシーは沈黙を守って、反論を控えた。彼女はジェリーに言いたいだけ言わせ、怒りがどうにかおさまりかけたと見ると初めて、問題は何もないと思う、という自分の見方を伝えた。

一方、ジェリーはジェリーで、妻の沈着ぶりにあらためて驚いていた。もしそのとき、ナンシーの態度からすこしでも動揺が嗅《か》ぎとれたら、彼はその晩の飛行機で家に舞いもどっていただろう。

〝エボラ・プロジェクト〟は、この実験で使用された薬品類が何の効果も示さなかったという点で、失敗に終った。エボラ・ウイルスをうつされたジーン・ジョンスンのサルは、どんな薬を与えられても生き延びられなかったのである。彼らは一匹残らず死亡した。エボラはサルを全滅させた。エボラは完璧《かんぺき》な殺戮《さつりく》者であることを立証したのだった。この実験で唯一生き延びたのは、二匹の管理サルだった——通路を挟んで病気のサルたちの向かい側の檻で暮らしていた、あの健康なサルたちである。管理サルはエボラをうつされていなかった。だから、だれもが予測したとおり、発病することはなかったのだ。

だが、ナンシー・ジャックスの血の手袋事件が起きてから二週間後、ある戦慄すべき事態がエボラ室で起きた。あの二匹の管理サルの目が急に赤くなり、鼻が血まみれになったのだ。そして、彼らは〝崩壊〟し、〝大出血〟した。その二匹のサルは、エボラ・ウイルスを意図的にうつされてはいなかった。病気のサルたちにも近寄らなかった。彼らは広い通路によって、病気のサルたちから隔てられていたのに。

仮に一つの部屋の両端に、健康な人間とエイズを病んでいる人間がいたとする。その場合、エイズ・ウイルスが空中を漂って健康な人間に伝染することはない。だが、エボラは、ある一点から一点へ、空中を移動したのである。それは迅速に、決定的に、未知のルートをたどって移動した。管理サルはそれを肺の中に吸い込んだ公算がいちばん強い。

「とにかく、それは何らかの方法で管理サルにたどりついたんです」この事件があってから数年後に、ナンシー・ジャックスは私に語った。「サルは唾《つば》を吐いたり、物を吐き出したりします。あとで飼育係が水のホースで檻を洗うときに、水滴がエアロゾル状態になるでしょう。エボラはたぶんエアロゾル状態になった分泌物の形で空中を移動したんだと思うの。とにかく、エボラは空中を移動できるんだと思い知らされたのは、そのときだったわ」

エボラ川

一九七六年夏──秋

一九七六年七月六日、中部アフリカ熱帯雨林の端に位置するスーダン南部。そのエルゴン山北西五百マイルの地点で、エボラ・ハンターの間ではユー・Gという名で知られる男性がショック状態に陥り、体中の孔《あな》という孔から血を流して死亡した。彼の名はイニシャルでしか呼ばれない。ミスター・ユー・Gと呼ばれるこの男は、ある未知のウイルスの、最初に確認された患者だった。

ミスター・ユー・Gは、ヌザラの町にある綿工場の倉庫管理人だった。ヌザラの町は中部アフリカ熱帯雨林の、細い指のように分岐した末端部の近くに位置している。近年、この町の人口は急増していた──世界中の赤道地帯で起きている人口爆発が、この町でも起きていたのである。スーダン南部のこの地域の人々は、アザンデという大部族に属している。アザンデの土地は、多くの川に貫かれた森林の混在する草原地帯と言っていいだろう。雨季になると生じる川の土手に、アカシアの木々が群生している美しい土地だ。川と川の間には、その丈十フィートにも達する巨大な草が繁茂している。南のザイールに近づくにつれて、土地はなだらかに隆起して丘陵に変わり、森林も川から離れて天蓋《てんがい》のように空を覆うほど密になる。熱帯雨林のはじまりだ。ヌザラの町の周辺の土地には、チークや果実や綿の木の豊かな農園が広がっている。人々は貧しくても勤勉で、部族の伝統に従いながら大家族を養っていた。

ミスター・ユー・Gは勤め人だった。彼は工場の裏の、綿布の積み重ねられた部屋のデスクで仕事をしていた。そのデスクの近くの天井にはコウモリが巣くっていた。そのコウモリが果たしてエボラに感染していたかどうか、いまに至るも立証されてはいない。そのウイルスはどこか別のルートで綿工場に侵入したかもしれないのである——たとえば、綿の繊維中に封じ込められた昆虫が媒介したのかもしれないし、工場内に巣くっていたネズミが媒介したのかもしれない。あるいはこのウイルス、綿工場とは一切関係なく、ミスター・ユー・Gはどこか別の場所で感染したとも考えられる。彼は病院にいかずに自宅の簡易寝台の上で死亡した。彼の家族は伝統的なアザンデ部族の葬儀を行なって、彼の死体を草地の空き地に積んだ石塚の下に埋めた。以来その墓にはヨーロッパやアメリカの医師たちがいくたびとなく訪れている。その墓を見て、そこに葬られた男の死に関する考察にふけるのが、彼らの目的だ。と同時に彼らはそこで、エボラ・スーダンの最初の犠牲者に対する深甚な弔意をも示すのである。

今日、彼は〝寡黙で、これと言って目立つところのない人間〟として記憶されている。生存中に撮られた写真は一枚もなく、その容姿を記憶している人間も一人もいない。地元の町においてすら、彼はあまり良く知られていなかったらしい。弟は長身の華奢《きゃしゃ》な男だったから、彼もおそらくそうだっただろう、というのが通説である。彼は家族と数人の同僚を除いて、ほとんどだれにも気づかれずに生命の門を通りすぎたのだった。エボラの宿主だったという事実を除けば、人々の記憶に残ることもなかったに相違ない。

彼を殺したウイルスは、その複製をつくりはじめた。ミスター・ユー・Gの死後数日して、彼のすぐ近くのデスクで働いていた二人の同僚がショック状態に陥り、体中の孔から大量出血して死亡した。そのうちの一人は、P・Gという名の遊び人だった。寡黙なミスター・ユー・Gとは対照的に、彼は交遊範囲が広く、情婦も数人いた。ウイルスがあっと言う間に町中に広がったのは彼のせいだった。このウイルスが、肉体的接触やセックスを通じて人から人へ伝わっていったのは間違いない。それは人々の中に容易に棲《す》みつくことができ、かなりのスピードで増殖した。スーダンにおけるこのウイルスの伝染は、十六代にも及んだのである。そして、その宿主の大部分が殺された。宿主から宿主へ迅速に渡り歩くことのできるウイルスにとっては、前の宿主の身がどうなろうと問題ではない。なぜなら、そうして渡り歩けるかぎり、すくなくとも宿主の大半が死ぬまでは、増殖をつづけることができるからである。後に〝エボラ・スーダン〟の名で知られることになるこのウイルス禍の根元をたどれば、あの寡黙なミスター・ユー・Gにたどり着く。一人の寡黙な男から広まったウイルスは、南スーダンの全人口をあわや全滅させるところまでいったのである。ヌザラの町を席捲《せっけん》した後、このウイルスは東方のマリディの町にまで到達した。そこには病院があった。ウイルスはこの病院を爆弾のように襲った。看護師や助手を殺し、患者たちを犠牲にした後、こんどは患者の家族たちを通して電撃的に病院外に広がった。この病院の医療スタッフが汚れた針を使って患者たちに注射をしていたのは明らかである。その針を通して瞬く間に患者たちに広まった後、ウイルスは医療スタッフをも襲った。致死性の高い、不治のウイルス病の特徴の一つは、医療スタッフの間に迅速に広がることである。さながら炭の束に陽光を集束させるレンズのように、医療システムそれ自体が伝染スピードを速めることが往々にしてあるのだ。

ウイルスは、マリディの病院を死体置場に変えた。ベッドからベッドへ飛び移りつつ、ホットな病原体は手当りしだいに患者たちを殺していった。そのうち医師たちは、精神錯乱、精神異常、離人化現象、ゾンビもどきの行動といった症状に気づきはじめた。瀕死《ひんし》の患者の中には、服を脱いで、病院から外に逃げ出す者もいた。全裸の彼らは、自分の身に何が起き、なぜそんな症状に陥ったかもわからぬまま、我が家を捜して血を流しながら町をさまよい歩いた。エボラ・ウイルスが脳に障害を与えて精神性痴呆《ちほう》症を引き起こすことは間違いない。が、脳の障害と、恐怖に駆られたあげくの異常行動を峻別《しゅんべつ》するのは容易ではない。もし同室の患者がバタバタと死んでいく病院に閉じ込められていたら、だれしも逃げだしたくなるだろうし、その上自分にも異様な出血症状が起きていたら、着ているものを脱ぎたくなるだろう。そういう姿を人が見れば、気が狂ったと思っても無理はあるまい。

エボラ・ウイルスのスーダン株は、マールブルグ・ウイルスの二倍も凶悪だった——その致死率は五十パーセントにものぼったのだ。感染した人の約半数は死に追いやられたのである——それも驚くほど短時日に。その致死率は、中世に流行した黒死病にも匹敵した。もしこのエボラ・スーダンが、どうかして中部アフリカの外部にまで広がっていたら、おそらく数週間後にはハルツームに侵入していただろうし、そのまた数週間後にはカイロに侵入していただろう。そこからアテネに飛び火した後は、おそらくニューヨーク、パリ、ロンドン、シンガポールと、この地球の全域に広がっていたにちがいない。だが、このときは、そういう事態にはならなかった。スーダンの危機は、世界の大部分の人に気づかれぬまま終息したのである。このときスーダンで起きたことは、どこかで人知れず起きた原子爆弾の爆発にもたとえられるだろう。人類は絶滅の危機に瀕しながら、大部分の人間がそれに気づかなかったのだ。

なぜという理由も不明なまま、疫病の流行は下火に向かい、ウイルスは姿を消した。このときの流行の中心地は、マリディの病院だった。ウイルスが病院内で猛威をふるいはじめたとき、生き残った医療スタッフたちはパニックに陥って密林に逃げ込んだ。いまにして思えば、それはきわめて賢明な行動であり、最も望ましい措置ですらあったのかもしれない。なぜなら、それによって汚れた注射針の使用が中断され、病院も空き家同然になって、伝染経路が断ち切られたからである。

エボラ・スーダン・ウイルスがなぜ消滅したのか、考えられる理由はほかにもある。それはあまりにも獰猛《どうもう》すぎたのだ。最初にとりついた宿主を殺すのに急で、ほかの宿主に乗り移る暇がなかったのである。おまけに、このウイルスは空中を飛び移ることはなかった。それはあくまでも血を媒介にして伝染した。そして、出血した犠牲者たちは、多くの人間と接触する間もないうちに死亡したため、ウイルスが新しい宿主に飛び移る機会もあまりなかったのだろう。もし患者たちが咳《せ》きこんで、ウイルスを空中に吐き出していたら——その結果はまた違ったものになっていたかもしれない。いずれにせよ、エボラ・スーダンは、火が藁《わら》の束をなめ尽くすように中部アフリカの数百の命を焼き殺した。そのうち、炎は中央で燃え尽き、灰の山となって終息した。それは、いままさしくエイズの流行に見られるように、消火不可能な炭鉱の火事さながら、いつまでも地上でいぶりつづける、というようなことにはならなかった。エボラ・スーダンは密林の奥に撤退したのだ。が、そこで死滅したわけではない。未知の宿主の中で何代も循環を繰り返しながら、それは今日まで生きつづけているにちがいない。それは自らの形を変え、別の形態に変身する能力を持っている。いつの日か、それはまた新しい形態で人類の間に潜入してこないとは、だれも断言できない。

スーダン危機がはじまって二か月後——一九七六年九月初旬——そこから五百マイル西方、ブンバ・ゾーンと呼ばれるザイールの一州に、さらに獰猛なフィロウイルスが出現した。ブンバ・ゾーンとはいくつかの村落が点在する熱帯雨林地帯で、コンゴ川の支流エボラ川の流域にあたっている。このとき、ここで発生したウイルス、いわゆる〝エボラ・ザイール〟の致死率は、前述したエボラ・スーダンのそれをさらに上回って、ほぼ二倍に近かった。それは、ある人知の計り知れない意図のもとに、抑えがたい力で、暗黒の静寂の中から出現したかのようだった。エボラ・ザイールの最初の患者は、今日に至るも確認されていない。ともあれ九月の初旬、エボラ川の南のどこかに住んでいた未知の人物が、何かしら血にまみれた物に触れたらしい。それはサルの肉だったかもしれない——その地域の人々は、サルを狩って食用にするのだ——もしくは、何か別の動物、たとえば象やコウモリの肉だったかもしれない。あるいは、何かでつぶれた昆虫だったのかもしれない。さもなければ、男女いずれとも知れぬその人物は、蜘蛛《くも》に噛《か》まれたのかもしれない。このウイルスの最初の宿主が何であろうと、熱帯雨林における血と血の接触を通して、それが人間界に潜入したことはたしかなようである。人間界への入口が、その未知の人物の手の傷であったことは十分考えられるだろう。

ウイルスが浮上した場所は、ベルギー人の尼僧が経営するヤンブク慈善病院だった。病院は森の中の教会の隣にあった。水漆喰《しっくい》の壁とトタン屋根の小屋が病棟で、それがいくつも並んでいた。鐘の音が響くと聖歌が森の中に流れ、バンツー語で語られるミサの甲高い祈りがそれにつづいた。病棟の前には病んだ人々が並び、マラリアの高熱にふるえながら、尼僧たちからよく効く注射を打ってもらうのを待っていた。

ヤンブクの伝道団は、児童のための学校も経営していた。八月の末頃《ごろ》、この学校の教師が友人たちとザイール北部にヴァカンス旅行に出かけた。彼らは教会のランドローヴァーを借りて出発し、周辺の土地を探索しながら北に向かった。地面に刻まれたわだちに沿ってゆっくり進みながらも、彼らは何度か泥に車輪をとられて立ち往生したことだろう。ザイールを車で旅するときは、それが普通なのだ。それは本来歩くのに適した道で、頭上は天蓋のような木の枝に覆われていた。どこまでいっても小暗い道を進むのは、出口のないトンネルを走るようなものだった。

一行はやがてエボラ川に達し、フェリーで対岸に渡ってからなおも北を目指した。オバンギ川の近くで彼らは路傍の市場に立ち寄り、学校の教師が新鮮なレイヨウの肉を買った。彼の友人の一人は殺されたばかりのサルを買って、ランドローヴァーの荷台に放り込んだ。荒れた道をゆくランドローヴァーに揺られながら、おそらくは彼らの全員が、サルやレイヨウの肉に触れたことだろう。

ヴァカンスを満喫した彼らは、予定通り家路についた。帰宅した教師の家では、妻がレイヨウの肉でシチューをつくり、家族の全員がそれを食べた。翌朝、彼は体の異常に気づいた。で、学校に出勤する途中、尼僧から注射を打ってもらおうと、教会の反対側にあるヤンブク病院に立ち寄った。

毎朝、治療を開始するのに先だって、ヤンブク病院の尼僧たちは五本の注射器をテーブルに並べるのがきまりになっていた。それを使って、終日、患者たちに注射を打つのである。彼女たちは五本の注射針を使って、一日に何百人という外来や産科病棟の患者たちに注射を打っていた。一回の注射の後、熱湯を入れた鍋《なべ》で針の血を洗い落すこともあったが、それよりは連続して、針を洗うこともなく、腕から腕に、血と血を混ぜながら、注射することのほうが多かった。エボラ・ウィルスは感染性が異様に高い。混じり合った血の中にほんの五個か十個のウィルス粒子がひそんでいるだけで、新たな宿主の中では猛烈な増殖が開始され得るのだ。この病院でウィルスが広がるチャンスは十二分にあったことだろう。ヤンブク病院で注射を受けてから数日後、くだんの学校教師はエボラ・ザイールを発症した。彼は、エボラ・ザイールに感染したことが確認されている最初の人物である。だが、その感染経路はいまだ特定されておらず、病院で注射を打ってもらった際、汚れた針を通して感染したとも考えられる。とすると、彼以前にすでにエボラに感染していただれか別の人物が、その日病院を訪れて、あとで学校教師に使われたのと同じ注射針で注射を受けた、という推測が成り立つ。その未知の人物は、おそらく注射を受けるために並んでいた列で、学校教師のすぐ前に立っていたのだろう。ザイールにおけるエボラ禍を引き起こしたのは、その人物だったのかもしれない。スーダンの場合同様、全地球を駆けめぐることになったかもしれない凶悪な病原体は、最初に感染した一人の人物から広がったのだ。

ウィルスは、病院周辺の五十五の村落で、爆発的に広がった。それは最初に注射を受けた人々を殺し、次いで彼らの家族、とりわけ女性たちを、殺した。アフリカでは、死者を埋葬する役割を担っているのは女性たちなのである。

おそらく、抑えがたい増殖衝動を秘めたこの獰猛な病原体は、まず森の中で、何か血塗られた物に触れた人物の中に入り込んだのだろう。その人物は猛烈な頭痛を覚えると同時に目が赤くなり、ヤンブク病院に注射を打ってもらいにゆく。そして、あの学校教師の前に並んだのだろう。その人物の中に最初に入り込んだのが四、五個のウイルス粒子だったとして、それらの粒子がどこからきたのかは、今もって不明である。

ともあれ、ウイルスは猛烈な増殖を開始して、ヤンブク病院の地元民看護師たちに飛び移り、彼女たちの大部分を殺した。次いで、ベルギー人の尼僧たちが直撃された。最初にエボラに感染した尼僧は、ある死産児をとりあげた助産婦だった。その母親はエボラで死にかけており、まだ体内にいた赤子にウイルスをうつした。その胎児が母親の子宮内で〝崩壊〟し〝大出血〟したことはまちがいない。母親は流産に追い込まれ、そのグロテスクな出産を助けた尼僧の手は血まみれになった。母親と胎児の血中ではウイルスが猛然と活動していた。そのとき、尼僧の手には小さな切り傷、ないし引っ掻《か》き傷があったのだろうと思われる。彼女は爆発的な感染症状を呈して、五日後に死亡している。

ヤンブク病院には、今日〝シスターM・E〟の名で知られる尼僧がいた。彼女もまた〝レピデミック（疫病）〟――という名でそれは呼ばれるようになっていた――にかかって、重態に陥った。見るに見かねたある牧師が、もっとマシな治療を受けさせるべく、彼女をザイールの首都キンシャサにつれていこうと決意した。〝シスターE・R〟というもう一人の尼僧が彼を手伝い、シスターM・Eをランドローヴァーに乗せると、まずブンバ・ゾーンの州都、ブンバの町まで連れていった。そこは、コンゴ川沿いに、シンダーブロックと木造の小屋が密集している町である。彼らはブンバ飛行場にゆき、小型機を雇ってキンシャサまで飛んだ。そして、シスターM・Eをスウェーデン人の看護師たちの経営する私立病院、ヌガリエマ病院に運び込んだ。シスターM・Eはそこで個室に入れられたものの、結局エボラには勝てず、激烈な苦痛に耐えた後、その魂をキリストに委ねたのだった。

エボラ・ザイールは、人間の肉体の、骨格筋と骨を除くすべての臓器と組織を攻撃する。それは完璧《かんぺき》な寄生体と言っていいだろう。なぜなら、それは人間の肉体のあらゆる器官を、どろどろに消化された粘液状のウィルス粒子の巣に変えてしまうからである。エボラの内部にある七つの謎《なぞ》の蛋白《たんぱく》質は、共に協力し合って分子の〝ジョーズ〟のごとき仮借ないマシーンとして働き、人間の肉体を食い尽くしていくのだ。

感染が進行するにつれて、血流の中には小さな血栓が現われはじめる。血は濃度を増して流れが遅くなり、血栓は血管の内壁にとりつきはじめる。それが、〝舗道化〟と呼ばれる現象にほかならない。なぜそう呼ばれるかと言えば、血栓がモザイク状に結合して血管の内層の上に貼《は》りつきはじめるからである。モザイクはしだいに厚くなって、血栓が剥離《はくり》しはじめる。それは血流の中を漂って毛細血管に流れ込み、そこで滞ってしまう。その結果、肉体各部への血液の供給が遮断され、脳、肝臓、腎臓《じんぞう》、肺、腸、睾丸《こうがん》、胸部組織（女性のみならず男性の場合も）、その他皮膚の全域に死斑《しはん》が現われるのだ。皮膚には点状出血と呼ばれる赤斑が生じるが、それは皮膚の下の出血の証しである。

エボラは恐るべき獰猛さで結合組織を攻撃する。それはコラーゲンの中で増殖する。コラーゲンとは、皮膚を引き締め、各種の臓器を繋《つな》ぎ留めている組織である。そのコラーゲンがどろどろになってしまい、皮膚の下部組織が壊死《えし》して融解する。その結果、皮膚は泡立ったように、一面、斑点状丘疹《きゅうしん》と呼ばれる白と赤の微小な水泡に覆われてしまう。この丘疹は、タピオカのプリンにもたとえられてきた。やがて皮膚には裂け目が生じ、そこから出血がはじまる。皮膚の赤斑はしだいに拡大し、自然に裂けて口をあける。皮膚そのものはぶよぶよになって、ほんのわずかな力を加えられただけでちぎれてしまう。出血は口からも起こる。歯の周囲から出血するばかりか、唾液腺《だえきせん》からも出血する——実際、体中の孔という孔から——どんなに小さな孔からも——血が流れ出すのだ。

　舌の表面は深紅に変色してから剥離する。その断片は飲み込まれるか、吐き出されるかする。舌の表面がむけるときは、言語に絶する苦痛に襲われるという。黒色吐物を吐き出す最中にも、舌の表面は剥離することがある。喉《のど》の奥や気管の被蓋粘膜もやはり剥離し、壊死した組織は気管を伝って肺の中にすべり落ちるか、痰《たん》と一緒に吐き出されることが多い。

　心臓の場合は、それ自体の中に出血すると言っていいだろう。まず心筋が軟化して、心室の中に血が流れ込む。その血は心臓が鼓動するたびに心筋の中から絞り出されて胸腔《きょうこう》を血で満たすのだ。

　脳は、壊死した血球で詰まってしまう。〝脳の泥化〟と呼ばれる現象である。エボラは眼球の内膜をも攻撃し、眼球内部は血で一杯になってしまう。その結果、視力を失うこともある。目蓋《まぶた》の表面にも血の滴が滲《にじ》み出てくる。啜《すす》り泣くとき流れ出る涙も、血だ。目から流れ落ちた血が頬《ほお》を伝っても凝固することはない。人によっては半身不随に陥ることもある。体の半分が麻痺《まひ》してしまうのだが、エボラが原因の場合には、回復する見込みはまずない。また、内臓が凝固した血でつまっているあいだ、体外に流れ出た血は固まることはない。それはあたかも凝乳から乳が搾《しぼ》り出される様に似ている。エボラに汚染された血を試験管に入れて眺めると、血が破壊されているのがよくわかる。血球が破れて壊死しているため、血は電気ミキサーで攪拌《かくはん》されたような様を呈しているのだ。

エボラは、まだ宿主が生きているうちからその肉体組織を大量に破壊してしまう。最初は局部的な壊死としてはじまったものが、やがて内臓の全域に広がる。肝臓は膨れあがって黄色に変色し、融解しはじめた後に破裂する。破裂は肝臓の表面、並びに内部の奥深くにまで及ぶ結果、機能が完全に停止して、肝臓そのものが腐敗する。腎臓も血栓や死んだ細胞でつまってしまい、やはり機能を停止する。それと共に、血は尿による中毒症状を呈しはじめる。脾臓《ひぞう》は脾臓で、野球のボール大の、一個の固い、大きな血栓と化す。小腸にもやはり血が充満する。腸管の内層が壊死し、大腸に流れ込んでから、大量の血と共に便として排出される。

男性の場合は、睾丸が膨れあがって青黒く変色し、精液も活発なエボラ・ウイルスに汚染される。乳首からも出血することがある。女性の場合は、陰唇がやはり青黒く変色して垂れ下がる。膣《ちつ》内の大量出血が起こることもある。妊娠した女性にとって、このウイルスの感染は破局的だ。胎児は自然流産に追いやられるが、そのときはすでにエボラに感染しており、鼻は血まみれ、目は赤く染まっている。

エボラはマールブルグ・ウイルスよりも徹底的に、脳を破壊する。エボラの犠牲者は、死期が近づくと、癲癇《てんかん》性痙攣《けいれん》を起こすことが多い。この痙攣はふつう〝グラン・マル（大発作）〟と呼ばれている——患者の全身がふるえ、ひくつき、足はのたうち、手は宙をかきむしる。そして——しばしば血を流している——眼球は眼窩《がんか》の中に反転する。痙攣状態に陥った患者は、周囲一面に血を塗りたくることになる。ウイルスの側から見れば、患者を癲癇性痙攣に陥らせ、血を塗りたくらせることが、勝利をおさめるための戦術なのである——瀕死の患者がそうして痙攣しながら血を周囲一体にふりまけば、ウイルスは新しい宿主に飛び移るチャンスをつかめるのだから。それは言ってみれば、塗りたくられた血を通した伝播《でんぱ》形式ということになるだろう。

エボラ——と、マールブルグ——はあまりにも急速かつ活発に増殖するので、感染した肉体の細胞は、ウイルス粒子のたくさん詰まった結晶のような固まりになる。これらの結晶体は、細胞から孵化《ふか》しようとするウイルスの産子群にほかならない。それは〝レンガ〟と呼ばれている。この〝レンガ〟ないし結晶体は、最初に細胞の中心近くに現われ、その後表面に向かって移動する。一つの結晶体が細胞壁に到達すると、それは数百ものウイルス粒子に分解する。それら産子群は髪の毛のように細胞壁を押し破って、宿主の血流の中に流れ出す。孵化したエボラ粒子は体中至るところの細胞に吸着し、その中に侵入し、増殖をつづける。エボラは心臓でも、小腸でも、眼球でも、文字どおり、ありとあらゆる肉体組織の中で増殖する。その結果、宿主の肉体のすべての組織が結晶体に満たされ、それがやがて孵化すると、さらに多くのエボラ粒子が血流の中に入り込むのだ。この増殖プロセスが絶え間なくつづく結果、ついには宿主の血の一滴の中に、一億個ものウイルス粒子が含まれるまでになってしまう。

宿主が死ぬと、その死体は突然分解しはじめる。すでに数日前から、一部、もしくは全面的に壊死していた内臓が融解しはじめ、ショックに関連した溶融が起こる。すでに死斑の現われていた死体の結合組織、皮膚、内臓は、高熱によってあたためられ、ショックによる損傷を受けて融解しはじめる。その死体から洩《も》れ出る液体の中には、エボラ・ウイルス粒子がウヨウヨいることは言うまでもない。

すべてが終ったとき、シスターM・Eの病室は、床と言わず、椅子《いす》と言わず、壁と言わず、あたり一面が血だらけになった。その病室を実際に見た人物に聞いたところでは、葬儀のために彼女の遺体を――何層ものシーツに包んで――運び出したあと、清掃のために敢《あ》えてその部屋に踏み込もうとする者は病院のスタッフ中に一人もいなかったという。看護師や医師たちは壁の血に触れたがらなかったし、実のところ、その部屋の空気を吸うことすら恐れていた。で、病室は鍵《かぎ》をかけて閉鎖され、そのまま数日間放置された。シスターM・Eの死後、その病室の有様を見た者の胸には、おそらく〈至高の存在〉の本質に関する疑問がいくつか浮かんだに相違ない。神学にはさほど縁のない人間にとって、血塗られた壁は〈自然〉の本質の何たるかを考えるよすがになったことだろう。

シスターM・Eの死因を説明できる者はだれもいなかった。が、活発な増殖を繰り返す病原体の仕業であることは明らかであり、その病のさまざまな徴候を平静な心で検討するのは容易ではなかった。人々の不安に輪をかけたのは、ジャングルの奥から伝わってくる不穏な噂《うわさ》だった。コンゴ川の上流では、その病原体のためにいくつもの村落が全滅しつつある、というのだ。その噂は百パーセント真実だったわけではない。そのウイルスは、どの家族も無差別に襲っていたわけではないからである。が、上流からの情報は途中で歪《ゆが》められてしまうことが多いため、事態を正しく把握できる人間はいなかった。キンシャサの病院の医師たちは、シスターM・Eの死因を調べた結果、マールブルグ、ないしマールブルグに似た病原体によるものではないかと疑いはじめた。

そうこうするうちに、こんどはシスターM・Eを飛行機でキンシャサまで運ぶのに同行した尼僧、シスターE・Rが、〝レピデミック〟で倒れた。彼女は病院の個室に入れられ、シスターM・Eを殺したのと同じ病状を示して衰弱しはじめたのである。

そのヌガリエマ病院には、メインガ・Nという若い看護師がいた（ファースト・ネームはメインガで正しいのだが、ラスト・ネームはNということにしておく）。メインガ看護師は、あの血まみれの部屋で最初の看護師が死亡したとき、その看護にあたっていた。彼女は、あの尼僧の血か黒色吐物を体に浴びたのかもしれない。いずれにせよ、メインガ看護師は激しい頭痛と極度の疲労を覚えはじめた。自分が病気にかかりつつあることはわかっても、それが何なのか、彼女は率直に認めようとはしなかった。彼女の家族は貧しくとも覇気のある者揃《ぞろ》いで、彼女自身、すでにヨーロッパの大学に学ぶための奨学金を得ていた。彼女の胸を占めていたのは、ここでもし病気にでもなったら海外旅行の許可を取り消されてしまうかもしれないという不安だった。激しい頭痛を覚えはじめたとき、メインガ看護師は病院勤務を休んで姿を消した。二日間というもの、彼女はだれの目にも触れなかった。実はその間、病状がはっきり現われる前にパスポートを取得すべく、彼女は町に出ていたのである。パスポートを直接取得しようとして、メインガ看護師は丸一日ザイール外務省の窓口に並んでいたのだった。

翌日、十月十三日、彼女はさらに気分が悪くなった。が、仕事にもどる代わりに、彼女はまたしても町に出ていった。こんどはタクシーで、キンシャサ最大の病院、ママ・イエモ病院に駆けつけた。その頃には腹痛もひどくなり、頭も割れるように痛んで、身の置きどころのないような恐怖に襲われていたにちがいない。彼女はなぜ自分の勤め先であるヌガリエマ病院にいかなかったのか？　そこにいけば、顔馴染《なじみ》の医師たちから、懇切な治療をしてもらえるとわかっていたのに？　おそらくそれは、心理的な現実否定の好例だったのだろう。彼女はたぶん、自分が感染したという事実を、自分自身に対してすら認めたくなかったのだ。自分はマラリアにかかったのだ、と彼女は思い込もうとしたのだろう。で、メインガ看護師は貧しい人々の最後の頼みの綱であるママ・イエモ病院を訪ねた。そして、粗末な服をまとった大人や子供たちで一杯の救急外来で、自分の番がくるのを長いあいだ待っていた。

そのときの彼女の様子が目に浮かぶようだ——アメリカ合衆国陸軍の冷凍庫に保存されて

いるウイルスの源、メインガ看護師。彼女がキンシャサの町をさ迷い歩いたのは、一九七六年十月十二日だった。彼女は静かで気立てのいい、美しいアフリカの娘だった。年は二十歳くらいだったというから、いわば、人生でいちばん楽しいさかりだった。彼女は明るい希望に燃えていた。だからこそ、自分の身に起きていることを信じたくなかったのに相違ない。両親は彼女のことを、目の中に入れても痛くないくらいに可愛がっていたという。その彼女がいま、マラリア患者や、ボロをまとった、腹の異様に大きな子供たちに混じって、待合室にすわっている。彼女に特別注意を払う者はだれもいない。なぜなら、彼女の普通でない点といえば、頭痛を覚えていることと、目が赤いということくらいだからだ。

一人の医者が彼女にマラリアの注射を打って、隔離病棟に入らなければだめだ、と言う。が、ママ・イエモ病院には、隔離病棟はない。メインガ看護師はそこを出てまたタクシーをつかまえ、別の病院、大学病院につれてってくれ、と頼む。そこの医者ならきっと適切な治療を施してくれると思ったのだろう。だが、大学病院の医師たちは彼女を診《み》て、軽いマラリアの徴候以外何も異常な点はない、と言う。メインガ看護師は途方に暮れて待合室にすわっている。そのときの彼女の姿を想像すると、たぶん啜り泣いていたのではあるまいか。そしてとうとう、唯一残された道を選ぶことにする。メインガ看護師はヌガリエマ病院にもどって、自分を患者として受け入れてくれるように頼むのだ。彼女は個室に入れられ、そこで昏《こん》睡《すい》状態に陥る。その頃から顔の表情が硬化して、仮面に似てくる。

謎のウイルスが出現して村人たちに甚大な被害を及ぼしているという知らせは、すでに森の奥から少しずつ洩れてきていた。そこへこんどは、当のウイルスに感染した看護師が二日間もキンシャサの街を歩きまわっていたという噂が広がった。しかも彼女は込み合った部屋や公共の場所で、大勢の人間と接触したという。そのニュースはザイールの首都にパニックを生んだ。伝道団筋から広がった噂は政府の官吏たちの口を通して外交官のカクテル・パーティの話題になり、ついにはヨーロッパにまで伝わった。やがてジュネーヴのＷＨＯ（世界保健機関）本部にその情報が入ると、職員たちは恐慌状態に陥ったという。そのときＷＨＯにいた人々の証言によると、各階の通路はそれとわかる恐怖に包まれ、事務局長も全身の震えを隠し切れなかったらしい。メインガ看護師は、人口二百万の第三世界の過密都市における爆発的なウイルス伝染の引き金を引いたかに見えた。ＷＨＯの職員たちは、メインガ看護師が世界的な疫病流行の引き金になることを恐れたのである。ヨーロッパ各国の政府は、キンシャサからの航空便の受け入れ拒否の検討に入った。隔離病棟に入れられるべき患者が、二日間にわたって混雑した市中を歩きまわったという事実は、人類絶滅の引き金になるのではないかという見方も生じはじめた。

ここに至って、ザイールの最高指導者、モブツ・セセ・セコ大統領も軍の動員に踏み切った。彼はヌガリエマ病院の周囲に兵士たちを配置し、医師以外なんぴとも出入りさせないよう命じたのである。医療スタッフの多くは病院内で検疫措置を受けていたが、兵士たちはその完全施行を強制した。モブツ大統領はブンバ・ゾーンも軍によって封鎖し、ゾーン内から無断で出てこようとする者は射殺するよう命じた。ブンバと外部世界を結ぶ主要な絆《きずな》は、コンゴ川だった。その川を上り下りする川船の船長たちも、このウイルスのことをすでに聞き及んでいたから、ブンバ・ゾーン内の川の流域のいかなるところにも船を止めようとしなかった。たとえ両岸の人々から懇願されようとも、耳を貸さなかった。そのうち、ブンバとの無線通信が途絶した。コンゴ川の上流で何が起きているか、ウイルスがどうなってだれが死につつあるのか、一切の情報が伝わらなくなった。ブンバは地表から消えて、密林の静寂に呑《の》み込まれたのである。

ヌガリエマ病院で最初の尼僧が死にかけていたとき、医師陣はいわゆる〝瀕死期生検〟を実施することを決めた。これは、完全な解剖の代わりに、患者の死の直前、組織のサンプルを採取することを意味する。彼女は死後解剖を禁じる宗教団体の一員だった。医師陣は彼女の中で増殖している病原体の正体を、是が非でも知りたかったのである。断末魔のショックと痙攣に彼女が襲われているとき、その上腹部に針が挿入され、肝臓の一部が吸い出された。彼女の肝臓は融解しはじめており、針は太かった。尼僧の肝臓のかなりの量が針を伝って注射筒に吸い込まれた。彼女の血が病室の壁に奔出したのは、この瀕死期生検の最中だったのかもしれない。医師陣は彼女の腕からも血液のサンプルを採り、試験管に入れた。未知の危険な病原体を含んでいるこの尼僧の血液は、計り知れないほど貴重な意味を持っていたのである。

この血液はすぐにベルギーの国立研究所と、イギリスのウィルトシャー州ポートン・ダウンにある国立研究施設である〝微生物研究所〟に送られた。双方の研究所の科学者たちは直ちにこの病原体の正体を確認する作業に着手した。一方、アメリカのジョージア州アトランタにあるCDC（疾病対策センター）の科学者たちは、自分たちだけ除け者にされたような疎外感を味わわされた。ほんのすこしでも尼僧の血液を入手しようと、彼らはアフリカとヨーロッパに電話をかけまくり、サンプルを送ってほしいと懇願しつづけた。

CDCには、新しく出現した未知の病原体を扱う部門がある。それは〝特殊病原体研究室〟と呼ばれている。一九七六年、ザイールにおけるウイルス流行当時、この研究室を主宰していたのは、中南米の熱帯雨林をホーム・グラウンドとするウイルス・ハンターのカール・M・ジョンスンという医師だった（彼は民間人のウイルス・ハンター、ジーン・ジョンスンとも、病理学者のトニー・ジョンスンとも、血縁上のつながりはない）。カール・ジョンスンとCDCにおける彼の同僚たちは、ザイールのエボラ川上流で起きた出来事について、まだほとんど知らないに等しかった――彼らにわかっていたのは、ザイールの人々が〝全身に広がる症状〟を持つ〝熱病〟で死んでいる、ということくらいだった。密林からも、尼僧が死んだ病院からも、詳《くわ》しい情報は何一つ届いてはいなかったのだ。その〝熱病〟はかなり悪質なものであるらしい。ジョンスンはポートン・ダウンのイギリスの研究所の友人に電話して、〝その尼僧の血のほんの残り滓《かす》でもいいから送ってくれれば、われわれも調べられるんだがな〟と言ったという。

イギリスの友人は、じゃあ送ってあげよう、と言ってくれた。それからジョンスンが受けとったのは、文字どおりの残り滓だった。

　CDCに届いた尼僧の血は、ドライ・アイスを敷いた箱の中の試験管に入っていた。ところが輸送中、試験管にひびが入って、割れてしまったのである。箱の中には、生の変質した血が洩れていた。その箱をあけたのは、CDCのウイルス学者の一人、パトリシア・ウェッブ――当時のカール・ジョンスン夫人――だった。見ると、箱の内部は洩れた血で粘ついていた。血は、コールタールのように見えた。黒く、ねっとりしていて、さながらトルコ・コーヒーのようだったという。ゴムの手袋をはめた以外、彼女は何の予防措置も講じてはいなかった。綿をボール状に丸めると、彼女はそれでなんとかコールタール状のものをすくいとり、あとでその綿を絞って、ウイルスの検査に必要な数滴分の血をどうにか採集することができた。

　パトリシア・ウェッブは、サルの細胞の入っているフラスコに、その黒い血を少量落してみた。するとたちまち細胞は異常を呈して死にはじめた――細胞は〝崩壊〟したのだ。未知の病原体はサルの細胞を感染させて、それを弾《はじ》けさせ得ることがそれで判明したのである。

　CDCのスタッフで、やはり未知の病原体を調べていたのが、フレドリック・A・マーフィーである。彼はマールブルグ・ウイルスの確認にも一役買ったウイルス学者で、電子顕微鏡によるウイルスの撮影の世界的な権威の一人である（彼の撮ったウイルスの写真は、美術館に展示されたこともある）。マーフィーはぜひ問題の細胞を顕微鏡で覗《のぞ》いて、ウイルスを撮影できるかどうか確かめてみたかった。十月十三日――メインガ看護師がキンシャサの病院の待合室にすわっていた、あの日である——彼は血清を加えた細胞浮遊液のほんの一滴を標本板に落して乾燥させた。次いで、それを電子顕微鏡にかけて覗いてみた。

すると……彼は自分の目が信じられなかった。そこにはウイルス粒子がウヨウヨいたのである。そんな光景は見たことがなかった。乾燥した液体の中には、ミミズに似たものが凝集しているではないか。息がつまりそうになった。マールブルグだ、と彼は思った。自分はマールブルグ・ウイルスを見ているのだ。一九七六年の時点では、ひも状のウイルスといえばマールブルグしか知られていなかった。それにしても、一滴の液体の中に、これほど多数のウイルスがつめこまれているとは。

妙な胸騒ぎを覚えて、マーフィーはガバッと立ち上がった。この標本を用意したあの実験室——あの部屋は危険だ。ウイルス感染の危険がある。顕微鏡室を出てドアを後ろ手に閉めると、彼は実験室に向かって廊下を急いだ。自分があの尼僧の血を取り扱った実験室に着くと同時に、彼は室内の消毒にとりかかった。クロロックス消毒液の壜《びん》をとりだして、床から天井までゴシゴシ拭《ふ》いてゆく。カウンター、流し、あらゆるものを消毒液で洗った。それこそ、床の表面がむけてしまうくらいの勢いで洗った。それがすむと、彼はパトリシア・ウェッブを見つけて、自分が顕微鏡で見たものを話した。彼女はただちに夫に電話して言った。

「カール、急いで実験室にきて。フレッドが顕微鏡である標本を覗いたんだけど、とんでもない条虫が映ってるんですって」

彼らは〝条虫〟の群に目を凝らして、その形態の分類に努めた。そこにはヘビに似た形を

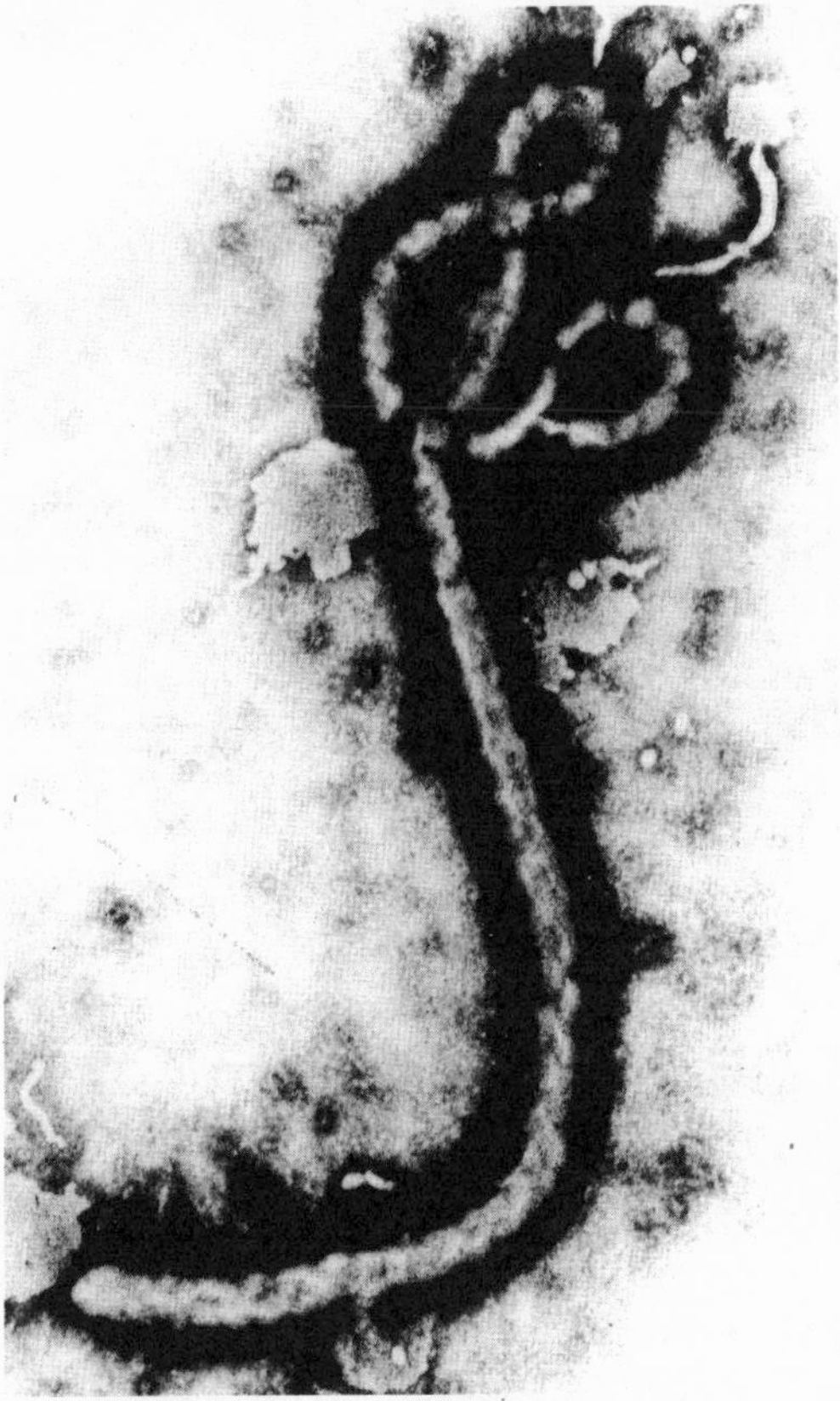

“牧羊杖”がはっきり認められるエボラ・ウイルス粒子――この場合は“杖”の何本かがもつれ合っている。これは1976年10月13日、当時CDCに在籍していたフレドリック・A・マーフィーによって初めて撮影された写真中の一枚である。ごつごつしたロープ状構造は謎の蛋白質から成っていて、このウイルスの遺伝子である一本鎖RNAを包み込んでいる。11万2000倍に拡大。

しているものがいた。それに豚の尻尾《しっぽ》、木の枝、Yの文字に似た鉤《かぎ》型のもの。小文字のgのようにのたくっているものもあれば、Uの字形に湾曲しているものや、6の字のように丸まっているものもいる。彼らはまた、〝牧羊杖《づえ》〟と後に呼ぶことになる古典的な形態のものも見つけた。

他のエボラ専門家の中には、この環状のものを、金物店にあるボルトの一種にちなんで〝アイボルト〟と呼ぶ者もいる。それはまた、〝長い尻尾を持ったチェリオ〟と形容されることもある。

翌日、この〝アイボルト・ウイルス〟のテストをしたパトリシア・ウェッブは、それがマールブルグをはじめ他のいかなるウイルスの検査薬にも反応しないことを発見した。すなわちそれは、未知の病原体、新しいウイルス、ということになる。彼らはその病原体を分離して、それが新種のウイルスであることを証明した。ジョンスンのチームはその生命体に新たな名前をつける資格を得た。で、カール・ジョンスンは、それを〝エボラ〟と命名したのだった。

カール・ジョンスンはその後CDCを去り、いまはモンタナでフライ・フィッシングを楽しみながら悠々自適の暮らしをしている。陰圧化したホット・ゾーンの設計を含む、多様な問題のコンサルタントもしているらしい。モンタナ州ビッグ・スカイのファックス・ナンバーで彼と連絡をとれることを知った私は、さっそく彼にファックスを送ってみた。自分はエボラ・ウイルスに魅了されているのだ、とそこには書いておいた。そのファックスが受信されたのはたしかなのだが、返事はこなかった。もう一日待って、再度ファックスを送ってみた。やはり、なしのつぶて。釣りをするのに忙しくて、返事を書くどころではないらしい。半分諦《あきら》めかけたとき、私のファックスから突然、こういう返事が吐きだされた。

プレストン殿

首を揺すってこちらを威嚇するコブラの目を見つめる際の気持もそこに含まれているのでないかぎり、〝魅了される〟という言葉は、私がエボラに対して抱いている感情とは無縁です。〝おぞけをふるう〟という言葉はいかがですか？

同僚たちと共に初めてエボラ・ウイルスを分離してから二日後、カール・ジョンスンはCDCの二人の医師と共に、各種の医療器具のつまった十七個の箱を携帯してアフリカに向かった。ザイールとスーダンにおけるウイルスの流行を阻止する行動を組織的に起こすのが目的だった（当時、スーダンにおいても、まだ流行はつづいていたのである）。一行はまずジュネーヴに飛んで、WHOと接触した。が、WHOはアフリカ二か国におけるウイルスの流行について、さしたる情報をつかんでいないことが判明した。で、CDCの一行はさらに多くの装備を箱につめて、ジュネーヴ空港に向から準備を整えた。そこから彼らはアフリカに飛ぶ予定だった。ところが、いよいよ出発という段になって、CDCの医師の一人がパニックに襲われてしまった。その医師はスーダンに向から予定だったのだが、恐怖のあまり、飛行機に乗れなくなってしまったのである。それは、さほど珍しい事態ではなかった。カール・ジョンスンも、こう私に語っている──「出血性のウイルスから文字どおり逃げだした若い医師を、私は何人も見ているよ。流行の中心地に着いたとたん、彼らは恐怖のあまり動けなくなってしまうんだな。で、飛行機から降りようとしないのさ」

エボラ・ウイルスの発見者の一人ジョンスンは、当時の一連の出来事について話すのはフライ・フィッシングをしながらにしたいという（〝まず優先順位をはっきりさせんとね〟というのが、彼の説明だった）。で、ある日、私はモンタナに飛び、ビッグホーン川でブラウン・トラウトを釣りながら数日間彼と一緒にすごした。時は十月。大気は澄んで暖かく、岸辺のポプラの葉は黄色に変色して南風にカサカサ揺れていた。フライ・ロッドを手に、腰まで川につかったジョンスンは、水面からラインを引きあげて上流にキャストした。彼はくわえタバコでサングラスをかけていた。ジョンスンは顎《あご》ひげを生やした、痩身《そうしん》の男である。いつも低い声で話すので、風が吹いているときはよく耳をすまさないと言葉が聞きとれない。

ウイルス探索の歴史上、彼は真に傑出した存在と言っていい。これまで、この地上で最も危険な生命体のいくつかを発見して、自ら命名しているのだから。「この自然がなまじっか善良でないのが、わたしは嬉《うれ》しいね」と彼は言う。水面にじっと目を凝らしていたと思うと、彼は下流のほうに一歩踏み出して、またキャストした。「しかし、きょうのような日は、自然は善良なのだと思い込むことができる。ま、どんな怪物や獣も、ときには善良な振舞いを見せることがあるものさ」

「ザイールの状況は、どんなだったんです？」と、私はたずねた。

「キンシャサに着いてみると、街は大混乱に陥っていたね。ブンバ州からの情報は皆目伝わってこないし、無線も途絶している。おそらく、そうとうひどい状況になってるんだろうと思った。こちらが相手にしているのは何かしら新しい病原体だということはわかっていたんだが、そのウイルスがインフルエンザのように空気感染で広がるのかどうかがわからない。しかし、もしエボラが容易に空中を飛び移れる性質のものだったら、今頃この世界はまったく違った場所になっていただろうな」

「というと？」私はたずねた。

「つまり、世界の人口は激減していただろう、ということだ。もしあのウイルスが何らかの呼吸装置を備えていたとしたら、封じ込めるのは至難の業だっただろうからね。実際、あのときはこう思ったものだよ、もしエボラがあの〝アンドロメダ病原体〟だったら——つまり、信じがたいほど獰猛で、飛沫《ひまつ》感染で広がるとしたら——この世に安全な場所など存在しないだろうな、とね。ロンドンのオペラ・ハウスで感染するくらいなら、災厄の中心点で働いているほうがまだマシだったろうよ」

「種が絶滅する脅威について、あなたは懸念を抱いていますか？」

ジョンスンはじっとこちらの顔を見つめた。「どういう意味だね、それは？」

「つまり、われわれ人間をこの地上から一掃しかねないウイルスのことです」

「そうだな、そういう事態は起こり得るだろうね。いまのところは、まだ起きてはいないが。

わたしは特に、心配はしてないよ。われわれを一掃するというより、九十パーセント減らすウイルスである可能性のほうが高いだろうけれどもね」

「十人のうち九人が殺されるわけですね？　それでも心配じゃないとおっしゃる」

一瞬、ある種謎めいた、悪戯《いたずら》っぽい表情が彼の顔をよぎった。「爆発寸前の人口を調節してくれるなら、それは人類にとって有益なウイルスだとも言えるんじゃないかね」

ひと声、甲高い悲鳴が大気を裂いた。人間ではない、動物の鳴き声のようだ。

水面から目をそらすと、ジョンスンは周囲を見まわした。「いまのキジの鳴き声を聞いたかね？　ああいう声を聞けるところが、このビッグホーン川のいいところなのさ」

「ウイルスは美しいと思いますか？」

「うん、思うね」低い声で、彼は答えた。「コブラの目を覗き込むとき、恐怖とは別に、何かしら引きこまれるものを感じるというのは、本当じゃないだろうか？　電子顕微鏡でエボラを見ていると、華麗な氷の城を見ているような心持ちになるんだな。実に冷ややかで、それでいて純粋なんだよ」

カール・ジョンスンは、ウイルスを封じ込めて爆発的な伝染を阻止すべくキンシャサに集結した、WHOの国際チームの隊長になった。

もう一人残ったCDCの医師ジョエル・ブリーマンは、C―130ハーキュリーズ兵員輸送機に搭乗した野外探索チームに加わった。このチームの任務は、奥地に飛んで、ブンバの情勢を探ることにあった。

　ハーキュリーズ機は、ザイール空軍に属するアメリカ製の軍用機だった。機内のシートは豹《ひょう》の皮で覆われ、折畳式のベッドやバーを備えていた。それはモブツ大統領の専用機だったのである。大統領は家族ぐるみでスイスにヴァカンス旅行に出かけたりするとき、その機を利用していた。大統領の空飛ぶ宮殿とも言うべきその機は、ホット・ゾーンに向かうWHOの探索チームを乗せて飛び立ち、コンゴ川沿いに、一路南東を目指した。豹の皮のシートにすわった医師たちは一様に黙り込んで窓の下の光景を見下ろした。果てしなくつづく熱帯雨林と褐色の川。目立たない毛布のように広がる雨林のあちこちに、銀色の三日月湖や小屋の集落が点在している。小屋はビーズのように大小の道の両側に連なっていた。

　窓にもたれてアフリカ奥地の光景を眺めているうちに、ブリーマンは地上に降りるのが怖くなった。こうして雨林のはるか上空を飛んでいるうちは安全だが、ひとたび地上に降り立てば――自分はわざわざ死ぬためにブンバに赴こうとしているのかもしれない、という思いが胸をよぎった。彼はミシガンの自宅に、妻と二人の子供を残してきていた。愛する家族にはもう二度と会えないかもしれない。ブリーマンは歯ブラシを入れた小型のスーツケースを携帯していた。そこには外科手術用の紙のマスク、ガウン、それにゴム手袋も詰め込んである。が、ホットな病原体を取り扱うための特別な装備は、用意している暇はなかった。いつのまにか、ハーキュリーズ機が降下しはじめた。ブンバの町が眼下に迫ってくる。それはコンゴ川沿いに広がる、朽ちかけた熱帯の港のように見えた。

ハーキュリーズ機は町の郊外の飛行場に着陸した。機のザイール人の乗組員たちはすっかり怯《おび》えて、機外の空気を吸うのも恐《こわ》がっていた。彼らはハーキュリーズ機のプロペラを回転させたまま、医師陣を押しやるようにしてタラップから降ろし、その後から彼らのスーツケースを投げ降ろした。地上に降り立った医師たちは、早くも離陸しようとするハーキュリーズ機のプロペラの逆気流に洗われた。

やがて町に着くと、彼らは直ちにブンバ州の知事と会見した。知事は地元の政治家だったが、かなり憔悴《しょうすい》している様子だった。激しい高波をモロに頭上にかぶっているも同然だったのだから、無理もあるまい。「情勢は絶望的です」彼は医師たちに語った。「なにせ、塩や砂糖も手に入らない始末ですから」啜り泣かんばかりに声をふるわせて、彼はつけ加えた。「ビール一本、手に入らないんですからな」

チームの一員に、世慣れたベルギー人の医師が参加していた。こういう場合の対応の仕方を心得ていた彼は、いきなり、芝居がかった仕草で、黒い医師用の鞄《かばん》をテーブルに放り出した。そして、その鞄をひらくなり上に持ちあげて、逆さにしたのである。テーブルには札束が次々に落ちて、かなりの高さになった。「これだけあれば、あなたもきっと勇気が出るんじゃありませんか、知事さん」と、彼は言った。

「おい、何のつもりだい、それは？」

ブリーマンがとがめると、ベルギー人の医師は肩をすくめて答えた。「いや、ここでは、こうしないと何もはじまらないのさ」

知事は札束をかき集め、役所の総力をあげて全面的に協力する旨を誓った——その証しとして、彼は一行に二台のランドローヴァーを貸与してくれた。

北のエボラ川を目指して、一行は強行軍を開始した。

ときあたかも雨季で、〝道路〟には水が流れ、あちこちに穴があいていた。降り止《や》まぬ雨と暑熱の下、二台のランドローヴァーはエンジンを轟《とどろ》かせ、車輪を空転させながら、ほとんど歩くようなスピードでジャングルの中を進んだ。ときどき村落にさしかかると、必ず倒木で作った防柵《ぼうさく》にぶつかった。何世紀にもわたって天然痘ウイルスと戦った体験から、村の長老たちは、経験則に基づく彼らなりのウイルス予防法を編み出していたのである。それは、自分たちの村を残りの世界から遮断してしまうことだった。それによって、村民を疫病から守ろうとしていたのだ。それは言ってみれば、〝逆隔離〟とでも呼ぶべき手法だっただろう。古代からアフリカの村では、周辺に疫病が流行すると、他所《よそ》者を村に入れないようにして自らを封鎖したのだった。

「おまえたちはだれだ？　何をしてるんだ？」彼らは防柵の背後からランドローヴァーに向かって叫んだ。

「われわれは医師だ！　きみたちを助けにきたんだ！」

そのうち村人たちは防柵をどけてくれた。一行はさらに深くジャングルの中に入っていった。長く苦しい行進の一日が終ろうとする頃、一行はコンゴ川から五十マイルも離れた奥地にたどり着いていた。そしてとうとう、日が暮れかけたとき、丸い草葺《くさぶき》の屋根の小屋が並んでいる集落にさしかかった。小屋の彼方の森の中には白い教会が建っていた。教会の周囲にはサッカー場も二面あり、その一つの中央には燃やされたマットレスが山と積まれていた。そこからさらに二百ヤードほど進むと、トタン屋根にコンクリートの壁の建物が集まっている一画に出た。ヤンブク病院だった。

周囲は墓場のように静まり返っていて、人影もない。鉄や木製のベッドにはマットレスがなく――血に染まったマットレスは残らずサッカー場で焼かれていたのだ――床はきれいに洗われて、血のしみはどこにも見当らなかった。やがて一行は、そこで生き延びていた三人の尼僧と一人の牧師を発見した。献身的なアフリカ人の看護師も数人残っていた。それ以外のスタッフの全員がウイルスの犠牲になったのだ。床や壁の汚れを洗い落したのは、生き残った彼女たちだったらしい。医師の一行が尼僧や看護師たちを発見したとき、彼女たちはがらんとした病室の壁や床に懸命に消毒液をスプレイしている最中だった。そうすれば、すこしはウイルスの駆除に役立つと考えたのだろう。

汚れたままに放置されている病室が、その病院に一つだけあった。その出産室に踏み入る勇気のある者は、さすがに一人も――看護師の中にすら――いなかったようだった。ジョエル・ブリーマンとチームの面々が中に入ると、血まみれのまま放置された注射針や汚水の入ったバケツが目に入った。その部屋は、〝崩壊〟した母親が赤い目の胎児を流産した、そのさなかに見捨てられたのだ。この世界の果てで、医師たちは〝ウイルスの女王〟の赤い部屋を発見した。その部屋で、ウイルスは母親や胎児の体内を食い荒しながら増殖したのである。

雨は連日連夜降りつづけた。病院と教会の周囲には、樟脳《しょうのう》の木とチークの木がもつれ合うようにして繁茂していた。二種の木々の梢《こずえ》は、からみ合い、重なり合って、雨に打たれながら低い葉ずれの音を発していた。揺れ騒ぐその枝を伝って、一群のサルが風のように移動してゆく。梢から梢へと飛び移りながら、彼らは意味不明の叫びを発していた。

翌日、医師陣は二台のランドローヴァーでさらに深い奥地を目指した。ウイルスに感染した村落がいくつも行く手に現われだした。そこかしこの小屋の中で、村人たちが死にかけていた。犠牲者の中には村はずれの小屋に隔離されている者もいた——天然痘と戦ううちにアフリカ人が身につけた知恵である。死人が出た小屋の幾棟かは、すでに焼かれていた。ウイルスの勢いが一段落しているのは明らかだった。死を免れ得ない人々のおおかたは、すでに死んでいた。エボラはあまりにも早くブンバを駆け抜けた。ジョエル・ブリーマンの目に、突然、事件の核心が明瞭《めいりょう》に見えてきた。犠牲者たちは、ほかでもない病院で、エボラに感染したのだ。それに気づいたとき、彼の体には衝撃が走った。ウイルスはまず尼僧たちにとりつき、それから〝キリストの花嫁〟たちの助けを求めてやってきた人々に飛び移ったのだろう。ある村で、ブリーマンはエボラで死にかけている男を直接診療した。男は椅子にすわり、腹を押えて、苦痛のあまり体を二つに折っていた。歯の周囲からは血が幾筋も流れていた。

医師陣は、キンシャサと無線連絡をとろうとした。疫病がすでに峠を越えたことを、カール・ジョンスンその他の仲間たちに報告したかったのだ。一週間たっても彼らは連絡をとりつづけていた。それでも無線はつながらない。しかたなくブンバの町にもどって、コンゴ川のほとりで彼らは待機した。ある日、爆音と共に飛行機が頭上に飛来した。それは町の上空を一度旋回してから着陸した。医師たちはいっせいにそこに駆け寄った。

キンシャサのヌガリエマ病院では、メインガ看護師が、個室に入れられていた。そこに入るには〝グレイ・ゾーン〟とも言うべき付属室を通り抜けることになっており、医師や看護師はその部屋で悪性の微生物から身を守る用具を装着するきまりになっていた。メインガの診療にあたっていたのは、マルガレータ・イサークソンという南アフリカ人の医師だった。彼女は軍事用ガス・マスクを装着していたが、それは熱帯の暑熱の中で煩《わずら》わしくなる一方だった。もう我慢できないわ、と彼女は思った。どうせあたしも、死は免れないんでしょうから。そう思うと、自分の子供たちの顔が頭に浮かんだ。でも、あの子たちはもうみな大人だし、自分の面倒は自分で見られるはずだわ。彼女はガス・マスクを脱いで、死の淵に追いやられつつある若い看護師に面と向かって治療にあたった。

イサークソン医師は、メインガを救えそうなことはすべて試みた。が、黒死病に直面した中世の医師同様、メインガの中に巣くった病原体に対して、彼女は無力だった（〝これはエイズとはちがうんです〟と、後日彼女は語ることになる。〝これに比べたら、エイズなんて児戯に等しいわ〟）。彼女はメインガ看護師に氷のかけらを与えて、それを舐《な》めるように勧めた。そうすると、喉の奥の痛みが、すこしは薄らぐのだ。それから、前途に待ちかまえる事態に怯えるメインガの不安をすこしでも和らげるべく、精神安定剤を与えた。

「わかってるんです、わたしは死ぬんです」

　メインガが言うと、

「馬鹿なこと言わないで、大丈夫よ、きっと良くなるから」イサークソン医師は励ました。再び出血がはじまったとき、血はメインガの口と鼻から流れ出た。激しく奔出したわけではなかったが、いつまでもじとじとと流れつづけて、凝固もしなかった。それは心臓の鼓動が止まるまで流れつづける、出血性の鼻血だった。鼻血で失った血を補うべく、イサークソン医師は全血輸血を三度も行なった。当然のことながらメインガは落ち込んでいたが、その意識は最後まで失われなかった。最終段階に入ると、彼女の心臓は奔馬性の脈を打ちはじめた。エボラがとうとう心臓にまで入りこんだのである。胸の中で心臓が泣き叫んでいるように感じられて、彼女は言葉にならない恐怖を覚えた。その晩、メインガ看護師は心臓麻痺《まひ》で死亡した。

　彼女の病室は血で汚染された。それに、いまも鍵のかかったままの、血まみれの尼僧の部屋をどうするか、という問題もあった。イサークソン医師はスタッフに言った。「わたしはもうあまりお役に立てないでしょうから、せめてそれくらいのことはさせて」彼女はバケツとモップを持って、汚染された部屋を掃除しにかかった。

　時を同じくして、何班かの医療班が市中に散開した。メインガ看護師が市中をさ迷い歩いた際対面接触した、三十七名の人たちを捜しだすのが目的だった。彼らは二棟の微生物封じ込め棟を病院に設置し、それらの人々を数週間にわたって隔離した。尼僧たちとメインガ看護師の死体は化学薬品をしみこませた布に包まれ、さらにその上から二重のビニールの袋に包まれて、気密式の棺におさめられた。葬儀は医師たちの見守るなか、病院で執り行なわれた。

その頃カール・ジョンスンは、コンゴ川上流に向かった医師チームからの連絡がいっこうにこないので、ひょっとすると全員死亡したのではないかと懸念していた。このままだと、キンシャサ市もやがてウイルスに席捲されるかもしれない。彼はそう考えて一隻の船を〝浮かぶ病院〟に改装し、コンゴ川に係留した。それは医師たちのための隔離船だった。もし市の全域がホット・ゾーンになったら、その病院船がグレイ・ゾーンとなり、医師たちの避難所になってくれるだろう。

当時ザイールには、約一千名のアメリカ人が在住していた。アメリカ本国では陸軍の第八十二空挺《くうてい》師団が警戒態勢に入り、最初のエボラ患者がキンシャサ市内に発生し次第アメリカ人を空路避難させる準備を進めていた。ところが、ザイールと全世界が意外に思いながらも安堵《あんど》したことに、キンシャサは、ウイルスに焼き尽くされることを免れたのである。ウイルスはエボラ川の源流域に撤退し、密林の中の隠れ家に帰っていったのだった。

このときの体験から、ただの対面接触ではこのウイルスが伝染しないことが判明した。空中を移動する能力を、このウイルスは有していないかに見えた。メインガ看護師はすくなくとも三十七名の人々と対面接触したのに、ウイルスをうつされた者は一人もいなかったからだ。彼女が飲んだソーダ・ポップの壜から、別の人間が飲んだこともわかったのだが、その人物が発病することもなかった。かくして、危機はひとまず去ったのだった。

一九八七年九月

カーディナル

隠れ場所を探知し得ないという点では、マールブルグ・ウイルスもエボラと変わらなかった。シャルル・モネとシェム・ムソキ医師の体内で暴威を振るって以後、マールブルグは姿を消した。その行方を突き止め得た者はだれもいない。それは地球の表面から完全に消え去ったかに見えた。が、ウイルスがこの世から消え去ることは決してない。それはただ、どこかに身を隠しているにすぎない。そしてマールブルグは、アフリカのどことも知れぬ動物群《ぐん》棲《せい》地か昆虫たちの間で、循環を繰り返していたのだった。

一九八七年九月二日の昼頃《ごろ》、ユーサムリッドに協力している民間人のバイオハザード専門家ユージーン・ジョンスンは、ワシントン近郊のダレス国際空港内税関前の到着口に、独《ひと》り立っていた。彼が待っていたのは、アムステルダム発KLMの到着便の客だった。つい先刻着陸したその機の乗客の中に、ケニアから乗り込んだ一人の客がまじっているはずだったのである。やがて、ダッフル・バッグをさげた男が税関を通り抜け、待ちかまえていたジョンスンと会釈を交わした（〝この人物の実名は伏せておきたいんだ。とにかく、わたしの信頼している人物、と言うに留めておこう〟）。男はダッフル・バッグをジョンスンの足元に置いてジッパーをあけ、中からバスタオルできっちり包まれたものをとりだした。彼はそのタオルをほどき、テープが幾重にも巻きつけてある、何のしるしもついてないボール紙の箱をとりだして、ジョンスンに手渡した。二人はそれきり、あまり言葉も交わさずに、その場で別れた。ジョンスンはその箱をもってターミナルを後にし、車のトランクに箱をしまって〝研究所〟に向かった。箱に入っていたのは、〝ピーター・カーディナル〟と呼ばれることになる十歳の少年の血清だった。少年はその一日か二日前に、レヴェル4に属する未確認のウィルス感染の過激な症状を示して、ナイロビ病院で死亡したのである。

〝研究所〟に向かって車を走らせながら、この箱をどうしようか、とジョンスンは考えていた。オーヴンに入れて滅菌してから、焼却してしまおうか。つまり、ちょっと調理してからきれいに燃やして、あとは忘れてしまうのだ。〝研究所〟に持ち込まれるサンプル——世界中から毎日のように届く血液と組織のサンプル——の大部分は、これといって変わったもの、興味あるウィルス等を含んではいない。その意味では、サンプルの大半は誤認警報なのである。この少年の血清にしても、特に変わったものが含まれている可能性がないなら、果たして長い時間をかけて分析する価値があるものかどうか。だが、フォート・デトリック基地のゲートを通り抜ける頃には、まあ、やってみよう、という気に彼はなっていた。そのためにはたぶん徹夜することになるだろう。しかし、いったんやるとなったら、血清が変質しないうちに、とりかかる必要がある。外科用手術衣とゴム手袋を着用すると、ジョンスンはその箱をもってエボラ室のレヴェル3最終準備区域に入っていった。そこで箱をひらくと、中には発泡スチロールの詰め物がぎっしり入っていた。その間から彼がとりだしたのは、バイオハザード・マーク付きの、テープでしっかり密封された金属製の円筒だった。

最終準備区域の壁には一列のステンレス・スティールのキャビネットが嵌《は》め込まれており、それぞれのキャビネットの中に、こちら側から手を突っ込む仕掛けのゴム手袋が垂れ下がっている。いずれも、微生物危険レヴェル4のキャビネットである。その手袋をこちら側からはめて、キャビネットの中でホットな病原体を取り扱うかぎり、病原体は外部の世界から遮断され得るのだ。それらのキャビネットの仕様は、核爆弾の部品を取り扱う安全キャビネットのそれと共通している。ここに並んでいるキャビネットは、人間が〈自然〉と直接接触しなくてすむように設計されている。いくつかのつまみナットを操作してキャビネットの蓋《ふた》をあけると、ジョンスンは金属製の円筒を中に置いた。それから蓋を閉めて、ロックをした。

両手を手袋に突っ込んで、ガラスの仕切り越しに手の動きを確かめながら円筒のテープをほどいてゆく。テープがゴム手袋に貼《は》りついて、離れない。くそ！　思わず悪態が口をついた。時刻は夜の八時。このぶんでは、いつ帰宅できるかもわからない。そのうちどうにか円筒をひらくことができた。中には消毒液を浸したペーパー・タオルがぎっしり詰まっていた。そのタオルをよけると、チャック式の袋が現われた。中には、ねじ込み式の栓がしてあるプラスティック管が二個。栓をはずして、二つの小さなプラスティックの壜《びん》をとりだす。そこには黄金色の液体が入っていた。ピーター・カーディナルの血清だった。

　ピーターの両親はケニアにあるデンマークの援助機関に勤務していて、ヴィクトリア湖に臨むキスムの町で暮らしていた。ピーターは当時、両親から離れてデンマーク本国の寄宿学校に学んでいた。その年の八月、この世を去る数週間前、ピーターは夏休みを利用して両親と姉に再会すべくアフリカを訪れたのだった。姉はナイロビの私立学校に学んでいた。彼女とピーターは実に仲が良かった。ケニアを訪れているあいだ、ピーターはほとんどの時間を姉と共にすごしたほどだ——二人は実際、親友のように仲の良い姉弟だったのである。

　ピーターの到着後、カーディナル一家はヴァカンスに出かけ、ケニア国内を車で旅してまわった——ピーターの両親は、久方ぶりに会う息子に、アフリカの壮麗な美しさをぜひ見せてやりたいと思っていた。そして、一家がモンバサを訪ねて海際のホテルに滞在中のある日、ピーターの目が赤くなった。両親は息子を病院につれていった。ピーターを診断した医師たちは、彼がマラリアに感染したのだという結論を下した。母親はその診断に納得できず、息子が急速に死の淵に追いやられているのに気づいて、半狂乱になった。息子をぜひナイロビに運んで本格的な治療を受けさせてくれ、と彼女は懇願した。航空救急サーヴィスの〝空飛ぶ医師団〟がピーターをナイロビまで運び、救急車が彼をナイロビ病院に送り込んだ。そこで彼を診断したのが、デーヴィッド・シルヴァースタイン医師だった。シャルル・モネから黒色吐物を目に吐きかけられたムソキ医師の診断にあたった、あの医師である。

「ピーター・カーディナルは金髪の青い瞳《ひとみ》をした少年だった。まだ十歳なのに、ひょろっと背の高い、丈夫そうな子供だったよ」そうシルヴァースタイン医師は語った。ワシントン郊外の彼の自宅に近いショッピング・モールで、紅茶とコーヒーを飲みながら話し合ったときのことだ。すぐ近くの席で少女がわっと泣きだし、母親がしいっと叱《しか》りつけた。買い物客の群が、テーブルのわきを通りすぎてゆく。私はじっとシルヴァースタイン医師の顔を見守っていた。口ひげを生やして鉄縁の眼鏡《めがね》をかけたシルヴァースタイン医師は、かつて目撃した奇怪な死を思い起こしつつ、中空をじっと見つめながら、ごく事務的に語りつづけた。「わたしのもとにつれてこられたとき、ピーターは発熱していたんだが、まだ意識ははっきりしていた。とても警戒心が強かったが、なんでも話してくれたよ。われわれはすぐにX線写真を撮った。すると彼の肺に、ふわふわしたものがとりついていたんだ」

一種の水っぽい粘液が少年の肺に付着しはじめていて、それが呼吸困難を誘発していたのである。

「あれは初期の肺炎のような、典型的なARDS（急性呼吸不全症候群）の徴候だったね」シルヴァースタイン医師はつづけた。「その直後に、あの子の体の一部が青黒く変色しはじめたんだ。指の先が青くなっていた。それと、小さな赤い斑点《はんてん》が現われてきた。彼の体を扱う前に、わたしはみんなに手袋を着用させた。ムソキ医師を介護したときのようなパラノイアに陥っていたわけじゃないんだが、ま、用心をしたわけさ。それから二十四時間後に、人工呼吸器があの子に取り付けられた。その頃になると、あちこちの孔《あな》から出血がはじまっていることにわれわれは気づいた。肝臓の機能も狂っていた。それと小さな赤斑が大きな打撲傷のように変わってきたしね。それに体全体が青黒くなった。そしてとうとう、瞳孔《どうこう》が拡大したんだ。それは脳死のしるしだった。脳の周辺までが、出血していたのさ」

ピーターの体は膨れあがり、皮膚はいたるところ血腫《けっしゅ》で満たされた。皮膚が下部組織から分離しかけている箇所もあった。それは、彼が人工呼吸器を装着された最終段階に起きた。その現象は〝第三期出血〟と呼ばれている。〝第一期出血〟とは、肺の中への出血を意味する。〝第二期出血〟とは、胃腸への出血。皮膚と肉の間に出血するのが〝第三期出血〟だ。皮膚は膨れあがって、たるんだように肉から分離する。ピーター・カーディナルは皮膚の下に〝大出血〟したのである。

ホットなウイルスについて考察すればするほど、彼らは寄生体というより、むしろ獰猛《どうもう》な捕食獣のように見えてくる。たいていの捕食獣は最後の爆発的な襲撃に先立って、静かに、ときにはじっくりと時間をかけて、獲物に忍び寄ってゆく。その間、獲物には捕食獣の姿が見えない。それが捕食獣の特色の一つなのだ。サヴァンナの草むらは静かに波立って、空中にはせいぜいアカシアの木で歌うアフリカ・ハトの鳴き声くらいしか聞こえない。が、そこには日中の暑熱を突き抜ける一つの搏動《はくどう》がまぎれもなく存在する。その動きは決して滞らず、止まることもない。陽炎《かげろう》の揺れるはるか前方で、シマウマの群が草をはんでいる。突然、草むらの中をしなやかな箭《や》が走ったと見るまにライオンがシマウマの群の中に躍り出て、一頭の喉《のど》に食らいつく。シマウマは悲痛な叫びをあげるが、その声は瞬時に押し潰《つぶ》され、からみ合った二頭の動物は死のダンスを踊る。必殺の捕食獣と、その獲物。やがて彼らの動きはもくもくとあがる砂煙の中に消え、翌日、その場に放置された骨の表面には蠅《はえ》がたかっている。

人間を獲物とする捕食獣の中には、久しい間、人類そのものよりはるか以前から、この地上に生きてきたものがいる。彼らの起源は地球そのものの起源にまでさかのぼるようだ。人間が、とりわけアフリカで、何ものかの餌食《えじき》となって食い尽くされるとき、その光景は時空の地平線に収斂《しゅうれん》されて、深遠な原始の彩りを帯びる。だれが犠牲になろうとも、それは新たに一つ積み重ねられた事例にすぎず、どんな死も、新たに一つ積み重ねられた死にすぎない。そして、一人の人間の死は、人類全体の破局を予告する夢に似ている。

ピーター・カーディナルの両親と姉は、見えない捕食獣によってゆっくりと食い荒されてゆくピーターの姿に、ただ茫然《ぼうぜん》としていた。ピーターがなぜそんな苦難を負わされなければならないのか、彼らには理解できなかった。ピーターが経めぐりつつある恐怖の国を目の当りにして、彼らには何の慰謝も与えてやれないのだ。彼の皮下に血が流れ込むにつれて、その目は大きく見ひらかれた。ひらいた血まみれの瞳孔は、底なしの黒い深淵にも似て、ただぼんやりと中空をみつめている。ピーターにはこちらが見えるのかどうか、彼らにはわからなかった。あのぼんやりと見ひらかれた目の奥で、彼が何を見、何を考え、何を感じているのか、想像もつかなかった。彼の頭蓋《ずがい》に取り付けられた脳波計が、水平な線を示している。

ピーターの脳中の電気的な活動はほとんど止《や》んだかに見えた。が、ときどき水平な線がぴくっと跳ね上がる。それはあたかも少年の中で、何かが、すでに破壊された精神の何らかのかけらが、最後の抵抗を試みているかのようだった。

やがて、決断の時が訪れた。人工呼吸器を取り外すべきか否か。シルヴァースタイン医師はピーターの家族に告げた。「すでに脳が死んでいるわけですから、これ以上彼に苦しみを与えないほうがいいと思います」

「せめてモンバサから、もっと早くここに連れてきていただけてたら」母親が言った。

「お気の毒ですが、それでも結果は同じだったでしょう。打てる手は何もなかったのですから」シルヴァースタインは答えた。「息子さんの運命はおそらく最初から定まっていたのです」

キャビネットの中に垂れたゴム手袋をはめると、ジーン・ジョンスンはピーター少年の血清をすこし吸い上げて、サルの生きた細胞の入っているフラスコに落した。もしピーター・カーディナルの血中に何かが生きているとしたら、それはサルの細胞の中で増殖をはじめるにちがいない。そこまでの作業で、時刻はすでに午前三時になっていた。ジョンスンは睡眠をとるために自宅にもどった。

翌日からジョンスンはフラスコに目を凝らして、サルの細胞の変化を見守った。細胞は膨れあがりながら死んでいた。それは何かに感染されたのだ。カーディナル株は見まがいようもなくホットな病原体だったのである――それはサルの細胞を大量に、しかも迅速に、殺していた。

ジョンスンは次に、ウイルスを分離するプロセスに着手した。フラスコの液体を少量吸い上げると、彼はそれを三匹のアカゲザルに注射した。むろん、彼らをカーディナル株に感染させるのが目的である。サルのうち二匹は――〝崩壊〟し、〝大出血〟して――死んだ。三匹目も、〝崩壊〟しかかるところまでいった。ショックすれすれの症状を示し、若干の出血をしたものの、それはなんとかもちこたえて生き延びた。カーディナル株はおぞましいほどにホットで、増殖スピードの速いウイルスであることが判明した。それはサルをも殺せることがわかった。「そいつがマールブルグであることはよくわかったよ」と、ジョンスンは後日私に語った。

ジョンスンは、カーディナル株がモルモットにもうつるかどうか確認すべく、何匹かに注射してみた。モルモットはさながら蝿のようにあっさりと殺された。それればかりか、雄のモルモットの睾丸《こうがん》はゴルフ・ボール大に膨れあがって、紫色に変色した。カーディナル株は、己れの欲するところを心得ている高等な生命体だったのである。それは多くの異なる肉の中で増殖することができた。それは暴虐にして相手を選ばぬ侵略的生命体、ということもできるだろう。その猥《みだ》らさは自然の中にのみ見られるものであって、過激なまでのその猥らさは、それと気づかぬうちに溶解して、一個の美にまで変身し得るのだ。

それはアフリカのどこかで棲息《せいそく》していた。何よりも興味深いのは、サル、人間、モルモットと、多様な種の中で容易に増殖できる点である。それらの種の中で、それは極度に高い致死性を示す。ということ自体、その本来の宿主がサルでも人間でもモルモットでもなく、何か別の動物ないし昆虫であることを物語っている。なぜなら、概してウイルスは、本来の宿主を殺したりしないものだからだ。

マールブルグ・ウイルスは、移動に長じた存在であることもわかった。それは種から種へと飛び移ることができる。種と種を分かつ境界線をいともたやすく飛び越えてしまう。そして、別の種に飛び移ると、その種を絶滅に追い込むほどの破壊力を示す。それは、境界というものを知らない。人間が何たるかも知らない。いや、おそらくそれは、人間の何たるかを十分に心得ているのだろう。人間が〈肉〉であることを、それは十分承知しているのだ。

カーディナル株を分離し、それがマールブルグであることを確認すると、ジョンスンの関心は、ピーター・カーディナルがどこで、いかにして感染したか、という問題に移った。あの少年はどこを歩きまわったのだろう？　ウイルスに感染するような、どんなことをしたのだろう？　いったいどこを、彼は旅してまわったのか？　それらの疑問が頭にこびりついて離れなくなった。多年、フィロウイルスの秘密の棲息地の発見に努めてきた者なればこその疑問だった。

彼はピーター・トゥケイという名の、ケニアの友人に電話を入れた。トゥケイは、ナイロビのケニア医学研究所に勤める医師だった。「こいつがマールブルグであることが、はっきりしたんだがね」ジーン・ジョンスンは彼に言った。「あの少年の行動範囲がわかるかな？

どこで何をしたのか？」

　じゃあ、両親を捜してたずねてみるよ、とトゥケイ医師は請け合った。

　一週間後、ジーンの電話が鳴った。トゥケイ医師からだった。「あのピーターという少年だが、どこをまわっていたと思う？」彼は言った。「エルゴン山のキタム洞窟《どうくつ》にいってたんだ」

　うなじのあたりが鳥肌立つのを、ジーンは覚えた。あの孤独なフランス人シャルル・モネと、十歳の純朴な少年ピーター・カーディナルの軌跡が、この地上のただ一点で交錯した。それはキタム洞窟の中だった。二人はあの洞窟の中で何をしたのだろう？　そこで何を見つけたのか？　二人は何に触れ、何を呼吸したのだろう？　キタム洞窟の中には、いったい何が棲《す》んでいるのだ？

探　索

　ユージーン・ジョンスンは前に身をのりだして、じっと私を見た。フォート・デトリック基地の、アヒルの池に近いピクニック・テーブル。その一つに彼はすわっていた。夏の盛りの暑い日だった。そのうち大きな両肘《ひじ》をテーブルについて眼鏡《めがね》をはずすと、彼は目をこすった。身長はおそらく六フィート二インチ、体重は二百五十ポンドくらいだろう。目は茶色で、それが、顎《あご》ひげを生やした顔の眼窩《がんか》の奥深くに沈んでいる。目の下には黒い隈《くま》が生じていた。彼は見るからに疲れている様子だった。

「で、ピーター・トゥケイが電話をかけてきて、わたしに言ったわけだ。〝あのピーターという少年だが、どこをまわっていたと思う？　キタム洞窟《どうくつ》にいってたんだ〟」ジョンスンは言った。「いまでもあのときのことを思いだすと、鳥肌立つ思いがするよ。数週間後、わたしはナイロビに飛んで、あの子の治療に当ったデーヴィッド・シルヴァースタインと面談した。ピーター・トゥケイも一緒だった。それからわれわれ二人は、あの子が足跡を記したところを限なく訪ねてみたのさ。両親の家まで訪ねた。彼らはキスムに素敵な家をかまえていた。ヴィクトリア湖の近くにね。周囲に塀をめぐらした化粧漆喰《しっくい》塗りの家だった。調理人のほか、庭師や運転手まで雇っていたんだ。母屋は開放的で、とても清潔だったな。屋根の上にはロック・ハイラックスがとまっていた。一家のペットで、屋根の樋《とい》の中に棲《す》んでいた。コウノトリも二羽いたな。それに、ウサギやヤギや、あらゆる種類の小鳥たち。コウモリは家の周囲のどこにも見かけなかった」

彼はそこでひと息ついて、考え込んだ。周囲にはだれもいない。池では数羽のアヒルが泳いでいた。

「両親と語り合うことを考えると、さすがにわたしも緊張したね」彼はまた口をひらいた。「いいかね、わたしは元来が野外の自然を相手にする人間だ。わたしと妻には子供もいない。愛する子供を失った母親に、適切ないたわりの言葉をかけてやれるような人間じゃないんだよ。それに、わたしはアメリカ軍部のために働いている人間だ。彼らにどう話しかければいいのか、途方にくれたね。で、もし自分が彼らだったならば、と考えてみたんだ。わたしの父が亡くなったとき自分の胸に浮かんだ感情を思いだしたんだよ。それで結局、こちらからは何も訊《き》かず、もっぱら彼らに自由に語らせるようにしたんだ。ピーター・カーディナルとその姉は、彼がケニアに到着した瞬間から、片時も離れたことはなかったらしい。どこへいくのも、何をするのも一緒だった。とすると、どうしてああいう結果になったのか――つまり、ピーターだけがウイルスに感染して、姉はなんともなかったのはなぜなのか？　その問題を追及した結果、二人の行動には一点だけ相違があったことが判明したのさ。両親は、あの洞窟内の岩石に関する話をわたしに打ち明けてくれた。まず、あのピーターという子は、地質学が趣味だったというんだ。そこから、この疑問が生じてきた——彼は洞窟内の水晶でも採取しようとして、手を切ったりしたんだろうか？　その問題について、われわれは両親にたずねてみた。彼らはやはりピーターから、キタム洞窟の水晶を採取してくるという話を聞かされていたそうだ。ピーターは現実にハンマーで洞窟の壁を叩《たた》いて、水晶を含有している岩を採取したんだね。その岩は一家のお抱え運転手が割って、料理人がきれいに洗ったという。われわれは彼らの血液もテストしてみたよ。結果は、二人とも陰性だった」

ウイルスとの接触点は少年の手だったという可能性は、十分に考えられた。マールブルグはピーターの手の小さな傷口から血流の中にまぎれこんだのかもしれない。彼が洞窟の壁から突き出ていた水晶で指を傷つけた可能性は、十分にある。そして、その水晶は何らかの動物の尿、もしくは押し潰《つぶ》された昆虫の死体で汚染されていたのかもしれない。とするとそれは、『眠れる森の美女』のキタム版だったのだろうか。もちろん、この場合、王子たる少年が後でマールブルグの呪《のろ》いをかけられて溶解してしまうという点が、恐ろしいところだが。けれども、仮にピーターが水晶で指を傷つけたのが事実だとしても、それでウイルスの棲みかが特定できたことにはならない。ウイルスの元々の宿主が確認されたわけではないからである。

「われわれはキタム洞窟を見にいった」ジョンスンはつづけた。「中に入るときは、当然、自分たちの身体を保護する必要があった。マールブルグはエアロゾルにまぎれて感染することがあるのを、承知してたからね」

一九八六年——ピーター・カーディナルが死ぬ一年前——ジョンスンとナンシー・ジャックスは、マールブルグとエボラが現実に空中を移動できることを立証する実験を行なっていたのだ。二人は、マールブルグとエボラをサルに吸い込ませることによって、彼らを感染させた。その結果、空中に浮かぶごく少量のマールブルグやエボラが爆発的な感染を惹起《じゃっき》し得ることが判明したのだった。ジョンスンが、洞窟内を探検するメンバーにバイオハザード用防護服を着用させたがったのはそのせいだったのである。

「わたしは濾過《ろか》器つきの軍事用ガス・マスクを持ってきていた。それに加えて、頭にかぶるものが何か必要だった。さもないと、コウモリの糞《ふん》を髪に浴びてしまうかもしれないじゃないか。で、地元の商店で、枕カヴァーを買ったんだ。白地に大きな花柄のついてるやつだった。というわけで、最初にあの洞窟に入ったとき、わたしと何人かのケニア人は、ガス・マスクを装着して頭に花柄の枕カヴァーをかぶっていたというわけさ。ケニア人たちは参っていたようだがね」

彼らは洞窟を探索し、内部の地図を作った。この偵察行の後、ジーン・ジョンスンは、キタム洞窟を探査する本格的な探検隊を組織するよう軍部を説得した。

ピーター・カーディナルが死んで半年後、一九八八年の春、ジーンはバイオハザード関連の装置や科学探査装置のぎっしりつまった二十箱の木箱と共にナイロビに現われた。それらの装備の中には、人間の犠牲者を収納するための軍用死体袋もいくつか含まれていた。もし、仲間の中にマールブルグで死ぬ者が出たら、その死体をどう処置すべきか、チームの面々は真剣な討論を重ねた。こんどこそはウイルスに肉薄しつつある、とジーンは感じていた。たとえウイルスがキタム洞窟内に棲んでいたとしても、発見は容易ではない。が、こんどこそは目的を成就できそうだ、という直感のようなものが彼の胸にはうごめいていた。怪物は洞窟に棲んでいる。彼はそこに入って、怪物を見つけるつもりだった。

ケニア・アメリカ合同探検隊が探査をつづけている間、キタム洞窟は観光客に公開しないことに、ケニア政府は同意してくれた。探検隊長は、ケニア医学研究所のピーター・トゥケイ医師。この探検を提唱したジーン・ジョンスンは、必要な資金と装備を調達する裏方にまわっていた。隊員は総勢三十五名。大部分がケニア人で、博物学者、科学者、医師、それに荷物運搬人等から成っていた。一行は多数の動物も伴っていた。木箱に入れたモルモット。檻《おり》に入れた十七匹のサル。そこにはヒヒ、サイクス・モンキー、それにアフリカ・ミドリザル等がまじっていた。サルとモルモットは、歩哨《ほしょう》動物だった。いち早く火事を探知するという炭鉱のカナリア、あれと同じ任務を負っていたわけである。彼らは檻に入れられて、キタム洞窟の近くに置かれる――マールブルグ・ウイルスに感染してほしいという期待のもとに。ウイルスを発見する唯一の方法は、目下のところ、これはと思う場所に歩哨動物を置いて、ウイルスへの感染を期待することしかない。もしサルかモルモットのどれかが〝崩壊〟すれば、その動物からウイルスを分離できるだろう、とジョンスンは見ていた。そうなれば、その動物が感染したプロセスも発見できるにちがいない。

一九八八年　春

キタム洞窟探検隊は、マウント・エルゴン・ロッジに本部を置いた。このロッジの起源は、英国が東アフリカを支配していた一九二〇年代までさかのぼる。元来、ハンターや鱒《ます》目当ての釣り師たちのために建てられたのだが、いまはかなり古色蒼然《そうぜん》としている。場所は、キタム洞窟を目指して山腹を縫っている赤土の山道を見下ろす崖《がけ》の上だ。落成当初このロッジを囲んでいた英国式庭園は、いまや一部が崩れて雑草に覆われている。が、内部の床は、毎日ワックスで磨かれて完璧《かんぺき》な光沢を放っていた。小塔内部の円形の部屋も一見の価値があった。その入口の中世風の扉は、アフリカ・オリーヴの木を手で削って造られたものなのだ。居間は大きな暖炉を誇らしげに備えているが、そのマントルピースもまた手で彫られたものだった。

従業員の中に英語を流暢《りゅうちょう》に話す者はすくない。が、たまに訪れる客に対しては英国式のねんごろな接待で迎えるべく彼らは腐心していた。マウント・エルゴン・ロッジは、大英帝国の不完全な失墜の記念碑とも言えただろう。帝国は、その中枢が瓦解《がかい》した後もなお、アフリカ大陸の長閑《のどか》な辺地で、さながら制止しがたい顔の痙攣《けいれん》のように存続しているのだ。夕刻ともなると、霜を伴う夜気が深まるにつれて、サーヴィス係がエルゴン・オリーヴの薪《まき》を暖炉で燃やす。ダイニング・ルームで供される食事は、大英帝国の赫々《かっかく》たる伝統に則って、最悪だ。が、そこには素晴らしいバーがある。円形の部屋に設けられたそこは、なかなかにエキゾティックで、タスカー・ビールや、フランス産の食前酒や、得体の知れないアフリカ産のブランディのボトルが何列も並んでいる。男たちはカウンターにもたれてビールを飲んだり、威厳のあるマントルピースにもたれかかったりして寛《くつろ》ぐ。こもごも語り合うのは、防護服着用で洞窟を探査した、労多き一日の感想だった。コンシェルジュのデスクの隣の壁には、デリケートな金銭の問題に関するメッセージが貼《は》ってあった。このマウント・エルゴン・ロッジに物資を納入している業者がロッジに対する信用供与を断ち切ったので、〝まことに遺憾ながら〟御客様各位に対してもカード支払いをお断わりせざるを得ない、というのだった。

彼らは段階的に動物たちを山の上に運んだ。山の気温に慣れさせるためだ。洞窟に通じる渓谷に到達すると、一行は下生えを刈り払って、そこに青い防水天幕を張った。洞窟それ自体は危険レヴェル4のホット・ゾーンと見なされていたが、洞窟内のどこに病原体が棲みついているかはまだわからない。洞窟にいちばん近い天幕は、異常と正常、二つの世界が出会うグレイ・ゾーンと言えただろう。洞窟からもどると、男たちはそのグレイ・ゾーンの天幕の下で化学薬品のシャワーを浴び、防護服の汚染除去をした。二つ目の天幕はレヴェル3の最終準備区域に相当していた。隊員が防護服に着替えたり、防護服を脱いだりする場所である。もう一つ、レヴェル4検屍《けんし》室に相当する天幕もあった。その天幕の下で、医師たちは防護服着用のまま、隊員たちがとらえた小動物を片っ端から解剖してマールブルグ・ウイルスの徴候を探したのだった。

「われわれは、いまだかつてだれも踏み込んだことのない場所に踏み込もうとしていた」ジョンスンは私に語った。「だから、微生物危険レヴェル4の概念をジャングルに持ち込んだのさ」

隊員たちが洞窟内で着用したのは、オレンジ色のラカル防護服だった。ラカル防護服は、バッテリー式の空気供給装置のついた、持ち運び可能な陽圧防護服である。それは通例、空気感染すると思われる危険な病原体を野外で扱う際に使用される。ラカル防護服は、〝オレンジ・スーツ〟と呼ばれることもある。色彩が鮮やかなオレンジ色だからだ。重量はケムチュリオン防護服より軽く、ケムチュリオンとちがって携帯可能で、自給式呼吸装置が備わっている点が特長である。この防護服の――ヘルメットや酸素供給装置を除いた――本体は、使い捨て可能になっている。一、二度使用してから、焼却できるのだ。

ラカル防護服を着た隊員たちは、キタム洞窟に入ってゆくルートを確保し、そのルートの目印にポールを打ち込んで、迷う者が出ないようにした。そのルート沿いに、彼らはサルやモルモットの入った檻を置いていった。檻の周囲はバッテリーを電源とする帯電鉄条網で囲った。サルを狙《ねら》って近づく豹《ひょう》を追い払うためである。サルのうちの何匹かは、洞窟の天井に張りついているコウモリの群の真下に置いた。そうすれば、何かがサルの上に落ちてマールブルグを感染させてくれるかもしれないという期待からだった。

洞窟の中で、彼らは人を嚙《か》む昆虫を三万匹から七万匹収集したという――洞窟の中は虫たちで一杯なのだ。「洞窟の壁の亀裂の上には蠅《はえ》取紙を貼って、壁面を這《は》い歩く虫をとらえたのさ」ジョンスンは私に語った。「洞窟の中には軽量の捕虫器を吊《つ》って、宙を飛ぶ昆虫をつかまえたしね。この軽量捕虫器はバッテリーで作動するんだ。ダニのつかまえ方は知ってるかね？　彼らは人間の吐く息から二酸化炭素を嗅《か》ぎとると、地中から出てくる。そして、人間の尻《しり》に食らいつく。だから、われわれは大きな二酸化炭素のタンクを持参してね、それを使ってダニを集めたんだよ。洞窟に入ってきた齧歯《げっし》類の動物は残らずつかまえたな。そのためには、ハヴァハート・トラップを使った。洞窟の奥の水たまりのそばには、スナバエもいたね。この連中は人に嚙みつくんだよ。洞窟内には至るところに、豹の足跡やケープ・バッファローの足跡があった。大型の動物からは、血液のサンプルは採取しなかった。そう、豹やバッファローからはね。レイヨウからも、採取しなかった」

「マールブルグは、豹やライオンの体内にも棲みつけるんですか？」私はたずねた。「豹のウイルスだという可能性はあるんですかね？」

「その可能性も否定できんだろうね。われわれはしかし、豹をとらえる認可はもらえなかったんだ。ジェネット（ジャコウネコ科の小動物）はつかまえたが、ウイルスは見つからなかった」

「象の体内に棲みつくことはあるんでしょうか？」

「あんたは象の血液を採取しようとしたことなどあるかい？　われわれはしなかったね」

ケニア人の博物学者たちは、罠《わな》や網で数百匹もの小鳥、齧歯類、ハイラックス、コウモリ等をとらえた。天幕の下の検屍ゾーンでは、彼らはラカル防護服姿で動物を犠牲にし、解剖して血液や組織のサンプルをとった。そして、液体窒素の容器の中でそれらを凍結した。地元民——エルゴン・マサイ族——の中には、それまでもエルゴン山のいくつかの洞窟で暮らして、家畜をその中で飼っている人々がいた。ケニア人の医師たちは、それらの人々からも血液を採取し、その病歴を聞きだしたり、家畜の血液を採取したりした。彼らマサイ族の人々も、その家畜たちも、血液検査の結果はすべて陰性だった――もし彼らが陽性を示していたなら、マールブルグはエルゴン山の近くに住む人々や家畜の中で循環していたことになる。そのときマールブルグに感染した徴候を示した者は一人もいなかったが、エルゴン・マサイ族の人々の中には、興味深い体験を語ってくれる者もいた。一族の中には、以前、大量の出血をして、身内の者に抱かれながら死んだ子供や若妻がいた、という。が、それがマールブルグによるものだったのか、他のウイルスによるものだったのか、だれにもわからない。ひょっとするとマサイの人々は、彼らなりにマールブルグ病原体の存在に気づいていたのかもしれない。が、その病原体を何らかの名前で呼ぶことはなかったのである。

歩哨サルの中に、異常を示したものは一匹もいなかった。彼らは健康そのもので、洞窟内に置かれた檻の中で、何週間も退屈そうな顔をしていた。探査の終了時には、彼らは犠牲にされることになっていた。感染の徴候を探るために、医師陣が彼らを解剖して組織のサンプルを採取するためである。ジーン・ジョンスンは、自分の手でサルを殺す気にはどうしてもなれなかった。考えただけでも、たまらないのだ。だから、洞窟の中に入ってゆくこともできなかった。他のメンバーが防護服を着て洞窟内に入り、サルを永眠させるべく大量の睡眠薬注射を打っている間、ジョンスンは近くの森の中で待機していた。「動物を殺すのは好きじゃないんだ」と、彼は私に語った。「それがわたしにとっては大きな問題でね。一か月ものあいだ、毎日サルに餌《えさ》や水を与えていたら、連中は友だち同然になるじゃないか。こっちは毎日バナナをやってたんだ。とにかく参ったよ」

それでも彼はラカル防護服を着、検屍用天幕の下でサルを開腹した。一種やるせない思いは、すべてのサルが健康だったと判明すると、ひときわつのった。

探検は失敗に終った。歩哨動物の中に、異常を示したものは一匹もいなかったのである。他の動物、昆虫、小鳥、マサイ族の人々、彼らの家畜――そのすべてから採取した血液や組織の中にも、マールブルグ・ウイルスの痕跡《こんせき》は見当らなかった。ジーン・ジョンスンは、苦渋に満ちた失意を味わったに相違ない。意気消沈したあまり、彼は探検の記録を公刊する気にもなれなかった。キタム洞窟で何も発見できなかったという事実を、わざわざ公表しても無意味なように思われたのだ。とにかく、マールブルグはエルゴン山の影の中に生きている。彼が確実に言えるのは、それだけだった。

そのときジョンスンはそれと意識していなかったのだが、キタム洞窟探検失敗後、彼がほとんど本能的に直感していたことが一つあった。すなわち、アフリカの洞窟内で彼が得た知識と体験、彼が本国に持ち帰った防護服やバイオハザード関連の装置類は、いつの日か別の場所で役立つことがあるかもしれない、という一事である。ジョンスンは内向的で、縄張り意識の強い人間だ。アフリカから持ち帰ったバイオハザード関連の装置を、彼は〝研究所〟の片隅に隠しておいた。倉庫の中の暗緑色の軍事用トランクや、建物の背後に駐《と》められたトレーラーの中に詰めて鍵《かぎ》をかけておいたのである。だれか別の人間にさわられるのもいやだったし、外に持ち出されたりするのも願い下げだったからだ。それに、彼の胸にはときどき、かねて気に入っている格言が浮かんでいた――〝チャンスは日頃準備を怠らない人間に訪れる〟。ルイ・パストゥールの言葉である。パストゥールは炭疽《たんそ》と狂犬病のワクチンを開発した。

一九八九年　夏

　陸軍は以前から、ジャックス夫妻の処遇に頭を悩ましていた。ナンシー、ジェリー、共に陸軍獣医部隊という小部隊の、階級も同じ士官である。〝ワンワンのお医者さん〟夫婦の昇進を、いったいどう図ればいいか？　夫婦の片方（妻）が、防護服の使用のエキスパートの場合、どうすればいいか？　二人をどこに配属させるのが適当か？

　陸軍は結局、ジャックス夫妻をメリーランド州アバディーン近郊の化学防衛研究所に配属させた。ジャックス夫妻はヴィクトリア風の自宅を売り払い、ペットの小鳥や動物たちと一緒に引っ越した。サーモントの家を離れるのが、ナンシーはすこしも苦痛ではなかった。一家は当面トレーラー・ハウスで暮らすことにしたのだが、そのほうがナンシーの好みにも合っていた。一家の趣味が一つ増えた。水槽《すいそう》で魚を飼いはじめたのである。

　ナンシーは陸軍の計画にしたがって、神経ガスがラットの脳に与える影響について研究することになった。ラットの頭を切開し、神経ガスが脳に与えた影響を判断するのが彼女の仕事だった。エボラの研究よりずっと安全で楽しかったが、一面、退屈でもあった。そのうち、彼女と夫のジェリーは共に中佐に昇進し、銀の樫《かし》の葉をかたどった肩章をつけることになった。二人の子供、ジェイミーとジェイスンも、急速に成長しはじめていた。ナンシーに似て小柄で引き締まった体のジェイミーは、優秀な体操選手になった。彼女がオリンピックは無理でも、せめて全国大会に出場できるようになればいいのだが、と夫妻は願っていた。ジェイスンは長身の寡黙な少年に成長した。変わらないのは、オウムのハーキーだけだった。オウムは長命なほうである。彼は相変わらず〝マミー！　マミー！〟と叫び、気分がいいと〝クワイ河マーチ〟の口笛を吹いていた。

ナンシーが〝研究所〟で働いていたときの上官、トニー・ジョンスン大佐は、防護服を着たときの彼女の有能ぶりを覚えていて、彼女をとりもどしたいと願っていた。本来、彼女は〝研究所〟に属する人間なのだ、という思いが強かった。彼はその後、ウォルター・リード陸軍医療センターの病理学部門のチーフに任命された。と同時に、〝研究所〟における彼の仕事、病理学部門の主査の席が空席になった。彼は自分の後任にナンシー・ジャックスを推薦し、陸軍もそれを聞き入れた。彼女にはホットな微生物研究の仕事を任せたほうがいい、という点で彼らの見解は一致したのである。ナンシーは一九八九年の夏、トニー・ジョンスンの跡を襲って、病理学部門主査の地位についた。時を同じくして、陸軍はジェリー・ジャックスを〝研究所〟の獣医部門の長に任命した。かくしてジャックス夫妻は、いずれもユーサムリッドにおける枢要な地位につくことになったのだった。ナンシーは防護服を着用しての微生物研究の仕事にもどった。ジェリーはまだそれが気に入らなかったが、一方で、我慢することも学んだ。

二人の昇進と共に、ジャックス夫妻はアバディーンの家を売却し、一九八九年八月、サーモントにもどってきた。こんど家を買うときはあたしの意見も取り入れてもらうわよ、とナンシーは宣言した。もうヴィクトリア風の家はたくさん、と彼女は夫に言った。二人が購入したのは、屋根窓のついたケープ・コッド風の現代的な家だった。周囲には広々とした野原や森があって、子供たちや犬が遊びまわるには最適だった。新しい家はカトクティン山の麓《ふもと》にあり、海のように広がるリンゴ園や町を見下ろすことができた。キッチンの窓からは、はるか遠方までなだらかに下降している農地が見わたせた。そこはかつて南北戦争時に、軍隊が行軍したところでもある。中部メリーランドの大地は、随所に森や波打つ草原の影を刻みつつ、重畳《ちょうじょう》たる起伏を描いて悠久の地平線まで広がっていた。ところどころに突き出ているサイロは、農園の存在の証しだ。美しい田園のはるか上空を、白い飛行機雲の尾を引きつつ、ジェット旅客機が縦横に飛び交っていた。

第二部

モンキー・ハウス
THE MONKEY HOUSE

レストン

一九八九年十月四日　水曜日

ヴァージニア州レストンは、アメリカの首都ワシントンの西方約十マイル、ベルトゥェイ(環状高速道路)のすぐ外側に位置して繁栄をつづけている市である。西風が吹いて空の澄みわたった秋の日には、中心部のオフィス・ビルの上階から、ワシントンのモールの中央にあるワシントン・モニュメントのクリーム色の尖塔《せんとう》がよく見える。レストンの人口は近年増加の一途をたどり、ハイテク企業や一流のコンサルタント会社がビジネス地区に進出してきた。その一画には、一九八〇年代に、水晶の塔のようなガラス張りの高層ビルが林立しはじめた。

水晶のようなビルが出現する前のレストンでは、農地が大部分を占めていた。市街のあちこちには、まだ野原が残っている。春ともなると、それらの野原には黄色いカラシの花が星座のように咲き乱れ、ユリノキやトネリコの木々の枝で、コマドリやツグミモドキがさえずりはじめる。市当局の手で、美しい住宅地区、レヴェルの高い学校、公園、ゴルフ・コース、優秀な託児所等が整備されているのもこの市の特色だろう。レストンには有名なアメリカのナチュラリストにちなんで命名された湖もあって——ソロウ湖にオーデュボン湖——その周囲には豪華な邸宅が立ち並んでいる。

レストンは、ワシントンのダウンタウンにも楽に通える距離にある。車の群を市内に流し込んでいるハイウェイのリーズバーグ・パイク沿いには、私道にメルセデスが駐《と》まっているような高級住宅が増えてきた。が、レストンはかつて田舎町だったのであり、その名残りはハンマーで打たれるのを拒む釘《くぎ》のように、市内の随所にいまも突出している。高級住宅にまじって、粗末なバンガロー風の家が散見されるのもその一例だろう。そうした家では、割れたガラスの代わりにボール紙が貼《は》ってあったりするし、庭に駐まっているのもメルセデスではなくピックアップ・トラックだ。秋にはリーズバーグ・パイク沿いに野菜を直売する屋台が並んで、普通のカボチャやバターナット・カボチャを売ったりしている。

このリーズバーグ・パイクからさほど離れてないところに、小規模のビジネス団地がある。整備されたのは、一九六〇年代。集まっているビルは、最近のそれのようなガラス張りのものはすくなく、ファッショナブルでもないが、実質本位で清潔だ。スズカケノキやモミジバフウも大きく育って、いまでは芝生にすずやかな影を投げている。道路を隔てた向かいにはマクドナルドのショップがあり、昼食時にはオフィス・ワーカーたちで賑《にぎ》わう。

つい最近まで、ヘイズルトン・リサーチ・プロダクツという会社が、この団地内の一階建ての建物を、〝モンキー・ハウス〟として使っていた。ヘイズルトン・リサーチ・プロダクツは、パイレックス・ガラス調理用具を製造しているコーニング社の子会社である。その業務の一つは、実験動物の輸入ならびに販売だ。この社の正式名称を、レストン霊長類検疫所という。

現在アメリカ合衆国には、毎年約一万六千四の野生のサルが世界の熱帯各地から輸入されている。それら輸入されたサルは、アメリカ各地に輸送される前に、一か月間、検疫所に留め置かれるきまりになっている。これは人間を含む他の霊長類を殺しかねない伝染病の拡大を防ぐための措置だ。

獣医のダン・ダルガードは、レストン霊長類検疫所の顧問獣医をつとめていた。検疫所のサルが病気になったり治療を必要とする事態になった場合、電話の依頼に応じてすぐ駆けつけることになっていた。このときの彼の本業は、コーニング社のもう一つの子会社であるヘイズルトン・ワシントン社の主任獣医だった。この社の本社はモンキー・ハウスに程近いリーズバーグ・パイク沿いにあったので、いざ往診を頼まれた場合でも、ダルガードは苦もなく自分の車でレストンに駆けつけることができた。

ダルガードは、五十代の長身の男だった。メタル・フレームの眼鏡《めがね》の奥の瞳《ひとみ》は淡いブルーで、わずかに母音を引き伸ばしてしゃべる癖があった。テキサスの獣医学校に学んだときに身についた訛《なま》りである。オフィスで勤務中はグレイのビジネス・スーツを、動物を相手にするときは白い実験着をまとっているのが普通だった。彼は畜産学が専門の、博識で熟練した獣医として、国際的にも高い評価を受けていた。どちらかと言えば寡黙で、あまり感情を表に出さない男。すくなくとも、周囲の人間にはそう思われていた。ウィークデイの夜と週末は、骨董品《こっとう》の時計の修理という趣味に耽《ふけ》るのを楽しみにしていた。自分の手で何かを修理するのが好きなのである。それは、心の平安をもたらしてくれるのだ。時計の修理なら、いくらでも飽きずにつづけられる。ときどき、獣医を辞めて時計の修理工に鞍替《くら》えしようかと思うこともあるくらいだった。

一九八九年十月四日、水曜日、ヘイズルトン・リサーチ・プロダクツに、百匹のサルがフィリピンから到着した。発送元は、マニラに程近いところにあるサルの卸し商、ファーライト・ファームズ社。サル自体は、ミンダナオ島の沿岸雨林で捕獲されたものだった。サルは最初、船でファーライト・ファームズに送られ、そこでグループ別に集団檻《おり》に収容された。サルはアメリカへの輸送に際しては、木箱に詰められて、KLMの特別輸送機でまずアムステルダムに空輸された。そこからニューヨークに運ばれたのである。JFK国際空港に到着した積み荷は、こんどはトラックで、東海岸沿いにレストン・モンキー・ハウスまで運ばれたのだった。

このサルは東南アジアの川沿いやマングローヴの湿地に棲息《せいそく》している種類で、カニを食べるのが特徴だった。この種類のサルは数も多く、捕獲が簡単で安価なため、実験動物としてよく使われている。尻尾《しっぽ》は鞭《むち》のように長く、胸には白っぽい毛が、背中にはクリーム色の毛が、混じっている。彼らはマカク・サルの一種で、〝長尾マカク〟と呼ばれることもある。鼻が犬のように突き出ていて、鼻孔《びこう》も大きく、鋭い犬歯を備えている。肌はピンクがかったグレイで、ちょうど白人の肌の色に近い。手は人間そっくりで、親指と、爪《つめ》の生えた繊細な指を持っている。雌の胸の上部にある二つの乳房は、淡い色の乳首といい、人間の女性のそれにそっくりだ。

このカニクイザルは人間を好まない。彼らは熱帯雨林に住む人間とは競争関係にあるのだ。カニクイザルは野菜、とりわけナスを好む。で、往々にして農夫たちの作物を襲う。カニクイザルは群をなして移動し、宙返りをしつつ木から木へと移動しながら、〝クラ！　クラ！〟と叫ぶ。ひとたび農園のナスを襲えば、農夫たちがショットガンを手に仕返しにやってくることを彼らは心得ている。で、彼らは仲間の警報を受けしだい森の奥深くに逃げ込む用意を常に怠らない。

銃を見ると同時に、彼らは警告の叫び声を発する。〝クラ！　クラ！　クラ！〟。ところによってはこの種類のサルを、その叫び声から、〝クラ〟と呼ぶ地域もある。アジアの熱帯雨林に住む多くの人々は、彼らを唾棄《だき》すべきペストも同然の動物と見ている。

日が暮れて夜のとばりが降りると、このカニクイザルの群は葉のない枯れ木の枝で眠る。そこが、彼らの家なのだ。彼らが枯れ木で眠るのを好むのは、そこからだと四方八方がよく見わたせて、人間や、その他の捕食獣を見張ることができるからである。彼らがねぐらとする枯れ木は、川の流れの上に垂れていることが多い。そこだと彼らは枝から川にじかに放尿できる。地面に放尿して、その臭《にお》いを他の動物たちに嗅《か》ぎつけられる危険を冒さずにすむのである。

日の出とともに、サルたちはモゾモゾ動きだして目をさます。太陽を迎える彼らの叫び声がジャングルの中に響きわたる。母親は子供たちを集めて枝をわたらせ、サルの群は果実を求めて木から木へと飛び移ってゆく。彼らはありとあらゆるものを食べる。野菜と果実に加えて、昆虫や草も食べる。木の根や粘土の小片まで口にする。粘土の小片を噛《か》んで呑《の》み込むのは、おそらく塩分とミネラルを摂取するためだろう。

カニに対する彼らの食欲には、すさまじいものがある。ひとたびカニに対する欲望にとりつかれると、彼らは〝宴会〟をひらくためにマングローヴの湿地に移動する。木から降りた彼らは水中に入って、カニの穴のそばで待ちかまえる。カニが穴から出てきたとたん、サルはさっとそいつを水中からつまみあげる。サルは、カニの爪に対処する独特の戦法も編みだしている。カニが穴から出てきたところを背後からつかまえ、爪をちぎって放り捨ててしまうのだ。それから、おもむろにカニを貪《むさぼ》り食うのである。ときどき、爪を上手にちぎれないサルもいる。カニに逆襲されて、指を爪に挟まれてしまう。サルは悲鳴をあげて水中を跳ねまわり、手を振りまわしてなんとかカニを振り放そうとする。カニクイザルが〝宴会〟をひらいているときは、遠くにいてもそれとわかる。湿地のほうから、カニに逆襲されたサルの悲鳴がときどきあがるからだ。

このサルの群は、厳格な階級制をしいている。リーダーには、群の中で最大の、最も攻撃的な雄がなる。そいつがボスだ。ボスは、目下《めした》のサルを睨《にら》み据える力によって群の支配権を維持する。目下のサルが挑戦してくると、ボスはそいつを睨みつけて屈服させてしまう。檻の中にいるボスのサルを、人間が見つめたとしよう。ボスは檻の前面に駆け寄ってきて、人間を睨み返すだろう。そのうち、ますます怒りをたぎらせ、人間に襲いかかろうとして檻に体当りしてくるはずだ。自分を見つめる人間を見たら、殺そうとしかねない。自分の権威が他の霊長類の挑戦にさらされるとき、ボスは恐怖を露わにしてはならないのである。もし二匹のボスが同じ檻に入れられたとすると、生きて出てくるサルは一匹しかいない。

レストン・モンキー・ハウスのカニクイザルは、人工照明の下、それぞれ檻に入れられて、モンキー・ビスケットと果実の餌《えさ》を与えられた。モンキー・ハウスには十二の大部屋があり、AからLまでのローマ字で識別されていた。木箱に入って到着した際、すでに死んでいるサルが二匹いた。それは、格別異例なことではない。輸送中にサルが死ぬ例はよくあるからだ。が、その後三週間にわたって、レストン・モンキー・ハウスのサルは、だれが見ても異例なほど大量に死にはじめたのだった。

十月四日、レストン・モンキー・ハウスにサルの積み荷が到着したのと同じ日、ジェリー・ジャックス中佐の人生を永遠に変えてしまうような事件が起きた。ジェリーにはジョンという弟がいて、カンザス・シティで妻と二人の子供と共に暮らしていた。ジョン・ジャックスは銀行マンにして著名なビジネスマンだった。彼はカンザス・シティにある、クレジット・カード用のプラスティックを製造する会社の共同経営者だった。二つ違いのジェリーとジョンは、これくらい仲のよい兄弟はいないだろうと思われるくらい仲がよかった。二人は共にカンザスの農場で成長し、カンザス州の大学に進学した。容貌《ようぼう》もウリ二つだった。長身、若白髪、ワシ鼻、鋭い目、もの静かな物腰――すべてが共通していたし、声までそっくりだった。二人の容貌の唯一の違いは、ジョンが口ひげを生やしているのに対し、ジェリーは生やしていない点だったと言えるだろう。

ジョン・ジャックスと彼の妻は、十月四日の夕刻に子供たちの学校のPTAの集会に出席するつもりでいた。夕方近くになってジョンは、すこし残業することになりそうだ、と妻に伝えようと家に電話を入れた。たまたま彼女は不在だったので、ジョンは留守番電話にメッセージを残した。ぼくは工場から直接集会に出かけるから、そこで会おう。ところが、ジョンは集会には現われなかった。彼の妻は心配になり、集会後、工場に車を飛ばした。

工場は閑散としていて、機械類も止まっていた。彼女は工場の端にある階段まで急いだ。ジョンのオフィスは、階段の上のバルコニーから工場を見下ろす位置にあったのである。彼女は階段をのぼった。夫のオフィスのドアはわずかにひらいていた。彼女が中に入ってみると、ジョンの体には数発の弾丸が撃ち込まれていて、周囲に血が広がっていた。彼は何者かに殺害されたのだ。

事件を捜査することになったカンザス市警殺人課の刑事は、リード・ブエンテといった。彼は以前からジョンを個人的に知っていて、彼に敬意を抱いていた。ジョンがカンザス・シティ銀行の頭取だった頃《ころ》、ブエンテは彼の下で保安係を務めていたのである。この事件は必ず解決して、犯人に裁きを受けさせてやる、とブエンテ刑事は心に誓った。ところが、何の手がかりもつかめないまま、いたずらに時間がたっていくにつれ、彼はしだいに悲観的になった。

ジョン・ジャックスは、プラスティック製造会社の共同経営者、ジョン・ウィーヴァーという男と揉《も》めていたらしい。カンザス市警の殺人課は、この共同経営者を有力な容疑者と見ていた(つい最近、私はブエンテ刑事に電話で訊《き》いてみたのだが、彼もそれを肯定した。ところが、その後ウィーヴァーは心臓麻痺《まひ》で死亡してしまったのである。事件の捜査は現在も終っていない。未解決の殺人事件の捜査が棚上げされてしまうことは決してないのだ)。物理的な手がかりが乏しいのもこの事件の特色で、おまけに、ウィーヴァーにはアリバイがあったことが後に判明した。ブエンテ刑事の捜査は暗礁にのりあげた。あるとき彼は、ジェリー・ジャックスに言ったという――「きょうび、人に頼んでだれかを殺させるのは簡単なんですよ。しかも、金もそうかからない。だいたい、デスク一つを買う金で人殺しを依頼することができるんですからね」

弟の死は、ジェリー・ジャックスを悲嘆のどん底に陥れた。時間がすべてを癒《いや》してくれるとよく言われるが、ジェリーの場合、時間がたてばたつほど心の傷口が広がっていくようだった。夫は病的な鬱《うつ》状態に陥っているのではないか、とナンシーは危惧《きぐ》しはじめた。「なんだか、自分の人生も終ってしまったような気がするんだ」ジェリー・ジャックスは妻に述懐した。「何もかも変わってしまったんだよ。この先も、いままでのように暮らしていけるかどうか自信がない。だいたい、ジョンに敵がいたなんて考えられんよ」カンザス・シティで行なわれた葬儀の席で、ジャックス夫妻の子供たち、ジェイミーとジェイスンは、棺の中を覗《のぞ》き込んでから父親に言った——ねえ、怖いよ、パパがあそこに横たわっているみたい。

十月から十一月にかけて、ジェリーは毎日のようにカンザス市警に電話を入れた。が、ブエンテ刑事は袋小路を突破できないようだった。こうなったら、おれが銃を懐にカンザス・シティに乗り込んで、ジョンの共同経営者を始末してやろうか、とジェリーは思いはじめた。しかし、もしそんなことをしたら、おれは刑務所にぶち込まれる。そうしたら、子供たちはどうなる？　それに、黒幕がジョンの共同経営者じゃなかったと後でわかったら、どうする？　その場合、とジェリーは思った、おれは無実の人間を殺してしまったことになるんだ。

十一月一日　水曜日

レストン・モンキー・ハウスの管理人は、でっぷりした大柄な男だった。その名を仮にビル・ヴォルトと呼ぶことにしよう。次々に死んでゆくサルを見ているうちに、ヴォルトは心配になってきた。十一月一日、サルの積み荷が到着してからほぼ一か月後、彼はダン・ダルガードに電話して、フィリピンから到着したばかりのサルが異様な大量死をとげていると訴えた。百匹届いたサルのうち、すでに二十九匹が死んでいたのだ。ということは、ほぼ三分の一が死亡したことになる。ちょうどその頃、建物のヒーティングとエアコン・システムに問題が生じていた。サーモスタットが故障して、熱気が薄れないようになってしまったのだ。ヒーターから最大量の熱気が噴きだされる一方で、エアコンがまったく言うことを聞かない。

建物の中はうだるように暑かった。この熱でサルは参ってしまったのだろうか。死んだサルはF室に集中していることに、ヴォルトは気づいた。F室は、建物の奥の長い通路に面している。

わかった、モンキー・ハウスにいって、見てみよう、とダルガードは答えた。が、ちょうどそのとき、別の仕事で手がふさがっていたので、彼が実際にレストン・モンキー・ハウスを訪れたときはその翌週になっていた。ダルガードがすぐにサルを診察できるよう、ヴォルトは彼をF室に案内した。白衣と外科手術用マスクを着用してから、二人は長いシンダーブロックの通路を歩いていった。両側にはいくつも鋼鉄の扉が並んでいて、それぞれが大部屋に通じている。通路は蒸し風呂のように暑く、二人はすぐに汗をかきはじめた。各扉の前にさしかかると、窓を通して数百のサルの目がこちらを注視しているのが見える。サルは人間の存在にきわめて敏感なのだ。

F室には、フィリピンのファーライト・ファームズから十月に到着したばかりのカニクイザルが収容されていた。どのサルも自分の檻に入っている。みな、どことなくショボクレていた。つい二、三週間前には、ジャングルの木から木へと飛び移っていたのだから、まだ環境の変化になじめないのだろう。ダルガードは檻から檻へと見てまわった。相手の目を見るだけで、彼はそのサルの健康状態をかなり見抜くことができる。彼らのボディ・ランゲージも、ダルガードは理解することができた。どこか受動的で、苦しんでいるサルを、彼は探してまわった。

ダルガードに目を見つめられると、どのサルも怒り狂った。あるボスザルの前にさしかかって、ダルガードがその目を見つめたところ、相手は彼を引きずり込もうとして檻の鉄棒に飛びかかってきた。そのうちダルガードは、目がどんよりと曇っているサルを見つけた。健康なサルの目のようにキラキラと輝いていなくて、霞《かすみ》がかかったように活気がない。しかも、目蓋《まぶた》が半ば垂れ下がっていて、目をすぼめたような感じになっている。通常のサルは目蓋が後退しているから、瞳《ひとみ》のすべてが見える。健康なサルの目は、顔の中の明るい輪のように見えるものだ。ところが、そのサルの目蓋は半ば目を閉じたように垂れ下がっているため、瞳《どう》孔《こう》が楕《だ》円《えん》形になっていた。

革の長手袋を両手にはめると、ダルガードはその檻の扉をひらいて、手を突っ込んだ。素早くそのサルを押えつけ、片手の手袋を脱いで、腹のあたりを探ってみる。やっぱり――そのサルの腹部はかなり火照《ほて》っていた。熱を出しているらしい。それに、鼻水を流している。サルの体を離すと、ダルガードは扉を閉じた。肺炎や風邪にかかっているようには見えない。やはり、異様な熱気にやられているのかもしれない。その部屋の暑さもかなりのものだった。ダルガードはヴォルトに勧めた。早急に家主に掛け合って、ヒーティング・システムを修理させるんだな。しばらくして、またも目蓋が垂れ下がっているサルが見つかった。そのサルも、目を細くすぼめているように見える。さわってみると、やはり熱があるらしい。こうしてF室では、病気のサルが二匹見つかった。

その二匹のサルは、いずれも夜のうちに死んだ。朝になってビル・ヴォルトが見まわりにいってみると、彼らはそれぞれの檻の中で、ガラスのように虚ろな目を半開きにしたまま、丸くなっていたのである。ヴォルトの不安はいや増した。彼は死因を確かめるために二匹のサルを解剖することにした。検査室は廊下の奥にある。二匹の死骸をそこに運ぶと、彼は、他のサルに見えないようにドアを閉めた（他のサルの面前で死んだサルの腹を切開することはできない――暴動が起きてしまう）。ヴォルトはメスでサルを開腹して、観察しはじめた。が、眼下の光景が気に入らず、理解できなかったので、ダルガードに電話を入れた。「すぐにきてもらえんかね。このサルどもを見てほしいんだ」

ダルガードは直ちにモンキー・ハウスに車で急行した。時計の分解に慣れた、自信に満ちた手つきで、彼はサルの腹中をさぐっていった。そこで目に映ったものは、彼を当惑させるに十分だった。二匹のサルはヒーティング・システムの不調による暑熱で死んだとばかり思っていた――ところが、彼らの脾臓《ひぞう》が異様に膨張していたのである。単なる熱気で脾臓が腫《は》れ上がることなどあるだろうか？　奇怪な現象がもう一つあった。いずれのサルも、小腸に出血が見られた。これは肺炎ではない。とすると、死因は何なのだろう？

同じ日の後刻、フィリピンのファーライト・ファームズから新たなサルが大量に到着した。ビル・ヴォルトはそのサルたちを、F室から二つ目のH室に収容した。F室のサルに関するダン・ダルガードの懸念は、深まる一方だった。ひょっとして、何らかの感染性の病原体があの部屋で荒れ狂っているのだろうか？　サル特有の病気。内臓の出血は、SHF（サル出血熱）と呼ばれるウイルスの症状に似ている。このウイルスは、サルにとっては恐るべき病原体なのだが、人間には害を与えない（人間の体内には棲《す》めないのだ）。ＳＨＦはサルの群に急速に広がって、全滅させてしまうこともある。

時は十一月十日、金曜日になっていた。ダルガードは週末を家で寛《くつろ》ぐために帰宅した。その週末は、居間で時計の修理をしてすごす予定だった。が、いざ修理用の道具を並べる段になると、いっかな集中できない。ついサルのことを考えてしまうのだ。彼らの身が心配だった。とうとうダルガードは、急に社の仕事を思いだしたと妻に断わって、コートを着た。それからレストン・モンキー・ハウスまで車を飛ばし、建物の前に駐車して、入口から中に入った。入口の扉はガラス張りだった。それをあけたとたん、内部の異様な熱気が押し寄せ、聞き慣れたサルの叫び声が耳を打った。彼はＦ室に入った。サルたちが警戒して、〝クラ！　クラ！〟と叫ぶ。さらに三匹のサルが死んでいた。いずれも虚ろな目をあけて、それぞれの檻の中で丸くなっていた。どうもおかしい。サルの死骸を検査室に運ぶと、ダルガードは彼らを開腹して、中を覗き込んだ。

その直後から、ダルガードは日記をつけはじめた。自分のパソコンに、毎日数語ずつ打っていったのだ。急いでいたので、あまり深く考えずに、〝観察経過〟というタイトルをその日記につけた。時は十一月中旬にさしかかっていた。夕刻になって日が落ち、オフィスの近くのリーズバーグ・パイクで渋滞がはじまる頃、ダルガードはパソコンに向かった。キーをカチャカチャと打つうちに、あのサルを開腹したときの光景が脳裡《のうり》によみがえってきた。

顕著に見られたのは脾腫《ひしゅ》（脾臓肥大）――切断面は驚くほど乾いている――腎臓《じんぞう》肥大、それに各種の臓器における散発性出血だ……急激な食欲減退と無気力状態も見られた。動物が食欲減退の徴候を見せはじめると、体調は急速に悪化するものだ。病状が急変しつつあるサルの直腸温度は、さほど上がっていない。鼻汁、鼻出血、血便もさほど顕著ではなかった……大部分のサルの体調は良好で、熱帯から到着する平均的なサルより脂肪も多かった。

死亡したサルには、特にこの病気だと名指せるような、画然たる徴候は見受けられなかった。彼らはただ餌を食べなくなって、死んだのだ。その際、心臓発作でも起こしたように、目をあけたまま死んでいた。顔にはぼんやりとした生気のない表情が貼《は》りついていた。この病気が何であろうと、死因は特定できなかった。心臓発作だろうか？　それとも、何らかの熱病？　いったい、何だろう？

脾臓の様相は、不可解もいいところだった。脾臓とは血液を濾過《ろか》する袋のようなもので、免疫システムに重要な役割を果たしている。正常な脾臓は柔らかな袋状をしており、真ん中が濡れたように赤い。それを見ると、ダルガードはゼリー・ドーナッツを想起する。正常な脾臓にメスを入れたときの手応えも、ゼリー・ドーナッツをナイフで切ったときのそれに近い。そこからは大量の血が滴り落ちる。ところが、死亡したサルの脾臓はかなり膨れあがって、石のように硬化していた。正常なサルの脾臓はクルミ大である。死亡したサルのそれはミカン大に膨れあがって、革のような感触があった。ダルガードはそれを見て、ゴツゴツした感触の乾燥したサラミ・ソーセージを思いだした。実際、メスを入れようとしても、跳ね返されてしまうのだ。メスの刃を叩《たた》きつけるようにしても、あまり食い込んでいかない。そのとき彼は気づかなかったのだが——あまりにも破天荒なことなので、思いも及ばなかったのだ——脾臓全体が、実は固い血餅《けっぺい》のようなものになっていたのである。彼はミカン大の血餅にメスを叩きつけていたことになる。

十一月十二日、日曜日の午前中、ダルガードは家の中を動きまわって、あれこれ修理したり、ちょっとしたお使いをしてすごした。昼食をとり終えると、彼はまたしてもモンキー・ハウスにとって返した。レストン検疫所には、不可思議なミステリーが発生していた。F室では、さらに三匹のサルが死んでいたのである。そこでは毎晩確実に、一握りのサルが死んでいた。

死んだ猿の一匹には、053号という名前がつけられていた。ダルガードは053号を検査室に運び、開腹して体腔《たいこう》の中を覗き込んだ。メスを手にすると、彼は053号の脾臓を切除した。大きく、固く、膨れあがっている。次に綿棒でサルの咽頭《いんとう》壁をこすり、粘液を少量採取した。最後に、蒸留水の入った試験管にその綿棒を入れてかき混ぜ、試験管に栓をする。

その正体が何であれ、粘液中に生存しているものは、試験管の中に一時保存されることになった。

レヴェル３検査

一九八九年十一月十三日　月曜日

月曜の朝になると――０５３号のサルを解剖した翌日――ダルガードは、サルの問題をフォート・デトリック基地のユーサムリッドに相談してみようと決意した。ユーサムリッドには、サルの病気を特定できる専門家がいると、かねてから聞いていた。サルを殺している病気が何なのか、なんとしても突き止めたかったのである。フォート・デトリック基地は、ポトマック川の反対側、レストンから車で北西に一時間ほど走ったところにある。

ダルガードの話を聞いてくれたのは、ピーター・ヤーリングという民間人のウイルス学者だった。彼はサルのウイルスに詳《くわ》しいという評判だった。彼に面識はなかったので、ダルガードは電話で自己紹介をした。それから、ヤーリングに言った。「どうも、われわれのサルがＳＨＦ（サル出血熱）にかかっているようなんだ。脾臓《ひぞう》を切断したところが、サラミの切り身みたいでね」

そのサンプルを見て診断をしてもらえないだろうか、とダルガードはヤーリングに依頼した。ヤーリングは協力を約束した。ダルガードの話を聞いて、好奇心を刺激されたのだ。ヤーリングは、それまでのキャリアの大半を〝研究所〟で送っていた。それ以前、まだ学者になって間もない頃《ころ》には、中央アメリカで暮らしていたことがある。熱帯雨林でウイルスを採取していたのである（その間、数種の未知のウイルスを発見している）。灰色に変わりかけている金髪、メタルフレームの眼鏡《めがね》、表情に富む、明朗そうな顔。そして、ドライなユーモアの持ち主だった。

性質は生まれつき用心深く、慎重なほうで、〝研究所〟ではケムチュリオン・バイオハザード用防護服を着ての仕事をかなりこなしていた。専門は、ホットなウイルスの研究――そのワクチンや薬品治療――で、熱帯雨林のウイルスの基礎研究が主体だった。未知の獰猛《どうもう》なウイルスが彼の専門だったのである。が、彼は常々、ホットな病原体の具体的な症状は頭から閉めだすようにしている。仕事場を離れてもそんなことを考えていたら、いずれ転職したくなるかもしれないではないか。

ヤーリング夫妻と三人の子供たちは、白いフェンスを前面に備えたレンガ造りの牧場主風の家で暮らしていた。フェンスは樹木のない前庭を囲んでおり、ガレージには茶色い大型車が駐《と》まっている。ヤーリング夫妻とジャックス夫妻は、共にサーモントの住人ながら、日頃プライヴェートな付き合いはあまりしていない。互いの子供たちの年齢がちがうし、それぞれのライフスタイルも異なっているからだ。が、〝研究所〟では、ピーター・ヤーリングはジャックス夫妻と比較的親しく交わっていた。

ピーター・ヤーリングは定期的に芝生を刈って、伸び放題にならないようにしている。近所の連中から無精者と思われたくないからだ。外面だけを見れば、彼はごく平均的な郊外生活者たちにまじって、これという特色のない暮らしを営んでいた、と言えるだろう。毎朝茶色の車に乗り込むとき、彼の行く先がホット・ゾーンであることを知る者は、ほとんどいない。が、その車の、自分で文字とナンバーを選べるナンバー・プレートには、〝LASSA（ラッサ熱）〟と書かれている。ラッサは西アフリカで発見されたレヴェル４に属するウイルスで、ピーター・ヤーリングの好みの病原体だ——それが人間に与える害を考慮しなければ、ラッサは魅惑的で美しいウイルスだと彼は考えている。ヤーリングはこれまで、ホットな病原体の大部分を手袋をはめた手で扱ってきた——ただし、エボラとマールブルグだけは扱ったことがない。なぜその二つだけは例外なんですか、と人に訊《き》かれると、彼はこう答えるのを常としていた——「そりゃ、わたしはまだ死にたくないんでね」

ダン・ダルガードと電話で話した翌日、０５３号のサルの凍結された肉が数片、〝研究所〟に送りつけられてきたとき、ピーター・ヤーリングは驚きと同時に困惑を覚えた。なぜなら、その肉片は、さながら食べ残しのホットドッグのようにあっさりと、アルミフォイルに包まれていたからである。

ホットドッグのようなその肉は、サルの脾臓だった。肉の周囲の氷には赤い色が滲《にじ》んで、すでに解けかけていた。サンプルの中には、喉《のど》の粘液の入った試験管と、サルの血清も含まれていた。ヤーリングはそれらのサンプルを危険レヴェル3の実験室に持ち込んだ。レヴェル3のゾーンは外部への細菌の漏洩《ろうえい》を防ぐために陰圧下に置かれているが、ここで働くスタッフは防護服を着用する必要はない。レヴェル3で働く人々は、手術室における外科医のような服装に着替える。ヤーリングは紙の外科手術用マスクと手術衣、それにゴム手袋を着用した。それから、アルミフォイルの中身をあけた。病理学者が一人、そのわきで手伝った。脾臓の切片をつつくと、アルミフォイルの上で左右に転がった——ダルガードが言った通りの、固いピンク色の肉だった。ヤーリングは心中に呟《つぶや》いた——こいつは学校の食堂で出る、得体の知れない肉みたいだな。そして、助手に言った。「こいつがマールブルグでなくてよかったよ」

二人はくっくっと笑った。

その日の後刻、ヤーリングはダルガードに電話をかけて、以下のようなことを話したという——〝サンプルの送り方についてお願いがあるんだがね。この研究所の連中はちょっと神経質すぎるかもしれないんだが、送られてきたサンプルから滲んだ液体が床に落ちたりすると、ギョッとするんだよ〟。

ウィルスを確認する手段としては、フラスコの水に入れた生きた細胞の中でそれを培養する方法がある。小さなフラスコの中にウィルスのサンプルを落すと、それは細胞の中に拡散して増殖するのだ。もしウィルスがその細胞を好めば、それは増殖する。たった数日間で、わずか一個か二個のウイルスが一億個にも増えてしまう。人間の親指大の小壜《びん》の中に、数え切れないほどのウイルスが誕生するのである。

０５３号のサルから採取された未知の病原体は、ジョーン・ロデリックという民間人技師の手で培養された。彼女はまず、サルの肝臓の小片を乳鉢と乳棒で細かく挽《ひ》いた。すると、血まみれの粥《かゆ》状のものができる。彼女はそれをサルの腎臓《じんぞう》から採取した生きた細胞を含むフラスコの中に落とした。０５３号のサルの喉の粘液の一部も、別のフラスコに入れる。同じサルの血清も、やはり別のフラスコに入れた。実験台にはずらっとフラスコが並んだことになる。彼女はそれらのフラスコを恒温器——体温の温度に保たれた培養器——に入れて、何かがその中で増殖することを願った。ウイルスを培養器の中で増殖させる作業は、ビールを醸造する工程に酷似している。ビールの場合も、定まった製法にしたがって麦汁を適温に保ち、あとは何かが起きるのを待てばいいのだから。

翌日、ダン・ダルガードはモンキー・ハウスを訪ねなかった代わり、ビル・ヴォルトに電話して、情勢をたずねた。サルはみな元気だ、とヴォルトは答えた。夜のあいだに死亡したサルは一匹もいないという。とすると、奇病は自然に衰退しはじめたらしい。レストンの危機は、鎮静しつつあるようだった。自分の会社はどうにか凶弾をかわすことができたのだと思って、ダルガードは胸を撫《な》で下ろした。

しかし、陸軍の連中はあのサルのサンプルから何かを見つけただろうか？　彼はヤーリングに電話を入れた。結果はまだわからないという。ウイルスを培養するには、数日間かかるのが普通だった。

その翌日、ビル・ヴォルトが電話をかけてきて、好ましくない情報を伝えた。F室のサル八匹が、餌《えさ》を食べなくなったという。八匹のサルはやがて死ぬだろう。奇病はまたもどってきたのだ。

モンキー・ハウスに急行したダルガードは、情勢が急変したことを覚った。細くすぼめられた、生気のない、楕円《だえん》形の瞳《ひとみ》をしたサルが急増していた。病因が何であろうと、それは着実にF室を汚染させつつあったのだ。いまや、この部屋のサルの半数が死んでいた。このまま手をこまねいていれば、おそらく残りのサルも全滅するだろう。ダルガードは一日千秋の思いで、ピーター・ヤーリングからの報告を待った。

十一月十六日、木曜日が訪れた。それと共に、F室の奥のほうの部屋でもサルが死にはじめたという報がもたらされた。そして正午近くになったとき、ダルガードのもとにピーター・ヤーリングから電話がかかってきた。〝研究所〟の病理学者が綿密に例の肉を調べた結果、サルには致命的だが人間には無害な、あのSHFではないかという仮の診断を下した、というのだ。

いま必要なのは迅速な予防措置だと、ダルガードは直感した。ここで禍根を断ち切らなければ、モンキー・ハウスはウイルスに蹂躙《じゅうりん》されてしまうだろう。SHFのサルにおける伝染性はきわめて高いのだから。その日の午後、彼はリーズバーグ・パイクを車で飛ばして、レストンのビジネス団地に急いだ。

冬を目前にした、灰色の、雨もよいの夕刻。午後五時。仕事を終えたオフィス・ワーカーたちがワシントンから続々と帰途につく頃、ダルガードはヘイズルトン社のもう一人の獣医の助けを借りて、F室のサルのすべてに致死量の睡眠薬を注射してまわった。決着がつくのは早かった。注射されたサルは、数分後に残らず死亡した。

ダルガードは、一見健康そうな八匹の死体を開腹した。SHFの徴候が見つかるかどうか、確かめたかったのだ。ところが、八匹のどれをとっても、何らの異常も見られない。ダルガードは驚愕《きょうがく》し、同時に深い困惑を覚えた。それでなくとも、サルを殺すのは気の滅入るような、不快な仕事である。この部屋に病気が蔓延《まんえん》しつつあるのはたしかだった。それなのに、開腹してみると、八匹のサルには何の異常もなかった。その彼らを――と、ダルガードは思った――自分は殺してしまったのだ。しかし、これも、このモンキー・ハウスに残っている多数のサルを救うには止《や》むを得ない措置だったのだ、と彼は思い直した。とにかく、十月初旬からこの建物に謎《なぞ》の病気が巣くいはじめたのはたしかである。そして、いまは十一月の中旬。陸軍の研究所は仮の診断を下してくれたが、それは彼の望み得る最良の診断だったと言っていい。ダルガードに残されたのは、この建物に生き残っているサルの命を救うという、なんとも気の重い仕事だった。きょうはまったくの悪日だったな、と思いつつ、彼は家路についた。のちに、彼は日記に記すことになる。

出血している内臓は極端にすくなかった。概して、こんどのサルのグループは異例に肉づきがよく、若くて（五歳未満）、申し分のない健康状態にあった。

モンキー・ハウスを去る前に、彼は病理学者の助手の助けを借りて、サルの死骸を透明なビニール袋におさめた。それから、通路の向かい側にある大型冷凍庫にしまった。冷凍庫の中はどんなにホットな状態にもなり得る。仮にある場所が生物学的な意味で〝ホット〟な場合、いかなるセンサーも、報知器も、警報機も、それを探知することはできない。その種の装置はすべて沈黙を守ったまま、何も記録に留めない。透明なビニール袋を透かして、サルの死体が見えていた。いずれも歪《ゆが》んだ、硬直した姿態で凍っている。胸腔《きょうこう》が大きくひらき、腸が垂れ下がって、洩《も》れた血が赤い氷柱と化していた。彼らの手は、ぐっと握り締められるか、ハサミのようにひらいていた――あたかも虚空に、何かをつかもうとしているかのように。そして、彼らの顔は無表情な仮面そのものだった。霜のこびりついた虚ろな目は、何も見てはいなかった。

細胞崩壊

十一月十七日　金曜日

　トマス・ガイスバートは〝研究所〟の実験技師として生活の糧を稼ぎながら、微生物学の博士号をとるべく努力していた。年齢は、このとき二十七歳。長身、ダーク・ブルーの瞳《ひとみ》。真ん中で分けた茶色い長めの髪が、額や耳にかかっていた。釣りのほうではかなりのヴェテランで、ライフル射撃もうまく、余暇の多くを森の中ですごしていた。ふだんはジーンズにカウボーイ・ブーツという服装で通していた。もともと権威を無視する性向だったのである。生れも育ちもフォート・デトリック近郊という、根っからの地元っ子だった。父親は〝研究所〟の主任施設技師で、ホット・ゾーンの修理・運営を担当している。まだ子供の頃《ころ》、トムはよく父親につれられて〝研究所〟を訪ねた。そこで、分厚いガラスの窓越しに、防護服姿で働いている人々を眺めながら、カッコいいな、と思ったものだった。そしていま、彼はまさにそのとき憧《あこが》れた仕事についている。そう思うと、常々とてもいい気分だった。

　〝研究所〟でのトムの主な仕事は、電子顕微鏡の操作だった。電子顕微鏡とは、電子ビームを利用してウイルスのような微小な物体の映像を拡大する装置である。肉の小片中のウイルスの撮影等が可能になるので、ウイルス実験室には欠かせない装置と言っていいだろう。トムにとって、ホットな病原体を確認してウイルスの属する科を選別する仕事は、蝶《ちょう》を分類したり花を採集したりする仕事に似ている――着用する防護服が身をしっかり守ってくれるかぎり、楽しい仕事である。

彼は、内部宇宙の孤独、世の中から隔絶しているという感覚が好きだった。未知の病原体の入っている試験管を手にホット・ゾーンの中を歩きまわっていると、とても気持が落ち着くのだ。レヴェル4の部屋には、仲間と一緒に入るより、一人で入るほうが好きだった。とりわけ、真夜中に仕事をする際は、そうだった。が、いいことばかりではない。彼があまりにも仕事に打ち込むので、必然的に私生活に皺《しわ》寄せが及び、妻との仲にひび割れが生じていた。彼は九月に、妻と別居したばかりだった。が、家庭でのトラブルがかえって仕事への傾斜を助長したのか、彼は最近ますます、ホット・ゾーンでの仕事にのめりこむようになっていた。

仕事を別にすると、トムにとって、人生における最大の楽しみの一つは、アウトドアを歩きまわることだった。ブラック・バスを釣ったり、鹿《しか》を狩り立てたりするのが楽しくてたまらない。狩猟の場合は肉が目当てで――鹿肉などはいつも両親に送っている――必要なだけ肉がたまると、こんどは鹿の頭部等を剝製《はくせい》にして残すために狩りをした。毎年、感謝祭の頃になると、彼はヴァージニア西部に狩りに出かけた。狩猟の基地は、狩猟仲間と借りるコテッジだった。仲間たちは、彼の本業についてはほとんど知らない。彼のほうでも、それについてはあまり語らなかった。

〝研究所〟には、毎日のようにとぎれなく、ほぼ世界中から、各種の——血液や組織の——サンプルが送られてくる。トムは電子顕微鏡操作の腕を磨くつもりで、なるべくたくさんのサンプルを見るよう心がけていた。ウイルス粒子の写真を見ることによって、ホットな病原体を目で識別する術を身につけようとしていたのだ。あのカーディナル少年のサンプルがアフリカから届いたときなど、何日も飽きずに眺めたものである。マールブルグ・ウイルスのカーディナル株は、6、U、g、Y等の文字、それにヘビの形やチェリオの形が大量にもつれ合っている様相を呈していて、それが一部融解した人間の肉体と混ざり合っていた。掛け値のない自然の恐怖とも言うべきウイルスの実像。それを何日も眺めつづけた結果、トムの頭にはそれらの形がはっきりと刻まれてしまった。

奇病にとりつかれたヴァージニアのサルの話は、彼、トマス・ガイスバートの耳にも入っていた。彼はその肉の写真を撮って、SHF（サル出血熱）のウイルス粒子を確認してみたいと思った。金曜日の朝——ダン・ダルガードがF室のサルを一匹残らず殺した日の翌日、十一月十七日——トムはウイルスの増殖しつつあるサルの細胞のフラスコを、見てみることにした。何か変化が認められるかどうか、感謝祭の狩猟に出かける前に、光学顕微鏡で調べておきたかったのである。光学顕微鏡とは、レンズによって光線の焦点を絞る普通の顕微鏡のことである。

その金曜日の午前九時、彼は手術衣と紙のマスクを装着して、フラスコをおさめた保温器のあるレヴェル3の実験室に入っていった。そこで、レストン株の培養を担当している技師、ジョーン・ロデリックと会った。彼女は小さなフラスコを顕微鏡で覗《のぞ》いていた。フラスコの中には、053号のサルから採取されたサル出血熱に感染した細胞が入っているはずだった。053号のサルとは、F室で死亡し、ダルガードに解剖された、あのサルである。

ジョーン・ロデリックは、ガイスバートのほうを向いて言った。「なんだか奇妙なことが起きてるわ、このフラスコの中で」

それは典型的なウイルス用のフラスコだった。サイズは人の親指大。透明なプラスティック製なので、そのまま顕微鏡にかけて覗くことができる。黒いねじ込み式の栓がはめられていた。

ガイスバートは顕微鏡の接眼レンズを通してフラスコを覗いた。そこには、複雑な世界が映っていた。生物学の研究で肝心なのは、自分の目に映っているものは何かを知ることだ。自然の形態は実に深遠、かつ複雑で、しかも常に変転している。ガイスバートの目はまず、至るところに散らばっている細胞をとらえた。細胞とは、それぞれに核を含んでいる微小な袋のようなものだ。核は、細胞の中心近くの、色の濃い固まりとして映っている。細胞の形は、卵の目玉焼きに似ていなくもない。黄身の部分が細胞の核と思えばいい。

生きている細胞は普通フラスコの底に付着して、生きている絨緞《じゅうたん》のようなものを形成する

——細胞は成長するにつれて、何かにすがりつくことを好むのである。ところが、そのサンプルにおける絨毯はムシに食われていた。死亡した細胞がそこから浮遊し、絨毯には穴があいているように見えていた。

彼はすべてのフラスコを調べてみた。ほとんどが同じように、つまり、ムシに食われた絨毯のように、見えた。何かがおかしい。細胞は病んでいる。何かが細胞を殺しているのだ。どの細胞も、ぶよぶよに膨れあがっている。子供でも孕《はら》んでいるかのようだ。顆粒《かりゅう》ないし、斑点《はんてん》のようなものが、そこには含まれていた。斑点は胡椒《こしょう》のようにも見える。目玉焼きの上にふりかけられた胡椒。その胡椒は光の反映かもしれない。結晶体を通して光が輝いているようにも見える。結晶体？　とにかく、そこに映っている細胞の群は、見分けがつかないくらい病んでいた。それも、尋常な病み方ではない。なぜなら、液体は死んだ細胞、崩壊した細胞で白濁していたのだから。

これはボスのピーター・ヤーリングに見せたほうがいい、と二人は判断した。ガイスバートはヤーリングを捜しにいった。

レヴェル3を出て手術衣を脱ぎ、水のシャワーを浴びる。それから私服に着替えて、ヤーリングのオフィスに足を向けた。ヤーリングをつかまえ、彼と一緒に、再びレヴェル3実験室に引き返した。ロッカー・ルームで二人が手術衣に着替えるまでに、数分ほどかかった。用意が整うと——外科医のような出立ちで——二人は実験室に入り、顕微鏡の前に腰を下ろした。ガイスバートが言った。「どうも、このフラスコの中で妙なことが起きているようなんですよ。でも、何だかわからないんです。こいつはSHFじゃないような気がするな」

サル出血熱ではないことは、たしかなようだった。

ヤーリングは顕微鏡を覗いた。フラスコの中身は、まるで腐ったように乳濁していた。

「こいつは汚染されてるな」彼は言った。「細胞が崩壊している。まるで不純物のようだ」細胞は弾《はじ》けて、死んでいた。「プラスティックから剝離してるぞ」それはつまり、死んだ細胞がフラスコの表面から離れて乳濁した液中に流れたことを意味する。何らかの獰猛《どうもう》なバクテリアが培養細胞の中に侵入したのかもしれない、とヤーリングは思った。これは、ウイルスを培養する際によく起こる、迷惑な現象なのである。余計者のバクテリアが、フラスコの中身を全滅させてしまうのだ。培養細胞が獰猛なバクテリアに食べ尽くされると、異臭が生じる。それとは対照的に、細胞がウイルスに殺される場合には、異臭は生じない。空中にはたぶん、このフラスコの中身を食い尽くしたのは、シュードモナスという、ごくありふれた土壌バクテリアだろう、とヤーリングは考えた。このバクテリアは土中に棲《す》んでいる。ごく普通の家の裏庭や、そこで庭いじりをした人の爪《つめ》の裏に棲んでいる。この地上では最もありふれた生命体の一つなのだが、それがしばしば培養細胞に侵入して、それを殲滅《せんめつ》してしまうのだ。

フラスコの黒い小さな栓をねじってはずすと、ヤーリングは臭《にお》いを鼻に呼び込むように、軽くその上で手を振った。それから、くんくんと嗅《か》いでみた。変だな。何の臭いもしないじゃないか。

彼はトマス・ガイスバートにたずねた。「きみは、シュードモナスの臭いを嗅いだことがあるか？」

「いいえ」トムは答えた。

「シュードモナスは、〝ウェルチ〟のグレープ・ジュースのような臭いがするものなんだ。それなのに——」彼はトムにフラスコをわたした。

トムもくんくんと嗅いでみた。何の臭いもしない。

ヤーリングがフラスコをとり返して、またくんくんと嗅ぐ。鼻にはどんな臭いも伝わってこない。が、フラスコは白濁しており、細胞は崩壊している。奇妙だな、と彼は思った。再びフラスコをトムにわたすと、彼は言った。

「ビームにかけて、見てみるか」

〝ビームにかける〟とは、電子顕微鏡で見てみることを意味する。電子顕微鏡は光学顕微鏡よりずっと強力で、内部宇宙の奥深くまで見通すことができるのだ。

フラスコ中の白濁した液体の一部を試験管に注ぐと、トムはそれを遠心分離機にかけた。ほどなく試験管の底に、灰色がかった滲出物《しんしゅつ》の〝ボタン〟がたまる——死んだ細胞、死につつある細胞が、微小な丸薬のように凝集したものだ。それはピンの頭ほどの大きさで、薄茶色をしている。マッシュポテトのかけらみたいだな、とトムは思った。小さな木のへらでその〝ボタン〟をすくい上げると、彼はそれを保存するためビニール樹脂の中にしみ込ませた。

実際にそれを電子顕微鏡で見るには、もうしばらく待たなければならない。

そのとき、トマス・ガイスバートの頭の中は狩猟シーズンのことで一杯だった。その日の午後――金曜日――帰宅するなり彼は、狩猟旅行のための荷造りをはじめた。最初の計画では自分のフォード・ブロンコを運転していくつもりだったのだが、運悪くそいつは故障してしまった。で、狩猟仲間の一人にピックアップで迎えにきてもらった。トムのダッフル・バッグと銃のケースを荷台に積み込むと、彼らは勇んでヴァージニア西部に向け出発した。

フィロウイルスが人間の体内で増殖しはじめるとき、その潜伏期間は三日から十八日である。その間にウイルス粒子が着実に血流に入り込んでゆき、やがて頭痛がはじまる。

感謝祭

十一月二十日〜二十五日

　ナンシーとジェリーのジャックス夫妻にとって、それは生涯最悪の感謝祭だった。十一月二十二日、水曜日、二人は子供たちを自家用のヴァンに乗せ、夜闇《やあん》をついてカンザスを目指した。ジェイミーは十二、ジェイスンは十三になっていた。二人ともカンザスへのロング・ドライヴには慣れていたから、道中は安らかに眠っていた。父親のジェリーのほうは、弟を殺されて以来、不眠症気味になっていた。ナンシーはその夜、夫に合わせて眠らずに、ときどき運転を代わった。一家は感謝祭の当日ウィチタに到着し、ナンシーの父親、カーティス・ダンと一緒に七面鳥の夕食をとった。当時、カーティス・ダンは、ナンシーの弟と一緒に暮らしていた。

　ナンシーにとってつらかったのは、父親が癌《がん》で死にかけていることだった。彼女の父親は以前、癌に対する恐怖から、かなり長期間、心気症にかかっていたことがあった――当時は癌でもなんでもなかったのに、癌にかかったと言い張って、八か月も寝込んでいたのだ――

そしていま、こんどは本当に癌にとりつかれてしまった。その秋、彼はかなり痩《や》せていた。体重は百ポンド以下。骨と皮ばかりに痩せ細っていた。容貌《ようぼう》はもともと若く見えるほうで、巻き毛の頭髪はまだ黒々としており、ヴァイタリスで撫《な》でつけられていた。が、孫たちから見れば、その容姿は奇怪そのもので、彼が近づくとすくみあがってしまい、まともに顔を見ようともしない。カーティス・ダンは、実弟を亡くしたジェリーをなんとか慰めようとして言った。「まったく、お気の毒だったな、弟さんのことは」

ジェリーは、その件についてはもう話したがらなかった。

ナンシーの父親は終日、安楽椅子《いす》にすわって眠っていた。夜になると激痛のため眠ることができず、午前三時頃《ごろ》には目覚めてしまう。するとベッドから起きだして、家のあちこちを突つきまわしては何かを捜している。それでもタバコを切らしたことがなく、もう食欲がなくなった、食べ物の味がわからなくなった、とこぼしていた。

そんな父に同情しつつも、ナンシーは彼との心理的な距離を埋め切れずにいた。カーティス・ダンは極端な物の考え方をする人で、最近、家のあちこちを突つきまわしながら呟《つぶや》いている言葉から察すると、カンザスの農園を売り払うつもりでいるらしいのだ。しかも、その金でメキシコにゆき、桃の種子のエキスによる特別治療を受ける気でいるようだった。そんな妄念にとらわれる父が、ナンシーは腹立たしかった。その怒りにはもちろん、不治の病に苦しむ父に対する憐《あわ》れみもまじっていたのだが。

ナンシーの父親の家を後にすると、ジャックス一家は再びヴァンでウィチタの北西、同じカンザス州のアンデイルという町に向かった。そこにあるジェリーの実家を訪ねたのだ。町はずれの、穀物昇降機の近くにあるジェリーの実家で、一行は彼の母親エイダや一族の人々と再会した。しばらく前から寡婦になっていたエイダは、美しい小麦畑を見下ろすその牧場主風の家で、独《ひと》り暮らしをしていた。

　裸の畑にはいま、秋まき小麦の種がまかれていた。エイダは居間の椅子にすわって、外の畑を眺めていた。拳銃《けんじゅう》を見るのが怖いので、テレビを見ることができないのである。彼女を囲むようにすわった一族の面々は、なるべく話がとぎれないように、あれこれ四方山《よもやま》話にふけった。昔、その農場で育った頃の思い出話をこもごも語り、ジョークを交わしては笑い合う。そうして、なんとか愉快なときをすごそうと努めていた。ところが、ふとしたはずみに、殺されたジョンの名前が出てしまう。とたんに会話はしぼんで、みな、何を言っていいかわからぬまま、床に目を落とす。だれかが啜《すす》り泣きはじめる。エイダの頰《ほお》を涙が伝い落ちているのに、みんなは気づく。エイダは気丈な母親で、彼女が泣くところなど、子供たちはついぞ見たこともなかったのに。とうとう我慢しきれなくなると、エイダは立ち上がって居間を後にし、自分の寝室に閉じこもってしまった。

　一同はキッチンにテーブルをセットして、ロースト・ビーフを食べた。ジャックス家では、七面鳥を好まないのだ。しばらくすると、みんなは自分の皿を手に居間に移り、フットボールのゲームをテレビで観戦した。ナンシーを含む女性たちはキッチンの後片づけをし、子供たちの寝支度を手伝った。

その後、ジャックス夫妻はウィチタにもどって数日間滞在し、病院で癌の治療を受けるナンシーの父親の面倒をみた。それから、子供たちをヴァンに乗せて、メリーランドの自宅に帰ってきたのだった。

ダン・ダルガードは、感謝祭の一週間を不安の裡《うち》にすごした。月曜日には〝研究所〟のピーター・ヤーリングに電話を入れ、レストンのサルの死因に関して新事実が判明したかどうか問いただした。ヤーリングは仮の診断を伝えた。レストンのサルはやはり、サルには致命的でも人間には無害な、あのSHF（サル出血熱）を患っているのではないか。おたくのサルを殺しているのはサル出血熱だと思う、と彼はダルガードに伝えた。が、その論拠について は言葉を濁した。検査の最終結果が判明するまでは、めったなことを言うまい、と心に決めていたからである。

受話器を置いたダルガードは、F室のサルを皆殺しにした自分の判断は間違っていなかった、とあらためて確信した。あのサルたちはやはり出血熱にかかっていたのだ。放っておいても、死んでいただろう。もしああいう措置に踏み切らなかったら、今頃はあのモンキー・ハウス全体に病気が蔓延《まんえん》して、全部の部屋のサルが死んでいたにちがいない。いまダルガードの胸中にあるのは、ひょっとしてウイルスはF室の外に逃げだしていはしまいか、という危惧《きぐ》だった。その場合、病気は知らぬ間に建物全域に飛び火して、サルは他の部屋でも死にはじめるかもしれない。そんなことになったら、ウイルス禍の拡大を阻止するのは至難の業になるだろう。

　感謝祭の日の早朝、ダンは妻と共に車でピッツバーグにゆき、妻の両親を訪ねた。ヴァージニアにもどってきたのは、金曜日。モンキー・ハウスのサルが気になって、すぐに車を飛ばした。

　そこで待ち受けていた光景は、彼にとって衝撃的だった。感謝祭のあいだに、F室からひとつおいた隣の部屋、H室で、五匹のサルが死んでいたのである。ウイルスはやはり移動していたのだ。なお悪いことに、それは隣の部屋を飛ばして移動している。どうしてそんなことが可能なのだろう？　一晩のうちに、一つの部屋で死んだサルが五匹……彼は居ても立ってもいられなくなった。

メデューサ

十一月二十七日　月曜日　〇七：〇〇時

感謝祭が明けた週の月曜の早朝、トム・ガイスバートは〝研究所〟での仕事にもどってきた。ブルー・ジーンズにフランネル・シャツ、それにカウボーイ・ブーツという出立ちには、楽しかった狩猟旅行の思い出が重なっている。が、彼は心中、狩猟に出かける直前に小さなフラスコから採取した、あの死んだサルの細胞の〝ボタン〟を早く調べてみたくてたまらなかった。電子顕微鏡で細胞を見て、あのサルがＳＨＦ（サル出血熱）に感染していた視覚的な証拠をはっきりつかみたかったのである。

〝ボタン〟は微小なパン屑《くず》程度の大きさで、黄色いビニール樹脂の固まりに埋め込まれている。トムは整理棚の鍵《かぎ》をあけて、ダイアモンド・ナイフをとりだした。ダイアモンド・ナイフとは、ポケット・サイズの小型鉛筆削り器の大きさ——長さ約一インチ——の金属製の物体である。値段は四千ドル。それには最高級の、寸分の欠陥もない、正真正銘のダイアモンドの刃がついているのだ。

〝ボタン〟を含んだ樹脂の固まりとダイアモンド・ナイフを、トムは切断室に運んだ。その部屋には切断機がある。テーブルにつくと、彼は切断機に向かい、ダイアモンド・ナイフをそれに装着した。その際、ナイフの刃に指を触れないよう、細心の注意を払った。ほんのちょっとでもそれに指先で触れたが最後、すべては御破算になってしまう。ダイアモンドの刃は指先をも切ってしまう――それも、かなりひどく。ダイアモンドの刃は、とてつもなく鋭いのだ。それは、この世で最も鋭利な刃だと言っていい。とにかく、ウイルスを両断できるほど鋭利なのである。それは、ピーナッツを切断する剃刀《かみそり》のように、ウイルスをすっぱりと切断する。この

(i)

という文字の点の部分には一億個ものウイルスが付着し得ることを思えば、ダイアモンド・ナイフの鋭さがどれほどのものか、見当がつくだろう。仮に、ついうっかりそこに指で触れてしまったとする。ダイアモンドの刃は、まるで指の皮膚が空気ででもあるかのように、何の抵抗もなく指に沈んでいくはずだ――そして、指に深く食い込んでいくにつれて個々の血球を両断してゆくだろう。すると刃は皮膚の脂と血球に覆われて、使い物にならなくなって

しまう。
彼は切断機に接続している光学顕微鏡の接眼レンズを覗《のぞ》き込んだ。〝パン屑〟がはっきり見えた。スイッチを入れる。切断機がぶうんと唸《うな》りはじめ、サンプルが前後に動きはじめる。〝パン屑〟がダイアモンドの刃に触れた。切断機はさながらパンのスライサーのように動き、〝パン屑〟を薄く削ってゆく。削られた超薄切片は、それぞれ、次の括弧《かっこ》内の点くらいの大きさだった。

（・）

超薄切片は次々に一滴の水の上に落ち、水膜の上に留まる。それぞれの超薄切片の中には一万個もの細胞が含まれており、各細胞自体、ナイフで両断されていた。ダイアモンドの刃は、次々に超薄切片を削りとってゆく。それは水に浮かぶスイレンの葉のように水滴の上に広がった。
そこで顕微鏡から目を離すと、トム・ガイスバートはテーブルの周囲に目を走らせて、小さな木片を見つけた。そこには一本の人間の睫毛《まつげ》が、マニキュア液で貼《は》りつけられている。それは、この薄片を取り扱うための貴重な道具だった。睫毛そのものは、〝研究所〟勤務の女性たちの一人からいただいたものである。彼女の睫毛こそはこの目的にぴったり適《かな》う、とみんなの意見が一致したのだ。太すぎず、細すぎず、先細になっていて、先端が見事にとがっている。文句のつけようがない。トムはその睫毛を木片からはがしとり、それで一滴の水をかきまわした。すると、集まっていた超薄切片が分散しはじめる。彼はそれから、いくつかの損傷した薄片をその睫毛に付着させ、ティシュー・ペーパーにこすりつけてこそぎ落した。

次いで彼は、小型のピンセットを使って、微小な金属盤をとりあげた。それはこの括弧内の点の大きさ——

（・）

——で、銅でできている。その金属盤をピンセットでつまむと、彼はそれを水滴に浸し、ちょうど漁師がたもを引き上げるように、ゆっくりと底から表面のほうに引き上げた。金属盤には超薄切片が貼りついた。そいつをピンセットでつまんだまま、小さな箱におさめる。その箱を、トムは廊下の奥の暗室に持っていった。部屋の中央には、並の人間の背丈より高い金属の塔が据えられている。彼の電子顕微鏡だった。

おれの顕微鏡だ、とトムは思った。彼はそれが大好きだった。

小さな箱をあけ、ピンセットで金属盤をつまみ、車のタイヤ交換に使うタイヤ・レヴァー大の鉄の棒の中に装着する――その鉄の棒はサンプル・ホールダーと呼ばれている。ホールダーを顕微鏡の中にすべり込ませてゆくと、やがてカチッという音と共に固定される。微小な金属盤上の超薄切片はいま、ホールダーで固定されて顕微鏡内の所定の位置に置かれ、電子ビームに照射されるのを待っている。ピーター・ヤーリングの言葉がトムの頭によみがえった――「ビームにかけて、見てみるか」

部屋のライトを消すと、トム・ガイスバートは各種のダイアルやデジタル表示計の並んだコンソールの前に腰を下ろした。コンソールの中央には、スクリーンがある。その瞬間、部屋は宇宙船の指令室に変身したかのようだった。スクリーンは久遠の内部宇宙の深遠を覗き込む窓だった。

スイッチを入れて身を低くかまえると、トムはスクリーンに顔を寄せた。スクリーンの放つ光線で緑色に照り映えている彼の顔が、ガラスに反映している。長髪、緊張した顔、眼下の地形を見わたす、深く落ち窪《くぼ》んだ目。彼はいま、一つの細胞の片隅を覗き込んでいた。それは、高空から地表の光景を見下ろすのに似ていた。それは、細胞という地表だった。眼下に広がる眺めは壮大にして複雑、とっさにはそれと把握できないほど細かに入り組んだ映像に満ちていた。

そのときトムは、人跡未踏の巨大な惑星の地表を低空軌道から観察している宇宙船の航海士にも比せられただろう。実際、ウイルスを捜して細胞表面を探査する仕事は、何日つづけても飽きないものなのである。一つの超薄切片中には、探査すべき一万もの細胞があるかもしれない——たとえ何日つづけようとも、捜しているウイルスが見つからない可能性もある。この世の生命体の端倪《たんげい》すべからざる点は、その細部がどんなに拡大されようとも、依然として複雑に入り組んでいるという事実だろう。トムの眼下には、大小の川や三日月湖に似た模様や形態が見えた。町のような斑点《はんてん》も見えたし、森林帯も見えた。それは熱帯雨林を高空から見下ろした光景にさも似ていた。細胞は熱帯であり、その密林のどこかにウイルスが潜んでいるはずだった。

つまみをまわすと、細胞の表面が彼の視野をよぎる。トムは細胞の表面をさまよった。倍率をあげてみる。映像が躍りあがってきた。

一瞬、息が止まった。待てよ——なんか変だぞ、この細胞は。どこもかしこも、めちゃめちゃじゃないか。単に死んでいるというだけじゃない。こいつは破壊されているんだ。しかも、〝条虫〟のようなものがウヨウヨいる。細胞は、その壁から壁まで、〝条虫〟で一杯だった。ある部分は〝条虫〟があまりにも密集しているため、さながらバケツ一杯分のロープをぶちまけたかのようだった。ロープのように見えるウイルス。それは、この世にたった一種類しかない。フィロウイルスである。

マールブルグだ、と彼は思った。こいつはマールブルグにそっくりだ。スクリーンに覆いかぶさるようにして、彼は眼下の世界に見入った。みぞおちのあたりが引きつって、胃袋がひっくり返りそうな気がしてきた。ホットな病原体に直面した際、しばしば忍び寄ってくる、あの不快感。嘔吐《おうと》の衝動。トムはパニックに陥りかけた。すんでに、〝マールブルグだ！　マールブルグだぞ！〟と叫びつつ部屋から飛びだしそうになった。しかし、待てよ、まさか本当にこんなことが？　彼は大きく深呼吸した。これが間違いなくマールブルグかどうか、いまは断定できない。だが、あのひも状のウイルス、フィロウイルスに酷似していることはたしかだ。

次の瞬間、ある映像が頭によみがえってきた――〝崩壊〟して、ヘビのようなものが無数にのたくっていた、あのピーター・カーディナルの肝臓の細胞。あの映像を脳裡《のうり》に浮かべつつ、彼はそれを、いまスクリーンに映っている画像と比べてみた。カーディナル株がどんな様相を呈していたか、トムは熟知している。あの渦巻き状のひも、チェリオのような形を、彼は克明に脳裡に刻み込んだのだから。

あのウイルスはカーディナル少年にどんな仕打を加えたか――あの少年の肉体組織に加えられた、無残な症状……じょ、冗談じゃない！……大変だ！……おれとヤーリングはこいつの臭《にお》いを嗅《か》いだんだ。おれとヤーリングは、こいつの入った容器を素手で扱ったんだ。どうしよう、こいつは微生物危険レヴェル4の病原体だというのに。マールブルグ――冗談じゃない、助けてくれ、こんな馬鹿な――ああ、くそ、おれがいま扱っているのは、致死率がべらぼうに高いウイルスかもしれない。こいつにとりつかれたら最後、おぞましいかぎりの死に方をしなければならないのだ。

突然、ある映像が浮かんできて、全身にさむけが走った。男性の股間《こかん》にぶらさがっている生殖腺《せん》――睾丸《こうがん》が膨れあがって、ドス黒く変色し、それが破裂して、皮膚がべろっと垂れさがっている……。

トム・ガイスバートは頭を切り替えて、眼下の光景を撮影しはじめた。五分もすると、数枚のネガがマシーンから吐き出されてきた。それを暗室に運んでライトを消し、現像を開始する。漆黒《しっこく》の闇《やみ》の中にいると、つい考えてしまう。最初にこのウイルスに身をさらした日を逆算してみた。たしか、あのフラスコの臭いを嗅いだのは、狩猟に出かける直前、金曜日だったはずだ。とすると……十日前ということになる。マールブルグの潜伏期間はどれくらいだったっけ？

さあ、わからない。あれは――マールブルグ・ウイルスを吸い込んだサルが発症するまでには、かなりの時間を要したはずだ。たしか、六日から十八日くらい。いまは十日目だ。とすると、そろそろ発症してもおかしくない。おれはいま、いつ倒れてもおかしくない時期にきているんだ！　昨日は頭痛があったっけ？　きょうはあったか？　いま、熱があるか？

トム・ガイスバートは額に手を押しあてた。なんともない。しかし、十日目に頭痛が起きないからといって、十二日目に起きないとはかぎらない。あのとき、あのフラスコの臭いをどれくらい深く吸い込んだかな？　あのとき、栓をパシッと勢いよくしめたかな？　とすると、その拍子に、中身を周囲にふりまいたかもしれない。さあ、どうだっただろう。あの後、指で口をさわっただろうか？　かもしれない。覚えていない。

自分は何かとんでもないミスでもしてるのかな、とも彼は考えた。これは案外、マールブルグではないのかもしれない。自分はまだ大学院の学生なのだ。いろいろなことを学んでいる青二才なのだ。ただの大学院生が、首都ワシントン郊外で微生物危険レヴェル4に属する病原体を発見するなんてことは、そう簡単に起こるもんじゃない。こいつはフィロウイルスなんかじゃないかもしれないぞ。たしかにフィロウイルスだと、断定できるか？

マールブルグを見つけたとボスに言って、後でそれが間違いだったとわかれば、おれは自分の将来をドブに捨ててしまったも同然だ。この分野では、失敗はほとんど許されない。もし間違った警報を発した場合には、第一に、世間でパニックが起きる。そして第二に、自分は笑い者になるだろう。

暗室のライトをつけると、トムは現像液からネガをとりだして、ライトにかざした。

黒白の反転したネガのイメージ。そこに、ヘビのようなウイルス粒子が見えた。さながらメデューサの髪のように、白いコブラがもつれ合《あ》っている。それは〈自然〉自身の顔、自然の女神の猥褻《わいせつ》な裸身だった。それ自体は息を呑むように美しい。ネガを凝視しているうちに、自分が人間界から異次元の別世界に引き込まれてゆくのを、トムは感じた。その異次元の世界にあっては、倫理的な境界線は朧《おぼ》ろにぼやけて完全に溶解し、あとには究極の美と分かちがたく結びついた究極の猥褻さのみが残っている――。自分がその餌食《えじき》にほかならないのだと十分承知しつつも、トムはしばし賛嘆の念に打たれていた。こいつをライフルの必殺の銃弾で仕留められないのは残念だ。それはまさしく、姿なき殺戮《さつりく》者だった。

写真を見ていくうちに、彼はある別のことにも気づき、慄然《りつぜん》とすると同時に畏怖《いふ》の情にも包まれた。ウイルスは細胞の構造を、それと見分けがつかないまでに変質させていたのである。細胞は、レンガのつまった袋のようなものに変えられていた。その〝レンガ〟とは、純粋なウイルスの結晶のような固まりにほかならない。専門的には〝封入体〟と呼ばれるものであることを、彼も知っていた。

それは、いまにも産生しようとしているウイルスの産子群なのである。一つの細胞内でウイルスが成長してくると、中心部に結晶体、ないし〝レンガ〟が現われる。それはやがて細胞の表面に向かって移動する。そして細胞膜に接触すると、何百ものウイルスに分裂するのだ。そのときのウイルスは糸のような形をしている。その糸は細胞壁を押し破り、種をまかれた土から顔を出す草の芽のように、細胞から出芽する。細胞の中心部に出現した〝レンガ〟が表面に向かって移動するにつれて、細胞は歪《ゆが》み、膨れあがり、変形したあげくに弾《はじ》けてしまう——細胞は破れて、死ぬのだ。細胞から遊離した〝糸〟は宿主の血流中に流れ込んで増殖し、さらに多くの細胞内に入り込む。それはやがて〝レンガ〟を形成して、新たな細胞を破壊するに至る。

写真をじっと見ているうちに、トムは気がついた。十日前、フラスコの中の細胞を光学顕微鏡で見ていた際、〝胡椒《こしょう》〟を連想させたもの——細胞内の斑点——があった。あれは、実は〝レンガ〟、すなわちウイルスの結晶体だったのだ。それであのときの細胞は、膨れあがって見えたのだろう。なぜならそのとき、細胞内にはウイルスの〝レンガ〟がぎっしりつまっていたからだ。細胞はあのとき、いまにも弾けそうになっていたのである。

第一の天使

十一月二十七日　月曜日　一〇：〇〇時

八インチ×十インチ大の光沢紙にネガを焼きつけると、トム・ガイスバートはボスのピーター・ヤーリングのオフィスに向かった。長い廊下を進んでから階下に降り、自分のＩＤカードをセンサーに置いて検問ゲートをくぐり抜けると、たくさんの部屋が集まっている区画に入る。知り合いの兵士に向かって会釈し――そこでは至るところで兵士たちが行き交っており、それぞれに職務を遂行している――一階上にあがって、世界地図が壁に貼《は》ってある会議室の前を通りすぎる。そこは、陸軍の幹部たちがウイルスの流行について論じ合う場所で、いまも何かの会議が行なわれていた。

そこを通りすぎると、オフィスが密集している区画に出る。その一つは信じがたいくらい雑然としており、書類が散乱している。キタム洞窟《どうくつ》探検隊を指揮したバイオハザードの専門家、ジーン・ジョンスンの部屋だ。その向かい側に、ピーター・ヤーリングのオフィスがある。そこはジョンスンの部屋とは対照的にきちんと整頓《せいとん》されており、さほど広くはないが、窓があった。その窓の下に、ヤーリングはデスクを置いていた。すこしでも明るいほうが好きだったからである。壁には、彼の子供たちの絵が飾ってある。娘の描いた絵柄は、さんさんたる陽光の下、ウサギの穴のそばにウサギがいる、というものだった。整理棚の上には、アフリカの彫刻がのっている。いまにも何かしら興味深いものが孵化《ふか》しそうな卵を指先でつまんでいる、人間の手の彫刻だった。

「どうした、トム？」ヤーリングは訊《き》いた。

「これを見てください、大変な問題が生じたんです」

トム・ガイスバートは、ヤーリングのデスクに写真を一列に並べた。十一月の、灰色にくもった日だった。窓から注ぎ込む光が、メデューサの映像の上に柔らかく落ちていた。

「例の、レストンのサルの細胞を撮ってみたんですがね。これ、フィロウイルスじゃないでしょうか。ひょっとすると、マールブルグでは——」

あのフラスコをくんくん嗅《か》いだことを思いだしながら、ヤーリングは言った。「つまらんジョークはやめたまえ。面白くもなんともないぞ。さあ、帰った、帰った」

「いえ、ジョークなんかじゃありません、ヤーリングさん」

ヤーリングの脳裡《のうり》に、自分自身が助手にいった言葉がよみがえった。あの、アルミフォイルに包まれたピンク色の肉片を切ったときにいった言葉だ——〝こいつがマールブルグでなくてよかったよ〟

まったく、もう。「おい、本気で言ってるのかい？」彼は訊いた。

もちろん、本気です、とトムは答えた。

ヤーリングは慎重に写真を見ていった。なるほど。あの不吉な〝条虫〟が写っている。まちがいない。それに、〝封入体〟も写っている——そう、あの異様な〝レンガ〟が。自分とトムは、こいつを肺に吸い込んだのかもしれない。二人とも、まだ頭痛は覚えていないが。

「こいつのサイズは合ってるのか?」ヤーリングは訊いた。彼は定規をとりだして、粒子の長さを計った。

「マールブルグにしては、ちょっと長いようですけども」トムは言った。マールブルグの粒子は、チェリオのような環を形成する。その写真のウイルス粒子は、スパゲッティのようだ。二人はテキストをひらいて、トムの写真をテキストの写真と照合した。「どうやら」と、ヤーリングは言った。「本物みたいだな。よし、C・J・ピーターズに見せてくる」


民間人のヤーリングは、軍の上層部に通報することを決意したのだった。彼にとっての直接の上官は、クラレンス・ジェイムズ・ピーターズ軍医大佐である。ピーターズ軍医大佐は〝研究所〟の疫病分析部門の指揮官だった。危険な未知の病原体——〝興味深い病気〟と彼は呼んでいた——を扱う軍医のボス、というわけである。ピーターズはほとんど独力でこの部門を創設し、ほとんど独力でそれを運営していた。軍人にしては、変わり者のほうだろう。万事堅苦しいことが嫌いで、ざっくばらんな聡明さを持ち合わせている。口ひげを生やした、丸い愛敬《あいきょう》のある赤ら顔。メタルフレームの眼鏡《めがね》。軽いテキサス訛《なま》り。柄はそう大きいほうではないのだが、食べることが好きで、やや肥《ふと》り気味だと自分では信じていた。流暢《りゅうちょう》なスペイン語を話せるのは、長年、中南米のジャングルでホットな病原体を捜していた体験の賜物である。軍の規則では毎朝八時には出勤しなければならないのに、たいてい十時頃《ごろ》になって悠然と姿を現わす。

制服が大の苦手で、毎日色褪《あ》せたブルー・ジーンズに派手なハワイアン・シャツという出立ちでやってくる。おまけに野暮な白いソックスにサンダル履きときているから、メキシコのホテルで一夜をすごしてきたような格好だ。制服を着ない理由として彼があげているのは、水虫、だった。そいつは中米で活動していた頃に感染した不治の熱帯株の病原体が原因で、爪先《つまさき》の風通しをいつも良好に保つにはソックスにサンダル履きが不可欠だというのである。ジーンズと派手なシャツは、それと釣り合いをとるための付属品というわけだった。ピーターズは一日十二時間働き、夜遅く、他の連中がみんな帰宅してだいぶたってから家路につくことが多い。

C・J・ピーターズは、官僚制度の中をサメのように泳ぎまわることができた。部下からは大いなる忠誠心を寄せられていたし、必要なら、簡単かつ意図的に敵をつくることもやってのける。毎日乗りまわしている赤いトヨタは、以前軽い事故にあったのだが、フェンダーの修理はなおざりだった。安全点検合格のステッカーを貼ってない廉《かど》で、すぐ警官に呼び止められるような、そんな車だった。

熱帯雨林やサヴァンナを旅してまわった当時は、土地の人間が食べるものは何でも喜んで食べたという。その中にはカエルやヘビも入っていた。シマウマの肉、クラゲ、トカゲ、ヒキガエルの丸焼き、みんな食べた。サンショウウオだけは食べたことがない。とにかく、スープに入っていて、それとわかるサンショウウオは食べていない。サルの腿《もも》を煮たやつも食べているし、人間の唾《つば》で発酵させたバナナ・ビールも飲んでいる。

あるとき、エボラ・ウイルスを捜す探検隊を率いて中部アフリカをまわった折のこと。気がつくと彼は、シロアリの縄張りに踏み込んでいた。たまたま、シロアリの活動の最も旺盛な時期だった。彼はシロアリの巣のそばで彼らを待ちかまえ、大挙して地上に出てくるやつを片っ端からつかまえて、生のまま食べてしまった。一風変わった味で、素晴らしくうまかったという。彼はシロアリの味に惚《ほ》れ込んでしまい、その新鮮な風味をつとめて長く保たせるため、携帯用の冷蔵庫にしまっておいた。アフリカの太陽が草原に沈む頃、それをピーナッツ代わりに食べながら好物のジンを飲むのが最高だったらしい。

彼の好物には、モルモットも入っていた。殺されたモルモットを、その内臓や血と一緒に揚げて食べるのだ。モルモットを二つに割ると、さながら教科書のように、貴重な宝物を提供してくれる。彼は、モルモットの肺、副腎《ふくじん》、脳等をつまんで食べるのが好きだった。が、その後では、必ず代償を支払わなければならない。「しばらくたつと、きまって腹の具合がおかしくなるんだ。しかし、それだけの価値はあるからね」と、彼はあるとき語ったことがある。

彼は地図の信奉者で、オフィスの壁には、ウイルスの流行地点を示したたくさんの地図が貼ってある。

ヤーリングはガイスバートの写真をフォルダーにはさんで――めったな人間には見せられなかったから――ピーターズを捜しにいった。折しもピーターズは、世界地図の貼ってある部屋で会議を主宰中だった。その部屋に入ってゆくなり、ヤーリングは彼の肩を叩《たた》いて言った。「何の会議だか知りませんがね、C・J、もっと重要な問題が生じたんです」

「そのフォルダーは何だ？」

ヤーリングは、フォルダーをしっかり閉じたまま持っていた。「ちょっとデリケートな事柄なんですよ。ここでひろげるわけにはいきません」

「何がそうデリケートなんだ？」

ヤーリングはそうっとフォルダーをあけた。あの〝スパゲッティ〟をC・Jが一瞥《いちべつ》できる程度にあけて、またパッと閉じてしまった。

大佐の顔に驚愕《きょうがく》の色が浮かんだ。彼はすっくと立ちあがり、残りの面々には何も言わず、〝ちょっと失礼する〟とも言わずに、ヤーリングと共に部屋を出た。二人はヤーリングのオフィスに入ってドアを閉めた。トム・ガイスバートがそこで二人を待っていた。

ヤーリングは写真をデスクに広げた。「どうぞ、ごらんになってください、C・J」

大佐は一枚、一枚、写真をめくっていった。「この細胞は何からとったものなんだね、いったい？」

「レストンのサルのものです。困ったことになりそうですね、C・J。これはマールブルグだと、トムは見ていますー
「しかし、前にも騙《だま》されたことがあるからな」

「ええ。でも、こいつは本物ですよ」ヤーリングは答えた。

「しかし、〝条虫〟みたいに見えるやつはいくらでもいるぞ」言いながら、C・J・ピーターズは写真に目を凝らした。〝条虫〟は、見まがいようがない――それに、結晶体もある――そう、あの〝レンガ〟が。なるほど。どうやら、本物らしい。本物だと、直感した。こいつは大変なことになるぞ、とC・Jは思った。いや、大変なことが、すでに起きているのだ。微《かす》かな動揺の渦が胸に生じるのを、彼は覚えた。ヴァージニアのあの町と、そこに住む人々にとっては、恐るべき事態になるだろう。

「最初に確認しておきたい」C・Jは言った。「この〝研究所〟内のウイルスが洩《も》れたという可能性はないのか?」

このウイルスは、陸軍が保管しているカーディナル株だという可能性も否定はできまい――そいつがどうかして冷凍庫から洩れて、フラスコの中に入り込んだという可能性はないのだろうか。それはしかし、ありそうになかった。考えれば考えるほど、その可能性は薄れていった。カーディナル株は、同じ建物の中でもまったく異なった区域、微生物封じ込めの壁を何層も隔てたところに保管されているのだ。マールブルグのカーディナル株のような危険なウイルスの偶発的な漏洩《ろうえい》を防止する安全措置は、二重三重に講じられている。内部漏洩の

線は、まず考えられない。この〝研究所〟が汚染された可能性は、まずない。が、それはウイルス以外の何かだという可能性も捨て切れまい。この段階では、誤認警報という可能性も皆無とはいえないだろう。

C・Jは言った。「何かしらクネクネしたものを見ると、ここの連中はすぐフィロウイルスを連想するが、わたしは懐疑的だな。マールブルグに似た微生物はたくさんいるんだから」

「同感です」ヤーリングは答えた。「何か無害なものという可能性もありますからね。第二のネス湖の怪獣かもしれない」

「確認のためには、どんな措置を講じている？」大佐はたずねた。

マールブルグに感染していると強い輝きを放つ検査薬で、この細胞をテストしてみるつもりだ、とヤーリングは説明した。

「よし、マールブルグの検査をするわけだな」C・Jは言った。「エボラの検査も含めることは考えたか？」

「ええ、それはもう考えています」

「結果はいつわかる？　レストンのサルがマールブルグに感染していると知れたら、即座に対策を講じなけりゃならん」

たとえば、ダン・ダルガードなどは、マールブルグで〝崩壊〟する恐れのある最有力な候補者だろう。彼はあのサルを解剖したのだから。

「そうですね、明日までには決定的な結果を出せるでしょう」ヤーリングは答えた。

C・Jはトム・ガイスバートのほうを向いて、もっと証拠がほしい、と告げた――それは、この病原体が増殖しているのが、間違いなくあのモンキー・ハウスで死んだサルの肝臓であることを、疑問の余地なく示すものでなければならない。それがはっきりすれば、あそこのサルがマールブルグに感染していることが完璧《かんぺき》に立証できるはずだった。

いまや並々ならぬ軍事的、且《か》つ政治的危機が醸成されつつあることを、C・J・ピーターズは感じとっていた。マールブルグ・ウイルスの何たるかをレストン市民が知れば、パニックが起こることは間違いない。〝コブラ〟の写真を手にして立ち上がると、C・J・ピーターズは言った。「仮にもワシントン近郊でマールブルグが発生したと公表するとしたら、誤報は許されんぞ」

手にした写真をヤーリングのデスクにもどすと、彼は世界地図の貼ってある会議室に引き返した。

C・Jの姿が消えた後、ヤーリングのオフィスではピーターとトムの間で、あるデリケートな問題が論じられた。ドアをぴったり閉めると、二人は、あのフラスコをくんくん嗅いだ件について静かに話しはじめたのである。その問題に関しては、いまのうちに二人の態度を決めておいたほうが良かった。あのフラスコの臭《にお》いを嗅いだということは、二人とも、まだC・J・ピーターズに話していなかった。

自分たちの体をウイルスにさらした瞬間からの日数を、二人は数えてみた。あのフラスコの栓をとって、〝オード・マールブルグ〟だった可能性のある液体の臭いを嗅いだときから、十日がたっていた。明日で十一日目になる。時計は容赦なく時を刻みつつある。二人はいま、あのウイルスの潜伏期に入っているのかもしれない。どうすればいい？　お互いの家族にはどう伝える？

自分たちがマールブルグのフラスコの臭いを嗅いだと知ったらピーターズ大佐はどうするだろう、と二人は思った。大佐は即座に二人を〝スラマー〟に、あのレヴェル4微生物封じ込め病院に入院させるよう命じるかもしれない。彼の立場からすれば、そうする以外ないのだ。二人は〝スラマー〟に閉じ込められる。そう、エアロックと二重の鋼鉄扉に守られ、防護服を着た医師や看護師に介護されるあの病院に。そして、毎日防護服姿の医師に血液のサンプルを採取されながら、いつ自分が〝崩壊〟するかと怯《おび》えながら、一か月すごすのだ。

〝スラマー〟の扉は常時鍵《かぎ》がかけられ、空気は陰圧下に保たれている。外部への電話は常時傍聴される――なぜなら、〝スラマー〟に入れられた人間は往々にして精神の歯車が狂い、脱走を図ることがあるからだ。入院して二週間もたつと、患者はたいてい抑鬱《よくうつ》状態になる。ふさぎこんで、人と話したがらなくなる。無言で壁を見つめ、テレビも見ようとしない。動揺のあまり恐怖心を露わにする者もいる。絶えず精神安定剤の点滴を腕に受けていないと、壁を叩いたり、窓を割ったり、医療器具を壊したりする者もいる。患者は孤独のうちに〝死の独房〟ですごし、すさまじい高熱と、恐るべき内臓の痛みと、脳の発作が襲ってくるのを待つ。そしてとうとう、この世のものと思えない、押しとどめようのない出血が唐突にはじまって最期の時を迎えるのだ。

　自分は危険な病原体なんかに接触しちゃいない、とたいていの患者は声高に主張する。自分が発病したりするはずがない、と訴える。そして、事実、肉体的には何の異常も起きないまま、健康体で退院する患者が多い。が、その精神も健全なままかといえば、そこには問題が残る。〝スラマー〟に入っているうちに、たいていの患者は妄想にとりつかれる。自分は軍に見捨てられた、このままここで朽ち果てるのだ、と信じ込む。で、ようやく退院する段になると、正常な判断能力を失っている。青白い顔で気密扉から現われるところまではいいのだが、その体は小刻みにふるえ、人の目を気にし、軍と自分自身に対して怒りを燃やしている。その気持をなんとか引き立てようとして、看護師がバースデイ・ケーキを贈る。その上には、当人が〝スラマー〟に収容されていた日数分の数の蠟燭《ろうそく》が立っている。ものすごい数の蠟燭が燃えている、〝スラマー〟・ケーキ。それを見た退院患者は恐怖と狼狽《ろうばい》のあまり、パチパチと瞬きする。自分のバースデイ・ケーキに、それほどたくさんの蠟燭が燃えている光景など、たぶん、だれも見たことがないはずだ。ある人物は、四十二日間、〝スラマー〟に入れられていた。四十二本の蠟燭が燃えている、〝スラマー〟・ケーキ。

　〝スラマー〟に隔離されていた患者の大部分は、レヴェル４での仕事を断念する道を選ぶ。きょうも、明日も、その翌日も防護服を着ないですむ理由を考えはじめる。〝スラマー〟に収容されていた人々の大部分は、結局仕事を辞め、〝研究所〟自体に別れを告げる道を選んでいる。

自分もトムも、たぶんウィルスには感染していないだろう、とピーター・ヤーリングは思った。もし感染していれば、どうせ結果はすぐに明らかになる。血液テストの結果が陽性を示すだろうし、執拗《しつよう》な頭痛にもとりつかれるだろう。しかし、マールブルグはそう簡単に人には感染しないはずだ、と彼は信じていた。自分の家族や町の連中にだって、そう危険はないだろう。

だが、あのサルを直接解剖したダン・ダルガードはどうなる？　彼はサルを開腹した際、内臓の臭いを吸い込んでいるのだ。内臓や、マールブルグの血だまりの上にかがみこんでいるのだ。とすると、ダルガードはなぜ死なない？　いや、マールブルグは彼の体内に潜伏しているとも考えられる。

そもそも、あれはどこからきたのだろう？　まったくの新種の株なのだろうか？　人間に対しては、どんな害をなし得るのだろう？

新種のウィルスの発見者は、それに命名する資格を獲得する。ヤーリングはそのことも考えた。もし自分とトムが〝スラマー〟に収容されてしまえば、二人はこのウィルスの研究ができなくなってしまう。ウィルスに命名する栄光、それを研究する喜びは、だれか他人のものになってしまうのだ。二人はいままさに、大発見をしかけているところなのに。ワシントン近郊でフィロウイルスを発見する——そいつは一生に一度あるかないかの大事件のはずだ。

それらすべての理由から、二人は当面、口を閉ざしていることに決めた。

と同時に、自分たちの血液をテストすることも決めた。ヤーリングはガイスバートに言ったのを覚えている——「われわれ自身の血のサンプルを採取しよう。いま、すぐに」もし二人の血が陽性だったら、即刻〝スラマー〟に出頭しなければならない。もし陰性だったなら、家族をはじめほかの人間に伝染させる危険はほとんどないはずだ。

もちろん、〝研究所〟の医務室にいって陸軍の看護師から血液を採取してもらうのは、ぞっとしない。で、二人は血液の採取に慣れている、顔見知りの民間人の技師を見つけた。技師は二人の腕をゴム・バンドでしばった。二人は、自分たちの血が何本かの試験管に移されるさまを見守った。その技師は事情を理解して、秘密を守ることを約束してくれた。

ヤーリングは防護服を着て、自分の血をレヴェル4の実験室に運んだ。トムの血と、二人がその臭いを嗅いだ白濁した液体の入っているフラスコも、同時に持ち込んだ。防護服を着て自分自身の血を取り扱うのは、不思議な気分だった。が、だれか他人が偶然接触してしまいそうな場所に自分の血を置くのは、危険きわまることと言っていい。自分の血は、ホット・ゾーンに隔離しなければ。仮にそれがマールブルグに感染していた場合、自分以外の人間まで殺してしまうような危険は冒したくない。ヤーリングは胸に呟《つぶや》いた——だいたいが、あれはサルの死体から切除された謎《なぞ》めいた肉片だったのだから、自分はもうすこし注意してもよかったのだ……。

トム・ガイスバートは、あらためてウイルス確認の写真を撮るため、ホルマリン漬けにされたサルの肝臓をとりにいった。053号のサルから採取された肝臓の、滅菌してホルマリン漬けにされた切片は、プラスティックの容器に入っていた。その中身をとりだして、いくつかの断片を切り取ると、彼はそれをビニール樹脂の中に固定した。そのプロセスは細心の注意を要したから、終了するまでにかなりの時間がかかった。ビニールの樹脂は一晩放置しておかなければならない。たとえわずかでも睡眠をとろうと、トムは自宅にもどった。

第二の天使

十一月二十八日　火曜日

　トム・ガイスバートはポトマック川の対岸、西ヴァージニアの小さな町に住んでいた。妻と別居した後、二人の子供たちはしばらく妻と一緒だったのだが、いまは彼と暮らしている。より正確には、すこし離れた彼の両親の家で暮らしている。子供たちは二人とも、まだヨチヨチ歩きの幼児だった。

　その日、午前四時に起きたトムは、朝食代わりにコーヒーを一杯飲んだだけで、フォード・ブロンコに乗り込んだ。周囲はまだ真っ暗だった。ポトマック川を渡り、アンティータム古戦場を通り抜けて、フォート・デトリック基地を目指す。アンティータム古戦場とは幅広い山の尾根にトウモロコシ畑と農園が連なっているところで、そこかしこに南北戦争の戦死者を弔う石碑が立っている。基地に着くと、正面ゲートを通り抜けて車を駐《と》め、検問カウンターの前を通りすぎて自分の顕微鏡室に入った。

　その頃《ころ》には夜も灰色に明けそめて、生暖かい風が吹いていた。古びたアルミニウムのような色の光が〝研究所〟の周囲に降りそそぐ頃、トムはサルの肝臓をダイアモンド・ナイフで切断し、それを電子顕微鏡にかけた。数分後、053号のサルの肝臓細胞から出芽しつつあるウィルス粒子の写真が撮影できた。サルの肝臓には〝ヘビ〟がぎっしりつまっていた。それらの写真は、ウィルスがレストンのサルの中で増殖しているのであって、〝研究所〟内の漏洩《ろうえい》の結果ではないことを示す決定的な証拠だったと言えよう。サルの肝臓細胞の中には、結晶体も見つかった。サルの肝臓は、〝レンガの結晶〟に変えられつつあったのである。

撮影したばかりの写真を、トムはピーター・ヤーリングのオフィスに持っていった。それから二人してC・J・ピーターズ大佐に会いにいった。大佐はじっくりと写真に目を凝らした。なるほど、わかった――彼も初めて得心がいったようだった。レストンのサルの間でマールブルグ・ウィルスが増殖しつつあるのは、いまや確実になった。だが、対策に動きだす前にもう一つ、ヤーリングの化学的な検査結果を待たなければならない。その結果が写真と一致して初めて、マールブルグ・ウィルスの存在が最終的に確認されたことになるのである。

ヤーリングは一刻も早くマールブルグに関する結論を出したかった。それからほぼ一日かけて、彼は宇宙服姿でホット・ゾーン内で働き、必要なテストを進行させていった。ダン・ダルガードに電話しようと決めたのは、昼頃だった。検査の最終結果はまだ出ていないが、これ以上通告をのばすわけにはいかない。とにかく、ダルガードに警告しなければならない。とはいえ、モンキー・ハウスにパニックを起こすことは避けたほうがいい。警告は慎重に行なう必要がある。彼はダルガードに言った。

「そちらのモンキー・ハウスにＳＨＦ（サル出

血熱）が流行《はや》ってるのはたしかだね。それは間違いなく確認した。それともう一つ、すくなくとも何匹かのサルが〝第二の病原体〟に感染している可能性もあるようなんだ」

「というと？　どんな病原体だね？」

「そいつは、まだ明かすわけにはいかないんだ」ヤーリングは答えた。「いたずらにパニックを引き起こしたくないんでね。ただし、われわれの扱っているのが、仮にこの特別な病原体だとすると、それに関連した深刻な公衆衛生災害が起きる可能性があるんだよ」

　ヤーリングの口から〝パニック〟という言葉と〝特別な〟という言葉が洩《も》れるのを聞いて、ダルガードはとっさにマールブルグ・ウイルスを連想した。サルを扱う者で、マールブルグを知らない者はいない。それは容易にパニックを惹起《じゃっき》し得るウイルスだった。

「マールブルグとか、その手の病原体なのかな？」ダルガードは訊《き》いた。

「まあ、そんなところだね。確実な結果はきょう中に出ることになっている。いま、検査をしているところなんだよ。まあ、第二の病原体、という線が出ることはないだろうとは思ってるんだが。いずれにせよ、検査の結果が出るまで、そちらのサルの解剖は控えたほうがいいと思うね。そう大袈裟《おおげさ》な警鐘は鳴らしたくないんだが、おたくとそちらの従業員には、不必要にあの部屋に入らないでほしいのさ」

「その第二の病原体に関する最終テスト結果とやらは、いつ教えてもらえるのかな？　こちらも一刻も早く知りたいんだ」

「とにかく、きょう中に電話するよ。約束する」ヤーリングは答えた。

受話器を置いたとき、ダルガードの胸には名状しがたい不安が沸き立っていた。が、なんとかそれを抑えつけて、いつもの平静な自分をとりもどした。

第二の病原体。そいつはどうもマールブルグらしい。ドイツで死んだ人々は、たしか生の、血まみれのサルの肉を取り扱っていて、マールブルグに感染したのだ。ウイルスが一杯湧《わ》いている肉を、彼らは素手で扱ったり、その素手で目蓋《まぶた》をこすったりしたのだ。自分を含めて――と、ダルガードは思った――うちの社の人間は、この十月以来、病気のサルの体を切り開いている。それでもいまのところ、異様な病変を示している者はいない。まあ、全員、ゴム手袋を着用していたのはたしかだからな。ダルガード自身は、自分の身を心配してはいなかった――いまのところは、何の異常も感じていない――だが、ほかの連中の身が案じられてきた。彼は思った。仮にウイルスがマールブルグだとしても、情勢が以前と変わったわけではない。われわれが落し穴にはまっているという事実は変わらないのだから。問題は、いかにしてこの落し穴から這《は》いあがるか、だ。

彼はモンキー・ハウスの管理人、ビル・ヴォルトに電話を入れて、これ以上のサルの解剖を控えるよう指示した。それからヤーリングの電話を待ったのだが、夕暮れが近づいても、電話はいっこうにかかってこない。ダルガードのなかで、またもや不安が大きく頭をもたげはじめた。モンキー・ハウスの職員が病気のサルを開腹したとき、過って自分の手をメスで切ってしまった者はいなかっただろうか？　仮にそういうことがあったとしても、彼らはたぶん、報告書には記載しなかっただろう。自分が指を切ったりしなかったのはたしかだ。が、その自分にしても、五十四という大量のサルを殺している。自分は五十四のサルと接触したのだ。あれから何日たっただろう？　もし自分が感染していたら、もう何かの徴候が出ていなければおかしい。そう、血まみれの鼻とか、高熱とか、そんなような徴候が。

五時半になったとき、彼はヤーリングのオフィスに電話を入れた。すると、先方では兵士が応じて、彼に言った。「ご用件をお聞かせねがえますか？　あいにくヤーリング博士は不在です。いいえ、どこにいらっしゃるかはわかりません。いいえ、まだ勤務中であることはたしかです。何か、ご伝言がありますか？」

検査結果がわかりしだいこちらの自宅に電話をしてほしい、という伝言をダルガードは残した。不安は深まる一方だった。

一五：〇〇時

ヤーリングは防護服を着ていた。その日の午後以降、彼は〝研究所〟の中央にある自分の実験室、ホット・ゾーンのAA―4室で、休みなく働いていた。主として、例のモンキー・ハウスのサルのウイルス培養のフラスコを操作していたのである。それは遅々として捗《はかど》らない、いらだたしい仕事だった。これから行なう検査の眼目は、水銀ランプの下でサンプルが輝くかどうかを見きわめることにある。もしサンプルが輝いたら、それはウイルスが存在する証拠になるのだ。

その検査で必要になるのは、ジーン・ジョンスンがフィロウイルスを確認するために開発した特殊な反応化合物だった。それには三つの種類がある。いずれも、犠牲になった人間から複製された抗体を含んでいる。三種の化合物は、それぞれ犠牲者にちなんで命名されていた。その犠牲者のうち二人は死亡し、一人は生き延びている。

1　〈ムソキ〉　マールブルグ・ウイルスの検査薬。生き延びたシェム・ムソキ医師から採取された（シャルル・モネにはじまり、その黒色吐物を通じてムソキ医師の目に飛び移った、キタム洞窟《どうくつ》株に反応すると見なされている）。

2　〈ボニフェイス〉　エボラ・ウイルスのスーダン株の検査薬。スーダンで死亡したボニフェイスという男性の名前から命名。

3　〈メインガ〉　エボラ・ウイルスのザイール株の検査薬。メインガ看護師の名前から命名。

このテストは、慎重の上にも慎重を期す必要があった。終了するまでに二時間を要したが、彼はその間ずっと防護服姿で動いていた。彼はまず、サルの細胞培養液を数滴、ガラスのスライドに落した。それを乾燥させておいて、特殊な化学薬品で処置する。その上に、こんどは検査薬を数滴落した。もしウイルスが細胞内に存在すれば、それは輝きを放つはずだった。いよいよ結果を見るときがやってきた。それは完全な暗闇《くらやみ》の中で行なわなければならない。細胞はごく仄《ほの》かに輝くはずだからだ。ヤーリングは暗室に歩み寄って中に入り、ドアを後ろ手に閉めた。テーブルには顕微鏡がのっており、近くには椅子《いす》がある。壁からは、エアホース（通気管）が垂れている。そのエアホースを防護服に嵌《は》め込むと、彼はスライドを顕微鏡にかけた。そして、部屋のライトを消した。

手さぐりで椅子を捜し、腰を下ろす。閉所恐怖症の気味がある人間にとっては、ここはあまり愉快な場所ではないだろう——なにせ、防護服を着て、真っ暗闇のレヴェル4の暗室にすわっていなければならないのだから。ヤーリング自身は、もうかなり前に、息のつまるような暗闇の中でも平静を保てるようになっていた。

目が暗闇に慣れるまで、一分ほど待つ。暗闇に慣れるにつれて、目の中で瞬いていた光が薄れてゆく。ヘルメットの中には乾燥した冷気が吹き込み、額の髪がほつれはじめる。しばらくして、彼は顕微鏡の接眼レンズを覗《のぞ》き込んだ。眼鏡《めがね》をかけてヘルメットをかぶっているので、とても見づらい。フェイス・マスクを鼻に押しつけて、目を細くすぼめた。そして、顔を左右に動かす。フェイス・マスクの内側に鼻が触れた部分に、脂の線がついた。ヘルメットをひねり、ほとんど真横を向いたところで、また接眼鏡を覗き込んだ。

視野の中に二つの輪が浮かびあがってくる。目の焦点を絞《かす》って、二つの輪を一つに重ねる。ヤーリングは広大な地形の奥深くを見下ろしていた。微かな輝きに包まれた細胞が見える。それはあたかも人口の疎《まば》らな地形の上を、夜間飛行しているかのようだった。微かな輝きが見えるのは、正常な現象だった。ヤーリングが捜しているのは、もうすこし明るい輝きだ。彼は町を捜していた。スライドの上をゆっくりと目で舐《な》めてゆく。前、後ろ、前、後ろ、ウイルスの徴《しる》しの緑がかった輝きを捜して、ミクロの世界を移動してゆく。

〈ムソキ〉は輝いていない。

〈ボニフェイス〉は弱々しく輝いていた。

が、なんと、〈メインガ〉が明るく輝いていた。

慄然《りつぜん》として、ヤーリングは反射的にのけぞっていた。まさか。そんなことが！　ヘルメットを直して、もう一度覗き込んだ。〈メインガ〉はまだ明るく輝いている。みぞおちのあたりに、さむけが走った。サルにとりついていたのはマールブルグではなかった。サルにとりついていたのはエボラだったのだ。フィロウイルス中、最も凶暴な〝兄貴分〟がとりついていたのである。レストン・モンキー・ハウスのサルを殺しつつあるのは、エボラ・ザイールだった。

胃袋がムカつきはじめるのを覚えつつ、ヤーリングは漆黒《しっこく》の暗室の中に、独《ひと》り凍りついたようにすわっていた。ヘルメットの中を吹く風と、自分の心臓の大きな鼓動だけが、彼には聞こえていた。

指揮系統

火曜日　一六：〇〇時

そんなはずがない。こいつがエボラ・ザイールであるはずがない。きっと、だれかが偶然サンプルをすり替えてしまったのだろう、とヤーリングは思った。もう一度、顕微鏡を覗《のぞ》いてみる。やっぱり。〈メインガ〉の輝きは変わらなかった。とすると、トムと自分はエボラ・ザイールに感染している可能性がある。そんな馬鹿な。エボラ・ザイールの致死率は九十パーセントだ。きっと、この検査の過程で、自分が何かミスをしたのだ、と彼は思った。何かを偶然すり替えるかどうかして、混乱が生じたのに相違ない。

よし、もう一度最初から検査をし直してみよう。暗室のライトをつけると、ヤーリングは自分の実験室にとって返した。こんどは実験に使うフラスコ、壜《びん》、スライド等を一つ一つ注意深く確認して、すり替えが生じないように心がけた。最後に、新しいサンプルをもう一度暗室に持ち込んだ。ライトを消して、顕微鏡を覗き込む。

またしても、〈メインガ〉が輝いていた。

とすると、こいつは本当にエボラ・ザイール、ないし、それと密接な関連のあるウイルスなのだろう――ともかく、〈メインガ〉検査薬に反応する病原体であることはたしかだ。こいつがマールブルグでなくて良かった――とにかく、マールブルグでないことは確実になったのだ。こいつはザイールからきた、何か変わりもののウイルスなのだ。でなければ、エボラの双子の兄弟なのかもしれない。しかし、従来、エボラがアフリカ以外の地で発見された事例は一度もない。いったい、ワシントンの近くなんかで、こいつは何をしているのだ？　そもそも、こいつはどうやってこんなところまでやってきたのだろう？　いったい、ここで何をしでかす気なのだ？　ヤーリングは思った――自分はいま、本当にホットな（危険な）何物かを発見しつつあるのかもしれない。こいつはすぐに、C・J・ピーターズに電話をしなければ。

　彼は防護服を着ていた。が、エアロック（気密室）を通って汚染除去をする暇が惜しい。彼の実験室の壁には非常電話があった。ヘルメット内の空気の轟音《ごうおん》を消して聞きやすくするようエアホース（通気管）をはずすと、彼はC・Jの電話番号を叩《たた》いた。**「C・J！」**ヘルメットを通して彼は叫んだ。**「ピーター・ヤーリングです。検査結果がわかりました。こいつはエボラです」**

「くだらん冗談はよせ！」C・Jが答えた。

「本当なんです」

「エボラだって？　じゃあ、内部漏洩《ろうえい》だろう」

「いえ、内部漏洩ではありません」

「サンプルを混同した可能性はないのか？」

「ええ、それですが――わたしも最初はだれかがサンプルをすり替えたのではないかと思いました。しかし、その可能性はありません、C・J――なぜなら、検査は二回繰り返しましたので」

「二回？」

「二回とも、結果はエボラ・ザイールでした。結果をそちらに送ります。ご自分で見てください」

「よし、すぐそっちにいく」

受話器を置くと、C・Jは急ぎ階下に降りてヤーリングの実験室に向かった。その間ヤーリングは防水紙を一枚とりだし、そこに検査結果を書き記していた。彼はその紙を、エンヴィロケム消毒液の充満しているタンクの中にすべり込ませた。タンクは壁を貫通して、ホット・ゾーンの外のレヴェル0の廊下に通じている。このタンクの原理は、銀行窓口のスライド式現金引出し機と同じだ。このタンクを通して、ホット・ゾーンから通常の世界へ物を送れるのである。送られる物は、途中、タンクの中で滅菌される仕組みになっている。

C・Jは外側の分厚いガラス窓の前に立って、ヤーリングの姿を覗き込んでいた。消毒液が紙に浸透してそれを滅菌するまで、二人は数分間待った。ほどなく自分の側からタンクをひらいたC・Jは、まだ消毒液の滴っている紙をとりあげた。彼は窓越しにヤーリングに合図した——電話にもどってくれ。

ヤーリングは壁の非常電話にもどって、鳴るのを待った。電話が鳴った。C・Jの声が言った。「早く出てこい。司令官に会いにいこう!」

いまや、〝研究所〟(アメリカ陸軍伝染病医学研究所)の最高司令官に事態を報告すべき時だった。

エアロックを通って汚染除去をすませると、ヤーリングは私服にもどってC・J・ピーターズのオフィスに急いだ。そこから二人は、ユーサムリッド(アメリカ陸軍伝染病医学研究所)の司令官、デーヴィッド・ハクソル大佐のオフィスに向かった。緊急事態なんだ、と大佐の秘書には告げて、二人は直接大佐の部屋に入り、会議用テーブルに着席した。

「驚かないでください、大佐」C・Jは言った。「ワシントン近郊のモンキー・ハウスのサルから、フィロウイルスが発見されました。エボラらしきものを確認したんです」

デーヴィッド・ハクソル大佐は、バイオハザードのエキスパートである。これはまさしく〝研究所〟が対応すべく日頃《ひごろ》から備えている事態だと彼は判断し、数分もたたぬうちに、フィリップ・K・ラッセル軍医少将に電話を入れた。ラッセル少将は、ユーサムリッドを統括するアメリカ陸軍医学研究開発司令部の司令官である。直ちにラッセル少将のオフィスで会議がひらかれることになった。

ハクソルとC・Jは、他にだれを会議に出席させるべきか、話し合った。二人の頭に同時にひらめいたのは、〝研究所〟の病理学部門の主査、ナンシー・ジャックス中佐だった。彼女なら、エボラにとりつかれたサルの徴候を確認できるだろう。ハクソルは受話器をとりあげた。「やあナンシー、デーヴィッド・ハクソルだ。すぐフィル・ラッセルのオフィスにいってくれないか？　緊急事態が発生したんだ」

十一月の暗い夕刻だった。基地はもろもろの活動を終えて、ようやく静まり返ろうとしている。その夕刻、沈む日はほとんど見えず、カトクティン山から流れてくる雲の背後がわずかに朱に染まったにすぎなかった。夕暮れは、すべての色彩を奪いさってしまう。ナンシー・ジャックスは〝研究所〟の隣の練兵場で、ヤーリングと二人の大佐に合流した。折から行進していた兵士の小隊が、旗竿《はたざお》の前で止まった。〝研究所〟の一行も止まった。ラウドスピーカーから大砲の轟音が流れ、録音された安っぽい〝消灯ラッパ〟のメロディが夕闇《ゆうやみ》に流れる。兵士たちがアメリカ国旗を下ろしはじめると、士官は気をつけの姿勢で敬礼する。C・J・ピーターズはある種の面映ゆさと同時に、奇妙な感動を覚えていた。〝消灯ラッパ〟が終って、兵士たちが国旗をたたむ。〝研究所〟の一行はまた歩きはじめた。

ラッセル将軍のオフィスは、第二次大戦時に建てられた低い兵舎の一隅にある。そこはつい最近化粧直しされたものの、効果はさほどあがってはいない。しかも、窓からは基地の給水塔の下部が見える。将軍はしたがって、カーテンを大きくあけ放つことは決してなかった。一行はてんでにソファや椅子《いす》にすわり、将軍はデスクの背後に腰を下ろした。彼は東南アジアでウイルスを狩った経験のある軍医だった。年齢は五十代後半。長身で、額にかかっている髪は灰色だが、頭のてっぺんのほうの髪は薄れかけている。細長い顎《あご》、深い皺《しわ》の刻まれた頬《ほお》、強い意志力の滲《にじ》んでいる淡いブルーの瞳《ひとみ》。その声は、深みのある低音だった。

C・Jはさっそく、フォルダーを将軍に手渡した。そこには、モンキー・ハウスに巣くう病原体の写真がはさんである。

しばしその写真に見入ってから、ラッセル将軍は言った。「驚いたな」一息ついて、「これは間違いなくフィロウイルスだろう。写真を撮ったのはだれだね？」問いながら、彼は次の写真をめくった。

「顕微鏡係のトマス・ガイスバートです」ヤーリングが答えた。「これはたぶんエボラでしょう。エボラ・ザイールの検査薬によるテストでも、陽性と出ましたから」

次いでC・Jが現下の情勢について説明し、レストンのサルに関する情報を将軍に伝えた。そのしめくくりに、彼は言った。「あそこのサルが恐るべきウイルスにとりつかれているのは、確実なようですな」

「しかし、こいつがエボラだという点に関しては、どの程度自信があるんだね、きみは？」ラッセル将軍はたずねた。「むしろマールブルグじゃないかという気がするがね、わたしは」

それがマールブルグとは思えない理由について、ヤーリングが説明した。この検査は二度繰り返したんですが、と彼は言った、サンプルは二度ともエボラ・ザイールのメインが株に対して陽性反応を示したんです。

ただし、こういう検査結果が出たからといってこのウイルスがエボラ・ザイールそのものだと断定するわけにはいかない、と彼は慎重に言い添えた。この検査結果によって明らかになったのは、このウイルスがエボラ・ザイールにきわめて近い、ということであって、エボラかもしれないが、同時に、それとは別の、何か新しいウイルスである可能性も残ってはいるのである。

「もしエボラと同種のウイルスだとしたら、実に憂慮すべき深刻な事態です」C・Jが言った。

たしかにそのとおり、恐るべき事態だ、とラッセルも同感の意を示した。「これは国家的な緊急事態だな。最高度に深刻な伝染病の脅威と見なしていい」この種のウイルスがアメリカ国内で発見されたのは初めてだ、しかも、その場所がワシントンの近郊ときている、と彼は言った。「さて、これからどういう措置をとるべきかな？」

つづけて彼は、このウイルスが空中を移動できる証拠はあるのかね、と一同にたずねた。それこそは肝心かなめの質問だったと言っていいだろう。

エボラが空中を移動できるという証拠は、あった。それは戦慄《せんりつ》すべき事実だが、そこに一分の疑問もないかといえば、そうでもない。ナンシー・ジャックスは、一九八三年のあの出来事を語った。自分の〝血まみれの手袋〟事件の数週間後、健康そうに見えた二匹のサルが、空中を移動したと思われるエボラで死んだのだ。同様の証拠は、もう一つある。彼女はその事例についても語った。一九八六年、彼女とジーン・ジョンスンは、エボラとマールブルグを含んだエアロゾルをサルに吸わせることによって、彼らを感染させたことがあった。空中を移動するウイルスに曝《さら》されたサルは、全部が死んだ。生き延びた一匹は、マールブルグに感染しながらもなんとか死を免れたのだった。

エボラはしたがって、相手の肺に吸い込まれることでその人物にうつり得る、と言えるだろう。しかも、その際の致死量は、ごくごく微量だった。それはわずか五百個のウイルス粒子でしかない。宙を移動する五百個のエボラ粒子――それは文字どおりの微量、あるかないかの量だと言ってもいい。五百個のエボラ粒子など、わずか一個の細胞から容易に産生し得るのだから。となれば、エアコン・システムからほんのわずかなエボラがビルに侵入しただけで、そこに立ち働く人々を皆殺しにできるにちがいない。それはまさにプルトニウムにも匹敵する。いや、プルトニウムより始末が悪い。なぜなら、エボラはいくらでも増殖できるのだから。

C・Jが言った。「エボラが空気感染し得ることはわかっているのですが、その際の感染力の強さはまだ不明です」

ラッセルはナンシーのほうを向いて、訊《き》いた。「その実験結果は公刊されてるのかね？きみはそれを公表したのかい？」

「いいえ、しておりません」

ラッセルは彼女を睨《にら》みつけた。〝いったいなぜ公刊しなかったのだ、ジャックス？〟と彼が心中考えていることが、ナンシーにはありありと見てとれた。

理由はたくさんある。が、彼女はそれをいま、この場で、いちいち説明したくはなかった。あのときの協力者だったジーン・ジョンスンは、報告書を書くのがわずらわしかったのだろう、とナンシーは考えている。それに、ともかく二人は報告書を公刊するところまではいかなかったのだ。よくあることではないか。だれもがみんな報告書を公刊したがるとはかぎらないのだ。

その議論を聞きながら、ピーター・ヤーリングは、自分があれを嗅《か》いだかもしれないということを将軍には伏せておこう、と決めた。それに、自分はあれをしっかりと嗅いだわけではない。軽くクンクンと鼻をきかせた程度にすぎない。そう、手で軽く臭《にお》いを招き寄せたにすぎない。あれをまともに吸い込んだわけではない。あのフラスコを鼻孔《びこう》に突っ込んだりとか、そんなことをしたわけではないのである。そう思いながらも彼は、もし将軍がその事実を知ったらどうするか、想像がつくような気がしていた――将軍はおそらく悪態の言葉を連発し、自分はその場で両脇《わき》から抱えられて〝スラマー（刑務所）〟の異名のある微生物封じ込め病棟に放り込まれてしまうだろう。

その場の全員が恐れていた可能性がもう一つあった。ワシントン近郊に出現したというそのウイルスが、エボラ・ザイールではなく、何か別のものかもしれない、という可能性である。もしそれが、熱帯雨林から出現した、まったく未知のホットな病原体だとしたら、それが如何《いか》にして感染するのか、如何なる害を人間に及ぼすのか、知る術《すべ》がないではないか。

ラッセル将軍が、心中の思いを口にしはじめた。「とにかく、容易ならざる事態であることはたしかだな。はっきりしているのは、人間に深甚な害を及ぼす病原体が出現して、それが現在、モンキー・ハウスの中に野放しにされている、ということだ。としたら、われわれはどうすればいい？　確実に言えるのは、適切な対策を迅速に講じなければならない、ということだ。だいたい、このウイルスはどの程度性悪なのか？　それに感染した人間は必ず死ぬのか？　われわれとしては、アメリカの国益を頭に入れて行動しなけりゃならん。なんとしてでも、この性悪なウイルスを殲滅《せんめつ》することだ」C・J・ピーターズ大佐のほうを向いて、彼はたずねた。「となると、われわれにはどういうオプションがある？」

そのことなら、C・Jもすでに考えていた。ウイルスを殲滅する手段は三つある——ワクチン、薬品、それに微生物封じ込め、だ。エボラに関しては、阻止する手段はたった一つしかない。エボラには、効くワクチンはない。効く薬品もない。残るはただ一つ、微生物封じ込めである。

だが、その微生物封じ込めをどうやって実行すればいいのか？　そこが問題だ。C・Jの見るかぎり、オプションは二つしかなかった。

最初のオプションは、モンキー・ハウスを封鎖して、サルが死んでゆくのを見守ることである——その際、サルを扱った人々も厳密な監視下に置く。おそらく、彼らも隔離しなければなるまい。

第二のオプションは、モンキー・ハウスの中に立ち入って、建物全体を滅菌することである。サルは注射で殺し、その死骸は焼却する。その後、建物全体に化学薬品を浴びせかける

──これは大がかりなバイオハザード作戦になるだろう。

耳を傾けていたラッセル将軍が、念を押すように言った。「つまり、第一のオプションは、サルを外部世界から隔離して、ウイルスが彼らを蹂躙《じゅうりん》し終るのを待つ。第二のオプションは、積極的にサルごとウイルスを殲滅する、と。これ以外にオプションはないわけだ」

それ以外にオプションは存在しない、という点で全員の見解が一致した。

ナンシー・ジャックスは考えていた──おそらく、ウイルスはいまモンキー・ハウスの中にいるのだろう。だが、それほど長期間そこに留まることはないはずだ。エボラにとりつかれて生き延びたサルは見たことがない。それにエボラは、種と種の境界を越えて飛び移ってゆくのだから。モンキー・ハウスのサルはすべて死ぬだろう。その死に様は想像を絶するはずだ。霊長類にエボラが加えた仕打ちを実際に見た者は、ごく限られている。だが、自分はエボラの症状がどんなものか、おおよそ知っている。仮にそのモンキー・ハウス内にウイルスを封じ込めるとしたら、まったく別系統から濾過《ろか》した空気を取り込んで検疫を実施しなければ成功は望めないだろう。

彼女は言った。「この作戦に関しては、倫理的な問題もあると思います。サルが死ぬのを待つ場合、彼らを長期間苦しませることになりますが、それは倫理的に許されることでしょうか？　わたしはエボラで死んだサルを見たことがありますが、その死に様は、見ていて決して愉快なものではありません──その症状たるや、すさまじいものですから」

できればそのモンキー・ハウスに入って、サルをこの目で見てみたい、と彼女はつづけた。

「初期の症状は、それを予め知っていないと、見逃しがちなんです。それを心得ている人間が見れば、白鳥にまじったカラスのように目につくんですけれどもね」

モンキー・ハウスにいって、サルの組織片を顕微鏡で見てみることも、彼女の希望のうちに入っていた。ウイルスの集積によってできる結晶体、ないし〝封入体〟を、ナンシーは自分の目で確認したかったのだ。それがどんな形態をしているかは、心得ている。もしサルの肉の中に〝レンガ〟が見つかれば、それは、そのサルがエボラに感染している決定的な証拠になるだろう。

もう一つ、政治的な意味で、より大きな問題があった。すなわち、陸軍は積極的にこの問題に関与すべきなのかどうか、という問題である。陸軍の公的任務は、言うまでもなく、祖国を軍事的脅威から守ることである。では、ウイルスは果たして軍事的脅威と言えるのだろうか？　その場の支配的な空気を集約すると、こういう声になった――軍事的脅威かどうかはともかく、われわれは是が非でもこの病原体を阻止しなければならない。そのためには、われわれの持てる全力を投入して事に当ろうではないか。

その方針を貫こうとすると、ちょっとした政治的紛争に巻き込まれるのは不可避だった。いや、〝ちょっとした〟どころか、それはかなり大きな政治的問題になるだろう。なぜなら、彼らの前には、ジョージア州アトランタにある〈疾病対策センター〉、略称ＣＤＣが立ちふさがるのは必至だからだ。

ＣＤＣとは、新しい疫病の対策にあたる連邦機関で、人間の疫病を防除する使命を議会から付与されている。その点、陸軍はアメリカ本土でウイルスと戦う使命を、必ずしも議会から付与されているわけではない。だが、陸軍には、その使命を遂行する能力と技術がある。といって、陸軍が独断でモンキー・ハウスの制圧に乗りだすことを決めれば、CDCと激しく衝突することになるのは間違いない。その点は、いまその部屋にいる全員がすでに予見していた。

CDCの連中はおそらく、陸軍の能力を嫉妬《しっと》して、激怒するだろう。「わが陸軍には、この非常事態を掌握すべき法定上の責任はない」ラッセル将軍は指摘した。「が、われわれには、それを掌握する能力がある。CDCには、その能力はない。つまり、われわれには能力があって権限がないのに対し、CDCには権限があって能力がないわけだ。となると、この先かなり熾烈《しれつ》なつばぜり合いが起こることは間違いないな」

ラッセル将軍の見解では、これは陸軍兵士が厳密な指揮系統下で作戦活動を行なうべき局面だった。必要なのは、日頃バイオハザード任務の訓練を受けている人間たちだ。彼らは若く、独身で、命を賭《か》けることもいとわない連中でなければならない。彼らは互いによく知り合っていて、チームとして協力し合える者でなければならない。それに、命を捨てる覚悟もできていなければならない。

実のところ陸軍は、ホットなウイルスに対する大規模な野外殲滅作戦を現実に遂行したことはまだ一度もなかった。したがって、すべては一からはじめることになるだろう。

その点に関して、法的な問題がからんでくるのは明らかだ。したがって、法律顧問の見解を聞くことが必要になる。この作戦は合法的だろうか？　陸軍が〝バイオハザード・スワット・チーム〟を編成して、モンキー・ハウスに突入したとしたら、法に違反しないだろうか？

陸軍の法律顧問たちはおそらく、それは違法行為だから実行を控えたほうがいい、と進言するにちがいない。そうラッセル将軍は見ていた。では、どうするか？　その問題に関する自分なりの解答を、将軍は言葉に出して言った。「わたしの判断では、まず実行し、しかる上で許可を求めたほうが、最初に許可を求めて却下されるよりはるかに上策だな。われわれはまず、やるべきことをやる。その合法性を理論化するのが法律顧問たちの仕事というものだ」

その頃になると、室内にいる面々はてんでに叫んだり、他者の発言を遮ったりしていた。ラッセル将軍はなおも、しゃべりながら考えているふうで、ひときわ大きく声を張りあげた。「となると、次の問題は、この作戦の費用をだれが支払うか、だ」他の人間が口をひらくより早く、将軍は自らその問いに答えた。「その金策は、わたしがしよう。なあに、なんとか捻出《ねんしゅつ》して見せるさ」

またしても、叫び声が部屋を飛び交う。

それを圧するように、将軍の声が響きわたった。「こいつはとびきり重要な作戦だ。失敗は許されんぞ、諸君。まず適切な戦術を練り、しかる後に、それを実施しよう」

陸軍において、重要な仕事は〝任務〟と呼ばれる。任務を遂行するのは常にチームであり、どのチームにも指揮官がいる。

「では、この作戦の指揮をだれがとるか、そいつを決めることにしよう」将軍はつづけた。「現在までのところ、情勢を把握しているのはC・J・ピーターズだ。この作戦の指揮は彼に任せよう。彼が正式なチーム・リーダーだ。いいかね？　全員、賛成してくれるか？」

反対者は一人もいなかった。かくしてC・J・ピーターズ大佐、常々、地図とジンのボトルがあれば怖いものはない、と言って憚《はばか》らない男が、これから結成されるバイオハザード・スワット・チームの指揮官に任命されたのだった。

「とりあえず必要なのは会議だぞ、C・J」将軍は言った。「明日、戦術策定に先立つ全体会議をひらくことにしよう。作戦遂行に必要な全員を召集することにする」

彼は壁の時計に目を走らせた。五時三十分。ラッシュアワーだ。人々は仕事を終えて家路につき、レストンではサルが死につつある。ウイルスはいっそう牙《きば》をむきだしていることだろう。こうしてみんなが話し合っている間にも、それはさらに多くのサルを犠牲にしているかもしれないのだ。

「これから事件の全容を、関係各機関に知らせなきゃならん」将軍は言った。「それぞれの幹部たちには、同時に、且《か》つなるべく迅速に、知らせることにしよう。わたしはまずCDCのフレッド・マーフィーに知らせたい。彼がこの件で局外に置かれるようなことは避けたいんでね」

フレッド・マーフィーは、エボラ・ウイルスを最初に発見した学者の一人である。電子顕微鏡を扱わせたら、まずその右に出る者はいない。エボラ・ウイルスを最初に撮影したのもこのマーフィーで、その作品はかつて美術館に展示されたこともある。彼はCDCの幹部であると同時に、ラッセル将軍の旧友の一人でもあった。

ラッセルはデスクの電話に手を置いて、室内の面々を見まわした。「最後にもう一度訊く。みんな、このウイルスの正体に関しては自信があるんだな？　これから電話をかける相手は、ほかでもない、マーフィーだ。後でこいつがフィロウイルスではないと知れたら、われわれ全員、赤っ恥をかくぞ」

室内の面々はこもごもに、それはフィロウイルスであると確信する、と答えた。

「わかった。それだけ聞けば、わたしも満足だ」

彼は、アトランタにあるCDCのマーフィーの電話番号をダイアルした。

「申しわけありません――マーフィー博士はもう帰宅されました」

ラッセルは黒いノートをとりだして、マーフィーの自宅の番号を調べた。

マーフィーは、キッチンで夫人とおしゃべりをしている最中だったらしい。ラッセルは言った。「やあ、フレッド、フィル・ラッセルだ。ああ、体調はすこぶるいい。そちらのほうはどうだい？　実はね、フレッド、われわれはワシントン近郊で、エボラに似たウイルスを分離したんだ。そう、ワシントン近郊さ」

ラッセルの顔に悪戯《いたずら》っぽい笑みが広がった。受話器を耳から遠ざけると、彼は室内の面々を見まわした。マーフィーの反応は、明らかに騒々しいものであったらしい。ラッセル将軍は送話口に言った。

「いや、フレッド、われわれはヤクなんかやっておらんよ。事実なんだ、エボラに似たウイルスを分離したんだからね。それをはっきりと見てるんだ。ああ、写真も撮ってある」そこで受話器を遠ざけ、送話口を手でふさぐと、室内の面々に言った。「マーフィーのやつ、こっちの顕微鏡にはゴミがついてるんじゃないか、と言ってる」

マーフィーは、顕微鏡写真を撮ったのはだれか、と訊いてきた。

「うちの有望な若手だよ」と、ラッセルは答えた。「名前はと……ええと、なんといったかな、彼の名前は？……ガイスバートだ」

マーフィーは、翌日の朝、飛行機でフォート・デトリックに向かう、とラッセルに告げた。その写真を自分の目で鑑定してみたいのだという。彼がきわめて深刻にこの問題を受け止めているのは明らかだった。

一八：三〇時

まずダン・ダルガードに電話を入れなければならない。それに、ヴァージニア州の厚生当局にも通知しなければ。

「責任者の名前もウロ覚えでな」ラッセルは言った。「しかし、グズグズしてはいられんぞ」いまはちょうどみんな、勤めから帰宅する時分だった。「必要なら、彼らの自宅に電話してもかまわん。こいつはあちこち電話をかけることになりそうだ」

そのモンキー・ハウスの所在地は、どこの郡だったかな？　ヴァージニア州のフェアファックス郡か。これはこれは、またなんと素晴らしい住宅地じゃないか。フェアファックス郡とはな――あそこは美しい住宅地だ。湖があり、ゴルフ・コースがある。高級住宅とレヴェルの高い学校がある。そしていま、エボラまで棲《す》みついているわけだ。「とにかく、郡の公衆衛生課に通報しなければな」と、将軍は言った。それに、輸入サルを統括している農務省にも連絡しなければならない。甚大な微生物災害による環境汚染問題を統括する、環境保護庁にも連絡する必要がある。ラッセル将軍はまたペンタゴンに通報すべく、国防次官に電話を入れることも決めた。

将軍をとりまいていた面々はいっせいに部屋を出て、各自ガランとしたオフィスにもどって電話をすべく、廊下に散っていった。いまや特別対策チームの指揮官に決まったC・J・ピーターズは廊下の奥のオフィスに入って、まずダン・ダルガードのオフィスに電話を入れた。ピーター・ヤーリングが親子電話を耳に押し当てていた。ダルガードはすでに帰った後だった。で、すぐに彼の自宅に電話を入れると、細君が出て、ダンはまだ帰宅していない、という。六時半頃にもう一度電話を入れると、こんどは彼をつかまえることができた。

「わたしはユーサムリッドのC・J・ピーターズ大佐という者だ。疫病分析部門のチーフなんだがね。ああ、こちらこそ、よろしく。さっそくだが、こうして電話を入れたのは、二番目のウイルスがマールブルグではない、ということをお伝えするためなんだ。二番目のウイルスはエボラであることが判明したんだよ」

「エボラとおっしゃると?」ダルガードは訊き返した。エボラという名前を耳にするのは初めてだったのだ。その言葉を聞いても、彼には何の感興も湧《わ》かなかった。

つとめてさりげない風を装って、C・Jは独特のテキサス訛《なま》りのある声で言った。「非常に稀《まれ》なウイルス病なんだがね、この十年か十二年間に、ザイールとスーダンで犠牲者が出ている」

ダルガードは安堵《あんど》を覚えはじめた。とにかく、マールブルグでなくてよかったと思いつつ、彼は訊いた。「で、そのエボラ・ウイルスとやらの性質は?」

C・Jは比較的曖昧《あいまい》な表現でウイルスの特徴を説明した。「これはマールブルグに近いんだ。感染の仕方もほぼ同じで、感染した組織や血液との接触を通じてうつる。症状や徴候も、かなり似ているな」

「で、人間にとっては、どれくらい危険なんです?」

「致死率は、五十パーセントから九十パーセントだ」

それが意味するところは、ダルガードにもはっきり認識できた。そのエボラとやらは、マールブルグよりも性悪なのだ。

C・Jはつづけた。「われわれとしては、目下つかんでいる情報を国と州の厚生当局にも通報しなければと思っている」

すると、ダルガードは慎重な口調で訊いた。「そのゥ、できればその通報は午後七時まで待っていただけませんか? わたしとしては、その前に、これまでの経過をわが社の上層部に伝えておきたいので」

C・Jは、引き金を引く瞬間をすこし延ばすことに同意した。もっとも、彼はCDCに対しては、すでに通報ずみだったのだが。こんどはC・Jがダルガードの理解を求める番だった。明日、レストンに部下を派遣して、死んだサルの組織を調べさせたいんだが、かまわんだろうか？

ダルガードは、すぐには応じなかった。軍の要請に唯々諾々と応じたら、この先どういう事態になるか、容易に見てとれたのだ。あのサルの組織と血液を分析してもらいたくて、ほんのちょっぴりサンプルを陸軍に送った結果がどうだ？　この先も陸軍の言うがままになっていたら、収拾のつかない事態になってしまうかもしれない。それに、大佐はまだエボラというウイルスに関して自分に隠していることがあるんじゃないか、という気がダルガードはしていた。このまま陸軍の介入を黙認した場合、こちらはどんどん脇に押しやられて、事態を掌握できなくなってしまうのではあるまいか。その点が、彼は何より気がかりだった。

結局、ダルガードは言った。「明日の早朝、もう一度電話で事態を検討し合うというのではどうですか？」

電話を終えた後、C・J・ピーターズはナンシー・ジャックスを捜して、たずねた。明日ダルガードに会いにいって、サルの組織を見せてもらおうと思うんだが、きみも一緒にどうだい？

ダルガードが許可してくれるほうに、彼は賭けていたのだ。ナンシーは彼に同行することを承諾した。

ナンシー・ジャックスは練兵場を横断して〝研究所〟にもどり、夫のジェリーに会いに彼のオフィスにいった。こちらを見あげたジェリーの顔には、苦しげな表情が浮かんでいた。その日も彼は窓の外を見ながら、死んだ弟のことを考えていたのだ。外はすでに暗くなっており、〝研究所〟の別棟の灰色の壁しか見えない。ジェリーは輪ゴムを歯の間にはさんで、細かく嚙《か》み切っていた。

ナンシーはドアを閉めた。「ねえ、すごいニュースがあるの。絶対部外秘の機密情報なんだけど。びっくりすること請け合い。きっと信じられないかもしれないわね。ヴァージニアのモンキー・ハウスで、エボラ・ウイルスが見つかったのよ」

二人はホンダで一緒に帰途についた。カトクティン山の麓《ふもと》をめぐる道を北に向かってサーモントを目指しながら、二人はエボラの件について話し合った。

「なんだか不思議だわ――あたしは一生このウイルスから逃れられないみたい」ナンシーは言った。

ジャックス夫妻がそろって今後の陸軍の作戦活動に参加することになるのは、はっきりしていた。はっきりしないのは、それがどんな作戦活動になるか、だ。いまのところ、あのモンキー・ハウスのサルがエボラに似たウイルスに殺されつつあるのは確実であり、このまま傍観していれば、やがてそのウイルスが周囲の人間に飛び移るのは間違いない。自分はたぶん明日、C・Jと一緒にモンキー・ハウスにいくことになると思う、とナンシーは言った。彼女はそこでサルの組織を顕微鏡で覗き、あの〝レンガ〟、エボラの結晶体を探すことになるだろう。

ジェリーは深い驚きに打たれていた。妻が長年、防護服を着てエボラを研究してきた結果が、結局、こういうことになるのか。彼は妻の宿命のようなものにある種の感慨を覚える一方、モンキー・ハウスをめぐる情勢には困惑を覚えていた。妻の身が心配だったが、それは敢《あ》えて口には出さなかった。

二人は山裾《やますそ》をめぐる道路の枝道に入り、リンゴ園を通り抜けて、自宅の私道に入った。時刻はそろそろ八時に近い。ジェイスンは家にいたが、ジェイミーは体操の部活でまだ帰ってきていなかった。子供たちはいまや鍵《かぎ》っ子になっている。

ジェイスンは宿題をしている最中だった。夕食はもう、自分で勝手に何かを電子レンジにかけて、すませてしまったという。ジェイスンはちょっぴり内向的なところもあるが進取の気性に富んでいて、自立精神は旺盛だった。食べるものとお金さえあれば、彼はもう一人でもやっていけそうだ。

二人の中佐は制服からスエット・パンツとシャツに着替えた。ナンシーは、冷凍させておいた手作りのシチューを電子レンジにかけて解凍した。シチューが温まった頃合いを見て、サーモスの魔法壜に移す。それから、犬と魔法壜を車に積むと、体操の練習をしているジェイミーを迎えにいった。体育館は、サーモントから約三十分の距離にある。娘を車に乗せると、ナンシーは魔法壜のシチューを飲ませた。ジェイミーは小柄で黒髪の、運動神経の発達した少女だった。ときどき何かを気に病む癖があるのだが、いまは練習の疲れがドッと出ている様子。スープを飲み終えると、彼女は母親の運転する車の後部シートですやすやと寝入ってしまった。

ジャックス夫妻の寝室には、ウォーター・ベッドがあった。そこが二人の寛《くつろ》ぎの場になっており、仕事の話もよくそこでする。パジャマに着替えたジェイミーが母親の隣にあがりこんできて丸くなり、また寝入ってしまった。

ナンシーとジェリーはしばらく読書にふけった。寝室には赤い壁紙が貼《は》ってあり、町を見下ろすバルコニーが備わっている。二人はモンキー・ハウスについても語り合った。そのうちジェイミーを抱きあげると、ナンシーは娘の寝室に運び、そこで寝かしつけた。夜の十二時頃、ナンシーは眠りに落ちた。

ジェリーは、なおしばらく読書をつづけた。彼のお気に入りは戦記物だが、いまの自宅からさほど遠くないカトクティン山の麓は、あの南北戦争時、アメリカ史上最も凄絶《せいぜつ》な戦闘が行なわれた場所である。アンティータムのトウモロコシ畑では、銃弾に薙《な》ぎ払われなかった茎は一本もなく、死骸が累々《るいるい》と横たわって、トウモロコシ畑の端から端まで、その上を歩いていけたほどだという。寝室の窓から外を眺めて、ジェリーは、南軍と北軍の部隊が大地の上を這《は》うように行軍するさまを想像した。たまたまその晩彼が読んでいたのは――後で思いだしたのだが――ゲティスバーグの戦いを描いたマイケル・シャーラの小説、『キラー・エンジェルズ』だった。

リーはゆっくりと言った。「軍務には、一つの大きな罠《わな》がある」

ロングストリートは彼のほうを見た。騎馬のリーは表情も変えずに、すこし前を進んでゆく。なおも悠揚迫らぬ口調で、リーはつづけた。

「良き軍人たらんとすれば、軍を愛さなければならん。だが、良き士官たらんとすれば、自分の愛する部下を喜んで死地に追いやる覚悟を持たなければならんのだ。これくらい……困難なことはない。他のいかなる職業も、これほどの苦行を必要とはせんからな。良き士官のあまりにもすくない理由の一つはそれだ。良き兵士ならば、いくらでもいるのだが」

明かりを消してもジェリーは眠れずに、寝返りを打った。ウォーター・ベッドが低く喉《のど》を鳴らすような音をたてる。目をつぶるたびに、弟のジョンの顔が浮かんでくる。やがて午前二時になっても彼は寝つけず、闇を見つめながら考えていた──おれはいま、こうして闇の中に横たわっている、何の危害も加えられずに。

ゴミ袋

十一月二十九日　水曜日

その晩、ダン・ダルガードはいつものように熟睡できた。エボラ・ウイルスのことは初耳だったが、C・J・ピーターズ大佐との短い語らいによって、その基本像をつかむことができたからである。サルやサルの病気との付き合いは、もうかなり長い。だから、恐怖のドン底に突き落とされる、ということにはならずにすんだ。これまでだって、ウイルスに感染した血液に接触したことはいくらでもあったのに、こうして病気にならずにすんでいるではないか。

翌日の早朝、彼の自宅の電話が鳴った。C・J・ピーターズからだった。ピーターズはまたしても、部下をそちらに派遣するからサルの組織のサンプルを見させてやってくれないだろうか、と訊《き》いてきた。わかりました、いいでしょう、とダルガードは答えた。すると、ピーターズは、モンキー・ハウスも見せてもらえんだろうか、とたたみ込んでくる。それに対しては、ダルガードは言葉を濁して回答を避けた。ダルガードはまだ、ピーターズという男をよく知らない。まず直接会って、自分なりに相手の人柄を判断してからでなければ、モンキー・ハウスの扉をひらくわけにはいかない。

やがてダルガードは自宅を後にし、リーズバーグ・パイクを車で走って会社に向かった。ゲートをくぐって車を駐車場に止め、ヘイズルトン・ワシントン社のメイン・ビルに入る。彼のオフィスは、芝生を見わたせるガラスの壁で囲まれた、小さな部屋だった。ドアの向こうは、ちょっと動けばすぐだれかにぶつかってしまうような、狭い秘書だまりだ。ダルガードのオフィスにしても金魚鉢のようなもので、ほとんどプライヴァシーはない。こういう事件でもなければ、彼はただぼんやりと外を見てすごすことが多かった。きょうの彼は、とりわけ慎重に平静を装っていた。その顔から動揺や不安の色を汲《く》みとった者は、同じ階にだれもいなかっただろう。

彼はまず、モンキー・ハウスの管理人、ビル・ヴォルトに電話を入れた。そしてヴォルトの口から、ショッキングな事実を聞かされた。モンキー・ハウスの飼育係の一人が急病にかかって、命も危ぶまれているというのだ。その飼育係は前夜心臓発作を起こし、さほど遠くないところにあるラウダン病院に担ぎ込まれたらしい。それ以上のことは不明で、目下詳《くわ》しいことを調べている最中だ、とのこと。当人はいま心臓治療室に入っていて、面会謝絶だという。その男の名を、仮にジャーヴィス・パーディと呼ぶことにしよう。パーディは、モンキー・ハウスで働いている四人の飼育係の一人だった。

さすがのダルガードも、頭の中が真っ白になるのを覚えた。パーディはエボラに感染したとしか思えない。心臓発作とは通例、心筋に栄養を送っている血管に血栓がつまることによって引き起こされる。パーディの心臓には血栓がつまってしまったのだろうか？　エボラは血栓を生じさせることができるのだろうか？　ジャーヴィス・パーディの体には、そこらじゅうに血栓が生じているのだろうか？　不意にダルガードは、今後も事態を掌握してゆく自信が急速に失われてゆくのを覚えた。

とりあえず、今後サル室では不必要な活動を一切控えるよう、彼はビル・ヴォルトに命じた。その後で彼は日記にこう記した。

餌《えさ》の投与、観察、清掃以外の一切の活動を中止することにした。サル室に入る者は、タイヴェック保護スーツ、酸素呼吸器、それに手袋等、完全武装を義務づけることにする。死んだサルは二重の袋につめて、冷蔵庫に入れることにした。

ダルガードはまた、マスコミがこの話に食らいついてくるのは必至だ、とヴォルトに話した。「だから従業員たちには、バイオハザード用の装備をつけたままモンキー・ハウスの外には出ないように、言ってほしい。仮にも、白衣にフェイス・マスクをつけたヘイズルトンの従業員の写真が夕刊に掲載されたりしたら、パニックが起きるのは間違いないからね」

ダルガードは病院にも電話を入れて、パーディの診察に当っている医師の話を聞いた。パーディの容態は警戒を要するが、いまのところは安定している、とのことだった。もしパーディの心臓発作の症状に何かしら異例な徴候が見られたら、フォート・デトリック基地のC・J・ピーターズ大佐に通報してほしい、とダルガードはその医師に頼んだ。その際、〝エボラ〟という言葉は口に出さないよう注意したことは言うまでもない。

その日の午前、C・J・ピーターズとナンシー・ジャックスは、フォート・デトリック基地からヴァージニアに向けて出発した。ジーン・ジョンスンも同行した。ピーターズとナンシーは制服姿だったが、あまり人目に立たぬよう、軍用車ではなく、二台の普通の車に分乗して走りだした。その日も道路は込んでいて、車の流れは遅々としていた。きれいに晴れわたった、風の強い、寒い日だった。それでも道路際の雑草はまだ霜に覆われることもなく、露に濡れながらも青々としていた。

やがて一行は、ヘイズルトン社の前でリーズバーグ・パイクを降りた。玄関で出迎えたダルガードが、実験室のある別のビルに一行を案内した。そこで、ナンシーがすぐ顕微鏡で調べられるよう、一人の病理学者がスライドを用意しておいてくれたのである。そのスライドには、モンキー・ハウスで死んだサルの肝臓の切片が含まれていた。

ナンシー・ジャックスは顕微鏡の前にすわって接眼レンズを調節し、眼下の〝地形〟を探査しはじめた。倍率を調整しているうちに、手が止まった。その〝地形〟は大混乱を呈していたのである。そこにある細胞は何者かに蚕食《さんしょく》されていた。電撃攻撃を受けて、炸裂孔《さくれつこう》だらけになっていた。それはさながら、肝臓が絨緞《じゅうたん》爆撃を受けたかのようだった。次の瞬間、彼女の目は細胞の中に黒っぽい固まりを認めた――そう、そこにあってはならない影を。それはほかならぬ結晶体だった。しかも、なんと巨《おお》きいことか。

これが激烈な増殖の徴《しる》しでなくてなんだろう。

「なんて、ひどい」低い声が、彼女の口をついて出た。

そこに映っている〝レンガ〟は、通例のウィルス結晶のようには見えなかった。エボラの〝レンガ〟は、さまざまな形をとる――馬蹄《ばてい》形、ぶよぶよした固まり、硬い固まり、指輪のように見えるものすらある。そこに映っている細胞の中には、たった一個の〝レンガ〟、それも巨大な〝レンガ〟から成っているものもあった。一個の〝レンガ〟があまりにも大きく成長した結果、細胞全体が膨れあがってしまったのだろう。ナンシーの眼《め》には、〝レンガ〟の一杯つまった細胞集団が見えた。視野をずらすと腐った房のように垂れ下がったものも見えたが、そこではすべての細胞が弾《はじ》けて壊死《えし》し、融解しつつあったので、〝レンガ〟のぎっしりつまった入れ物と化しているのだった。

ナンシーがそうして顕微鏡を見ている間に、C・J・ピーターズとジーン・ジョンスンはダン・ダルガードをわきに引っ張っていって、モンキー・ハウスにおける注射針の使用法についてて細かく問いただした。あのザイールでエボラ・ウイルスが蔓延《まんえん》したのは、汚れた注射針のせいだった。おたくの会社では、汚れた針でサルに注射をしたということはなかっただろうか？

ダルガードには自信がなかった。会社では一応、常時清潔な注射針を使用することを公式の方針としている。「会社の内規では、一度注射するたびに針を交換することになってますがね」彼は言った。「それがどの程度厳密に守られているかとなると、なんとも言えませんな」

ナンシーは、ホルマリンで固定して蠟《ろう》に包埋《ほうまい》した肝臓と脾臓《ひぞう》の標本《サンプル》を集めて、発泡スチロールのカップに入れた。これは基地に持ち帰って、分析することになる。それらのサンプルは、彼女と陸軍にとってきわめて貴重なものだった。が、もし生きたウイルスを含んでいるサンプルが得られれば、それよりもっと貴重な意味を持つだろう。

C・J・ピーターズはまた、モンキー・ハウスを見せてもらえないだろうか、とダルガードにもちかけた。

「いや――いまは止《や》めておきましょう」ダルガードは答えた。モンキー・ハウスは私有財産であるということを、彼は目前の軍人たちに対して明確にしたのである。

「じゃあ、サルのサンプルについてはどうです？　サンプルをすこしいただけませんか？」

「いいですとも」ダルガードは答えた。リーズバーグ・パイクにのってモンキー・ハウスの方向に向かうと、途中にアモコのガソリン・スタンドがあります、と彼は説明した。「そこに車を止めて、待っててください。うちの人間にサンプルを持たせて、そこにやりますから。彼なら、そちらの質問にも答えられるはずです」

「そのサンプルは、まずビニールで包んでから箱に入れてほしいんだがね、安全のため」C・Jはダルガードに注文をつけた。「それはぜひ守ってほしい」

ええ、そうしましょう、とダルガードは答えた。

C・J、ナンシー、それにジーン・ジョンスンは、ダルガードに別れを告げて、指定されたガソリン・スタンドに向かった。着いてみると、ハイウェイのそばに袋小路がある。電話ボックスも近くにあったので、その袋小路に車を止めた。すでに午後になっていて、みんな空《す》きっ腹をかかえていた——昼食がまだだったのである。ナンシーがガソリン・スタンドにゆき、当座の腹の足しになるものを買ってきた。みんなにダイエット・コーク、自分にはチェダー・チーズ・クラッカー。それとC・Jには、バター・クラッカーも買ってきてあげた。二台の車に分乗した軍人たちは、寒さを覚えつつスナックをかじりながら、サルのサンプルを持った人物が早く現われてくれないか、と願っていた。

C・J・ピーターズは、ガソリン・スタンドに出入りする車を見るともなく眺めていた。ごくあたりまえのその光景は、時間が普通に経過してゆく日常の暮らしの実感を与えてくれる。いまはその、何の変哲もない光景を眺めているだけで、心が安らいだ。トラックの運転手たちが給油とコークのために入ってくるかと思えば、タバコを買うために立ち寄るビジネスマンもいる。C・Jの目は、ある魅力的な女性に吸い寄せられた。車をスタンドマンに任せた彼女は、電話ボックスに歩み寄って、だれかと長々と話しはじめたのだ。彼女はきっと人妻で、不倫の相手と次の逢瀬《おうせ》の相談でもしているのだろう、などとC・Jは退屈しのぎに想像をめぐらした。

しかし、いまこの街に侵入しつつあるものの正体を知ったら、あの連中はどう思うだろう？　この火を消し止めるためには、やはり軍の本格的な出動は必須だろうな、と彼は考えていた。Ｃ・Ｊは以前、マチュポというホットな病原体がボリヴィアで発生した際現地にいて、若い女性が血まみれになって死んでゆくさまを目撃したことがある。これまで北アメリカには、人間を〝出血器〟に変えてしまうようなウイルスはまだ出現していなかった。北アメリカには、その種のウイルスと対決する準備はまだできていない――そう、まだ、いまのところは。だからこそ、ワシントン近郊にエボラが大流行する可能性を考えると、背筋にうそ寒いものを覚えるのだ。

　Ｃ・Ｊ・ピーターズは、エイズのことを考えはじめた。もし、エイズが最初に広がりはじめたとき、だれかがそれに気づいていたら、どうなっていただろう？　エイズは何の前触れもなく、ひそかに出現した。そして、われわれが気づいたときには、もう手遅れだったのだ。せめて一九七〇年代に、しかるべき研究施設が中部アフリカに設けられていたなら――おそらくわれわれは、エイズが密林の奥で産生される現場を目撃できていたかもしれない。もしエイズがサヴァンナの集落に忍び寄るところを目撃していたら――たぶん、それ以上の拡大を阻止できていただろうし、それが無理でも、拡大する速度を遅らせるくらいのことはできていただろう――その結果、すくなくとも一億人の人命は救えたにちがいない。

　〝すくなくとも〟と言わなければならないのは、エイズ・ウイルスの人類への浸透が、いまはまだほんの初期段階にあるにすぎないからだ。エイズは現在、人類への呵責《かしゃく》なき浸透をつづけている。エイズ禍がまだはじまったばかりにすぎないことに、人々は気づいていない。

この先どれくらいの人命がエイズで失われるか、正確に予見できる人間はいないのだ。が、C・J自身は、おそらく犠牲は最終的に数億人にのぼるだろう、と見ている——それくらいに事態は深刻なのだということが、まだ一般の人々の頭にはしみとおっていないのである。

もしエイズの出現が初期の段階で突き止められていたとしたら、どうだっただろう？　そう、アフリカに最初にエイズ・ウイルスが出現した際に、その〝現実的な〟評価が発表されていたとしたら？　その場合でも、おそらく各国政府の官僚や専門家たちは、人間にとっては恐るに足らず、と高をくくり、それでなくとも不足している研究費をそれに割くことはない、という結論を出していたのではなかろうか。そう、一握りのアフリカ人が感染し、免疫システムが損なわれたからといって、それが何だというのだ、とばかりに。

結局、エイズはやはりこの地表で爆発的な増殖を繰り返し、いまと同じように、終息する気配も見せぬまま蔓延しつづけているのではあるまいか。

そしていま——と、C・J・ピーターズは思った——われわれはここで、エボラ・ウイルスと対決しようとしている。エボラがどんな害を及ぼすのか、本当のところは、まだわれわれにもわかってはいない。実際、モンキー・ハウスに巣くっているのがエボラ・ザイールそのものなのか、それとも何か別の種類、エボラの新種の株なのかどうかも、わからないのだ。そいつは咳《せき》にまぎれて移動できるウイルスなのだろうか？　たぶんちがうだろうが、断定はできまい。

考えれば考えるほど切実味を増してくる問題がある。つまり、モンキー・ハウスのサルを殺す役割はだれが担うのか？　とにかく、だれかがあそこに入っていって、サルを殺さなければならない。あの建物を遠巻きにしてサルの自滅を待つわけにはいかない。こいつは人間をも殺し得るウイルスなのだ。あのサルを生かしておくわけにはいかない。では、だれにあのサルを殺させればいい？　モンキー・ハウスの従業員に、それがつとまるだろうか？

やはり陸軍が、バイオハザード・スワット・チームを編成して出動するのが適当なのだろう、というところにC・Jの考えは落ち着きはじめていた。彼自身は、この種の活動を指して、〝ニュークする（核攻撃のように徹底的に処理する）〟という言葉を使っている。ある場所を〝ニュークする〟と言うとき、それはその場所を徹底的に滅菌する、廃墟《はいきょ》も同然にする、ということを意味する。もしウイルスに感染しているのが人間なら、彼らを隔離して〝スラマー〟に収容する。もし相手が動物なら、彼らを殺し、その死骸を焼却する。それから、その建物に化学薬品を浴びせかけるのだ。モンキー・ハウスを〝ニュークする〟役目は、やはり陸軍が担うしかあるまいな、とC・J・ピーターズは思った。

そのとき彼の隣の助手席にすわっていたジーン・ジョンスンは、まったく別のことを考えていた。彼の思いはアフリカに飛んでいた。アフリカのキタム洞窟《どうくつ》のことを、彼は考えていたのである。

おぞけをふるう、とまでは言わないまでも、ジーンは目下の情勢を深く憂慮していた。とにかく、人間の犠牲を一人も出さずにこの窮地を脱することができるとは、とうてい思えない。時がたてばたつほど、彼の懸念はつのっていた。アメリカ陸軍はいま、すでに熟した危機の真っ只中《ただなか》に踏み込んでいこうとしている。その作戦がどこかで齟齬《そご》を来して多くの人命が失われることになれば、陸軍は厳しい批判にさらされるだろう。

急にC・Jのほうを向くと、ジーン・ジョンスンは自分の不安をぶつけた。「モンキー・ハウスのサルを皆殺しにすることは、避けられないだろうな。レヴェル4のウイルス発生対策は、単なるゲームじゃない。あらかじめ言っておきたいんだが、作戦は本格的で、すこぶる面倒なものになるぞ。とても複雑で、長い時間を要するものになるのは間違いないね。しかも、決められた戦術プランを正確に遂行しなければならない。作戦を正確に遂行するためには――ここがまさにわたしの言いたい点だがね、C・J――枢要な部署にアマチュアを配置するわけにはいかない。自分のすべきことを熟知している、経験に長《た》けた連中が必要だ。もし何かでミスが生じたら、どうなると思う？」たずねながら、ジーンは考えていた――このピーターズは、これほど厄介なウイルス災害対策に関与したことは過去に一度もないんだ――その点は、われわれみんな同様だが――その深刻さにおいて、こんどの件に匹敵するのはキタム洞窟の探査だろうが、それにもピーターズは参加していなかった。

C・J・ピーターズは反論することもせず、黙って聞いていた。いまさらそんなご託宣をジーンから聞かされるのはうんざりだ、と彼は思っていた――そんなことは言わずもがな、この一件に嚙《か》んでいるほどの人間なら、みんな百も承知している事柄ではないか。

C・J・ピーターズとジーン・ジョンスンは、愛憎半ばする、単純には割り切れない付き合いを重ねてきた間柄だった。かつてはエボラ・ウイルスを捜して、トラックで中部アフリカを横断する旅を共にしたこともある。そのときなど、旅が終る頃には、もう互いに口もききたくないほどテンションが高まってしまったものだった。その旅がまた、めったにないくらいの難行つづきだったのである。なにせ、道路はない、橋も消えている、地図もでたらめ、それに行く先々で出会う連中ときたら、地元の通訳にもちんぷんかんぷんの言葉をしゃべるのだから。おまけに、水や食べ物も満足に確保できないという始末だった。

なおガックリきたのは、人間がエボラに感染したケースになかなか遭遇し得なかったことだった——結局二人は、自然の宿主の間でも、人間の間でも、エボラ・ウイルスを発見することはできなかったのである。

C・Jがシロアリを食べはじめたのは、その旅の最中、おそらくは慢性的な食糧不足に悩まされたあげくのことだった。とにかく、シロアリが巣から出てくるところを、片っ端からつかまえては口に放り込んだのだ——そのシロアリには羽根まで備わっていたというのに。食べ物にうるさいジーンは、とてもシロアリなど試食する気にはなれなかった。C・Jのほうはそんなジーンの渋面など意にも介さず、シロアリをむしゃむしゃ食べながら、〝こいつは最高の味だな……ううむ……〟などと言って唇を舐《な》める。一握りのシロアリをパリパリ噛みつぶす音が口から洩《も》れる。あげくに、ペッ、ペッと、羽根を吐きだして見せるのだから、見ているほうはたまったものではない。

すると、これもシロアリ好きのアフリカ人の隊員の一人が、とにかく一度食べてみろ、としつこくジーンに勧めだした。とうとうジーンも根負けして、一握りのシロアリを口中に放り込んでみた。すると驚いたことに、シロアリの味はクルミに似て、なんとも美味なのだった。そのうちC・Jのほうは、なんとかこのシロアリの群の女王アリを見つけたいものだ、などと言いだした。女王アリの白い下半身は半フィートほどもあって、ソーセージのように太く、中にはクリームのようにこってりとした卵がぎっしり詰まっているのだという。それを丸ごと食べると、女王アリが身もだえしながら喉《のど》を降りていくのがわかると言われていた。

このシロアリ食いについては見解の相違を克服できた二人だったが、微生物学の方法論やウイルスの探し方などの問題になると、最後まで議論しつづけた。このときのアフリカ旅行でジーンが痛感したのは、C・Jは何でも自分が主役になりたがる、という点だった。ジーンにとって、それくらい苛立《いらだ》たしいことはなかったのである。


突然、青いボディの、窓のない、何のマークもついていないヴァンが一台、道路から折れてガソリン・スタンドを通り抜けたと思うと、彼らの隣に止まった。うまく角度をつけた止め方だったから、道路やガソリン・スタンドの人間には、三台の車の間で何が行なわれようと、かいま見ることはできなかっただろう。運転席から重そうに足をまわして、でっぷりとした男が降り立った。モンキー・ハウスの管理人、ビル・ヴォルトだった。歩み寄ってくる彼を見て、ピーターズたちも車から降りた。

「後ろに積んできましたよ」ヴォルトは言って、ヴァンの側面のドアをあけ放った。

ヴァンの床には、黒いビニールのゴミ袋が七個。そこに詰め込まれた手足や頭部の輪郭が、三人の目にはっきりと見えた。

C・Jは胸に呟《つぶや》いた。何て運び方をしてきたんだ、こいつは？

ナンシーは歯を食いしばって、静かに息を吸い込んだ。ゴミ袋のところどころが、何かの液体がたまっているように膨らんで垂れている。たのむから血とは別のものであってくれ、と彼女は思った。

「いったい何なの、それは？」つい大声で、彼女は問いただしていた。

「昨夜死んだサルですよ」ヴォルトは答えた。「二重のビニール袋に包んできましたから」

これまで何度も覚えのある、いやな吐き気が胃袋の底に湧きはじめるのを、ナンシーは感じた。「そのサルを取り扱ったとき、手を傷つけたりした人はいなかった？」

「ええ、いませんでした」ヴォルトは答えた。

そのときナンシーは、C・Jが妙な目つきでこっちを眺めているのに気づいた。意味ありげな目つきだった。言わんとしていることは、はっきりしている――で、この死んだサルを基地まで運ぶ役目は、どっちが引き受ける？

ナンシーはC・Jの顔をきっと見返した。こっちに押しつける気なんだわ、と彼女は思った。正式には二人とも、それぞれ〝研究所〟における部門のチーフである。階級は彼のほうが上だが、といって彼はナンシーの直接の上司ではない。向こうはこっちに押しつける気でしょうけど、こっちだって押し返すことができるはずだわ。「それを、あたしの車のトランクに乗せるつもりはありませんからね、C・J」ナンシーは言った。「死んだ動物の輸送に関しては、あたしにも獣医として、一定の責任がありますから。伝染病に感染した動物の死骸とわかっていて、それをこの州から他の州に無断で運ぶことはできません」

沈黙。C・Jの顔に苦笑が広がった。

「でも、基地まで運ぶ必要があるという点には同感です」ナンシーはつづけた。「あなたは医者でしょう。だったら、何とかできるでしょうに」C・Jの肩章に向かって、彼女は顎《あご》をしゃくってみせた。「その大きな鷲《わし》の肩章をつけているのは、こういうときのためじゃなかったんですか」

顔を引きつらせながらも、二人は大きな声で笑い合った。

そうしている間にも、モンキー・ハウスの中ではウイルスが増殖をつづけているのだ。C・Jはあらためてビニール袋を見た――すくなくとも二重、ないし三重にサルが包まれていると思うと、ほっとする――よし、とにかく基地まで運ぼう、公衆衛生法について心配するのはその後でいい。そのとき自分を納得させた論理について、彼はあとで私に説明してくれた――「仮にその死骸をモンキー・ハウスに持ち帰らせるとしたら、運んできた男はまた市内をヴァンで走りまわるわけだ。とすると、それだけ一般市民に対する危険が強まるんじゃないかという気がしたんだよ。それに、正式な診断を下すのも遅れてしまう。エボラに関してこちらの下す診断が早ければ早いほど、すべての人間の利益になる、そう思ったわけさ」

エボラで死んだサルを個人の車のトランクに積んで他の州に越境するという行為が、一点の疑問の余地もないくらい合法である理由については、あとで頭の切れる陸軍の顧問弁護士に考えさせればいい、というわけだった。

C・J・ピーターズの赤いトヨタは、お世辞にもベスト・コンディションにあるとは言えない。彼はもうとっくの昔に、その車の下取り価格に対する興味など失っていたのだ。C・Jはトランクをあけた。内部の床にはカーペットが敷かれている。ビニール袋に穴をあけそうな鋭い突起は、どこにも見当らなかった。

あいにくと、ゴム手袋は持ってきていない。ビニール袋は素手で持ちあげなければならない。ヴァンの中の空気から顔を遠ざけるようにしながら、ナンシーは袋の表面に血の滴が滲《にじ》んでいないかどうか点検した。

「この袋の外側は消毒した？」彼女はヴォルトにたずねた。

袋の外側はクロロックス消毒液で洗った、とヴォルトは答えた。

息をつめて吐き気と戦いながら、ナンシーはビニール袋を持ちあげた。内部でサルの死骸が動いている。三人はトヨタのトランクの中に、一つずつそうっとビニール袋を積みあげた。サルの死骸の重さはそれぞれ五ポンドから十二ポンドくらいはあっただろうか。三つ合わせると、微生物危険レヴェル4の融解しつつあるサルの総重量は、約五十ポンドくらいになった。トヨタのボディ後部が、すこし沈んだ。

ナンシーは早くサルを解剖したくてウズウズしていた。エボラにかかったサルをビニール袋に入れて一日放置していたら、その袋はスープの袋になってしまう。

「じゃあ、後について走ってきてくれ。ポタポタと垂れるものがないかどうか、気をつけてな」
C・Jがジョークを飛ばした。

スペース・ウォーク

水曜日　一四：〇〇時

〝研究所〟に帰り着いたときには、午後の二時頃《ごろ》になっていた。C・J・ピーターズは建物の側面にある荷積み場のわきに車を止め、何人かの兵士に手伝わせて、エボラ室に通じる搬入用エアロック（気密室）にゴミ袋を運ばせた。ナンシーはナンシーで、パートナーの一人、ロン・トロッター中佐のオフィスに入っていった。防護服に着替えて、ホット・ゾーンに入る準備をしてちょうだい。あたしも後につづくから。二人はこれから、ホット・ゾーンで共同作業を行なうのだ。

危険レヴェル4に入るときの常で、ナンシーは婚約指輪と結婚指輪をはずして、デスクにしまった。それから、トロッターと共に廊下を進んでいった。AA—5室に通じる小さなロッカー・ルームにはトロッターが先に入り、ナンシーは廊下で待った。ライトがついて、トロッターが次のレヴェルに進んだことを知らせる。ナンシーがIDカードで身元確認センサーを撫《な》でるようにすると、ロッカー・ルームのドアがひらく。着衣を全部脱いでから長袖《ながそで》の手術衣を着ると、彼女は青い光を顔に浴びながら次のレヴェルに通じるドアの前に立った。ドアの隣にはもう一つ身元確認センサーがある。これは数字のIDコードをキーで叩《たた》く仕掛けになっている。IDカードは、このレヴェルより上の区域に持ち込むことはできない。汚染除去のプロセスで化学薬品を浴びると、溶けて使いものにならなくなってしまうからだ。したがって、ここを通り抜けるには、自分のIDコード・ナンバーを記憶していなければならない。

ナンシーが文字盤上で一連の数字を叩くと、中央コンピューターが、入室しようとしているのが〝ジャックス、ナンシー〟であることをチェックする。彼女の〝AA—5室入室資格アリ〟を確認したコンピューターはドアのロックを解除して、ブーッというブザーを鳴らす。そのまま入室してよい、と彼女に告げたのだ。ナンシーはシャワー室を通り抜けて浴室に入り、そこで白いソックスをはいてから、さらに奥に進む。そして、レヴェル3最終準備区域に通じる扉をあけた。

先行していたトロッター中佐と、そこで落ち合った。黒髪の、ずんぐりした体軀《たいく》のトロッター中佐とは、もう何年も仕事を共にしてきた仲だ。二人はいちばん下層の手袋をはめて、袖口をテープで貼《は》りつけた。それからナンシーは、耳の上に聴力保護器をとりつけた。しばらく前、防護服のヘルメット内を環流する空気の轟音《ごうおん》が聴力を損なうのではないか、という議論が起きたことがあって、それを契機に彼女は聴力保護器を装着しはじめたのである。防護服を着てジップロック式のジッパーをしめると、二人は相手の周囲をまわりながら、お互いの防護服の点検にとりかかった。その様子をだれかが見たら、試合開始直後の二人のレスラーを連想するかもしれない。二人はそうしてまわりながら相手の挙動に目を配り、とりわけ、鋭利なものを手に持ってないかどうかに注意するのだ。ホット・ゾーンで働くようになると、この一連の動作が本能的に身についてしまう。

防護服の点検を終えると、二人は最終準備区域を横切って大きな気密扉に歩み寄った。そこは搬入用エアロックで、ホット・ゾーンではなく外部の世界に通じている。二人は扉をあけた。エアロックの床には、七つのゴミ袋が置いてあった。

「この袋を、持てるだけ持っていって」ナンシーはトロッター中佐に指示した。

各自数個の袋を手に持つと、二人は最終準備区域を横切って、レヴェル4に通じる気密扉の前に立った。ナンシーはそこで、いくつかの用具の入っている金属製の盆をとりあげた。体が温まってきたので、フェイス・マスクの内側がくもっている。二人は気密扉をあけて、共に中に踏み込んだ。深く息を吸い込みながら、ナンシーは考えていた。グレイ・ゾーンを通り抜けてレヴェル4に入るのは、スペース・ウォーク（宇宙遊泳）に似ている。ただし、ここで踏み込むのは外部宇宙ではなく、こちらの防護服に入り込む機会をうかがう病原体がウョウョいる内部宇宙だけれども。この〝研究所〟では常時いろいろな人々が、とりわけ民間の動物飼育係が、レヴェル4に出入りしている。だが、未知の病原体に殺された動物の検《けん》屍《し》を行なうためにホット・ゾーンに入るのは、それとはちょっとちがうのだ。比較にならないくらい危険度が大きいのだから。

呼吸を整えて精神を集中し、突き当りの扉をあける。いったんホットな側に入ってから、彼女は手を後ろのエアロックの壁にのばして、化学消毒薬シャワーの鎖を引っ張った。これで、エアロックでは汚染除去が開始される。二人がそこを通り抜けた際、ホット・ゾーンから洩《も》れたかもしれない危険な病原体は、それによって完全に除去されるはずだった。

共にブーツをはくと、二人はサルの死骸を持ってシンダーブロックの通路を進んでいった。防護服の内部の空気がよどみはじめている。早くエアホースを嵌《は》め込まなければ。

最初に入ったのは、冷凍室だった。七つのゴミ袋のうち一つだけ残してあとは全部冷凍室に入れ、残した袋を検屍室に運ぶ。互いにぶつからないよう注意しながら、二人はエアホースを防護服に嵌め込んだ。とたんに流れ込んだ乾いた空気がフェイス・マスクの内面のくもりを吹き飛ばしてくれる。ナンシーには、聴力保護器のはるか向こうで空気の轟音が聞こえるように感じられた。二人は防護服の手袋の上から、また外科手術用の手袋をはめた。

ナンシーはテーブルの端にサンプル容器と検屍用の器具を置き、一つずつ数えていく。トロッターはゴミ袋をくくっていたひもをほどいて、口をあける。袋の中のホット・ゾーンが、外部のホット・ゾーンと融合した。二人は協力してサルの死骸を持ちあげ、解剖台にのせた。ナンシーは手術用のライトを点灯した。

くもりのない茶色の目がこちらを見あげる。その目は、ごく普通に見えた。赤くなってはいないし、白目も白目のままだ。澄んだ瞳《ひとみ》も、夜のように黒い。その瞳に、ライトの光が反映しているのが見えた。その目の奥、目の背後には何もない。もはや命は失われて、頭脳の働きのかけらもない。細胞は、すでにその機能を止めてしまっているのだ。

生物の肉体の細胞がひとたび機能を停止すると、それが復活することはもう二度とあり得ない。それは坂道を転がるように衰弱しはじめ、無秩序な混乱の中に崩落してゆく。ところが、ウイルスはちがう。ウイルスも勢いを失って死ぬことがあるのだが、その後何らかの生きた組織と接触すると、とたんに息を吹き返して増殖をはじめるのだ。

このサルの中で、いま唯一〝生きて〟いるのは未知のウイルスだ。それは、普通の意味では目下死んでいる。サルの細胞が死んでいるため、増殖も何もしていない。しかし、もし今後何かのはずみで、生きた細胞に、ナンシーの細胞に、接触すれば、それはとたんに生き返って増殖しはじめるだろう。基本的には、それは世界中の人間の中で増殖できるはずなのである。

ナンシーはメスを手に持った。手袋に包まれた指をなるべく刃に近づけないようにして、刃先をサルの腹部に沈める。そしてゆっくりと切り裂いていった。脾臓《ひぞう》は肥大して、革のように硬直していた。その感触は、サラミ・ソーセージに似ている。が、このサルの体内には出血性の損傷は認められなかった。腹の中はてっきり血の海だろうと思ったのだが、そんなことはなく、ごく正常だった。つまり、このサルはまだ体内に出血していなかったことになる。

このサルの死因がエボラだとすると、その徴候はさほど明瞭《めいりょう》とは言えない。彼女は小腸を切り裂いた。やはり、内部に出血は認められない。腸に異常はなかった。こんどは胃袋を調べてみた。すると、胃と小腸の接合部に、血の斑点《はんてん》の輪が認められた。これはエボラの徴候と言えるが、明瞭な症状ではない。エボラではなく、SHF（サル出血熱）の症状とも言えるからだ。結局、この検屍において内臓を目視したかぎり、このサルの体内にエボラ・ウイルスが存在すると断定するのは困難だった。

こんどはクーパー剪刀《せんとう》（刃先の鈍いハサミ）を手にとると、ナンシーは肝臓の一部を楔状《くさび》に切りとって、ガラスのスライドに押しつけた。ホット・ゾーンで使用を許されているガラス製品は、ガラス・スライドと試験管に限られている。ガラス製品は、もし何かの拍子に割れた場合、小さな破片が飛び散る危険があるからだ。この部屋にある実験用のビーカーは、すべてプラスティック製だった。

可能な限り体腔《たいこう》には触れぬようにして血をよけながら、ナンシーはゆっくりと検屍を進めていった。手袋は頻繁に新しいものと交換し、何度もエンヴィロケム消毒液で洗った。

トロッターがときどき彼女の顔に目を走らせる。彼はナンシーがやりやすいようにサルの体を広げ、血管を鉗子《かんし》でつまんだり、彼女の指示に応じて道具を手わたしたりしていた。二人は互いに相手の口の動きを読めるのだ。

「**鉗子**」彼女が口だけ動かして、鉗子を指差すと、トロッターはうなずいて鉗子を手わたす。二人はほとんど口をきかず、彼女はヘルメットの中の空気の音だけを聞いていた。もしかすると、このサルはエボラに冒されてはいないのかもしれない、と彼女は思いはじめていた。生物学にあっては、明瞭なものは何一つない。すべては混沌《こんとん》として、複雑にからみ合っている。何かを発見したと思って表層を一皮むくと、その下からもっと複雑な様相が現われる。およそ自然ほど単純さからほど遠いものはあるまい。いま正体を現わしつつあるこのウイルスにしても、ちょうど、灯ともし頃に空を横切るコウモリのようなものだ。自分の視野を横切ったと思うと、次の瞬間には、もう消えているのだから。

対決

水曜日 一四：〇〇時

ナンシーがサルの検屍《けんし》に没頭している頃《ころ》、C・J・ピーターズはフォート・デトリック基地本部の会議室にいた。その部屋では、いままさに、ウイルスに人生を賭《か》けた男たちの闘いがはじまろうとしていた。長方形のテーブルの周囲には、この世でエボラ・ウイルスの意味を理解している人間のほとんどすべてが顔を揃《そろ》えていたと言っていい。テーブルの首座についているのはラッセル将軍だった。長身の、いかにも強靭《きょうじん》そうな体軀《たいく》を制服に包んだ将軍は、会議の進行役をつとめていた。その会議がCDC（疾病対策センター）と陸軍の権力闘争に発展するのを、彼は望んではいなかった。と同時に、こんどの作戦の主役の座をCDCにさらわれるような事態も、彼は望んではいなかった。

そこには、ダーク・スーツに身を包んだダン・ダルガードもいた。傍目《はため》には落ち着き払っているように見えたが、内心は緊張し切っていた。顎《あご》ひげを生やしたジーン・ジョンスンは、無言で一座をねめまわしている。ヴァージニア州の公衆衛生課やフェアファックス郡の役人たちも、不安そうにすわっていた。エボラ・ウイルスの共同発見者で、ラッセル将軍が電話をかけたCDCの幹部、フレッド・マーフィーは、同じCDCの幹部、ジョーゼフ・B・マコーミック医師と並んですわっている。

ジョー・マコーミックは、CDCの特殊病原体研究室の主査である。この部門を創設したのはエボラ・ウイルスのもう一人の発見者、カール・ジョンスンだが、ジョンスンの引退にともなってマコーミックがその後を襲ったのだった。

マコーミックはかつて、アフリカで研究生活を送っていたことがある。黒い巻き毛、フィオルッチの丸い眼鏡《めがね》。整った顔立ちの、洗練された物腰の医師だった。彼は人を魅了する説得力の主である一方、聡明な野心家でもあり、頭の回転の速さと烈《はげ》しい気性を持ち併せている。おそらく、その場にいるだれもが羨《うらや》ましがるような偉業を、彼は成しとげていた。マコーミックはすでに、エボラに関する傑出した研究論文を発表していた。その場に居並ぶ面々とちがって、彼はエボラに感染した人間を自分の目で見、かつ治療した経験を持っているのである。

このマコーミックと、〝倶《とも》に天を戴《いただ》かざる〟人間がいるとしたら、それはC・J・ピーターズだっただろう。この二人の医師の間には、積年のライヴァル意識が燃えさかっていた。二人は共に、エボラを探してアフリカの僻地《へきち》を旅してまわった体験を持っている。そして二人とも、いまだに自然界におけるエボラの隠れ場所を発見するには至っていない。ピーターズ同様、ジョー・マコーミックも、時こそ到れり、の意気にいまは燃えていた。そう、自分はとうとうエボラに肉薄しつつある、こんどこそはあのウイルスを完膚なきまでに叩《たた》いてやるぞ、と。

会議は、ピーター・ヤーリングの状況説明からはじまった。モンキー・ハウスのサルに巣くっていると覚《おぼ》しい病原体の共同発見者であるヤーリングは、各種の図表や写真を用いて、それまでの経過を説明した。それから着席した。

次はダルガードが説明に立つ番だった。極度の緊張に包まれながらも、彼はモンキー・ハウスで観察した病気の症状を詳述した。説明が終る頃には、自分の緊張ぶりに気づいた人間はたぶん一人もいないだろうな、と思った。

その直後に立って発言を求めたのがジョー・マコーミックだったのだが、そのときの彼の発言内容はいまだに論議の的になっている。その発言の論旨については、陸軍の連中と別の人間とで、解釈が分かれているのだ。陸軍の連中によると、マコーミックはそのときピーター・ヤーリングのほうを向いて、要旨次のようなことを言ったのだという――ありがとう、ピーター、われわれに連絡してくれて感謝している。われわれ強者《つわもの》たちがきたからには、もう安心だ。きみは火傷《やけど》をする前に、安んじてこの件をわれわれに任せてかまわないぞ。アトランタのわれわれの本部には優秀な封じ込め施設がある。きみらの集めた材料とウイルスのサンプルを、こちらに渡してほしい。今後は、われわれが代わって対策を練るから。

つまり、マコーミックは自分がこの世でただ一人のエボラ専門家であるかのような言辞を弄《ろう》した、と陸軍の連中は見たわけである。マコーミックはこの事件の対策を陸軍から肩代わりして、ウイルスのサンプルを独占しようとしている、と彼らは思ったのだ。

マコーミックの発言を聞いているうちに、C・J・ピーターズは無性に腹が立ってきた。聞けば聞くほど、めらめらと怒りが燃えてきて、〝こんなに尊大で侮辱的な〟挨拶《あいさつ》はない、と思ったという。

当のマコーミックの証言は、それとは多少趣を異にしている。「レストンの事件に関して、こちらもお役に立とうと言ったのはたしかだよ」その件に関する電話取材をした私に、彼は記憶をたどりながら言った。「そんな感情的対立があったとは思えないんだがね。もし何らかの敵意が存在したとしたら、それはわれわれの側ではなく、彼らの側だったんじゃないのかな。その理由は、先方に聞いたほうが早いだろう。こちらは要するに、やあ諸君、よくやった、と言いたかっただけなんだから」

以前マコーミックは、陸軍のエボラ専門家、ジーン・ジョンスンを公然と批判したことがある。キタム洞窟《どうくつ》探検に多額の費用を投じながら、その成果を公刊しないのは問題だ、と疑問を投げかけたのだ。その批判の趣旨について、マコーミックはこう私に語った——「学者ならだれしも自分の実験結果を人に語りたがると思うんだ。その場合の方法は、やはり、それを公刊することだと思うんだね。わたしの批判は、決して言いがかりでもなんでもないと思う。第一、彼らは一般国民の税金を使っているんだから」つづけて、彼はこうも語った。「それに、陸軍のほうには、わたしくらいフィールド・ワークに時間をかけた者はいないはずなんだよ。とにかく、わたしはエボラが人間に感染したケースを実際に取り扱ってるんだからね。陸軍の連中でそういう体験をしている者は、いないはずなんだ」

マコーミックが誇りにしている体験とは、こういうものだ——一九七九年、CDCに、エボラが再び出現してスーダン南部を荒らしまわっている、という報が届いた。被害にあっているのは、一九七六年に流行したのとまったく同じ場所だった。このときの情勢は二重に危険だったと言えよう。なぜなら、当時スーダンでは内戦も進行していたからである——エボラが荒れ狂っている場所は、戦場でもあったのだ。

マコーミックは、人間の血液を採取して生きたウイルスをアトランタに持ち帰るという任務を、進んで志願した。ほかに同行を希望する者がいなかったので、マコーミックが一人でいくことになった（ここで思いだされるのは、その三年前の一九七六年にスーダンでエボラが流行した際、出張を命じられたCDCの医師が、最後の瞬間、恐怖のあまり、スーダン行きの飛行機に乗れなかったという事実である）。マコーミックを現地に運んだのは、怖《おじ》けづいた二人のパイロットが操縦するローカル航空の軽飛行機だった。彼らは日没時にザンデ村近くの滑走路に着陸した。しかし、パイロットたちは恐《こわ》がって飛行機を降りようとしない。周囲はどんどん暗くなりつつあった。結局パイロットたちは、滑走路に止まっている飛行機の操縦席で一夜を明かすことを決めた。翌朝の夜明けには離陸するから、と彼らはマコーミックに告げた。ウイルスはそれまでに発見しなければならないことになった。

バックパックを肩に担うと、マコーミックはエボラを求めて村に入っていった。すると、一軒の土の壁の小屋を村人たちが遠巻きにしていた。中からは、人間の苦悶《くもん》の声が聞こえてくる。入口は暗くて、中は見えない。が、そこにはエボラがいることを、マコーミックは直感した。バックパックを下ろして中をさぐり、懐中電灯をとりだした。が、あいにく電池が切れており、しかも、予備の電池を持参するのを忘れたことに彼は気づいた。だれか懐中電灯を持ってないだろうか、と彼は周囲の村人たちに訊《き》いた。一人の男がランタンを持ってきてくれた。そのランタンをかかげながら、マコーミックは小屋の中に踏み込んでいった。

そのとき彼の目に映ったのは、永遠に忘れられない光景だった。まず気づいたのは、自分に注がれているたくさんの赤い目だった。周囲には血の臭《にお》いがたちこめており、床に敷いた藁《わら》の上に何人もの男女が横たわっていた。なかには死への最終段階にさしかかって、痙攣《けいれん》を起こしている者もいた。硬直した体がわなわなと震え、目は反転して眼窩《がんか》に隠れている。血が鼻のみならず、肛門《こうもん》からも流れている。かと思うと、末期昏睡《こんすい》に陥って、ぴくりとも動かずに大量の血を流している者もいる。その小屋は、まぎれもないホット・ゾーンだった。

マコーミックはバックパックをあけて、治療に必要な用具をとりだした。ゴム手袋、紙の手術衣に同じく紙の手術用マスク、それに紙のブーツ。これは彼の靴を覆って血にまみれないようにするには必須の用具だった。支度を整えてマットに試験管と注射器を並べると、彼は血液のサンプルを採取しはじめた。苦しんでいる人たちに可能なかぎりの治療を施しつつ、彼は血液のサンプルを採取しながら、彼は夜を徹して働きつづけた。

そのうち、ある老婆の血液を採取している最中、彼女が突然発作を起こして暴れだした。狂ったように彼女が片手を振りまわした拍子に、注射針が抜けた。それだけならよかったのだが、血まみれのその針がマコーミックの親指に刺さってしまったのである。あっ、と思ったときには遅かった。こいつはまずいぞ。針は深々と刺さってしまった。ウイルスが彼の血流に入り込んだのは間違いない。

密林の背後の空が明るみはじめたとき、マコーミックは血液のサンプルの入った試験管を集めて飛行機に走り寄り、二人のパイロットに試験管を託した。問題は、彼自身、これからどうするか、だった。あの血まみれの針で刺された以上、エボラ・ウイルスに感染したことは間違いない。おそらく、もう四、五日すれば発症するだろう。いますぐスーダンを出て、診療施設の整った病院に駆けつけるべきだろうか？　それとも——二人のパイロットと飛び立つか、ウイルスと共に残るか、いまが決断の時だった。いったん飛び立ったら最後、そのパイロットたちはまず自分を拾いにもどってきてくれそうにはない。どこかの病院で自分自身の治療をしてもらうとしたら、出発するのはいまだ。けれども——と彼は思った——考慮に入れるべき要素がもう一つある。自分は医師であり、あの小屋で呻吟《しんぎん》している人々は自分の患者なのだ。

マコーミックは村に引き返した。自分がエボラに感染したのは確実だと思ったが、血液のサンプルをもっと採取したかった。それに、いずれ頭痛がはじまったら、そのときは無線で助けを呼べばいい。たぶん、飛行機が自分を拾いにやってきてくれるだろう。その日、彼は別の小屋で休息をとり、エボラ・ウイルスから守ってくれるかもしれない抗体を含有しているはずの血清を、自分に注射した——それは万一の場合に備えて、氷で冷やして携行していたものだった。これであとは、その血清が効果を発揮するのを祈るしかない。その晩、あの注射針に刺された瞬間が頭に浮かんで、彼はなかなか寝つけなかった。今頃はきっと、自分の血流の中でエボラが旺《さか》んな増殖を開始しているにちがいない。スコッチのボトルを半分ほどあけた末に、彼はどうにか眠ることができた。

それから四日間、マコーミックは土の小屋の中で、エボラの患者たちの治療に挺身《ていしん》した。が、頭痛は起きなかった。例の老婆がどうなるか、彼は鷹《たか》のような目で彼女を見守っていた。と、驚いたことに、四日目になって、老婆は回復したのである。彼女はエボラに感染してはいなかったのだ。おそらく、マラリアで苦しんでいたのだろう。彼女の起こした発作はエボラによるものではなく、たぶん、高熱でふるえていたのだろう。こうして彼は死を免れたのだった。

そしていま、フォート・デトリック基地の会議に臨みながら、ジョー・マコーミックは、エボラはそう簡単に伝染はしない、とりわけ空気伝染はしない、と信じていた。論より証拠、自分はあの土の小屋で、エボラの充満している空気を四昼夜にわたって吸いつづけたのに、感染しなかったではないか。エボラはそう容易に伝染する病気ではないのだ、と彼は確信していた。エボラは、陸軍の連中が信じているほどには危険な病気ではない、というのが彼の見解だった。

ダン・ダルガードが、居並ぶエボラの専門家たちに質問した。「そちらに組織のサンプルをお渡ししたら、ウイルスが含まれているかどうかの検査結果はどれくらいで出ますか？」

C・J・ピーターズが答えた。「一週間はかかるね。いまはそれしか言えんな」

すると、マコーミックが口をひらいた。「いや、ちょっと待ってくれ——こちらはエボラの新しい検査法を編み出したんだ。これだと十二時間で結果が出るはずだよ」

だから、組織とウイルスはCDCに預からせてもらえないだろうか、というわけである。

C・J・ピーターズはマコーミックの顔を睨《にら》みつけていた。彼は怒り心頭に発していた。エボラのスピーディな検査法などあり得ない、と彼は信じていた。マコーミックのやつはウイルスを独占しようとして、ハッタリをきかせているのにきまっている。やつはウイルスの管理権を賭けたポーカー・ゲームで、ブラフに出ているようなものだ。そうは思いながらも、ピーターズは対応に苦慮していた。ここでは、そうめったなことは言えない。州の衛生当局の役人たちがいる前で、〝そいつは嘘《うそ》だろう、ジョー〟などとは言えないではないか。

ピーターズは声を張りあげて言った。「恐ろしい疫病の流行という不幸な事態を、新しい検査法のテストに利用しようというのは、どんなもんかね」

つづけて彼は、こういう論陣を張った——そもそも疫病の発生した現場にどちらが近いかといえば、アトランタのCDCよりはフォート・デトリック基地である。したがって、サンプルを管理してウイルスを分離する役目は陸軍が担うほうが適切ではないか。

彼がそのとき――わざわざ相手を口惜しがらせることもないので――口に出さなかったのは、目下七匹のサルの死骸がナンシー・ジャックスの手で検査されている、という事実だった。そうして彼らが議論している間も、彼女はサルの体に探査のメスを入れているはずなのだ。それに陸軍はいま、そのウイルスの培養も進めている。こういう場合ものを言うのは、いま、だれが何を確保しているか、だ。そして陸軍はいま、肉とウイルスを確保していた。

マコーミックの隣にすわっていたもう一人のCDCの代表、フレッド・マーフィーは、自分たちの不利を自覚しはじめていた。マコーミックのほうに身を寄せると、彼はささやいた。

「落ち着けよ、ジョー！　ここは我慢が肝心だ。数では向こうのほうが優勢なんだから」

フィリップ・ラッセル将軍は、それまで超然として議論に加わらず、無言で成り行きを見守っていた。が、いまが自分の出番だと判断したらしい。雷のような大声ながらも冷静な口調で、ここは双方妥協することだな、と彼は言い渡した。危機管理を双方で分担してはどうか、というのが彼の提案だった。

妥協が必要なことは、双方が感じていた。マコーミックとピータースが無言で睨み合っているのをよそに、将軍とフレッド・マーフィーは妥協の具体的な内容をとりきめた。まずCDCは、このウイルスが人間界に飛び火した場合、その対策を担当する。したがって人間の患者が生じた場合、その診療はCDCの管轄とする。一方陸軍は、疫病発生の根源地であるモンキー・ハウスを担当することとし、サルの処理を受け持つ。以上が陸軍とCDCの妥協の内容だった。

作戦任務

水曜日　一六：三〇時

C・J・ピーターズ大佐は、これで正式に行動を起こす認可を得た、と判断した。会議が終ると同時に、彼は部隊の編成に着手した。最初に決めなければならないのは、兵士と民間人から成るチームを率いてモンキー・ハウスに出動する現場指揮官である。この際重要なのは、軍事行動の可能なチームの編成だった。

この任務を遂行する指揮官に関しては、すでに意中の人間がいた。ナンシー・ジャックスの夫であるジェリー・ジャックス中佐。彼をおいてない。バイオハザード用防護服はまだ一度も着たことのないジェリーだが、〝研究所〟における獣医部門の主査であるし、それよりも何よりも、彼はサルを熟知している。兵士と民間人から成る彼の部下は、こんどのような任務には不可欠な存在だ。サルを扱う訓練を受けている連中は、ほかにいないのだから。C・Jはさっそくジェリーのオフィスに赴いた。ジェリーはきょうも輪ゴムを嚙《か》みながら、窓の外を眺めていた。C・Jは言った。「ジェリー、実はレストンで難問が持ちあがってね」

〝難問〟とは、ホットなウイルスを指す符牒《ふちょう》である。「目下の状況では、そのモンキー・ハウスに出動して、サルを始末する以外なさそうだ。それを、微生物危険レヴェル4の対策要領で実施したい」

兵士と民間人から成るチームを至急編成して、二十四時間後には防護服着用で出動できる態勢を整えてくれ、と彼は指示した。

C・Jが立ち去ると、ジェリー・ジャックスはジーン・ジョンスンのオフィスに赴いて、自分が作戦任務の指揮官に任命された、と打ち明けた。それにしても、ジョンスンのこのオフィスの乱雑ぶりはどうだろう。ジーンのような巨漢がどうしてこんな書類の山の中にすわっていられるのかと、ジェリーは感心した。

ジェリー・ジャックスとジーン・ジョンスンは、さっそくバイオハザード作戦のプランを練りはじめた。まずは、モンキー・ハウス内の一室だけを処理して、それが他のサル室に及ぼす効果を見きわめる。それによってウイルスが広まりつつあるのかどうかを確認しよう、というわけである。二人はこんどの作戦における各要素の優先順位を決定した。

優先順位　1　人間の安全。

2　最小限度の苦痛と共に、サルを安楽死させること。

3　ウイルスの確認と、その感染経路を究明するため、各種の医学的サンプルを収集すること。

もしチームが適切に任務を遂行すれば、ワシントン近郊の住民たちに被害が及ぶことはあるまい、とジーン・ジョンスンは見ていた。彼は眼鏡《めがね》をかけると、顎《あご》ひげが胸に押しつけられるのもかまわず、書類の上にかがみこんで、めくりはじめた。自分はモンキー・ハウスの中に入るのは遠慮させてもらおう、と彼はすでに決めていた。それだけは、もうごめんだ。サルが死ぬところを、自分は何度も見てきた。これ以上はもうごめんこうむりたい。

いずれにしろ、こんどの作戦における彼の任務は、出動に必要な装備と人員を確保し、作戦終了後、隊員と装備とサルの死骸の安全な撤去を実現させることにある。

ジョンスンにはリストがあった。キタム洞窟《どうくつ》に携行した装備類の長いリストが、とってあったのである。低く悪態の言葉を洩《も》らしながら、彼は書類をかきまわした。アフリカに持っていった、文字どおり数トンもの装備の備えが彼にはあった。それをすべて〝研究所〟の、だれにも見つかるおそれのない場所に隠してあるのだ。

ジーンは気負いと同時に、不安も覚えていた。エボラ・ウイルスにまつわるあの悪夢、防護服にあいたごく小さな穴からエボラを含んだ液体がしみとおってくるという悪夢に、彼は依然としてまとわりつかれていた。くそ、エボラに触れた、と思いつつ目覚めることがいまだによくある。彼が過去にエボラとマールブルグを捜してアフリカを歩きまわった年数を足せば、十年近くになるだろうか。それはおおむね徒労に終ったと言っていい。それがなんと、ここにきて突然、あの属の一種がワシントン近郊に出現したのだ。お気に入りの格言がよみがえってきた――〝チャンスは日頃《ひごろ》準備を怠らない人間に訪れる〟。そのチャンスがとうとうやってきたのだ。キタム洞窟で役立ったものは、たぶん、モンキー・ハウスでも役立つだろう。考えてみると、あのモンキー・ハウスはキタム洞窟にそっくりではないか。まず、あのモンキー・ハウスも閉鎖的な空間であるということが一つ。空調システムが故障しているので、そこでは空気もよどんでいる。しかも、至るところに糞《ふん》がこびりついているにちがいない。そして、床のあちこちにたまった尿。あのモンキー・ハウスは、まさしくワシントンの近くに生れた〝ホットな洞窟〟だ。その〝洞窟〟に出入りした人間の中には、今頃ウイルスに感染した者もいるかもしれない。

さしあたって、こんど編成されるチームをどうやって〝洞窟〟に出入りさせればいいか？　まずは〝最終準備区域〟を設ける必要が生じるだろう。適切な化学薬品のシャワーを備えた気密室――グレイ・ゾーン――も必要になる。とにかく、あの建物のどこかにレヴェル4に属するウイルスが棲《す》みついているのはたしかなのだ。それは成長し、増殖して、宿主の体を〝料理〟している。宿主はサルだ。それと人間も、すでに餌食《えじき》になっているかもしれない。

水曜日　二〇：〇〇時

ユーサムリッドを後にしたダン・ダルガードは、午後の八時頃、リーズバーグ・パイクに面した自分の会社に車で帰り着いた。同僚たちはみな引きあげた後らしく、社内はガランとしていた。まずは自分のデスクを片づけた。パソコンのスイッチを切り、〝観察経過〟と題した日記の入っているフロッピー・ディスクをとりだして、ブリーフケースにしまう。玄関の警備員におやすみを言って、帰途についた。途中、今夜はおそくなるから、と妻に断わってなかったのを思いだし、ジャイアント・フード・スーパーに立ち寄って、カーネーションと菊をどっさり買い込んだ。

帰宅すると、ディナーを電子レンジで温め直してから、妻のいる居間に移った。ダルガードは疲れていた。暖炉にもう一本薪《まき》をくべると、彼は時計修理台の隣に置いてあるパソコンに向かった。フロッピーを挿入して、キーを打ちはじめる。最新の出来事を、彼は日記に書きはじめた。

それにしても、なんと多事多端な一日だったことか。すべての出来事を順を追って思いだすのは一苦労だった。まず朝には、ジャーヴィス・パーディというサルの飼育係が入院したことを知らされた。心臓発作を起こしたのだという。その後の経過は順調らしく、病状が悪化したという知らせはない。ジャーヴィスがエボラに感染している可能性を、自分は病院に通報すべきだっただろうか？　彼が事実エボラに感染していて、それが病院内に広まった場合、自分は責任を問われるだろうか？　まずい！　明日の朝一番でだれかを病院にやって、実情をジャーヴィスに知らせよう。もし彼がテレビや新聞のニュースで事実を最初に知ってしまったら、第二の心臓発作も起こしかねない！

それ以後自分のとった措置には誤りがなかったはずだ、とダルガードは思った。他の飼育係にはマスクの装着を指示し、エボラとマールブルグの人間への感染の仕方について、いま現在わかっていることを伝えた。と同時に、モンキー・ハウス内での活動は、日に一度の投《と》餌《じ》、観察、それにサル室の掃除のみに限るよう指示しておいた。リーズバーグ・パイクに面したヘイズルトン社の実験室のスタッフ――サルの血液と組織のサンプルを扱っていた――には、サルを扱う際、そのサルがエイズにかかっていると思うくらいの注意深さで取り扱うよう指示した。

そうだ、うちの会社からサルの提供を受けている各研究所に対しても、もし異様な死をとげたサルが現われたらCDC（疾病対策センター）に通報するように、通知しておかなければ。そう言えば、モンキー・ハウスの空調システムの修理にあたった連中が、感染した可能性はないのだろうか？　ランドリー・サーヴィスはどうだろう？　最近、電話の修理屋は出入りしなかっただろうか？　もしかすると、先週――いや、正確にいつだったかは思い出せない。ああ、くそ！　ほかに何か忘れていることはないだろうか？

ダルガードがなおも綿密に一日の出来事をパソコンに打ち込んでいると、電話が鳴った。ナンシー・ジャックスからだった。かなり憔悴《しょうすい》した声だった。たったいま七匹のサルの検屍《けんし》を終えたところだという。判明した結果は、SHF（サル出血熱）かエボラのどちらかだと思う、と彼女は言った。そのどちらかか、あるいはその両方かもしれない。彼女の伝える検屍結果は、どこか曖昧《あいまい》だった。

偵 察

十一月三十日 木曜日

翌朝目を覚ましたとき——感謝祭からちょうど一週間後の木曜日——ダン・ダルガードの肚《はら》は固まっていた。ウイルス発生の中心地であるH室の清掃を、陸軍に任せよう。彼はC・J・ピータースに電話して、モンキー・ハウスに入る許可を陸軍に与えた。バイオハザード作戦に青信号が出たという報は、瞬く間にユーサムリッドに広がった。

ジェリー・ジャックス中佐はさっそく会議をひらくことを決め、部下の士官全員と二人の下士官を召集した。彼らはナサニエル（〝ネイト〟）・パウエル少佐、マーク・ヘインズ大尉、スティーヴン・デニー大尉、カーティス・クラーゲス軍曹、それにトマス・エイメン軍曹という顔触れだった。それに加えて、民間人の動物飼育係、マール・ギブスンも会議に参加した。以上の顔触れが、ジャックス中佐のチームの中核を構成することになる。

最初に、ジェリー・ジャックスはさりげなく切りだした。「きみたち、レストンにいきたくないか？」

部下の中にはレストンの一件を聞いてない者もいたので、ジェリーは説明を加えた。「そのモンキー・ハウスに、安楽死させる必要のあるサルが何匹かいるんだ。それで、きみたちにその任務を遂行してほしいんだがね。どうだろう、参加してくれるか？　やってくれるかい？」

その場の全員が、ぜひやりたい、と答えた。たぶん、ナンシーも参加することになるだろうな、とジェリーは思った。となると、明日は自分と妻の両方が、同時に、あの建物の中に入ることになる。子供たちは明日、自分たちだけで食事をしなければなるまい。

このチームの具体的な任務は、以下のようなものになるはずだった――まずモンキー・ハウス内に入り、その中の一室のサルを殺す。それから、肉体組織のサンプルを、分析のため〝研究所〟に持ち帰る。その任務は、レヴェル4微生物封じ込めのルールに則って、防護服着用で行なう。作戦開始の時刻は、明朝〇五：〇〇時。それまでに、もう二十四時間の余裕もない。目下ジーン・ジョンスンがバイオハザード用の装備を準備しているはずだった。

ジーン・ジョンスンは車でヴァージニアに向かい、午前十時頃《ごろ》にモンキー・ハウスに到着した。その建物を偵察し、全体の間取りを把握して、〝エアロック〟やグレイ・ゾーンをどこに配置するかを決めるのが目的だった。それと、特別チームを建物内に送り込む方法も考えなければならない。彼には戦闘服姿のクラーゲス軍曹も同行していた。二人の車が駐車場に入ると、モンキー・ハウスの前に駐車中のテレビ局のヴァンが目に入った。ニュースキャスターと撮影クルーが、コーヒーを飲みつつ何事か起きるのを待っている。それを見て、ジーンは不安になった。すでにマスコミが何かを嗅《か》ぎつけて動きだしているのはわかっていたが、彼らはまだ事件の核心をつかんでいないはずで、ユーサムリッドも今後、詳《くわ》しいことは一切公表しない予定だった。

ジーン・ジョンスンとクラーゲス軍曹は、低いレンガ造りの建物のそばのモミジバフウの木の下に車を止めて、入口の扉をくぐった。扉をあけた瞬間、二人は猛烈なサルの臭気に圧倒されそうになった。こいつはひどい、とクラーゲス軍曹は思った。まいったね――防護服を着なきゃまともに歩けたもんじゃないぜ。

内部には、サルの放つ悪臭が充満していた。何かしら醜悪なことが、ここでは起きているらしい。この建物全体がウイルスに汚染されているかのようだ。あらゆる表面にウイルスがとりついているのかもしれない。飼育係がサル室に入るのを恐《こわ》がったため、各室の檻《おり》はもはや汚れ放題だったのである。

二人はビル・ヴォルトを見つけて、明日特別チームがモンキー・ハウスに入る最上の方法を決めるため、内部を偵察したいのだ、と申し入れた。彼らはヴォルトの部屋で話していた。ヴォルトに椅子《いす》を勧められても、二人はすわろうとしなかった。そのオフィス内にあるものは何だろうと、素手でさわりたくなかったのだ。ヴォルトはキャンディの愛好者であることに、二人は気づいた。ライフ・セイヴァーだの、ビット・オ・ハニーだの、チョコレート・スニッカーなどで一杯の箱を、ヴォルトは二人にさしだしてくる――「よろしかったら、どうぞ」

クラーゲス軍曹は、恐怖の眼差《まなざ》しでその箱を見やりながら呟《つぶや》いた。「いや、けっこう」それをさわるのすら、彼は怖かったのだ。

ジーンは、サル室のある区画に入ってH室を見せてもらうことにした。H室は建物の奥にあるという。だが、そこまでいくのに、この建物内を縦断している通路を通り抜けたくはない。この建物内の空気は、できるだけ吸い込みたくない。あちこち見ているうちに、建物の奥に通じる別のルートを発見した。すぐ隣のオフィスは、もうだいぶ前に空き部屋にされたらしく、ガランとしていた。電気も切断されていて、天井の板が剝落《はくらく》しかけている。ジーンは懐中電灯をとりだして、暗い部屋の内部を照らした。こいつはまるで、爆撃された区域みたいだな、と彼は思った。

そのうち、後ろのほうからモンキー・ハウスに入る扉が見つかった。それは倉庫に通じており、その向こうに、さらに奥深くモンキー・ハウスに入ってゆく通路があった。この建物全体の間取りが、ジーンにはようやく読めてきた。前後を扉で遮断されているこの通路は、〝エアロック〟に適している。倉庫は、〝最終準備区域〟に向いているだろう。チームの面々がここで防護服に着替えれば、テレビ・カメラに見つかることもあるまい。一枚の紙に、ジーンは地図を描いた。

全体の間取りがおおよそ頭に入ったとき、ジーンは建物の前部にまわって、この建物の後部を完全に封鎖してほしい、とサルの飼育係たちに要請した。ホット・ゾーンであるH室から、ウイルスが建物の前部に漂って各オフィスに浸透するような事態を、彼は避けたかったのである。汚染された空気がオフィスに浸透する度合いを、可能な限り低めたかったのだ。建物の前部から、後部のサル室に直接通じている扉は一つ。彼らはそれを、軍事用の茶色い粘着テープで密封した。それが、ホットなウイルスに対する一番目の防衛線になる。ジーンはサルの飼育係たちに説明した――今後は、このテープを決して破らないように。H室の掃討が終るまでは、陸軍の兵士以外だれも後部の部屋に入ってはならない。

そのときジーンが見落していたことが一つあった。実は、後部の部屋に入るルートはもう一つあったのである。密封されたその扉を通らなくとも、後部のホット・ゾーンにいく方法があったのだ。

午前十一時半、ナンシー・ジャックス中佐とC・J・ピーターズ大佐はリーズバーグ・パイク沿いのヘイズルトン・ワシントン社のオフィスに到着した。ダン・ダルガードに会ってから、病気のサルの組織や血液に触れたヘイズルトン社の実験室の従業員たちと話し合うためだった。エボラが人間にも広まった場合の対策はCDC（疾病対策センター）の管轄になったので、ほぼ同じ頃、ジョー・マコーミックもヘイズルトン社のオフィスに到着した。

実験室の従業員たちは、サルの血液や肉体組織を扱って、各種の検査をしたという。その大部分は女性で、なかには恐怖のあまりパニックに陥りかけている者もいた。実はその朝のラッシュアワー時、彼女たちがちょうど出勤してくる途中、ラジオでこんどの一件に関するニュースが流れたらしいのだ。アナウンサーは、かつてアフリカで何十万もの人がエボラで死んだ、と伝えたという。とんでもない誇張だったが、マスコミの連中がまだ事件の真相を明かされていないのも事実だった。大袈裟《おおげさ》な報道を聞いた女性たちは、自分たちはもうすぐ死ぬのではないかと思い込んでいた。

「ラジオでは恐ろしいことを言ってましたよ」と、彼女たちはジャックスとマコーミックに訴えた。

ナンシー・ジャックスの記憶しているところでは、ジョー・マコーミックが、彼女たちをなだめようとして最善の努力をしたという。ところが、アフリカでエボラを探索した体験まで彼が話しだすに及んで、女性たちはますます怯《おび》えてしまったらしい。

一人の女性が立ちあがって、言った。「アフリカであなたがどんな活躍をしようと、そんなことはどうでもいいわ。知りたいのは、あたしたちが発病するかどうかなんです！」

当のマコーミックは、自分がそんな話を彼女たちにした覚えはないという。彼は私にこう語った。「わたしはそんな話はしてないよ。エボラの話を彼女たちにしたのは、ナンシー・ジャックスだったと思うがな」

ナンシーの記憶では、マコーミックに代わって彼女が話しはじめると、従業員たちは目だっておとなしくなったという。女性の軍人ということで、彼女たちも親近感を覚えたのだろうか。ナンシーは彼女たちに訊《き》いた。「あなたたちの中で、試験管を割ってしまった人はいる？　注射の針を自分の指に刺してしまったとか、自分の手を傷つけてしまったとか、そういう人はいますか？」

手をあげる者は、いなかった。

「それならみんな、心配要《い》らないわ」ナンシーは彼女たちに請け合った。

それから数分ほどして、ダン・ダルガードがC・J・ピーターズのほうを向いて言ったという。「じゃあ、これから検疫所にいって、サルを見てみますか？」

とうとうモンキー・ハウスを自分の目で見るチャンスが、C・Jとナンシーにも訪れたのだった。

彼らは車でモンキー・ハウスに向かった。その頃には、すでにジーン・ジョンスンの手で後部の部屋のいくつかが封鎖され、正面入口の扉も粘着テープで密封されていた。ナンシーにC・J、それにダン・ダルガードは、建物の裏手にまわってゴム手袋と紙の手術用マスクを装着すると、病んだサルたちを見にH室に踏み込んだ。ナンシーとC・Jは、建物をとり巻いている飼育係たちが、ダルガードの指示に従わずにガーゼのマスクをかけていないのが気がかりだった。自分たち二人にガーゼのマスクを差しだしてくれる者もいない。二人は心穏やかではなかったが、何も言わなかった。郷に入れば郷に従うほかない。ガーゼのマスクを要求して彼らの反感を買うようなことはしたくなかった。とにかく、いまはようやくこの目でモンキー・ハウスを見る機会をつかんだところなのだから。

H室に入ると、ダルガードは病気のサルを指差して選《よ》り分けはじめた。「これは発病している。あれもそう。こっちのやつも発病しているようだ」

どのサルも元気がなく、おとなしかったが、ときどき檻をつかんで揺さぶってみせる。ナンシーはなるべく檻と距離を保って、息をあまり深く吸い込まないようにしていた。サルの臭いを肺の奥まで吸い込みたくなかったのだ。

すでに多くのサルが死んでおり――空いている檻がかなり目立った――明らかに発病していると思われるサルがすくなくない。彼らは一様に虚ろな表情で檻の奥にすわっていた。餌《えさ》を食べているサルはほとんどいない。鼻水を出しているサルも何匹か、ナンシーは見かけた。彼女はサルと目を合わせないように心がけ、つとめて堂々とした態度をとるようにしていた。なぜなら、サルにすこしでも見下されると、唾《つば》を吐きかけられる恐れがあるからである。しかも彼らは唾の的を絞るのがうまく、好んでこちらの顔に狙いをつける。何より恐ろしいのは、こちらの目に吐きかけられることだった。どういうわけか、エボラは、目に対して特別の愛着を抱いている。エボラの粒子がほんの四、五個、目蓋《まぶた》に付着しただけで、おそらく一巻の終りだろう。

ナンシーはもう一つ、恐ろしいことに気づいた。そのサル室のサルは、どれも鋭い犬歯を備えているのだ。ヘイズルトン社は、それらのサルの犬歯にやすりをかけて鈍磨させる暇がなかったらしい。眼前に見るサルの犬歯は、どれも獰猛《どうもう》な番犬のそれのように大きい。それはナンシーの胸に、新たな懸念を呼び起こした。

それでなくとも、サルは格闘に長《た》けているのだ。彼らは驚くほど敏捷《びんしょう》に走れるし、かなり長い距離を跳躍できる。しかも、尻尾《しっぽ》を鞭《むち》か鉤《かぎ》のように使えるのである。おまけに、サルには知能がある。猛り狂ったサルは、肢《あし》を五本備えたドーベルマンのようなものだわ、とナンシーは思った——彼らは難なく人間を打ち負かせるのだ。サルは人間の顔と頭に攻撃を集中する。人間の頭に四肢でつかみかかってから、尻尾を首に巻きつけて離さないようにする。それから、鋭い歯で顔に嚙《か》みつく。なかでも、目に狙いをつける。たまたまそのサルがエボラに感染していたら、たまったものではない。体重十ポンドのサルは、身長六フィートの人間と優に互角に渡り合えるだろう。サルは人間の全身に攻撃を加える。戦いが終る頃、人間の側は体中に数百針も縫わなければならない傷をこしらえたあげく、失明しているかもしれない。

ナンシーの脳裡《のうり》に、夫の顔が浮かんだ。ジェリーの率いる特別チームは、一瞬の油断も禁物だ。さもないと、とんでもないことになる。

その晩、ジェリーは一人で車を運転して帰宅した。ナンシーはサルの組織の分析をつづけるため、再び防護服を着て実験室にもどったのだ。終るのがいつになるのか、彼には見当がつかなかった。

自宅で制服から着替えていると、電話が鳴った。カンザスにいるナンシーの弟からだった。ナンシーの父親の容態が急に悪化し、もう長くもちそうにない、という。いつでも葬儀のために帰郷できるよう、ナンシーに心の準備をしていてほしい、とのことだった。ナンシーは今夜残業でね、とジェリーは説明し、必ず伝えておくから、と約束した。

それから彼は息子のジェイスンをつれて、ワシントンの方角に三十分ほどドライヴし、体育館で練習に励んでいたジェイミーを拾った。そろそろ夕食の時間だった。今夜はマクドナルドにしよう。母親を除いたジャックス一家は、テーブルについた。食べながらジェリーは、ママの帰りが遅い理由を子供たちに説明した。「明日の朝、パパとママは防護服を着て、ある民間の施設にいかなきゃならないんだ。重大な事件が起きたもんでね。サルが何匹か、重い病気にかかったんだ。それが、ある種の緊急事態に発展しそうなんだよ。パパとママは明日の朝早く家を出て、帰りも遅くなるかもしれない。だから、明日はおまえたち二人で食事をしててくれないかな」

二人の子供は、そう驚いた様子でもない。

ジェリーはつづけた。「実はね、そのサルたちから人間にも病気がうつるかもしれないんだ」

「でも、そんなに危険なわけじゃないんでしょ」チキン・ナゲットを食べながら、ジェイミーが言う。

「まあね、それほど危険なわけじゃない。危険というより、興奮で胸がワクワクするという感じかな。とにかく、パパとママはいま、そういう仕事をしているわけさ」

その事件のこと、テレビでやってたよ、とジェイスンが言う。すでにニュースで流れたらしい。

「ママがいましているのは、普通じゃ考えられないようなことなんだ」息子に言ってから、しかし、それをこの子に信じさせるのはむりだな、とジェリーは思った。

家に帰り着いたのは、九時半頃だった。ところが、子供たちはなかなか寝ようとしない。ひょっとすると――と、ジェリーは思った――子供たちは子供たちなりに微《かす》かな不安を覚えているのかもしれない。それをどう表現していいのか、わからないのかな。それはなんとも言えなかった。案外、今夜は怖いママがいないから、好き勝手なことをするチャンスだ、と思っているのかもしれないし。

ママが帰ってくるまで寝ないで待ってるからね、と二人は言う。ジェリー自身もそうするつもりだった。それぞれにパジャマを着させると、彼は二人の子供を寝室につれてきた。ジェイミーとジェイスンは、ウォーター・ベッドの、いつもナンシーが寝る側に丸くなった。部屋の隅にはテレビがある。十一時のニュースがはじまった。あのモンキー・ハウスの前にニュースキャスターが立っていて、アフリカで死んだ人々のことを話している。その頃には、二人の子供はぐっすり寝入ってしまった。死んだ弟のジョンのことをしばらく考えてから、ジェリーは読む本をとりあげた。

午前一時頃、彼がまだ起きているうちに、ナンシーが帰ってきた。彼女はレヴェル4から出てくる途中シャワーを浴びて髪も洗ってきたらしく、爽やかな、すっきりした顔をしていた。

家事のし残しがあるかどうか、彼女は家の中を見てまわった。一つあった。ジェリーはペットの動物たちに餌を与えるのを忘れていたのだ。ナンシーは犬と猫に餌をやり、飲む水を替えてやった。オウムのハーキーの様子も見てみた。猫に餌が与えられたのを見た瞬間から、ハーキーは騒々しく鳴きはじめていたのである。自分もかまってもらいたくてしょうがないのだ。

「マミー！　マミー！」止り木に逆さにぶらさがったハーキーは、狂ったように笑っては、「いけない鳥！　いけない鳥！」と叫ぶ。

鳥籠《とりかご》から出して頭を撫《な》でてやると、ハーキーはこちらの肩に乗り移ってくる。ナンシーはその羽を指ですいて整えてやった。

こんどは子供たちを、それぞれの部屋にもどさなければ。二階の夫婦の寝室にもどり、夫の隣で寝ているジェイミーを抱えあげると、彼女の寝室まで運んでベッドに寝かせつけた。ジェリーはジェイスンを抱えあげて、彼の寝室まで運んだ――ジェイスンはもう大きくなりすぎて、ナンシーの手には負えないのである。

夫と並んでベッドに横たわると、ナンシーは言った。「これは直感なんだけど、あのH室だけにウィルスを封じ込めるのは不可能なような気がするわ」

空中を伝わって他の部屋にも移動するのではないかと心配だ、と彼女は話した。あのウィルスの感染力の強さからいって、一つの部屋だけに留まっているとはとうてい考えられない。あるときジーン・ジョンスンのいった言葉が彼女の脳裡によみがえってきた――「過去にエボラがどんなことをしたか、本当のところはまだわかっちゃいないのさ。将来どんなことをしでかすかも、わからんしね」

そのうちジェリーが、ナンシーの父親の容態が急変したことを明かした。さすがにナンシーは良心の呵責《かしゃく》を覚えた。実の父親がいまにもこの世を去ろうとしているのに、娘のあたしがそばにいてあげられないなんて。父親に対する最後の義務感に、彼女は責めさいなまれた。いっそこのサル騒動から手を引いて、飛行機でカンザスに駆けつけようか。しかし、冷静に考えると、こんどの作戦における任務を完遂することこそ自分の果たすべき本当の義務ではないか、という気がする。父親はきっともうすこし頑張ってくれるだろう、というほうに、彼女は賭《か》けることに決めた。

第三部

制　圧

SMASHDOWN

進　入

十二月一日　金曜日

目覚し時計のベルが四時半に鳴った。ジェリー・ジャックスはすぐ跳ね起きて、ひげをあたり、歯を磨いた。服を急いで着ると、彼は家を飛びだした。チームの面々は私服で集まることになっている。余計な人目を引くことは、極力避けなければならないのだ。迷彩の軍服や防護服を着た兵士たちが街頭に集合したりしたら――いっぺんで街にパニックが起きてしまうだろう。

ジェリー・ジャックスは五時頃《ごろ》に〝研究所〟に着いた。空にはまだ一条の明るみも射《さ》していない。本部側面の荷積み場のかたわらに、投光照明の下、早くも一群の人影が集結していた。氷点下にさがった前夜来の厳しい寒気がつづいていて、男たちの吐く息が白かった。

この微生物戦争の軍師とも言うべきジーン・ジョンスンは、荷積み場に並べられた軍事用迷彩トランクの間を行きつ戻りつしている。それらのトランクには、キタム洞窟《どうくつ》から持ち帰った各種の装備が詰め込まれていた――野外用防護服、バッテリー、ゴム手袋、手術衣、注射器、注射針、薬品、解剖用道具、懐中電灯、人間の手術用道具、クーパー剪刀《せんとう》（刃先の鈍いハサミ）、サンプル容器、プラスティックのボトル、組織固定薬、赤いバイオハザード・マークのついた処置袋、そして防護服その他汚染除去を要するものに消毒液を噴きかけるための園芸用ハンド・ポンプ式噴霧器。コーヒーのカップを手に、ジーンは兵士たちに笑いかけながら吠えるように言った。「わたしのトランクにさわらんでくれよな」

そのうち、何のマークもついてない一台の白いヴァンが現われた。ジーン・ジョンスンは、一人でそのヴァンにトランク類を積み込むと、レストンに向けて出発した。彼が制圧部隊の第一波だった。

その頃には、付近一帯の新聞スタンドに『ワシントン・ポスト』の朝刊が出まわっていた。その一面には、モンキー・ハウスに関する記事が大きく載っていた。

ヴァージニア州で恐怖のエボラ・ウイルス発見
実験用のサルが感染か

人間にとって最も恐ろしいウイルスの一つが、史上初めてアメリカ本土に現われた。レストンの実験室がフィリピンから輸入したサルの中に、このウイルスに感染したものが現われたのである。

伝染病に関する州、並びに連邦当局のトップ・レヴェルの専門家から成る特別対策班は、昨日、長時間の会議を行ない、恐るべきエボラ・ウイルスの感染経路と、すでに感染した可能性のある人間を追跡する手段に関し、綿密な方針を策定した。その中には、サルの世話にあたった実験室の従業員、並びに、サルに近づいた可能性のある人間との面談も含まれている。なお、予防措置の一環として、問題のサルのグループはすでに一匹残らず殺された。

州、並びに連邦の公衆衛生当局者は、人間がこのウイルスに感染した可能性について、否定的な見解を明らかにした。このウイルスの致死率は五十パーセントから九十パーセントであり、その犠牲者と直接接触した場合、感染の可能性が非常に高いという。いまのところ、このウイルスに有効なワクチンは存在しない。

「事態を憂慮しているむきはかなりいるが、パニックに陥っている者はいないんじゃないのかな」と、このウイルスの専門家である軍医、C・J・ピータース大佐は語った。

もしこのウイルスの正体がありのままに世間に知れたら、今頃はレストンから逃げだす人々の車で道路は大渋滞し、母親たちは必死な顔で〝うちの子はどこにいるの？〟とテレビ・カメラに叫んでいるだろう。そうC・Jは思っていた。だから、『ワシントン・ポスト』の記者の取材を受けたときも、こんどの作戦のドラマティックな側面はなるべく伏せるように注意したのである（〝防護服の話をしたりするのは逆効果だと思ったんでね〟と、かなり後になって、彼は私に説明してくれた)。〝増殖〟、〝崩壊〟、〝大出血〟、といった、刺激的な用語もなるべく使わないように注意したという。いままさに軍事バイオハザード作戦がワシントン近郊で展開されようとしているとき、それを『ポスト』紙に嗅《か》ぎつけられるような愚だけは、彼としても避けたかったのである。

この微生物封じ込め作戦は、一面、ニュースの封じ込め作戦でもあった。『ワシントン・ポスト』に寄せたC・Jのコメントは、当局が現在の状況を完全に把握しているのでなんら心配はないし、大騒ぎすることもない、という印象を与えるべく意図されていた。現実の深刻さをすこしでも和らげてみせるのがC・Jの狙いだった。そういう場合、C・Jは実に能弁になることができる。とっておきの愛想のいい口調で記者の電話取材に応じ、危険は何もない、ちょっとした技術上の問題だと信じ込ませてしまうのである。取材してきた記者はなぜか、病気のサルは〝予防措置の一環として一匹残らず殺された〟と思い込んでしまった。事実は、そのサルたちが大量に残っているからこそ〝スワット・チーム〟が出動するのであり、その成果が判明するまでは悪夢を拭《ぬぐ》い去ったことにはならないのだが。

この作戦が安全か否かという問題に関しては、やってみなくてはわからない、と言うに尽きる。むしろ、本当の意味で危険なのは、何の手も打たずに、サルがウイルスに焼き尽くされていく様を傍観していることだ、とC・Jは信じていた。なにせ、あのモンキー・ハウスには五百匹のサルがいる。彼らの総重量は約三トンに達するだろう。約三トンのサルの肉——

溶融するにつれて、ウイルスは猛烈な増殖をしていくのだから。
——それは炉《ろ》芯《しん》の溶融を起こしている原子炉にも匹敵するはずだ。サルの肉という〝炉芯〟が

C・Jは午前五時に〝研究所〟の荷積み場に到着した。彼は特別部隊に同行してモンキー・ハウスまでゆき、ジェリー・ジャックスの率いる制圧チームがハウス内に進入するのを見届けてから〝研究所〟にもどる予定だった。そこでマスコミや政府各機関に応対する、というしんどい任務が待っているのである。

午前六時半、C・Jが進発命令を下すと同時に車の列がフォート・デトリック基地の正面ゲートを後にし、南のポトマック川の方向に走りだした。隊伍《たいご》を組んでいるのは普通の車、つまり各士官たちのマイカーで、その中には通勤途上のサラリーマンよろしく、私服姿の士官や兵士たちが乗り込んでいた。先頭をゆくのは、何の標識もついていない二台の軍用車両だった。一台は純白の救急車、もう一台は装備運搬用のヴァンである。一見何の変哲もない救急車は、その実レヴェル4微生物封じ込め救急車で、中には陸軍の応急後送班が乗り込んでいた。そこにはまた、〝バブル・ストレッチャー〟と呼ばれる微生物封じ込め担架も搭載されていた。これは、透明なプラスティック製の〝蓋《ふた》（バブル）〟ですっぽり覆われた戦時応急担架のことである。万一サルに嚙《か》まれた者は、まずこの〝バブル〟に入れられ、そこから〝スラマー〟に移される。そして運が悪ければ、そこからレヴェル4の死体置場である〝サブマリン〟に送られることだろう。もう一台の軍用車のヴァンは、白い車体の、何の標

識もついていない冷凍車である。その用途は、サルの死骸と試験管の保存だ。救急車のスタッフの中には迷彩の戦闘服姿の者もいたが、それを除けば制服姿の人間は一行の中に皆無だった。キャラヴァンはポイント・オヴ・ロックスでポトマック川を渡り、ラッシュアワーのはじまったばかりのリーズバーグ・パイクにのった。そこで一行を待ちうけていたのは一分の隙《すき》もないような渋滞で、士官たちはしだいに苛立《いらだ》ちはじめた。出勤途中の不機嫌な顔のドライヴァーたちと角突き合いを演じながら、どうにかモンキー・ハウスにたどり着いたのは、それから約二時間後だった。

ビジネス団地は、すでにオフィス・ワーカーたちで溢《あふ》れ返っていた。先頭のヴァンと救急車はモンキー・ハウスの側面に沿って進み、芝生にのってから建物の裏手に止まった。そこなら、あまり人目につく心配はない。モンキー・ハウス後部の背面はレンガの壁で、そこにいくつかの細い窓とガラス張りのドアがあった。その戸口が、制圧チームの進入点になる。彼らはドアすれすれのところにヴァンを止めた。建物の背面の芝生の先は小高い丘になっており、下生えや木々に覆われていた。その麓《ふもと》には託児所があって、隣には遊び場もある。そちらからは、子供たちの歓声が漂ってくる。一行が下生えの間からそっちを窺《うかが》うと、四歳児のグループがブランコに乗ったり遊技場の周囲を駆けまわったりしていた。となると、作戦は子供たちのすぐ近くで遂行されることになる。

ジェリー・ジャックスは、モンキー・ハウスの間取り図に目を凝らしていた。チームの面々が防護服に着替える場所は、芝生の上より建物の中のほうがいいという点で、彼とジーン・ジョンスンの意見は一致していた。そうすれば、どこかのテレビ局の撮影班がやってきても、盗み撮りされる心配はない。隊員たちが進入点のドアをくぐると、そこはガランとした倉庫だった。モンキー・ハウスにおける〝最終準備区域〟である。シンダーブロックの壁の彼方から、微《かす》かにサルの叫び声が聞こえてくる。彼ら以外の人間は、モンキー・ハウス内に一人もいないようだった。先頭に立つポイントマンは、当然、ジェリー・ジャックスだった。彼はパートナーとして、元グリーン・ベレーのマーク・ヘインズ大尉を伴うことに決めていた。ヘインズは小柄ながら強靭《きょうじん》な体軀《たいく》の主で、グリーン・ベレーのスキューバ・ダイヴィング学校を出ている。彼は夜間、スキューバの装具をつけて、飛行機から海に飛び降りたことがあるのだ（〝しかしね〟と、ヘインズはあるとき私に言ったことがある。〝ぼくの場合のスキューバ・ダイヴィングは個人的な趣味じゃないんだ。過去のダイヴィングのほとんどは、中東で行なったんだから〟）。ヘインズ大尉は、防護服を着ても、閉所恐怖症にかかってパニックに陥るような男ではない。おまけに、ヘインズ大尉は獣医でもある。サルに精通しているのだ。

いよいよ防護服に着替える時がきた。ジャックスとヘインズはいったんヴァンに乗り込んで、後部ドアの内側のビニール・シートを引っ張った。それで窓をふさいだのである。服を脱ぎ、寒さにふるえながら全裸になると、手術衣を着て外に出た。芝生を横切ってガラスのドアをあけ、〝最終準備区域〟の倉庫に入る。そこに待機していた陸軍支援チーム――エリザベス・ヒルという名の大尉の率いる応急後送班――の助けを借りて、防護服に着替えた。

ジェリーもヘインズ大尉も、野外用防護服に関する予備知識はほとんどなかった。

この日使用することになるのは、空気伝染ウイルスを野外で扱う研究者向けにデザインされた、ラカル・スーツだった。キタム洞窟探査で用いられたのと同じタイプである――実際、そのうちの何着かはジーン・ジョンスンがアフリカから持ち帰ったものだった。このスーツのヘルメットは柔らかい透明なビニールでできている。内部は加圧される。電気モーターが外部の空気を吸い込んでウイルス濾過《ろか》フィルターを通過させ、スーツの中にその空気を噴出させるのだ。その結果、スーツ内は常に陽圧下に置かれるため、空中を漂うウイルス粒子もなかなかその中に侵入することはできない。このラカル・スーツの性能は実験室用のケムチュリオン防護服にほぼ等しく、着用者の体を濾過された空気で覆うことによって、ホットなウイルスから守ってくれる。陸軍の連中は普通ラカル・スーツを防護服とは呼ばず、ただ〝ラカル〟とか〝野外微生物スーツ〟などと呼ぶ。が、実質的に、それはバイオハザード用防護服と変わらない。

ジャックスとヘインズはゴム手袋をはめた。二人がその手を前にのばすと、サポート・チームの面々が手袋の裾《すそ》をラカル・スーツの袖《そで》にテープで貼《は》りつける。足にはまずスニーカーをはき、その上から鮮やかな黄色のゴムのブーツをはく。そのブーツもサポート・チームの手でスーツのズボンの裾にテープで貼りつけられ、くるぶしから上のスーツ内は完全に密封される。

ジェリーはひどく興奮していた。彼はこれまで、防護服を着てエボラと取り組むことの危険をさんざん妻に説いてきた。その自分がいま、チームを率いてエボラの地獄の中に進入しようとしているのだ。自分一個の身はどうなろうとかまわない、と彼はその瞬間考えていた。兵士としての彼は一個の消耗品であって、それは自分でも十分承知していた。まあ、ホット・ゾーンに入っている間は――と、彼は思った――弟のジョンのことをしばし忘れられるだろう。ジェリーは自分の電気送風機のスイッチを入れた。とたんに、ラカル・スーツが膨れはじめる。それ自体は不快ではなかったが、汗が急に噴きだしてくる。クリアする最初の扉はすぐ目の前だ。モンキー・ハウスの地図を手に、彼はヘインズ大尉に向かってうなずいた。ヘインズの準備もできていた。

ジェリー・ジャックスは扉をあけて、中に踏み込んだ。サルの鳴き声が一段とかまびすしくなる。二人は窓のない、薄暗い、シンダーブロックの通路に立っていた。その通路は、いまクリアしたばかりの扉と、前方に見える扉と、二つの扉にはさまれている。すなわち即席の〝エアロック〟、グレイ・ゾーンだ。この〝エアロック〟には原則があって、前方と背後の二つの扉を決して同時にあけてはならないことになっている。それは汚染された空気が〝最終準備区域〟に逆流するのを防ぐための措置である。二人の背後で扉が閉まり、通路は一段と暗くなった。それは漆黒《しっこく》の闇《やみ》というに近い。しまった、とジェリーは思った。懐中電灯を持ってくるのを忘れた。が、いまさらほぞを嚙んでも遅い。二人は両側の壁をさぐりながら、正面の扉を目指してそろそろと歩きはじめた。

ナンシー・ジャックスは午前七時半に子供たちを起こした。いつものように、ジェイスンを起こすには体を強く揺すぶらなくてはならない。それでも効き目がないので、ナンシーは犬を離して息子に飛びかからせた。犬は嬉々《きき》としてベッドに飛びのるが早いか、ジェイスンにじゃれついてゆく。

スエット・パンツとスエット・シャツに着替えると、ナンシーは階下のキッチンに降りた。ラジオをつけてロックンロールの専門局に合わせ、ダイエット・コークの缶をあける。音楽が流れだしたとたん、オウムが興奮してしまった。ジョン・クーガー・メレンキャンプに合わせて、ハーキーが金切り声で歌いはじめたのだ。オウムって本当にエレキ・ギターが好きなんだわ、と彼女は思った。

やがて子供たちがテーブルについて、インスタント・オートミールを食べはじめる。ママとパパは今夜遅くなりそうだから、夕食は二人ですませてね、とナンシーは言って聞かせた。冷蔵庫を覗《のぞ》くと、いい具合にシチューが残っている。子供たちはこれで満足してくれるだろう。これを電子レンジで解凍すれば、すぐ食べられるのだから。

食事をすませた子供たちは、玄関の前の私道を通って丘を降りてゆく。スクールバスがやってくるのを丘の下で待つのだ。キッチンの窓から二人を見送るナンシーの胸に、ずっと以前に上司から言われた言葉がよみがえった――〝この仕事は既婚の女性には向いてないんだよ。既婚の女性がこの仕事に加わると、家事を怠けるか、仕事を怠けるか、どちらかになるんでね〟。

自分用にベーグルを切り、リンゴも一個持って車に乗ると、彼女はハンドルを握りつつ即席の朝食をすませながらレストンに向かった。モンキー・ハウスに着いてみると、夫のジェリーはすでに防護服に着替えてサル室に進入した後だった。

〝最終準備区域〟は熱気に包まれ、混乱の中に大声が飛び交っていた。初めて防護服を着る隊員たちに、ホット・ゾーン勤務のヴェテランたちが注意を与えている。ナンシー自身は、まだ野外用のラカル・スーツは着たことがない。だが、その原理はヘヴィー・デューティのケムチュリオン防護服と変わらないはずだった。要するに、防護服は正常な世界を包み込む繭《まゆ》のようなものなのである。それを着ることによって、人は正常な世界をホット・ゾーンに持ち込むことができる。だが、いったん防護服に裂け目が生じれば、正常な世界は一瞬のうちに消失してホット・ゾーンと合体し、中にいる人間はウィルスに曝《さら》されることになる。

ラカル・スーツを着込んでいる兵士たちに、ナンシーは話しかけた。「そのスーツにちょっとでも裂け目ができたら、すぐにテープを貼ってふさがなきゃだめよ。さもないと内部の圧力が失われて、汚染された空気がスーツ内に流れ込んでくるから」一巻きの茶色い粘着テープをかかげて、彼女はつづけた。「あたしはね、入る前にこうしてくるぶしのまわりに、テープを余分に巻くことにしているの」

そのやり方を、ナンシーは実演してみせた。捻挫《ねんざ》したくるぶしをテーピングするように、ぐるぐるとテープを巻きつけるのだ。「こうしておくと、スーツに穴があいた場合でも、このテープをはぎとって、その穴をふさぐことができるでしょう。とにかく、いつ、どんな偶然で穴があくかわからないんだから」

それから彼女は、エボラに感染したサルに関する注意を与えた。「もしこの中のサルがエボラに感染しているとしたら、その体内にはウイルスが充満していると思ったほうがいいわ。だから、ちょっとでも噛みつかれたら、即、命とりになるかもしれないの。エボラを病んでいるサルは、大量のウイルスを放出するものよ。それに、サルはものすごく敏捷《びんしょう》でしょう。一回でも噛まれたら、死を約束されたも同然だと思って。だから、慎重の上にも慎重を期すこと。いつも自分の体と手の位置を意識していることね。スーツに血がついたら、すぐ行動を止めて、血を洗い落すこと。絶対に避けなきゃいけないのは、手袋に血が付着したままにしておくこと。血はすぐに洗い落さなきゃだめ。血がついたままだと、手袋に穴があいてもわからないでしょう。もう一つ。サル室に入る前には、コーヒーその他の液体をあまり飲みすぎないようにね。かなりの長時間、防護服を着つづけることになるわけだから」

ラカル・スーツに陽圧を与えるバッテリーは、六時間で寿命が尽きる。その時間内にホット・ゾーンを離脱して汚染除去を受けないと、着用者は危険に直面することになる。


ジェリー・ジャックスとマーク・ヘインズ大尉は、手さぐりで暗い通路を進んでいった。ホット・ゾーンに通じる正面の扉がしだいに近づいてくる。それをあけたとたん、二人はサルの鳴き声の大音響に包まれた。そこはまた、二つの通路の分岐点でもあった。空調システムがまだ故障したままだとみえて、室温は摂氏三十度を優に超えているようだ。ジェリーのヘルメットの内部がくもってきた。フェイス・マスクを顔に押しつけてくもりを拭《ぬぐ》いとると、目が利いてきた。壁は灰色のシンダーブロック、床は塗装されたコンクリートだった。

そのとき、左手に何かが動いている気配を感じて、ジェリーはそっちを向いた。なんと、ヘイズルトン社の二人の従業員が、こちらに向かって歩いてくる。まさか、そんなことが！　この区域は封鎖されているはずではなかったか。

ジェリーは知らなかったのだが、二人の従業員は倉庫に通じる別のルートから入ってきたのである。二人ともマスクをつけてはいたが、目は覆っていない。思ってもみないところで防護服姿の二人に出会って、彼らは声もなく立ちすくんでいた。ジェリーには、彼らの口は見えなかったが、目は見えた。それは驚愕《きょうがく》のあまり、大きく見ひらかれていた。そう、まるで突然、自分たちが月面に立っているのに気づいたかのように。

ジェリーも一瞬言葉を失ったが、すぐに気をとり直して訊《き》いた。「H室には、どういけばいい？」

ヘルメットに流れ込む空気の轟音《ごうおん》にかき消されまいと、大声で言った。

二人の従業員は彼らを案内して、通路の先に進んでゆく。汚染された可能性のある部屋は、通路の最奥端にあった。

従業員たちはそこから建物の前部にとって返して、ダン・ダルガードに会った。ダルガードは自分のオフィスで、陸軍の連中がくるのを待っていたのである。

ダルガードは様子を探るべくH室に赴いた。彼はマスクをつけている以外、普段と変わらぬ服装をしていた。そんなダルガードを、ジェリーは狂人を見るような目で見返した。だれかに会いにいったところが、その相手が全裸で現われた――ジェリーを圧倒していたのは、その驚きに近かっただろう。

　ダルガードのほうは、防護服姿の二人を見て、心外そうな顔をしていた。陸軍がどういう装備でやってくるのか、彼は知らなかったらしい。極度の緊張を覚えつつ、ダルガードは二人の軍人をH室に案内した。「ここなんですがね、病気のサルがいるのは」

　サルの中には、防護服を見たとたん発狂したように暴れだしたやつもいた。檻《おり》の中で宙返りをするサルがいるかと思えば、隅のほうに逃げ込んだサルもいる。残りのサルは仮面のように硬直した表情で、人間たちを見つめていた。

「ほら、おわかりでしょう、異様な感じが」一匹のサルを指しながら、ダルガードは言った。「発病したサルは確実に見分けがつきますよ。最初はちょっとふさぎこむ。それから、餌《えさ》を食べなくなる。そして一日、二日すると、死んでしまうんです」

　ジェリー・ジャックスは、モンキー・ハウスのサルを残らず見てみたかった。ヘインズ大尉と共にいったん通路にもどると、彼はサル室を順に見ていった。どこか虚ろな表情を浮かべてふさぎこんでいるサルは、ほかにもいた。ジャックスとヘインズは共に、サルの生態には精通している。この建物全体の雰囲気が、彼らは気に入らなかった。サルと人間以外の何かが、ここには棲《す》みついているように思えてならなかったのである。

ナンシー・ジャックスは、モンキー・ハウスに入る準備をはじめた。まずヴァンの中で手術衣に着替え、芝生を駆け抜けて〝最終準備区域〟に入る。そこで、サポート・チームがラカル・スーツへの着替えを手伝ってくれた。注射器のケースをいくつか抱えると、彼女はスティーヴン・デニー大尉と共に中に入った。〝エアロック〟代わりの通路を進んで、正面の扉の前に立つ。その扉をあけると、二つの通路の分岐点だった。人影はどこにもない。みんな、H室のほうにいっていたのだ。

彼女はデニー大尉とH室までいった。夫のジェリーがいた。ラカル・スーツ姿の妻を見て、ジェリーは、テレビ・コマーシャルに出る〝ピルズベリー〟のダウ・ボーイ（生地粉打ち少年）みたいだと思った。彼女のスーツは大きすぎて、歩くにつれて体の周囲に膨らむのである。

何匹かのサルが鼻から粘液を出しているのに、ナンシーは気づいた。見たとたん、ゾッとした。それらのサルは風邪を引いてもいないのに、風邪かインフルエンザにかかっているように見えたからだ。ジャンプ・スーツ姿でマスクをつけたダン・ダルガードが、犠牲にするサルを選ぶことになった。彼は病状がいちばん進んでいると思われるサルを四匹選んだ。檻の中に手をのばすと、彼はそれぞれのサルに注射をした。どのサルもクタクタと眠り込んだのを見届けると、さらに二番目の注射を打っていく。それがサルの心臓を止めていった。

H室は、ラカル・スーツ姿の男たちで溢《あふ》れ返らんばかりだった。彼らは二人一組でやってきては、所在なげにウロついている。そのなかにカーティス・クラーゲス軍曹もまじっていた。仲間のだれかに向かって、彼は言った。**「おい、こいつはすさまじいチャーリー・フォックストロットだな」**

〝チャーリー・フォックストロット〟とは〝CF〟を指す符牒《ふちょう》で、〝CF〟とは〝Cluster Fuck〟を意味する軍事関連のスラングである。ある作戦が大混乱に陥ってしまい、みんな押し合いへし合いしながら、いったいどうなってるんだ、と言い合っているような状態を、それは指す。

ちらっと軍曹を見たナンシーは、本能的に彼のスーツを点検していた。ヒップのところに小さな鉤《かぎ》裂きがあった。軍曹の腕にさわってそこを指差すと、彼女は自分のくるぶしに巻きつけてある余分な粘着テープをはがして穴をふさいでやった。

注射で処置されたサルを檻から運びだすのは、ナンシーの役目だった。彼女はサルの腕を後ろからつかむようにして一匹ずつバイオハザード用のビニール袋に入れていった。その袋を進入点のドアのところまで持ち帰ると、そこには控えの袋と共に、クロロックス消毒液の入った園芸用噴霧器が置かれていた。

ここでの消毒作業には念を入れなければならない。サルの死骸の入った袋をまた別の袋に入れて二重にし、その上から消毒液をスプレイする。それがすむと、こんどは袋をバイオハザード用の厚紙の箱――〝ハット・ボックス〟――に入れ、その箱にも消毒液を噴きかけて汚染除去をする。最後に彼女はそれぞれの〝ハット・ボックス〟を三つ目のビニール袋に入れて、消毒液をスプレイした。これでよし。

扉を叩《たた》いて、ナンシーは言った。「ナンシー・ジャックスよ。これから出るわ」

　向こう側に立っていた汚染除去チームの軍曹が扉をあけてくれた。彼はラカル・スーツを着て、消毒液のいっぱい入った噴霧器を持っている。ナンシーは〝ハット・ボックス〟を前に押して〝エアロック〟に入った。

　暗闇の中で、お互いのヘルメット内の空気の轟音にかき消されまいと、大きな声で軍曹は叫んだ。「両手を前にのばして、ゆっくりとまわってください」

　それから五分間にわたって、軍曹は念入りに消毒液を噴きかけた。独特の刺激臭が、〝エアロック〟全体に広がってゆく。噴きかけられるナンシーのほうは、涼しくて心地よかったが、臭《にお》いがフィルターから入り込んできて、喉《のど》が痛くなった。軍曹は死骸の袋にも念入りにスプレイした。それから、〝最終準備区域〟に通じる扉をあけてくれた。パッと目を射る光に瞬きしながら、ナンシーは〝ハット・ボックス〟を押しながら出ていった。

　待ちかまえていたサポート・チームの面々が、ラカル・スーツを脱がしてくれる。ナンシーは体中汗だくだった。手術衣も、ぐっしょり濡れている。が、一転して、凍りつくような寒気が体を包みはじめた。彼女は芝生を駆け抜けてヴァンに飛び込み、自分の私服に着替えた。

　その間に死骸の袋は別の箱に詰め込まれ、その箱が冷凍トラックに積み込まれた。ナンシーは運転手と共にフォート・デトリック基地に向かった。とにかく、一刻も早くサルの死骸をレヴェル4に持ち込んで解剖したい。その気持で、彼女は一杯だった。

ジェリー・ジャックスはH室のサルを数えてみた。ナンシーが運びだした四匹を除くと、全部で六十五匹。これだけの数のサルに、これから一匹ずつ注射をしていかなければならない。

ジーン・ジョンスンがアフリカから持ち帰った道具の一つに、特製の注射装置があった。長い棒の先に連結器がとりつけてあって、そこに注射器を嵌《は》め込むのである。この棒を檻の中に差し入れれば、遠くからでもサルに注射できる。その際、もう一つ道具が必要だった。自分に迫ってくる注射針を見たサルは当然恐《こわ》がるから、何かで押えつけなければならない。その道具には、U字型の柔らかいクッションが先端についたモップの柄を使うことにした。ヘインズ大尉がそのモップでサルを押えつけ、ジェリーが注射棒を檻に差し入れて、サルの太股《ふともも》に定量の倍のケタミン麻酔薬を注射する。その手順で、二人は檻から檻へまわって、サルに注射を打っていった。ほどなくサルは、それぞれの檻でぐったりとなる。それを見届けると、次にジェリーはロンパンという鎮静薬を打ってまわった。サルはどれも深い昏睡《こんすい》状態に陥った。

すべてのサルが倒れると、二人はステンレス・スティールのテーブルをセットし、一度に一匹ずつサルをのせて、血液のサンプルを採取した。それから三度目の注射、こんどはT—61という安楽死の注射を打った。そこから先は、スティーヴン・デニー大尉の活躍する番だった。彼は死んだサルを開腹し、ハサミを使って肝臓と脾臓《ひぞう》のサンプルを摘出するのである。

サンプルはプラスティックのボトルに入れられた。

二人はサルの死骸を袋に入れ、それを〝ハット・ボックス〟におさめてから通路のわきに積みあげていった。

その間、ダン・ダルガードは建物の前部にある自分のオフィスにもどり、その日の作業が終るまで待機していた。

H室のサルがすべて死亡したときには、夕闇が迫っていた。建物の裏の託児所の庭で、子供たちが輪になって遊んでいる姿が木立を透かして見えた。彼らの歓声は、十二月の澄んだ大気を伝わって遠くまで聞こえてくる。やがて子供たちの父親や母親が車でやってきて、彼らを拾っていった。

ホット・ゾーンから二人一組で出てきた制圧チームの面々は、私服にもどって芝生に集まっていた。どの顔も青白く、憔悴《しょうすい》の色が濃かった。そしてどことなく、沈鬱《ちんうつ》な表情をしていた。はるか遠方で、ワシントンの記念碑やビルが投光照明に浮かびあがりはじめる。感謝祭の週の次の週末の金曜日。クリスマス・シーズンに先立つ静かな週末がはじまろうとしていた。いつのまにか強風が吹きはじめ、紙コップや空のタバコのパッケージが駐車場のわきの溝に吹き飛ばされてゆく。

そこからさほど離れてない病院では、心臓発作を起こしたサルの飼育係、ジャーヴィス・パーディが、病状の悪化を見ることもなく、静かに憩っていた。

〝研究所〟にもどったナンシー・ジャックスは再び午前一時頃まで残業して、ホット・ゾーンのパートナー、ロン・トロッターと共にサルを解剖した。

二人が防護服に身を固めて〝エアロック〟に入ったとき、解剖を待つサルの死骸は五匹に増えていた。こんどは、エボラの徴候が歴然としていた。〝すさまじい内臓の損傷〟とナンシーが呼ぶ症状が見られるものが何匹かいた。それはもちろん、腸の内層の壊死《えし》によって引き起こされたものである。内臓の壊死は、エボラの古典的な徴候だった。〝電撃攻撃〟を受けた腸内には凝固しない血が大量にたまる一方、同じサルの腸筋肉内には大規模な血栓が生じていた。この血栓が腸への血流を遮断したため、腸の細胞が壊死した——すなわち、腸が壊死した——わけである。その結果、腸内に血がたまったわけだ。

壊死した腸——普通なら、それは腐りかけた死骸に見られる現象と言っていい。言い換えると、その〝サルは、すでに死後三、四日を経ているように見えた〟。が、実際には、死後わずか数時間を経ていたにすぎない。内臓の融解が甚だしいサルもいたが、そういう場合はナンシーもトロッターもまともに検屍《けんし》をする気になれず、ただ肝臓と脾臓のサンプルを摘出するに留めた。H室で死にかけていたサルの何匹かは、言ってみれば、溶けた肉と骨がつまっている皮袋と化していたも同然だった。そして、融解したその肉と骨には、増殖した大量のウイルスがまざり合っていたのである。

十二月四日　月曜日　〇七：三〇時

肌寒い、じめついた朝が訪れた。吹きつのる風にのって、鈍色《にびいろ》の空から雪の匂《にお》いが降りてくる。ワシントン周辺のショッピング・モールは、早くもクリスマスのデコレーションで飾られていた。駐車場はまだガランとしているが、いずれ車で埋まるだろうし、モールにも家族づれが押し寄せるだろう。子供たちは一目《ひとめ》サンタクロースを見ようと行列するにちがいない。ダン・ダルガードは、仕事場に急ぐ朝のオフィス・ワーカーの車の大群にまじって、レストン検疫所に向かっていた。

ようやくモンキー・ハウスの前に着いて、駐車場に折れる。なおも建物に近づいていったとき、入口のそばのモミジバフウの木の近くに、白いタイヴェックのジャンプスーツ姿で立っている男が目に入った。サルの飼育係の一人だ。ダルガードは憤然とした。マスクをかけたり防護服姿でモンキー・ハウスから出てこないようにと、あれほど注意しておいたのに。車から降りてバシンとドアを閉めると、ダルガードは駐車場を横切っていった。近づくにつれて、その男がミルトン・フランティグという人物であることがわかった。フランティグは両手を膝《ひざ》について、体を二つに折っている。こちらに気がついた様子はない――どうしたのか、じっと地面の芝生を見下ろしている。次の瞬間、その体が痙攣《けいれん》し、口から液体が奔《ほとばし》り出た。フランティグは何度も何度も嘔吐《おうと》し、苦しげなその音は駐車場の隅々にまで響きわたった。

嘔　吐

胃の中身を芝生に吐き散らす男を見ながら、ダン・ダルガードは——彼自身の言葉を借りれば——〝恐怖ですくみあがって〟いた。いま、おそらくは一連の事件が起きて以来初めて、彼はレストン検疫所を襲った危機の絶対的な恐怖に圧倒されていた。ミルトン・フランティグは相変わらず体を二つに折ってゲーゲーと吐きつづけている。その発作がおさまりかけたとき、ダルガードは彼を抱え起こして建物の中につれ込み、オフィスのソファに横にならせた。

体の異常を示した従業員は、これで二人になった——心臓発作から立ち直りかけながらも、ジャーヴィス・パーディはまだ入院している。ミルトン・フランティグは今年五十歳。喫煙の習慣がないのに、だいぶ以前から苦しげな空咳《からせき》をしていた。彼はこのヘイズルトン社でサルの世話をしつづけて、もう二十五年以上になる。むろん、ダルガードは彼をよく知っていたし、働き者の彼に好感を抱いてもいた。いまさらながら罪の意識と恐怖にとりつかれて、ダルガードはふるえていた。このモンキー・ハウスはやはり、先週の時点で立ち入り禁止にすべきだったのだ。自分は人間の利害よりサルの利害のほうを優先したのだろうか？

ミルトン・フランティグは青い顔で小刻みにふるえ、いまにも気を失いそうだった。そのうち、またしても、えっ、えっ、と空嘔《からえずき》の発作にとりつかれた。ダルガードはすぐ、プラスティックのバケツを持ってきた。発作の合間に空咳にも見舞われながら、ティグはジャンプスーツを着たまま外に出たことを詫びた。とぎれとぎれの説明によれば、フラングはマスクをかけてサル室に入ろうとしたところ、急に吐き気に襲われたのだという。そのきっかけは、建物の中に立ちこめている猛烈な悪臭だったかもしれない。サル室はもはや、以前のように定期的に清掃されてはいないからだ。こいつは吐くぞと自分で思ったのだが、それを受ける適当なバケツのようなものが見つからなかった。一方、吐き気は容赦なくこみあげてくる。もうトイレに駆けつける余裕もなくなって、彼は外に駆けだしたらしい。

まずはフランティグの体温を計りたい、とダルガードは思った。が、手元にある体温計はみなサルの肛門《こうもん》に挿入して、体温の計測に使ったものばかり。彼はビル・ヴォルトを近くのドラッグストアに走らせて、体温計を買ってこさせた。さっそくフランティグの熱を計ってみると、三十九度もある。近くをウロついているビル・ヴォルトは、いまにもふるえだしそうだった。ダルガードが後に語ってくれたところでは、ヴォルトの様子は只事《ただごと》ではなく、〝恐怖のあまり、全身がわななないて〟いたという。が、そのときのダルガード自身の心理状態も、ヴォルトとそう隔たってはいなかった。

おそらく、その部屋にいる者でいちばん冷静だったのは、当のミルトン・フランティグだっただろう。ダルガードやヴォルトとちがって、彼はさほどの恐怖心は覚えていなかった。

フランティグは敬虔《けいけん》なクリスチャンで、かねてから、自分の魂は救済された、と人々に語っているような人物だったのである。自分がサルの病にかかって天国に召されるよう主が取り計らわれたのなら——と、彼は思っていた——自分はそれに従おう。バイブル中の好きな言葉を思いだして、彼は胸の中で祈りを捧げた。すると、空嘔の発作が和らいできた。ソファに静かに横たわりつつ、フランティグは言った——すこし気分がよくなってきましたよ。

「とにかく、そこを動かないで」ダルガードは命じた。「この建物から出ちゃいかん」

自分の車に乗り込むなり、ダルガードは猛スピードでリーズバーグ・パイク沿いのヘイズルトン・ワシントン社に向かった。時間はさほどかからなかった。本社に着いたときには、肚《はら》は固まっていた——あのモンキー・ハウスは即刻立ち入り禁止処分にしよう。

あそこで働いている飼育係は、全部で四人。そのうち一人はすでに入院しており、いま、新たに一人が入院しようとしている。一人は心臓発作、もう一人は嘔吐《おうと》を伴う高熱を発している。ダルガードの知るかぎり、いずれのケースもエボラ・ウイルス感染者の典型的な症状だ。あの二人はたぶんモールでショッピングもしただろうし、友人を訪ねもしただろう。レストランで食事もしたにちがいない。それにたぶん、配偶者とセックスもしている。それからもたらされる結果について、ダルガードは考える気にもなれなかった。ヘイズルトン・ワシントンの本社に着くと、彼は直ちにゼネラル・マネジャーのオフィスに向かった。目下の状況を説明して、モンキー・ハウスを立ち入り禁止処分にする許可をもらうつもりだった。

「従業員で異常を示した者が、二人になりました」ダルガードは言った。それから詳《くわ》しく状況を説明しているうちに、彼は嗚咽《おえつ》しはじめた。こみあげてくるものを、抑えることができなかった。緊張の糸がついにとぎれて、彼は啜《すす》り泣いた。それから、なんとか気持を引き締めて、説明をつづけた。「この際──モンキー・ハウスの全業務を、中止することをお勧めします──それも、一刻も早く。目下の状況では、モンキー・ハウスを閉鎖して、管理を陸軍に委ねたほうがいいと思います。この妙な病気にとりつかれたのは十月以降ですが、われわれの中に異常を示した者はいませんでした。ところが、ここにきて突然、二人も病人が出たのです。一人はすでに入院中で、もう一人も入院は免れません。事件発生以来わたしは、もし人間にも危険が及ぶものなら、もうすでに発病者が出ているはずだ、というふうに考えていました。結局、火遊びを長くつづけすぎたのです」

ゼネラル・マネジャーはダルガードに同情し、モンキー・ハウスを即時閉鎖することに同意してくれた。

こみあげる涙を抑えつつダルガードが急ぎ自分のオフィスにもどってみると、そこにはCDC（疾病対策センター）から駆けつけてきたスタッフの一群が待ちかまえていた。いつになったら自分はこの責め苦から解放されるんだ、とダルガードは思った。

CDCのスタッフの目的は、ウイルスに接触した恐れのある全従業員の診断を開始することだった。ダルガードは、モンキー・ハウスの最新の状況について彼らに報告した──つい先刻、サルの飼育係が嘔吐を伴う高熱で倒れたのです。

彼は言った。「わたしは、あの検疫所を即時立ち入り禁止にすることを会社の上層部に進言しました。あの建物と中のサルは、ユーサムリッド（アメリカ陸軍伝染病医学研究所）の管理に委ねるのが適当と考えます。ユーサムリッドなら、あそこを安全に管理できる人員と装備の両方を備えているのですから」

CDCの連中は黙って聴いていたが、特に反対はしなかった。

次いで、ミルトン・フランティグをどうするか、という問題になった。フランティグは、そこを動かないように、というダルガードの指示を守って、いまもソファに横たわっているはずだった。このウイルス禍による人間の被害はCDCの管轄なので、フランティグの面倒もCDCが見るのが順当だった――CDCは、ワシントン・ベルトウェイの内側にあるフェアファックス病院にフランティグを移送することを望んだ。

時刻は午前九時。ダルガードは自分のオフィスで汗だくになりながら、危機管理に全力を傾けた。とりあえず電話を入れた先は、フォート・デトリック基地のC・J・ピーターズだった。こちらのサルの飼育係に、異常を示した者が出た、と彼は告げた。ついさっき啜り泣いたとは思えないほど落ち着き払った、冷静な声で、彼はピーターズに言った。「あの施設、並びに、中にいるサルのすべてをユーサムリッドの責任下に置く認可を、あなたに与えます」

C・J・ピーターズ大佐は、〝ユーサムリッドの責任下〟という言葉にいささか引っかかった。それだと、もし何か行き違いが生じて人的被害が出た場合、陸軍がその責めを問われて告訴される事態にもなりかねないではないか。あの建物を統制下に置いて〝ニューク〟したい気持はやまやまだが、訴訟沙汰《ざた》に巻き込まれるのは願い下げにしたい。で、C・Jはダルガードに言った――自分の指揮下の人間や一般公衆の安全は何より重要な問題だが、それは上層部に諮《はか》る必要があるんだ。ま、なるべく早くそちらに電話を入れるよ。

次いで二人は、新しく出た病人について話し合った。その人物がフェアファックス病院に移送されるかもしれない、とC・Jは知らされた。それは聞き捨てならない問題だった。その男はエボラに感染して発症したのだ、と見るのがまず順当だろう――そういう人物を一般の病院に入院させたりしたら、どうなる？　以前、アフリカの病院がエボラのためにどんな目にあったか、考えてみるがいい。その男は〝研究所〟の〝スラマー〟にこそ入れるべきだ、とC・Jは思った。

ダルガードとの話を終えるが早いか、C・J・ピーターズはCDCのスタッフの責任者、ジョー・マコーミックに電話を入れた。彼はマコーミックに要旨次のようなことを言ったという――「あんたは、エボラの患者を取り扱うには手術用マスクとガウンを着てさえいれば十分だと思っているようだが、わたしは、もっと高度な封じ込め設備を使用すべきだと思うね」

だから、その病人は陸軍の救急車で――陸軍の微生物封じ込め用担架にのせて――〝研究所〟の施設に運んだほうがいい、と彼は言った。病人は〝スラマー〟に収容すべきだ、と強く勧告したのだ。C・J・ピーターズの記憶によれば、それに対してマコーミックはこう答えたという――「いや、あの男はどうあってもフェアファックス病院に入れるんだ」

「よろしい」とC・Jは答えた。「わたしとあんたの見解はまったくちがうわけだ。しかしだよ、もしエボラ・ウイルスがフェアファックス病院に侵入したら、そこの医療スタッフやきみ自身、どうなると思う、ジョー？」

マコーミックは頑として自説を曲げようとはしなかった。自分はアフリカでエボラとじかに渉《わた》り合ったのだ、という自負が彼にはあった。あのときだって、自分は感染しなかった。エボラの血の塗りたくられた土の小屋の中で、自分は何日も働いたのだ。〝崩壊〟し、〝大出血〟している人々の間に跪《ひざまず》いて診療をつづけたのに、感染しなかった。エボラの患者を介護するのに、防護服など着る必要はない。そう彼は信じていた。施設の整った病院で、熟練した看護師に任せれば、問題はないはずだ。その男は絶対にフェアファックス病院に入院させる。

マコーミックを毛嫌いしているピーターズではあったが、困難な状況に直面して断固たる決意を示すマコーミックには感心させられたという。

何を聞きつけたのか、モンキー・ハウスの前に、ワシントンのチャンネル4のテレビ中継車がやってきた。その様子を、従業員たちはカーテン越しに眺めていた。が、レポーターが入口にやってきてブザーを押しても、応じる者はいなかった。マスコミ関係の人間とは絶対話さないように、と彼らはダルガードから厳命されていたのである。

だが、ちょうどそのとき、フェアファックス病院の救急車がフランティグを引きとりにやってきた。チャンネル4にとっては、まさに千載一遇のチャンスだっただろう。中継班はさっそくライトをつけて、カメラを回しはじめた。モンキー・ハウスの扉がひらいて、タイヴェック・スーツを着たままのミルトン・フランティグがよろよろと現われる。彼が当惑顔で救急車に歩み寄ると、医療班が後部ドアをあける。フランティグは独力で中に乗り込み、担架の上に横たわった。ドアがぴしゃっと閉まって救急車が走りだす。と、すかさずチャンネル4の中継車も後を追った。数分後、救急車とチャンネル4の中継車はフェアファックス病院の構内にすべり込んだ。フランティグはすぐ隔離病室に入れられた。そこに出入りできるのは、ゴム手袋、ガウン、それに手術用マスクを装着した医師と看護師に限られていた。気分はすこし良くなりました、とフランティグは言った。彼は主に祈りを捧げてから、しばらくテレビに見入った。

その頃《ころ》モンキー・ハウスでは、残された従業員たちが耐えがたい不安感にさいなまれていた。彼らはすでに防護服を着た連中を見た。仲間の一人が芝生に嘔吐するのを見た。そしていままた、チャンネル4の中継車が救急車を追跡してゆく様を目撃したのである。入口の扉に鍵《かぎ》をかけると、彼らは逃げるようにモンキー・ハウスを後にした。

生きたまま残されたサルは、全部で四百五十四。ガランとして人気のない通路に、彼らのわめき声や叫び声が谺《こだま》した。時刻は午前十一時。雪が降っては止《や》んでいた。寒気がますますつのりつつあるのはたしかだった。

モンキー・ハウスの空調システムは完全に故障してしまい、内部の温度は摂氏三十四度を超えていた。悪臭の渦巻く蒸し暑い空間に、けたたましいサルの叫びが飛び交っていた。サルの群はいま、極度に腹をすかしていた。朝の餌《えさ》を与えられなかったからである。だが、彼らのなかには——建物中のサル室のあちらこちらで——ただぼんやりと虚空を眺めているものもいた。その顔は仮面のように硬直し、体中の孔《あな》から血が流れていた。血は檻《おり》の下の金属の受け皿にも落下していた……ポタッ、ポタッ、ポタッ。

月曜日　一〇：三〇時

91―タンゴ

レストン検疫所における危機は、時間の経過と共に悪化する一方だった。事態はもはや、自分の手には負えなくなりつつある。ダン・ダルガードはそう感じていた。このへんで、会社の上層部全体に事実を知っておいてもらったほうがいい。彼はシニア・マネジャー・クラスを全員召集して会議をひらき、目下の状況について説明した――倒れた従業員は二人で、そのうちの一人はエボラに感染した可能性がある――モンキー・ハウスの管理を陸軍に委ねる方針についても、彼はマネジャーたちに明かした。彼らは一様に賛意を示す一方、陸軍との口約束は文書にしたほうがいいのではないか、という提案も行なった。また、モンキー・ハウスに対する法的な責任は陸軍が負う、という一項も加えてくれ、という。それを受けてダルガードはC・J・ピーターズに電話を入れ、モンキー・ハウスの管理権委譲後に起きる事態については陸軍が全責任を負ってほしい、という要請をした。C・Jは言下にその要請を断わった。ここは弁護士などを介在させずに、明快、且《か》つスピーディーに事を運ぶ必要がある、というのが彼の判断だった。とにかく、ここまで騒ぎが大きくなった以上、高度の政治判断をすることは不可欠なのではないか。

ダルガードも結局その考えを受け入れ、モンキー・ハウスを陸軍に委ねるという単純明快な趣旨の文書をファックスで送ることに同意した。何度かファックスのやりとりをしながら、二人はいくつかの語句を訂正した。できあがったものを、C・Jはフィリップ・ラッセル将軍のオフィスに持ってゆき、将軍はC・Jと共にその文書を精読した。これなら、陸軍の顧問弁護士にわざわざ見せる必要はあるまい。ラッセルは言った。「弁護士には後で、われわれの正義を納得させることにしよう」

二人は文書に署名して、ダルガードにファックスで送り返した。かくして、モンキー・ハウスは陸軍の手に落ちたのだった。


現場指揮官のジェリー・ジャックスは、さらに大規模なウイルス制圧チームを指揮する必要に迫られていた。とにかく、処理すべきサルの数がとてつもなく多いうえ、不安な要素もすくなからずあった。隊員の多くは未経験だし、ジェリー自身、いまだに実戦経験はない。おぞましい死への恐怖につきまとわれた混沌《こんとん》たる状況下で、自分や隊員たちがどの程度の成果をあげられるか、正直なところ、ジェリーには見当もつかなかった。

彼は〝研究所〟における〝91―タンゴ〟の指揮官である。陸軍において、動物を担当する兵士たちは〝91―T〟に分類されているのだが、この呼称を軍事用語風に言い換えると、

〝91―タンゴ〟になる。この部隊の若手たちには、まだ十八歳の二等兵が多い。ミルトン・フランティグが救急車で病院に運ばれている頃《ころ》、ジェリーは91―タンゴの全隊員と民間人スタッフを〝研究所〟の会議室に召集した。兵士たちの多くがまだ若くて未経験なのに対し、民間人はもうすこし年をくっている者が多く、なかにはほとんど毎日防護服を着てレヴェル4ゾーンで働いている専門家もいた。

会議室は満員で、床にすわり込む者まで出た。

「問題のウイルスはエボラ、もしくはエボラに似たウイルスだ」ジェリーは開口一番言った。「われわれは大量の血を扱うことになる。鋭利な道具も扱うだろう。その際着用するのは、使い捨てにできる微生物封じ込めスーツだ」

みな息を呑《の》んで彼の言葉に聞き入っていた。ジェリーの話の中に、従業員が新たに一人倒れた事実は出てこなかった。ジェリー自身、それについては知らなかったからだ――C・J・ピーターズは、彼にもまだその件は伏せていたのである。その件について、ピーターズはしばらく沈黙を守るつもりでいた。

ジェリーは言った。「われわれは、志願者を募っている。この中に、参加したくない者はだれかいるか？　そういう者まで強制することはできんからね」

尻込《しりご》みする者がだれもいないとわかると、ジェリーは部屋の中を見まわして、これぞと思う人間を選抜しはじめた。「よし、そこのきみ。それから、きみ。そう、女性にも参加してもらうぞ。それから、きみ」

兵士たちの中にはスワイダスキーという軍曹もまじっていたが、彼女は除外することにした。現在、妊娠中だからだ。妊婦に対して、エボラがとりわけひどい仕打ちを加えることはよく知られている。

こんどの任務を遂行できる戦闘部隊は、陸軍中に他には存在しない。にもかかわらず、こんどの任務に参加する者に対し、一般的な戦闘に参加するときのような危険手当は支払われない。バイオハザード用防護服に関して、陸軍は独特の見解を有しているからである。すなわち、〝防護服を着ての仕事は危険ではない、なぜなら安全な防護服を着ているからだ〟というのだ。防護服を着ないでホットなウイルスを扱えば、それは危険な仕事と認定されるらしい。したがって、二等兵たちにも、一時間七ドルという通常の俸給しか支払われない。

こんどの任務に関して他言は無用だ、とジェリーは彼らに告げた。そう、たとえ家族にだろうと、話してはならない。「それともう一つ、きみらの中に閉所恐怖症気味の者がいたら、いまのうちに参加を考え直したほうがいい」

それでは明朝五時に、と、彼は最後に言った、私服姿で、〝研究所〟の荷積み場に集合してくれ。

十二月四日　月曜日～十二月五日　火曜日

その晩、兵士たちはあまり眠れなかった。ジーン・ジョンスンもそうだった。若い兵士たちのことを、彼は日頃〝ネンネたち〟と呼んでいたが、その〝ネンネたち〟の身が心配でならなかったのである。ホットなウイルスに関しては、彼自身それなりの体験を過去に重ねてきている。ザイールにいったときなどは、マウスの血液を採取している最中、血まみれの注射針を過って自分の指に刺してしまったことがある。そのマウスはウイルスに感染していると信じるに足る理由があったので、彼はすぐ飛行機で〝研究所〟に送り返され、そのまま三十日間も〝スラマー〟に入れられてしまった。

「いや、ひどいもんだったよ、あのときは」と、彼はあるとき語った。「こっちは死ぬと決まったように扱うんだからね。顎《あご》ひげをカットしようにも、ハサミを貸してくれない。それで自殺されちゃ困る、というわけだ。夜になればなったで、部屋に鍵《かぎ》をかけられたし」

キタム洞窟《どうくつ》では、防護服着用で動物を解剖している際、彼は血まみれのメスで三度も自分を傷つけてしまった。その三度とも防護服には穴があき、肌も傷ついて、傷口には動物の血が付着した。それでもマールブルグ等に感染しなかったのはつくづく幸運だった、と彼は思っている。そういう九死に一生を得た体験があればこそ、彼はモンキー・ハウスに侵入した何物かに対して深い惧《おそ》れを抱いていたのだった。

ジーン・ジョンスンの住んでいる、あちこち継ぎ足したような家は、カトクティン山の麓《ふもと》にある。その夜、彼は書斎でほとんど眠らずに、翌日の手順のことを考えていた。ホット・ゾーンにおいては、すべての動作がコントロールされていなければならない。彼は胸に独《ひと》りごちた――ウイルスはどこから体内に侵入してくるだろう？　それはおそらく、手だ。手が、ウィーク・ポイントだ。したがって、体のどこよりも、手の動きに留意しなければならない。

安楽椅子《いす》にすわったまま、ジョンスンは片手をあげて、じっと目を凝らした。四本の指と親指。サルの手とそっくり同じだ。しかし、この手は人間の頭脳と結びついている。そして、技術の力で覆い隠すことができる。人間の手を〈自然〉から隔てるもの――それこそが防護服にほかならない。

椅子から立ちあがると、彼はいろいろな動作をしてみた。まずサルに注射をする。そのサルをテーブルに運ぶ。そのサルをテーブルにのせる。自分はいま、ホット・ゾーンにいるのだ。次いでそのサルを開腹し、増殖したホットなウイルスのウヨウヨいる血の海の中に両手を突っ込む。その手は三層のゴム手袋で覆われているが、その上にはいまホットなウイルスを含んだ血が付着している。

そこで一休みすると、ジョンスンはノートにメモを記した。それからまた、想像の中のホット・ゾーンにもどった。まずハサミを使って、サルの脾臓《ひぞう》の一部をとりだす。それを相棒に手渡す。相棒はそのとき、どこに立っているだろう？　こちらの背後かな？　次に彼は、注射器を持っている自分を想像した。よし、自分はいま注射器を持っている。こいつは危険きわまる物体だ。自分が右利きだったら、それを右手に持っているだろう。したがって、相棒はその注射器から離れて、自分の左手に立つべきだ。そこで相棒の手だが、その手は何をしているだろう？　みんなの手は何をしているだろう？　夜が明けはじめた頃、彼は何ページ分ものメモを書き終えていた。それは、これから展開されるバイオハザード作戦の基本シナリオにほかならなかった。

午前四時、まだ眠っているナンシーをベッドに残して、ジェリー・ジャックスは家を出た。〝研究所〟に着くと荷積み場でジーン・ジョンスンと会い、ジーンの書いたシナリオを二人で点検した。ジェリーがそれを頭に入れているあいだに、チームのメンバーが次々に現われた。彼らの多くは、それぞれの兵舎から歩いてきた。その場にたむろしつつ、彼らは命令を待っていた。

周囲はまだ真っ暗で、投光照明のみがその場を照らしている。実際の行動にあたっては、二人一組を最小単位にしよう、とジェリーはすでに決めていた。では、だれとだれを組み合わせればいいか。ジェリーは一枚の紙にペアの名前を書き記してゆき、次いでホット・ゾーンへの進入の順番を書いていった。

部下の前に立つと、彼はペアの名前と進入の順を読みあげた。聞き終えた兵士たちは、待機していた各車両に乗り込んで、一路レストンに向かった。この日のキャラヴァンは、以下のような車両から成っていた――白い冷凍トラック、何の標識もついてない二台のヴァン、同じく何の標識もついてないピックアップ・トラック、〝バブル〟担架の搭載されている白い救急車。それに、多数のプライヴェートな乗用車。一行はまたしてもラッシュ・アワーの渋滞に巻き込まれてしまった。周囲をとりまく車の中では、スーツ姿の眠たげなヤッピーたちが、発泡スチロールのコップのコーヒーを飲んだり、交通情報や気楽なロックンロールに耳を傾けたりしていた。

　全車両がモンキー・ハウスの裏に到着し、各チームが芝生の上に集合すると、ジーン・ジョンスンが静聴を求めた。黒ずんだ下目蓋《まぶた》や落ち窪《くぼ》んだその目は、彼がこの数日ほとんど寝ていないことを物語っていた。

「これから行なうのは、ゲームではない」と、彼は切りだした。「これは本物の作戦なんだ。とにかく、われわれがいま立ち向かっているのは、微生物危険レヴェル4のウイルス発生という深刻な事態なんだから。諸君のすべてに知ってもらいたい新たな発展があった。どうやら、人間にもこのウイルスの感染者が出た可能性がある。現在、身体に異常を来して入院している者が二人いる。二人とも、このモンキー・ハウスで働いていたサルの飼育係だ。そのうちの一人の病状は、特に憂慮されている。昨日の朝、その人物は吐き気を覚え、嘔吐《おうと》すると同時に高熱を発した。彼は目下入院している。彼が本当にエボラに感染して発症したのかどうか、まだ断定はできない。諸君に知っておいてほしいのは、彼はサルに嚙《か》まれたわけでもなく、指に傷をつけたり、注射針で自分を刺してしまったりしたわけでもない、ということだ。したがって、もし彼がエボラに感染しているとしたら、空気感染によって発病した可能性がある」

　聞いているうちに、ジェリー・ジャックスの胸には恐怖が膨らんでいった。芝生で嘔吐した男の話なんか、聞いてなかったぞ！　どうしてだれも話してくれなかったんだ！　ひょっとすると、今日の作戦では犠牲者が出るかもしれないな、と彼は思った。

灰色にくもった、凍てつくように寒い日だった。モンキー・ハウスの裏の木々はすでに裸になっていて、芝生の上をカサカサと枯れ葉が転がっている。丘の麓の託児所では、勤めの途中に立ち寄った親が子供たちを降ろしている。すでにブランコで遊んでいる子供たちもいた。ジーン・ジョンスンは訓示をつづけた。「したがって、エボラ・ウイルスは空気感染するのだという想定のもとに、みんな行動してほしい。前途に待ちかまえる危険はわかってもらえたと思うが、諸君には経験がある」——彼の目は、ニコール・バークという二等兵の上に止まった。長い金髪の十八歳。とても美しい娘だった——だれだろう、あの娘は、とジーンは思った。初めて見る顔だな。きっと、ジェリーの部下の一人だろう。あの連中はまだ、ほんのネンネだからな。どんな危険に立ち向かうことになるのか、まだ実感も湧《わ》いていないだろう。「これからの作戦の手順には、厳格にしたがってほしい」彼はつづけた。「何か質問があったら、遠慮なく訊《き》いてくれ」

ジェリーが立ちあがって、部下に促した。「つまらない質問だと思って遠慮する必要はない。訊きたいことがあったら、いまのうちに、何でも訊くといい」

ニコール・バーク二等兵は、自分もこの建物の中に入ることになるんだろうか、と考えていた。

「この作戦は、どれくらいかかるんでしょうか？」

彼女が訊くと、

「サルが全部死ぬまでだ」ジェリーは答えた。「この中には、全部で四百五十匹のサルがいる」

わあ、すごいんだ、と彼女は思った。四百五十四のサルですって——それじゃ永久に終らないんじゃないかしら。

質問は、さほどなかった。兵士たちは無言のまま、緊張した面持で自分の心の内部を見つめていた。

いよいよである。ジェリー・ジャックス中佐は〝最終準備区域〟に入った。サポート・チームがラカル・スーツの着用を手伝って、ヘルメットをかぶせてくれる。送風機が轟音《ごうおん》をたてはじめた。じゃあ、みんな、中で会おう、と部下に言い残すと、彼はパートナーのトマス・エイメン軍曹と共に〝エアロック〟に入った。扉が背後で閉まると、周囲は真っ暗になる。二人は手さぐりで暗い通路を進み、突き当りの扉をあけて、ホットな側に踏み込んだ。

そこは汚れ放題に汚れていた。もう何日も清掃してないのだから、無理もない。従業員たちは大慌てで逃げだしていったのだろう。床には一面サルの餌《えさ》が散乱し、散らばった書類で足の踏み場もないくらいだった。オフィスの椅子はみな、ひっくり返っている。人間に見捨てられた場所、という雰囲気がひしひしと伝わってきた。

防護服姿の二人は、さながら深海に沈んだ船を調査する潜水夫のように、ゆっくりと、慎重に進んでいった。そのうち、多くのサル室に通じる小さな通路に出た。サルで一杯の部屋がジェリーの目に映った。そこにいる一匹一匹が、こちらを見ている。防護服の奥の一対の人間の目を見つめる、七十対のサルの目——次の瞬間、サルの群は狂ったように騒ぎだした。

彼らは空腹で、餌をもらいたくて仕方がなかったのだ。サル室の汚れようは、目を覆わんばかりだった。たとえ檻《おり》に閉じ込められていようと、彼らは部屋を存分に汚すことができるのである。周囲一帯に餌が放り投げられていたし、壁には彼らの糞《ふん》が指で塗りたくられていた。ほぼ天井に至るまで、壁一杯にサルの〝文字〟が書きなぐられている。それはサルの魂から発した、人間への、象形文字によるメッセージだった。

サルの餌の袋をいくつか見つけたジェリーと軍曹は、各室を順にまわってサルに餌を与えた。どのサルもいずれ死ぬ運命にあるのだが、彼らを必要以上に苦しめたくない、とジェリーは思ったのだ。そうして餌をやりつつ、彼はエボラの徴候がないかどうか目を光らせた。どろんとした目をして活気のないサルは、どの部屋にもいた。鼻水を流しているサルもいたし、鼻孔《びこう》の周囲に、血の斑点《はんてん》のまじった緑色の瘡《かさ》がこびりついているサルもいた。檻の下の金属製の受け皿の中には、血だまりのできているものもある。それらの徴候を見て、ジェリーは深いおののきを覚えた。このモンキー・ハウスのサル室のすべてにウイルスが侵入していることは、間違いないように思えたからだ。

サルの中には、インフルエンザにかかったかのように、くしゃみをしたり咳《せき》をしたりしているものもいる。ひょっとすると自分は、エボラの突然変異体、いわば、空気感染する〝エボラ風邪〟のようなものを見ているのだろうか、とジェリーは思った。が、すぐにその想像を払いのけ、別のことを考えようとした。なぜなら、その種の突然変異体など、考えるだに恐ろしかったからである。核戦争の実際を想像することが不可能なように、そんなことは想像することもできない。

　ビニールのヘルメットの内側に汗がたまって、サルの像がぼやけてきた。それでも、鳴き声は聞こえる。ヘルメット内の轟音の彼方で鳴き叫んでいる声が聞こえる。これまでのところ、ジェリーは閉所恐怖症に陥っていないし、パニックも感じていない。大丈夫——と、彼は思った——おれはこのままやっていけるだろう。


　次の三十分間、何人かの隊員は〝最終準備区域〟で任務に励んだ。消毒済みの封筒から注射器をとりだし、それに針を装着するのが、彼らの仕事だった。各注射器に薬品を満たす準備がそうして成った。

　彼らから数フィート離れたところで、マーク・ヘインズ大尉がラカル・スーツを着用しはじめた。サポート・チームに手伝ってもらいながら、彼は出動を待つ兵士たちに話しかけた。自分につづく兵士たちに特に頭に入れておいてもらいたいことが、彼にはあったのである。

「これからみんなは、この建物内のすべてのサルを安楽死させることになる。こいつは、決して愉快な作戦じゃない。中に入ったら、サルどもに感情移入しないようにしろ。彼らはいずれ、ウイルスにやられて死ぬ運命にあったんだ。一匹残らず、すべてが死ぬ運命にあった。サルを殺すんだ、と思っちゃいけない。ウイルスを殺すんだ、と思え。外部に広がる前に、ウイルスを殲滅《せんめつ》するんだ。サルとは遊んだりするな。サルの周囲で笑ったりジョークを交わしたりもするな。これに反する者がいたら、容赦はしないぞ。獣医の信条を思いだせ。みんなは動物に責任を持っている。と同時に、科学にも責任を持っている。ここにいるサルはみな、その科学のために命を捧げるんだ。彼らはウイルスにとりつかれたが、それは彼らの責任じゃない。彼らは本来、ウイルスとは何の関係もない。中に入ったら、パートナーに目を配れ。使用済みの注射針を、絶対にわたしちゃいかん。針のキャップをはずしたら、すぐサルに突き刺すこと。使用済みの注射器は、注射器容器に捨てる。もし疲れてきたら、遠慮なく上官に言え。汚染除去をしてから出してやる」

そこで兵士たちに背を向けると、彼は相棒と共に中に入った。

「よし、次はだれだ?」ジーン・ジョンスンがリストを見ながら言う。「ゴドウィン! さあ、きみだぞ」

シャーロッテ・ゴドウィンという二等兵が、戸外のヴァンに駆け寄って乗り込んだ。服をすべて脱いでから手術衣に着替え、ソックスをはく。それからヘアキャップをつけて、スニーカーをはいた。ヴァンの中は、震えあがるほど寒い。なんとなく落ち着かなくて、心細かった。〝最終準備区域〟に入ると、みんながラカル・スーツを着せてくれる。だれかが言った。「きみはちょっと小柄だな。よし、きみにぴったりの特別サイズがあるぞ」

ぴったりどころか、それは大男向けの大型サイズだった。身長五フィートの彼女が着ると、スーツの余った分がまるで袋のように周囲に垂れ下がってしまう。サポート・チームはテーピングにかかった。茶色い粘着テープをくるぶしと手首に巻きつける。送風機が轟音をたてはじめた。

そのとき、陸軍専属のカメラマンが、行動記録に残すための写真を撮りはじめた。フラッシュが何度もひらめくのを見て、シャーロッテ・ゴドウィンは思った。いやだわ、ヘアキャップをかぶっているところを撮られちゃう。これじゃピエロもいいとこじゃない。きっと間抜けに写るわ。見られたもんじゃないわよ、こんな頭。それに、この宇宙服はブカブカだし。きっとデブに写るにきまってるんだから。せっかくの記録写真なのに馬鹿丸出しに写るなんて、ツイてないわよ、まったく。

補給品を持って、彼女はのろのろとグレイ・ゾーンに入った。アドレナリンが体中を駆けめぐるのを感じながら、シャーロッテは思った――この任務には、あたしは若すぎるのかもしれない。彼女は十八歳だった。次の瞬間、彼女は臭《にお》いに気づいた。鼻が曲がりそうな悪臭が、フィルターを通して伝わってくる。彼女のパートナーが突き当りの扉を叩《たた》き、二人は向こう側に入った。フェイス・マスクに皺《しわ》がよって、視野が歪《ゆが》んでいる。まるで鏡の家にいるかのようだった。防護服の中には、耐えがたいほどのサルの悪臭がたまっている。不気味なのは、周囲が静かすぎることだった。モンキー・ハウスは本来、静かな場所ではないはずなのに。悪臭や熱気以上に、その静けさが薄気味悪かった。

扉がひらいて、ジャックス中佐が現われた。「注射器の充塡《じゅうてん》をはじめてくれ。倍量のケタミンだ」

「了解」シャーロッテ・ゴドウィンは答えた。

「軍曹とわたしは、これからこの部屋のサルの処置をはじめる」

シャーロッテは麻酔薬のケタミンを注射器に充塡しはじめた。用意のできた注射器を、ジェリー・ジャックスはサル室に持ち込んで、注射棒に嵌《は》め込んだ。軍曹がモップを檻の中に突っ込んで、一匹のサルを押えつける。それを見て、ジェリーは檻の扉をあけた。相手がこちらに飛びかかれないのを確認してから、ひらいた扉の中に注射棒を突っ込み、さっと注射してからすぐに針を引き抜いて、扉をバシンと閉める。扉をあけたままの作業なだけに、危険きわまる瞬間だった。一歩間違えば、サルはこちらに飛びかかってくるかもしれないし、逃げだすかもしれないからだ。ジェリーと軍曹は檻から檻へまわって同じ作業を繰り返した。麻酔薬を打たれたサルは、次々に昏睡《こんすい》状態に陥ってゆく。

各サル室には、檻が二段に並んでいる。下の段の檻は床に近く、ひときわ内部が暗い。通路に跪《ひざまず》かなくては、内部を覗《のぞ》き込めなかった。それに、なんとか跪いても、ヘルメット越しだとよく見えない。ジェリーの膝《ひざ》はしだいに痛みはじめてきた。

ジェリーが檻の扉をあけると、軍曹がモップを突っ込む。サルは逃げようとして檻の中を駆けまわるが、軍曹の敵ではない。「よし、つかまえました。押えつけましたよ」

ジェリーはサルのほうに注射棒を伸ばして、太股《ふともも》のあたりに狙いをつける。サルは必死に暴れて、悲鳴をあげる。「クラ！　クラ！」次の瞬間、注射器の針がサルの太股に沈み込んだ。

やってみるとそれは、獣医としてのジェリーのキャリアの中でも、最も困難な部類に入る作業だった。

モンキー・ハウスには続々と兵士たちが進入してきた。ジェリーは彼らを通路に集めて、あらためて注意を与えた。**「いいか、五分か十分ごとに作業を休んで、パートナーのスーツに穴があいてないかどうか、チェックしろ。よく目を光らせるんだ。休憩をとることも忘れんように。一時間作業をしたら、十分は休むといい。疲労が重なると、注意力が散漫になるからな」**

どのサル室を覗いても、たくさんの目が彼を見返してくる。サルの中には檻を揺すぶるものもいて、騒然たる音が部屋を満たした。

ジェリー・ジャックスは建物の前部、オフィスのすぐ隣の小部屋に〝血液洗浄区〟を設けることにした。そこにはシャワーがあり、床には排水口もあったので、目的にはぴったりだったのである。排水口は、血を洗い落して道具類を消毒するためには必要不可欠だった。血を排水口に流すたびに、彼らは消毒液をその後から流し込んだ——その血がレストン市の下水システムに流れ込むような事態は、絶対に避けなければならない。

そのうち車輪のついた金属製の検査台が見つかったので、彼らはそれを〝血液洗浄区〟に持ってきた。

その時点で、ジェリーは全チームを三つの班に分けた。血液洗浄班（血液洗浄区での作業）、安楽死班（サルの殺害）、それに検屍《けんし》班（猿を開腹し、組織のサンプルを採取してから死骸をバイオハザード用の処置袋におさめる）である。

こうして、モンキー・ハウスの中に、一つの流れ作業のシステムが確立した。ほぼ五分ごとに、ジェリー・ジャックスが意識のないサルをサル室から運びだす。彼はそのサルの両手を後ろにねじりあげるように持って〝血液洗浄区〟に運び、検査台にのせる。すると元グリーン・ベレーのヘインズ大尉がそのサルの太股に注射針を挿入して、大量の血液をいくつかの試験管に採取する。それから、ヘインズ大尉がそのサルをネイト・パウエル少佐にわたし、パウエル少佐が安楽死用の薬、T—61を注射する。その際注射針は、直接心臓に突き刺す。サルが完全に息絶えると、少佐はそれをスティーヴン・デニー大尉に手わたし、デニー大尉が検屍を行なう。デニー大尉はハサミでサルの腹をあけ、肝臓と脾臓《ひぞう》の一部を切除する。それらのサルの肝臓は一様に灰色で、ひどく損傷しており、見るからに不快な様を呈していた。

シャーロッテ・ゴドウィン二等兵は、デニー大尉のかたわらに立って、解剖用の道具を手わたしていた。ラカル・スーツの中の大尉はひどく神経質になっているようだ、と彼女は思った。デニー大尉がサルの脾臓をとりだす。それは白い斑点に覆われていて、石のように固かった。ホットなウイルスのつまった〝微生物時限爆弾〟だ。しばらくすると、デニー大尉は彼女にハサミを手わたし、サルを開腹する機会を与えた。シャーロッテは不安と同時にとてつもない興奮を覚えた。自分はこれから防護服着用の作業では最も危険な、レヴェル4の検屍を行なうのだ。それは生れて初めてロケットに乗る瞬間に似た、ぞくぞくするようなスリルを彼女に与えた。シャーロッテの手は、いかなる戦死体よりも恐ろしい死体の粘膜を切り裂きはじめた。心臓がドキドキして、無意識のうちに、一刻も早くこの仕事を終えてしまいたいと願っている。サルの目は見開かれたままだ。まるで、検屍をしているこちらを見あげているかのようだった。手をのばして、その目を閉じてやりたかった。あたしの顔がこのサルの目に映る最後の映像なのかしら、とシャーロッテ・ゴドウィンは思った。

火曜日の夕刻

戦　場

時間がたつにつれて、兵士たちのバッテリーが上がりはじめた。通路の端の窓が暗くなりはじめたので、夕刻の訪れが彼らにもわかった。ジェリー・ジャックスはなるべく頻繁に部下を休息させた。彼らは憔悴《しょうすい》した、ぼんやりとした表情で床にすわりこむか、注射器の充塡《じゅうてん》を手伝うかした。疲労の度合いを計ろうとして、ジェリーは兵士たち一人一人に訊《き》いてまわった。

「調子はどうだ？　疲れたか？　外に出たいか？」

外に出たがる者は、一人もいなかった。

建物内の制圧チームは、外にいるジーン・ジョンスンと終始無線連絡をとり合っていた。ジョンスンは彼らに、軍事用周波数で聞く携帯無線機を渡してあった。だれが傍聴しようとするかもわからないので、普通のウォーキー・トーキーは使わなかった。マスコミの連中に交信内容を録音されたりしたら、とんでもないことになる。軍事用周波数の交信を盗聴される可能性は、まずないと言っていいだろう。

そのうち、一人の兵士のスーツに異変が生じた。ロンダ・ウィリアムズという特科兵の送風機が停止して、彼女の汗ばんだ手術衣にラカル・スーツがぺったりと貼《は》りつきはじめたのだ。汚染された空気が肌にまとわりついているような気がして、彼女は叫んだ。**「空気がとぎれそうです！」**

それでもなお、彼女は働きつづけた。自分の持ち場を離れるわけにいかなかったのだ。送風機の停止の原因は、バッテリー上がりだった。しかも、自分のベルトに予備のバッテリーが吊《つ》るしてないことに、彼女は気づいた。ほかの兵士たちは例外なく、すでに予備のバッテリーを使用している。

空気が遮断されそうだ、というロンダの叫びを聞いて、サル室に動揺が走った。即刻彼女を退去させなければ、とジェリーは判断し、無線機を持つ兵士のいる〝エアロック〟まで、通路を走った。兵士の無線機をひったくるなり、ジェリーはジーン・ジョンスンを呼びだしてヘルメット越しに叫んだ。**「バッテリーの上がってしまった女性がいるんだがね」**

ジーンは答えた。「じゃあ、新しいバッテリーをとってきて、だれかに届けさせる。それまで待てるかい？」

「いや、彼女を退去させる。ヘルメットに空気がこなくなりそうなんだ」

そのとき、戸口にいた兵士が突然叫んだ。「自分は予備のバッテリーを持っています！」

ジェリーは無線機に言った。**「ちょっと待った――予備のバッテリーが一個、見つかった**

よ」

その兵士はロンダのところまで通路を走ってゆき、彼女に笑いかけて言った。「ほうら、お助けマンがやってきたぜ」

みんなは笑いだした。兵士は予備のバッテリーをロンダのベルトに取り付けた。

ロンダは思った、大変だわ、ここでバッテリーを取り替えたら、送風機がいったん止まってしまう。彼女は言った。「ちょっと待って！　ここで交換したら、空気がこなくなっちゃうわ！」

「ご心配なく。バッテリーの交換は、ほんの一瞬ですんじゃうから」

ロンダは気が気ではなくて、早くその場から出たかった。もしかしたら、スーツ内の気圧が下がったときに、ウイルスに感染したかもしれない、と彼女は思っていた。

ジェリーは彼女を、シャーロッテ・ゴドウィンと一緒に出すことにした。ゴドウィンにも、疲労の色が濃かったからだ。彼は無線でジーンに呼びかけた。「いまから二人、外に出す」

実はそのとき、ジーンの側でもとんでもない事態が持ちあがっていたのだった。どこからともなくさるテレビ局のヴァンが現われたのだ。ジーンはゾッとした。防護服を着た二人の女性が出てくるところを彼らに写されたら、どうなるか。彼はジェリーに言った。「こちらは、いま手がふさがってる。二人を外に出すことはできない。すぐ前にテレビ局のカメラがきてるんだよ」

「二人を外に出すぞ」ジェリーは言った。

「わかった。じゃあ出すがいい」ジーンは答えた。「テレビ・カメラにとっては願ってもないショウになるだろう」

ジェリーはグレイ・ゾーンの扉を叩《たた》いた。汚染除去係の軍曹が扉をあけてくれた。彼も防護服を着て、消毒液の噴霧器と懐中電灯を持っている。ロンダとシャーロッテがグレイ・ゾーンに入ると、軍曹は、両手を横に上げて、と指示した。彼は懐中電灯で二人の全身を照らしながら、穴の有無をチェックした。

と、彼の顔に奇妙な表情が浮かんだのに、ロンダは気づいた。

「きみのスーツに穴があいてるぞ」軍曹は言った。

やっぱりね、こうなるんじゃないかと思ってたわ、とロンダは胸に呟《つぶや》いた。

「どこであけたんだ、その穴？」

「知らないわよ、そんなこと！」

軍曹はその穴の上にテープを貼りつけた。それから二人の女性兵士の全身に消毒液を噴きかけ、完全に消毒を終えると、〝最終準備区域〟に通じる扉を叩いた。だれかが向こう側からあけてくれて、二人の女性はそっちに出た。サポート・チームの面々が飛びつくようにして二人のヘルメットをはずし、ラカル・スーツを脱がせてくれる。その下の手術衣は、汗でぐっしょり濡れていた。二人はブルブルとふるえはじめた。

「外にテレビ局の撮影車がきてるんだ」と、ジーンが言う。

「あたしのスーツには穴があいてたんです」ロンダが言った。「あたし、ウイルスに感染したでしょうか？」

「いや、大丈夫だ。きみのスーツ内には常時必要なだけの気圧が保持されていたはずだからね」彼は、早く外に出るように二人をせっついた。「ヴァンに乗って、横になってるといい。だれかに何か訊かれても、口をつぐんでいること。いいね？」

ロンダとシャーロッテはなんとかヴァンに乗り込んだものの、自分たちの服が見つからなかった。仕方なく二人はだれかのコートを身にまとい、外から見つからないようシートの背もたれを水平近くにまで倒して、そこにもたれかかった。

テレビ局のヴァンは、モンキー・ハウスの前部の扉の近くに止まっていた。カメラマンを従えたレポーターが、付近を嗅《か》ぎまわりはじめた。レポーターは入口の扉をノックして、ブザーを鳴らした——答はない。彼は正面の窓ガラスを覗《のぞ》き込んだ——カーテンが引かれていて、何も見えない。なんだ、これといって面白そうなことはないじゃないか。中にはだれもいなさそうだし。レポーターとカメラマンは、建物の裏に止まっていた白い車には気がつかなかったのである。が、仮に気づいたところで、二人が興味を引かれることはなかっただろう。

とりたてて妙なことは起きてないようだぞ。レポーターとカメラマンはヴァンに取って返して、しばらくシートにすわっていた。何か面白いことが起きるなり、変わった人物が現われるなりしてくれれば、夜のニュースに格好の映像を収録できるのだが、どうも空振りのようだ。それにしても寒いな。だんだん日も暮れてきたようだし。

そのとき二人の頭には、建物のわきにまわってビデオ・カメラを窓に向けてみる、という考えは浮かばなかったらしい。もし二人がそうしていれば、夜のニュースを独占するのはむろんのこと、CBSの人気番組〝シックスティ・ミニッツ〟からも引き合いがくるような衝撃的映像が収録できたことだろう。そこには、エボラの血の塗りたくられた防護服を着た兵士たちが、世界初の本格的バイオハザード作戦に従事している姿がとらえられていたにちがいない。〝最終準備区域〟に出てきた兵士たちが、サポート・チームの手でラカル・スーツを脱がせてもらっている場面なども、とらえられていただろう。だが、その二人は建物を一周してみようという気は起こさなかったらしく、私の知るかぎり、このレストン作戦をとらえたビデオの映像は一切存在しない。

その間、二人の女性兵士はヴァンの中にずっと隠れていた。そのうち、テレビ局の連中はとうとうモンキー・ハウスに興味を失ったのか、いずこかへ走り去った。建物の角から覗いていたジーン・ジョンスンは、危険が去ったことを伝えた。ほっとした二人の女性兵士は、そそくさと服を着るなり建物の背後の林に用を足しに駆け込んだ。そしてそこで、針を見つけたのである――そう、使用済みの針のついた二本の注射器を。その針にはキャップがついておらず、使用済みであることは一目瞭然《りょうぜん》だった。が、いつ頃《ごろ》からそこに捨てられていたのかはわからない。二人の報告を受けて、ゴム手袋をはめた隊員たちがその注射器を拾いにやってきた。念のため付近を捜索すると、さらに何本かの注射器が見つかった。

その日、モンキー・ハウスから最後に出てきたのはジェリー・ジャックスだった。六時頃に出てきた彼は、五ポンドから十ポンドくらい体重を減らしていた。多量の汗をかいたことで、水分が減ったのだろう。顔にはまったく血の気がなく、髪の毛もいつもの銀色ではなく、白っぽく見えた。

兵士たちは腹を空《す》かしていたし、喉《のど》も渇いていた。何かを食べにいこう。投票の結果、〝タコ・ベル〟がいいということになった。すかさずジーン・ジョンスンが注意を与えた。

「きみたちがここにいるわけを、決して他言しないようにな。何を訊かれても、答えるんじゃないぞ」

何台かの車が寒気の中にエンジンを轟《とどろ》かせ、〝タコ・ベル〟のチェーン店を目指して走りだした。店に着くと、兵士たちはソフト・タコスを注文した。それに、宇宙服の中で失った水分を補うためのジャンボ・コーク。彼らはシナモン・ツイストもわんさと注文した――この際、腹の足しになるものなら、何でもよかったのだ――うん、それを箱につめてくれないか、急いでくれよ。

店の従業員たちが、じっと彼らを見つめた。たとえジーンズにスエット・シャツ姿でも、兵士は兵士に見えるものなのだ――なにせ男たちは一様にクルー・カットで、筋骨たくましく、軍用の粗食に慣れているから吹き出物もない。それに、メタル・フレームの軍用眼鏡《めがね》をかけている。女たちは女たちで、腕立て伏せを五十回はできそうだし、拳銃《けんじゅう》の分解など造作もなくやってのけそうな顔をしているのだ。クラーゲス軍曹が自分のタコスのできあがりを待っていると、一人の男が近寄ってきて訊いた。

「あんたたち、あそこで何してるんだい？

ヴァンがたくさん止まってたけど」

　クラーゲス軍曹は無言のまま、その男に背中を向けた。

　その晩の夜半すぎ、カトクティン山の麓《ふもと》のジャックス家の主寝室では、ナンシーとジェリー・ジャックスがウォーター・ベッドの上で寛《くつろ》ぎながら、テレビのニュースを見ていた。かたわらでは、娘のジェイミーが眠っている。

　きょうの作戦の首尾はまあまあだったと思う、とジェリーは妻に語った。「自分の体を注射器で刺してしまったようなやつは、一人も出なかったしね。しかし、あの宇宙服の中にいるとあんなに孤独だとは、思わなかったよ」

　大学生のとき一緒になって以来そうしてきたように、ナンシーは夫にすがりついて、彼の首に頭を寄せた。この人、頬《ほお》がだいぶこけちゃったみたい、と彼女は思った。こんなに消耗している夫を見るのは、久方ぶりのことだった。そのうち、ナンシーはジェイミーを抱き起こして、彼女のベッドに寝かせつけてきた。ウォーター・ベッドに再びあがると、彼女は夫にからみついた。二人は抱き合ったまま眠りに落ちた。

悪　日

十二月六日　水曜日

この数日来、トマス・クジアゼクという陸軍の医師が、夜遅くまでレヴェル4の実験室で働いていた。防護服着用の彼が懸命に励んでいたのは、血液と肉体組織に対するエボラ・ウイルスの迅速試験だった。検査は順調に進んでいた。正式には〝迅速エライザ試験〟と呼ばれるもので、さほど面倒ではなかったが、反応は敏感だった。彼が検査していたのは、芝生の上で嘔吐《おうと》して、いまはフェアファックス病院の隔離室に入っている男、あのミルトン・フランティグの尿と血液だった。その結果は意外なものだった。フランティグは陰性だったのだ。彼の尿と血液は、エボラの検査に反応しなかったのである。とすると、彼は単なる風邪を引いていたのだろうか。それはまだ、謎《なぞ》だった。あの飼育係たちは、なぜエボラに感染して発症しないのだろう？

その日、気温は比較的高く、太陽が顔を出した。しばらくのあいだ、向きの一定しなかった風も、やがて南から吹きだした。大量〝ニューク〟の二日目――水曜日――陸軍のキャラヴァン隊はその朝も通勤者たちの車にまじってレストンに向かい、モンキー・ハウスの背後に展開した。作業は一段と順調に流れるようになった。午前八時には、すでに各チームがモンキー・ハウス内に進入していた。その日、ジーン・ジョンスンが投光照明を用意してきたので、彼らはグレイ・ゾーンの通路にそれを設置した。

最初に入ったのは、やはりジェリー・ジャックスだった。彼はエイメン軍曹と共に各室をまわり、サルに餌《えさ》をやりながら彼らの様子をチェックした。あちこちで、前夜のうちに死んだサルや末期痙攣《けいれん》に陥っているサルが見つかった。

二人はラウンジから何脚かの椅子《いす》を持ちだして、通路に半円形に並べた。そうしておけば、休養をとる兵士たちや、注射器を充塡《じゅうてん》する兵士たちが利用できるだろう。

その日も時間がたつにつれて、オレンジ色の防護服に身を固めた兵士たちの顔に疲労が淀《よど》みはじめた。通路の椅子にすわっている者、注射器にT—61を充塡している者、試験管の詰まっている箱を選《よ》り分けている者——男女を問わず、どの兵士のフェイス・マスクも熱気でくもっている。怒鳴るような大声で話し合っている者もいれば、ただ凝然と壁を見つめている者もいた。

午前十時半頃《ごろ》、ジェリー・ジャックスはC室で働いていた。すこし疲れたから休養をとろう、と彼は思った。ついでに、部下の様子も見てみることにしよう。C室をエイメン、クラーゲス両軍曹に委ねると、ジェリーは通路に出た。とたん、いま出てきたばかりのC室で叫び声があがり、けたたましいサルの鳴き声が湧《わ》きあがった。急いでC室にとって返すと、二人の軍曹が扉の前に立って、緊張した面持で中を覗《のぞ》き込んでいる。

「どうした?」

「サルが一匹逃げました」

「ああ、くそ!」思わずジェリーは悪態をついていた。

そのサルは、エイメン軍曹が一つの檻《おり》をあけたとたん、さっとかたわらをかすめて逃げ出したのだという。二人の軍曹はすぐ部屋を出て扉を閉めたので、サル室の外部への逃亡は免れたらしい。

サルが檻から逃げだす――ジェリーが何よりも恐れていた事態である。サルは長い距離を飛翔《ひしょう》できる。ジェリー自身、サルに嚙《か》みつかれたことがあるから、そのときの痛みがどんなものか、わかっている。サルの歯は、深く肌に沈み込むのだ。

彼らは扉の窓越しにサル室を覗き込んだ。部屋全体が沸き立つような鳴き声に包まれている。どのサルも激しく檻の鉄棒を揺さぶっては、甲高い叫び声をあげている。その部屋で鳴き叫んでいるサルは約百匹。逃げたサルはどこにひそんでいるのだろう? ちょっと見ただけではわからない。

彼らは捕獲用のネット、袋状の網が先端についた棒を捜しだし、扉をひらいて、じりじりと中に入っていった。

その後の出来事は、関係者の記憶の中で、一種夢のような彩りを帯びており、それぞれの記憶が相互に矛盾している。

特科兵のロンダ・ウィリアムズは、そのサルがサル室からも逃げだしたことを鮮明に覚えている。彼女はそのとき椅子にすわっていた。と、突然叫び声が交錯したと思うと、一匹のサルが彼女の足の間に駆け込んだのだという。彼女は恐怖にすくみあがり、次の瞬間笑いだした――それはヒステリーに近い神経症的な笑いだった。そのサルは逃亡の意志を固めた小柄な雄で、網には絶対にかかるまい、と決意を固めているかのようだった。

それに対してジェリー・ジャックスは、そのサルが小さな檻から逃げだしたのは事実だが、サル室からは逃げだしてないはずだ、と主張する。たぶんそのサルは、ロンダの足下を駆け抜けてから、また元のサル室に追い込まれたのだろう。

逃げだしたサルは極度に怯《おび》えており、それを追う兵士たちも極度に怯えていた。しばらくのあいだ、そのサルは檻から檻へと飛び移りながら逃げまわっていた。それを見ていたほかのサルが怒りだして、そのサルの爪先《つまさき》に噛みついた。逃げまわるサルの爪先から血が流れ出し、たちまちのうちに、そのサル室の床全体に血が塗りたくられた。

ジェリーが無線機をつかんで、報告した――サルが一匹檻から逃げ出した、そいつは足から出血している。

ジーン・ジョンスンが答えた――あらゆる手を使ってつかまえろ。いっそ、銃で射殺したらどうだ？　すぐに拳銃を、アーミー45でも、そっちに持っていかせるから。

ジェリーは、その考えにはのれなかった。さっきから見ていると、逃げたサルは、ちょっと走りまわっては檻の背後に隠れている。そいつを射殺しようとすれば檻の中に銃弾を撃ち込むことになる。弾丸は檻か壁に当たって跳ね返るかもしれない。どんな状況下でも、銃創を負うのはぞっとしないが、この建物の中ではほんのかすり傷を負っただけでも命とりになりかねないのだ。いちばん安全なのは、やはりこのサル室に入って、網で捕獲することだ、とジェリーは判断した。彼はエイメン軍曹と共にサル室に踏み込んだ。

逃げたサルの姿はどこにも見えない。ジェリーは捕獲棒をかかげ持ち、いつでも振り下ろせる態勢でじりじりと進んだ。しかし、サルめ、どこにいるんだ？　気持はあせっても、目がよく利かない。フェイス・マスクの内側が汗に覆われていたし、部屋の照明も薄暗いからだ。それはさながら、深い水中を泳いでいるかのようだった。両側の檻に接近しすぎないよう注意しつつ、ゆっくりと進む。檻の中のサルは、どれもヒステリックに鳴き喚《わめ》いたり、跳びはねたり、鉄棒を揺すったりしている。それは耳を聾《ろう》するような交響音となって、四囲にどよもしていた。とにかく檻に近づくと嚙みつかれる恐れがあるので、つとめて通路の中央を進む。その後から、麻酔薬の注射棒を持って、エイメン軍曹がつづいた。

「気をつけろ、軍曹」ジェリーは言った。「嚙みつかれないようにな。檻に近づきすぎないようにしろ」

檻から檻へ移動しながら中を覗き、背後の暗がりに目を凝らす。不意に、目の隅に何かが走った。捕獲棒を手に振り返ると、サルが彼の頭上を跳躍して、部屋の片側から反対側まで十二フィートの距離を飛翔した。

「つかまえろ！　そっちだ！」ジェリーは叫んだ。と同時に網を振りまわし、檻の上に叩《たた》きつけた。が、サルは早くも消えていた。

彼はまたゆっくりと部屋を進んだ。壁から壁に、長い尾を振って、またしてもサルが宙を飛んだ。相手は好きなときに宙を飛ぶことができるのだ。ジェリーは網を振りまわしたが、こんどもとり逃がした。「くそったれ！」思わず叫んでいた。

とにかく、敵の動きが敏捷《びんしょう》すぎて、手に負えない。檻から檻へ、目を細くすぼめて覗き込みながら、彼はさらに十五分ほど追いつづけただろうか。見つけた、と思うと、次の瞬間、相手は部屋の反対側に飛翔している。もともと相手は樹上で暮らすべくこの世に生れた、小柄なサルなのだ。この部屋の状況そのものがサルを利していると言えるだろう。われわれにはこの状況に対処すべき道具もないのだから、とジェリーは思った。所詮《しょせん》、この場で主導権を握っているのはわれわれではない――いまのままだと、こっちは相手に引きずりまわされるだけだ。

その頃、モンキー・ハウスの外にはC・J・ピーターズ大佐が姿を現わしていた。作戦の進捗《しんちょく》状況を把握しようとして立ち寄ったのだ。寒い日だというのにいつもの軽装で、リーヴァイスのジーンズにセーター、ソックスにサンダルばきという出立ちだった。それに口ひげとくるのだから、知らない人の目には、ヒッピーの成れの果てか何かに映ったことだろう。

C・Jはそのとき、見知らぬ人間がモンキー・ハウスの前をウロついているのに気づいた。何者だろう、こいつは？　男はやがて、建物の側面にまわってきた。何かを嗅《か》ぎまわっているのは間違いない。このままでは、作戦現場に接近しすぎてしまう。C・Jは急いで男のほうに歩み寄り、何の用だね、とたずねた。

男は『ワシントン・ポスト』の記者だった。「ここでは何が起きてるんだい？」と、彼はC・Jにたずねた。

「何って——別に——いつもと変わらないと思うがな」C・Jは答えた。

不意に、大佐の制服を着てこなくてよかった、と彼は思った。この時ばかりは、日頃の無精な習慣が役立ったのである。それはともかく、この記者に窓を覗き込まれたりするとまずい。彼はさりげなく相手を前のほうに誘導した。とりたてて異常な徴候はないという結論に達したのだろう、記者はまもなく立ち去った。

当時、『ワシントン・ポスト』はモンキー・ハウス周辺に、何か尋常ではない臭《にお》いを嗅ぎつけたのだろう。それはたしかだ。が、記者も編集者も、もう一歩の詰めを欠いて、謎の深層にたどり着けなかったのだった。

「**このサルは、網を知ってるな**」ジェリーは軍曹に向かって叫んだ。

残念ながら、逃げ出したサルは、ビニールの防護服など着てノソノソ歩いているような人間の手には負えそうにない。そいつは明日まで放置しておくことに、二人は決めた。

一方、生き残っているほかのサルたちは、ますます興奮して猛り狂っていた。この日、各チームは暗くなるまで休まず働き、それらのサルの大半を殺した。兵士たちの中には、もっと難しい仕事もさせてほしい、と不満を洩《も》らす者も出てきた。で、ジェリーは、それまで士官のみに任せていた危険な仕事を彼らにもやらせることにした。ロンダ・ウィリアムズ特科兵を、ネイト・パウエル少佐担当の安楽死班に編入したのも、その一例だった。

安楽死班の作業もまた、波乱含みだった。

まずパウエル少佐が、麻酔にかかったサルの腕を後ろにねじあげて台にのせる。それを見て、ロンダは注射針のキャップをはずし、心臓注射をする——心臓に狙いをつけて、肋骨《ろっこつ》の間から胸に針を突き刺すのだ。そこでプランジャーを押して、安楽死の薬品を心臓に送り込む。するとサルは一瞬のうちに死んでしまう。それから針を引き抜くと、その穴から血が奔出した。それはうまくいったしるしだった。心臓に針が突き刺さったからこそ血が噴出するのだから。手袋が血まみれになったらすぐ消毒液で洗い、防護服に血がついたら、消毒液をしみこませたスポンジで拭《ぬぐ》った。

針の狙いが心臓を逸《そ》れると、恐ろしい光景が待っている。プランジャーを押すと、薬品はサルの心臓の周囲に溢《あふ》れることになる。サルはギクッとして、目が動く。一瞬、身を起こして逆らおうとする。それは死の直前の反応にすぎないのだが、彼女はつい声を出してしまう。彼女自身の心臓がギクッとする。

次にジェリーは、ヘインズ大尉が担当する〝血液洗浄班〟にロンダ・ウィリアムズを編入した。こんどのロンダの仕事は、意識を失ったサルからの血液の採取だった。彼女はサルの足の静脈に注射針を挿入して採血する。サルによっては目をあけているものもいて、それが彼女には苦手だった。まるで自分が、サルにじっと見られているような気がするのだ。

　そのうち、あるサルの血を採取していると、不意に、その目が動いたような気がした。ばかりか、そのサルは起きあがろうとする気配すら示す。そのサルは明らかに覚醒《かくせい》していた。なおも朦朧《もうろう》とした目で彼女を見あげていたと思うと、やおらそのサルは手をのばして、注射器を握っている彼女の手をつかみにかかった。かなり力の強いサルだった。そいつの太股《ふともも》に刺さっていた注射針が抜けて、血が噴き出した。次の瞬間、そいつは彼女の手を自分の口に向けて引っ張りはじめた！　彼女の手に嚙みつこうとしているのだ！　ロンダは悲鳴をあげた。

「このサルを押えて、だれか、お願い！　起きあがろうとしてるわ！」

　ヘインズ大尉がそのサルの腕をつかんで、テーブルに押えつけた。彼は叫んだ。**「麻酔が覚めてるサルがいるぞ！　ケタミンを持ってこい！」**

　そのサルの太股から注射針が抜けた際、サルの足の静脈が切れてしまった。たちまち皮下出血がはじまり、皮膚が野球のボール大にふくれあがった。血が皮下に流れ込むにつれて、ボールはますます大きくなってゆく。ロンダはもうすこしで泣きだしそうになった。なんとか皮下出血を止めようと、彼女は血のボールを押えつけた。ゴム手袋を通して、血が膨れあがってくるのが感じられた。それは、エボラの血のボールだった。

　一人の兵士が駆けつけてきて、ケタミンを倍量注射すると、やっとのことでサルはクタクタと倒れた。

この危機の間、ピーター・ヤーリングは連日防護服を着て、〝研究所〟の実験室で働いていた。モンキー・ハウスから届くサルの血液や組織のサンプルを検査して、ウイルスの拡大する様態と部位を突き止めるのが目的だった。と同時に、ウイルスの純粋なサンプルを分離したいという願望も、彼のなかには働いていた。一方、トム・ガイスバートのほうも、ほとんど徹夜で顕微鏡を覗いていた。

二人はときどき、どちらかのオフィスで落ち合い、ドアを閉めて話し合った。

「どうだい、気分は？」

「疲れてはいますが、それ以外の点では何ともありません」

「頭痛は？」

「ありません。そっちはどうです？」

「うん、いまのところ大丈夫だ」

二人はこのウイルスの株の発見者である。もし彼らがこのウイルスの株を分離できれば、そして、もし彼らのほうが先に〝スラマー〟に分離されなければ、このウイルスに命名する資格を得られそうだった。

ヤーリングは毎晩家族と夕食を共にするために帰宅した。が、子供たちにお話を聞かせてベッドに寝かしつけると、再び〝研究所〟にトンボ返りして遅くまで働いた。この時期、〝研究所〟はどの部屋も煌々《こうこう》と明かりがつき、二十四時間態勢で働く人々で実験室はすべてふさがっていた。

ロッカー・ルームで全裸になった彼は、手術衣に着替えてから防護服をまとう。夕食をすませたばかりのところへもってきて、その部屋はかなり暑い。自然に眠気が襲ってくる。赤いバイオハザード・マークのついた鋼鉄の扉を前にして、彼はあと一歩を踏み出すのに逡巡《しゅん》を覚えた。けれども、結局扉をあけて、ホットな側に入ってゆく。

サルのサンプルと並んで、このところ彼が検査をつづけているのは、自分自身とガイスバートの血液だった。果たしてウィルスは、そのうち突如として自分たちの血液の中に現われるのだろうか、と彼は思う。いや、それはまずないだろう、と彼は繰り返し自分に言って聞かせる。そうではないか、自分はあのフラスコを鼻に押しつけたわけではないのだ。フラスコの上で手を振ったにすぎないのだから。病院の実験室でバクテリアを扱う場合は、みんなそうしているのだ。それは、培養された微生物の臭いを実験室で嗅ぐ場合の、いわば常套《じょうとう》手段なのだから——バクテリアがどんな臭いがするものか、みんなそうやって学んだのである。そう、バクテリアの中には〝ウェルチ〟のグレープ・ジュースのような臭いを放つものがあることを、みんなそうやって学んできたのだ。

それにしても、自分は本当にエボラに感染したのかどうか——その問題は、サルの飼育係が芝生で嘔吐《おうと》したあの日以来、いっそう重くヤーリングの頭にのしかかってきていた。あの男は自分の手に傷をつけたり、注射器の針を自分に刺してしまったりしたわけではない。したがって、もしエボラにやられたのだとすると、空気感染だった可能性が強いのはたしかだ。

自分自身の血清を含んだスライドを、ヤーリングは何枚かクローゼットに運んだ。ドアを閉めて、ライトを消す。目を暗闇《くらやみ》に慣らし、いつものように、フェイス・マスク越しに顕微鏡を覗くという難行にとりかかる。次の瞬間、眼下にパノラマが広がった。それはあらゆる方向に広がった、自分自身の血の海だった。微《かす》かに緑色に輝いている、どこか謎めいた、粒子の粗い映像。この淡い緑色は正常の輝きで、特に騒ぎたてるようなものではない。この緑色の輝きがもう少し強くなったら、それは自分の血にエボラが棲《す》みついている証拠である。しかし、その輝きが強くなったかどうか、どうやって判断する？　明るい緑色とは、どんな緑色なのだ？　それに、この一連の検査用具と自分の直感は、どの程度信頼できるのか？　仮に自分の血が輝いていると確信したら、その結果をどう上司に報告すればいい？　まあ、とりあえず、C・Jには話さざるを得まい。ひょっとすると、自分は〝スラマー〟には入らなくてすむかもしれない。この、自分の実験室そのものが、いわば隔離病室のようなものなのだから。いま、この瞬間、自分は微生物危険レヴェル4のゾーンにいる。すでに隔離されているも同然ではないか。この実験室にいるかぎり、だれかに伝染させる危険などありはしない。ああ、絶対にありっこない。だから、もし自分がエボラに感染していたら、ずっとこの部屋で暮らして、仕事をつづければいいのだ。

眼下の映像に、特に変化は生じなかった。輝きは一定している。特別な反応は起きなかった。彼の血液は正常だった。トム・ガイスバートの血も同じだった。二人の血が明日になれば輝くか、二日後に輝くか、三日後に輝くかという点に関しては、時の経過を待つしかない。

が、一方で、彼とガイスバートが、エボラの潜伏期間を脱しつつあるのもたしかだった。

　午後十一時になった。そろそろ帰ろうとヤーリングは思い、〝エアロック〟に入って汚染除去シャワーをスタートさせる鎖を引っ張った。自分一人の物思いにふけりながら、彼はグレイ・ゾーンのグレイの照明に包まれて立っていた。この化学薬品の霧に包まれていると、ほとんど何も見えない。汚染除去が終了するまで、ここでは七分間待たなければならない。きょうは足がひどく疲れていた。じっと立っていられないほどだ。ヤーリングは手をのばし、薬品をシャワーに送り込んでいる導管につかまって身を支えた。防護服の上に、生温かい液体が流れ落ちる。ウイルスを殺す液体の流れる音だ。ほかに耳に入るのは、ヘルメット内に流れ込む空気の音くらいのもの。防護服の背中を化学薬品のシャワーに叩かれていると、マッサージを受けているようで心地よい。ヤーリングは久方ぶりに安心感に包まれて、そのまま眠りに落ちた。

　最後のジェット水流に体を打たれて、彼はハッと目を覚ました。気がつくと、相変わらず導管を握ったまま、気密室の壁にもたれていた。あのジェット水流に打たれなかったら、そのまま目を覚ますことはなかっただろう。おそらく、ずるずると壁をずり落ちて、エアロックの一隅に丸くなっていたにちがいない。そして、防護服内を流れる、殺菌された爽やかな空気に全裸の体を洗われつつ、暖かい繭《まゆ》に包まれたように心地よく、熟睡していたことだろう――そう、獰猛《どうもう》なウイルスと日夜闘っている〝研究所〟のド真ん中で。

自分は結局〝スラマー〟行きになるのではないかとビクビクしながら、ロンダ・ウィリアムズ特科兵はモンキー・ハウスの中央通路に立っていた。耳には、ヘルメットの中に流れ込む空気の轟音《ごうおん》しか聞こえない。両方向とも永遠に向かって伸びている通路には、段ボールの箱、紙屑《かみくず》、それにサルの餌等が散乱している。上官たちはどこにいるのだろう？　ジャックス中佐はどこだろう？　みんな、どこにいるの？　サル室に通じる扉が見える。上官たちはあそこにいるのかもしれない。

そのとき、黒い影が飛ぶように通路を接近してきた。檻から逃げだした、あのサルだった。こっちに向かって駆け寄ってくる。らんらんと光る目が、彼女を睨《にら》んでいた。その手に、何かが光っている――注射器だった。注射器を握っている。これで仕返しをしてやる、と言わんばかりの仕草で、サルは注射器を振りまわした。こちらに注射するつもりでいるらしい。その注射器には、未知のホットなウイルスがつまっているに相違ない。ロンダは逃げだした。が、防護服を着ているので、早く走れない。それでも、走りつづけた。通路はどこまでもつづいている。どんなに走っても扉にたどりつけない。扉はどこ？　どこにいけば出られるの？　扉はどこにもなかった！　出口はどこにもない！　狂おしい目でひたとこちらを見据えながら、サルが駆け寄ってくる――注射器の針がキラッとひらめき、彼女の防護服に刺し込まれた……ロンダは兵舎の自室で目を覚ました。

汚染除去

十二月七日　木曜日

ナンシー・ジャックスは、午前四時に電話の音で起こされた。ウィチタの病院の公衆電話から、弟がかけてきたのだ。父親が危篤状態に陥ったという。「すごく悪いんだよ。こんどはもたないかもしれない」

父親は心不全に陥っており、延命措置を望むかどうか、主治医に訊《き》かれたらしい。ほんの一瞬考えただけで、それは断わるように、とナンシーは弟に伝えた。父の体重はすでに九十ポンドにまで落ちて、文字どおり骨と皮ばかりに痩《や》せ細っている。しかも、耐え難いほどの苦痛に襲われているのだ。

彼女は夫のジェリーを起こして、父がきょう中に死ぬかもしれない、と伝えた。ウィチタに帰らなければならない、とわかってはいたが、果たしてきょうのうちに、飛行機で帰るべきかどうか。飛行機でいけば、午後にはウィチタに着くだろう。父の死に目にも会えるかもしれない。父に最後の別れを告げることもできるだろう。だが、結局、彼女は飛行機で帰郷するのを見合わせることにした。現下のレストン危機のさなかに、職務を放棄することはできない、という気がしたのだ。それは職務怠慢になるだろう。

電話がまた鳴った。こんどは父親当人が病室からかけてきたのだった。「帰ってきてくれるかい、ナンシー？」かぼそい声で、父親はたずねた。

「それが、いまは無理なのよ、パパ。仕事なの。とても深刻な病気が発生して、それと闘っている真っ最中なのよ」

「そうか」

「クリスマスには会えると思うわ、パパ」

「それまで、こっちがもつかな。でも、まあ、ひょっとすると、もつかもしれん」

「大丈夫よ、きっとよくなるから」

「愛してるよ、ナンシー」

「あたしもよ」

まだ夜が明け切らないうちに、ジャックス夫妻は服を着替えた――ナンシーは制服、ジェリーは私服に。ジェリーはそのままモンキー・ハウスに向かったが、ナンシーは子供たちが起きてくるまで家に残った。その日はシリアルの朝食を用意し、子供たちをスクールバスに乗せてから、自分の車で出勤した。〝研究所〟に着くと、C・J・ピーターズ大佐のオフィスに出頭し、父がきょう中に死ぬかもしれないことを一応伝えた。

「すぐに帰郷したまえ、ナンシー」

C・Jは言ってくれたが、

「いいえ、仕事をつづけます」と彼女は答えた。

昼食を終えた頃《ころ》から、サルの死骸が届きはじめた。一日に二度、レストンからトラックが運んでくるのだ。最初の積み荷は、ナンシーが防護服に着替えている頃、エアロックに届けられた。〝ハット・ボックス〟には、十四から十二匹のサルの死骸が入っているのが普通だった。

モンキー・ハウスから搬出される残りのサルは——総重量約二、三トンになったが——三重のバイオハザード用袋に詰められ、汚染除去処置を施されたうえ、鋼鉄の屑缶《くずかん》に詰められる。それをヘイズルトンの従業員が会社所有の焼却炉まで運び、高温で焼却することになっていた。その温度をもってすれば、さしものエボラも間違いなく死滅するはずだった。

だが、何匹かのサルの死骸は、ナンシーの手で徹底的に解剖されなければならない。それは、モンキー・ハウス内にウイルスが蔓延《まんえん》しているか否かを確認するために、欠かせない作業だったのである。

AA—5室に〝ハット・ボックス〟を運び込むと、ナンシーはいつものパートナーと民間人アシスタントの助けを借りて、夜中すぎまでサルの検査に没頭した。三人は、道具を指示したり、サルの体内の損傷の徴候を指差したりするとき以外、ほとんど口をきかなかった。

その夜、メスを握るナンシーの頭には、父とすごした子供の頃の思い出が何度となくよみがえってきた。

はるか昔、おてんばの少女だった彼女は、耕作期ともなると父のトラクターを夜遅くまで運転して、農作業を手伝ったものだった。トラクターはロバの歩みにも似たスピードで、約半マイルほどの長さの畑に畝《うね》を掘っていった。ナンシーはたいてい短く切りつめた半ズボンにサンダルという格好だった。トラクターの上は暑くて騒々しかった。エンジンの轟音《ごうおん》に包まれて広大なカンザスの地を耕しながら、彼女はほとんど何も考えてはいなかった。やがて日が地平線に傾き、畑は暗闇《くらやみ》に包まれて、月が高くのぼってくる。夜の十時頃になると、彼女は父に運転を代わってもらって、ベッドにもぐり込む。夜が明けてまた新しい一日がはじまると、父に起こされるのだが、すると彼女は嬉々《きき》としてトラクターにもどって、畑を耕しつづけたものだった。

「**スポンジ**」ナンシーは相棒に指示した。

サルから流れた血を、相棒が拭《ぬぐ》いとる。ナンシーは、緑色のエンヴィロケムの入ったボウルで手袋を洗った。

その晩、ナンシーがAA—5室で働いている間に、父親が死去した。

日曜日の朝になって、彼女は飛行機でカンザスに帰郷した。ウィチタにある一族の墓地にタクシーで駆けつけると、ちょうど葬儀がはじまったところだった。雨もよいの寒い日で、地面にあいた穴と墓石のそばに、傘《かさ》をさした一握りの会葬者が、牧師を囲んで立っていた。ナンシー・ジャックス中佐はもっとよく見ようと前に進んだ。その目が、思いがけないものをとらえた。父の棺は星条旗に覆われていたのだ。父もまた、かつては軍人だったのである。

その光景を見た瞬間、ナンシーは胸を衝《つ》かれて、わっと泣きだした。

十二月七日、木曜日、午後四時、最後のサルが殺されて袋に入れられ、兵士たちは汚染除去シャワーを浴びる準備を開始した。

最後まで彼らをてこずらせたのは、例の、逃げだしたサルだった。ジェリー・ジャックスはあらためてそいつの隠れているサル室に入った。捕獲網で追いかけまわすこと三時間、サルはとうとう檻《おり》の背後の隙間《すきま》に、尻尾《しっぽ》だけ出してはまり込んだ。このときとばかり、エイメン軍曹が大量の麻酔薬を尻尾に注射した。約十五分後、サルは静かになり、ほかのサル同様に処理されて外に運びだされた。

彼らは無線機で、最後のサルが死んだことをジーン・ジョンスンに伝えた。ジョンスンは折り返しクラーゲス軍曹に指示してきた。「じゃあモンキー・ハウス内をもう一度見てまわって、どの部屋にも生存しているサルがいないことを確認してくれ」

最後の点検を開始したクラーゲスは、倉庫の中で冷凍ボックスを発見した。なんとなく不吉なものを感じて、彼はジョンスンに無線で報告した。**「この倉庫に、冷凍ボックスが一つあるんですがね」**

「中を調べろ」ジョンスンは答えた。

クラーゲス軍曹は蓋《ふた》をあけた。とたん、彼の目は、凍りついたサルの目に吸い寄せられた。透明なビニール袋に詰め込まれたサルの体の表面には、血のツララが幾筋も貼《は》りついていた。

それは、ウイルスの最初の犠牲が出た部屋、F室のサルだった。いずれも、ダン・ダルガードに処理されたサルである。クラーゲス軍曹は蓋を閉じて、またジョンスンに無線で呼びかけた。

「この冷凍ボックスの中身、あんたは信じられんでしょうね。サルが十匹から十五匹入ってるんです」

「なんてこった、クラーゲス！」

「どうしましょう？」

「これ以上サルに悩まされるのはごめんだよ！　サンプルもも要《い》らん！　汚染除去処分をして、始末しろ！」

「鎮静剤の小壜《びん》も何本かあります」

「それも同じように処分しろ！　その壜には、汚れた注射針が差し込まれたかもしれんからな。とにかく、そのモンキー・ハウス内に残っているものはすべて外に出せ！　一つ残らずだ！」

クラーゲス軍曹は民間人のマール・ギブスンに手伝ってもらって、その袋を冷凍ボックスから引っ張りだした。そしてなんとかサルを〝ハット・ボックス〟に詰め込もうとしたのだが、硬直した手足が異様な形にねじれていて、どうしても入らない。結局、通路に残して、自然に解凍するに任せることにした。それは明日、汚染除去チームが処理してくれるだろう。

91―タンゴ・チームの面々は、二人一組で〝エアロック〟の扉から出てきた。どの顔も疲れ切って表情を失っており、汗と、薄れることのない恐怖の念に覆われていた。彼らは合計三千五百の医療サンプルを採取したのである。いま終えたばかりの作戦について、彼らは朋《ほう》輩《ばい》たちとも上官とも話す気にはなれなかった。

フォート・デトリック基地に向けて出発する際、隊員たちは、モンキー・ハウス前の樹下の芝生にすわりこんでいるジーン・ジョンスンに気づいた。彼のほうでは、だれとも話したくない様子だったし、兵士たちも彼に話しかけるのはためらわれた。それほどジョンスンの顔はやつれていたのである。彼の心は兵士たちから遠く離れた彼方、モンキー・ハウス内の荒れ果てたゾーンにいまも漂っていた。若い兵士たちの行なった作業の手順を、彼は何度も何度も繰り返し反芻《はんすう》していた。もし相手が注射器を右手に持っていたら、こちらはその左手に立つ。サルの両腕は、そいつが振り返ってこっちに嚙《か》みついたりできないように、後ろにねじりあげて持つ。だれか、指を切った者はいただろうか？　いままでのところ、若い兵士たちは全員、つつがなく任務を完遂したようだった。

モンキー・ハウスから兵士たちが出てくるのとほぼ同時に、汚染除去チームが防護服着用の準備を開始していた。すでに周囲は暗くなっていたが、エボラを心底恐れているジーン・ジョンスンは、たとえ一晩でもその建物を現状のまま放置したくはなかったのである。

汚染除去チームを率いていたのは、民間人のマール・ギブスンだった。彼は防護服を着ると、これから必要な措置を頭にまとめるべく、モンキー・ハウスの中をつぶさに見てまわった。各サル室や通路はどこも血にまみれており、医薬品のパッケージが散乱していた。そこかしこでサルの餌《えさ》が踏みつぶされている。床には随所にサルの糞《ふん》がたまっていたし、壁にも糞が塗りたくられていた。糞を塗料代わりに、小さな手でさまざまな形を描きなぐった跡もあった。消毒液入りのバケツとブラシを持っていたギブスンは、壁の糞をこそぎ落そうと試みた。ややあって、彼は無線でジーン・ジョンスンに呼びかけた。**「壁の糞はセメントみたいにへばりついてるんだよ、ジーン。ちょっとやそっとじゃ落せないな」**

「とにかく、最善を尽くしてくれ。この建物を完全に清掃しろ、というのが、われわれの受けている命令なんだから」

「わかった、とにかく、こそぎ落してみるよ」

翌日、彼らは金物店にいって、パテ・ナイフと鉄のへらを購入した。汚染除去チームはそれを使って、壁と床の汚れをこそぎ落す作業に着手した。防護服内にこもる熱気で、彼らは息がつまりそうだった。

芝生で嘔吐《おうと》した男、ミルトン・フランティグがフェアファックス病院の隔離病室に入れられてから、すでに数日たっていた。彼の気分はよくなる一方で、熱も下がっていた。鼻から血が流れ出すこともなかった。体力が回復するにつれて、彼は苛立《いらだ》ちを見せはじめていた。

ミルトン・フランティグがエボラに感染していないことは明らかだった。とにかく、彼の血液中にウイルスが存在しないのは事実だったのである。結局、彼は軽いインフルエンザにかかったのだろう、という診断が下された。ＣＤＣ（疾病対策センター）も彼に、もう退院してもかまわない、と伝えた。

あのフラスコの臭《にお》いを嗅《か》いでから十九日たっても鼻血が出てこないことを確認したとき、ピーター・ヤーリングとトム・ガイスバートは、自分たちは生き延びたのだ、と確信した。ダン・ダルガードをはじめサルの飼育係たちもいまのところ感染していないという事実も、その確信を強めた。が、その事実は一面、きわめて謎《なぞ》めいてもいた。このウイルスはいったい、どういう性質をしているのだろう？　このウイルスが、蠅《はえ》をつぶすようにあっさりとサルを殺しているのはたしかだ。犠牲になったサルは、体中の孔《あな》という孔からウイルスを垂れ流して死んでいったのだから。にもかかわらず、いまのところ、人間には犠牲者は出ていない。ただの一人も〝崩壊〟していない。このウイルスがエボラ・ザイールではないのだとすると、いったい何なのだ？　それはどこからやってきたのだ？　その点に関して言えば、アフリカからやってきたに相違ない、とヤーリングは信じていた。ともかく、メインガ看護師の血が、それに反応したではないか。したがってそれは、エボラ・ザイールにきわめて近いウイルスであることは間違いない。

このウイルスはあたかも、あの小説の〝アンドロメダ病原体〟のように振る舞っていた。世界は破滅するとだれもが思い込んだとき、それはすいっと姿を隠し、人間は生き延びたのだから。

その頃CDCは、このウイルスの伝播《でんぱ》経路の追跡に全力をあげていた。その結果、やはり、マニラ近郊のサル輸出商社、ファーライト・ファームズ社にたどり着いた。とにかく、レストンのサルがすべてそこから輸入されたのは事実なのである。その商社は、ミンダナオの森林からワシントンまでサルが旅する途中の中継点だった。調査の結果、このファーライト・ファームズ社でも大量のサルが死んでいることが確認された。が、フィリピン人の飼育係の中で、ウイルスに感染した者は、やはり、皆無だった。

そもそも、これがもしアフリカのウイルスなのだとすると、なぜフィリピンに存在するのだろう？　それに、サルの飼育係に犠牲者が出ないのは、なぜなのだ？　ともかく、このウイルスがサルを殺せることは事実なのである。

レストンではきわめて不可思議なことが起きていたのだ、と言うほかない。いったんは、〈自然〉が人類を殺戮《さつりく》しようと忍び寄ってきたかに見えた。が、彼女は突然顔をそむけて微笑したのである。それは、モナ・リザの微笑だった。その意味を理解し得る者は、まだ一人もいない。

十二月十八日　月曜日

汚染除去チームは、モンキー・ハウスの床や壁を消毒薬でこすりつづけた。床のペンキが剝《は》がれ落ちても、なお彼らはこすりつづけた。やがて、建物内部の表面の汚れをすべてこそぎ落し終えたとき、彼らは汚染除去の最終段階、ガス消毒作業に着手した。

その準備として必要なのは、建物全体を完全に密閉することである。汚染除去チームは建物の扉、窓、通気口等のすべてに外部から銀色のダクト・テープを貼りつけた。換気システムの外気取り入れ口にはビニール・シートをかぶせてテープで貼りつけた。建物を完全に密閉し終えると、こんどは内部の数か所に、ニジェール枯草菌という無害なバクテリアの胞子をしみこませた紙を置く。この胞子はめったなことでは死なない。この胞子すら殺せたことがわかれば、汚染除去は成功したと判断できるわけである。

次いで汚染除去チームは、三十九番の〝サンビーム〟電気フライパンをモンキー・ハウス内に持ち込んだ。〝サンビーム〟の電気フライパンは、汚染除去任務のために陸軍が採用した公式ツールと言っていい。チームは建物の床一面に、電気コードを引いた。そのコードには、ちょうどクリスマス・ツリーの照明のコードのように、いくつもコンセントが取り付けられている。そのコンセントに〝サンビーム〟・フライパンのコードをつなぐと、彼らはそのコードをメイン・スイッチに接続した。〝サンビーム〟・フライパンの中に置かれるのは、一握りの固形殺菌剤である。それは見たところ、白い塩に似ている。フライパンの温度は〝高温〟にセットされた。

十二月十八日午後六時、メイン・スイッチが入ると、〝サンビーム〟のフライパンに電気が通った。殺菌剤は熱せられて、ホルムアルデヒドのガスを放ちはじめる。すでにモンキー・ハウスの扉、窓、通気口のすべてが密封されているので、ガスはほかに行きどころがなく、建物内に三日間留まることになる。

ガスはあらゆるところに浸透していった。通気口、オフィス、デスクの引出し、引出しの中の鉛筆削り。それはゼロックスにも浸透し、パソコンの内部にも入り込み、椅子《いす》のクッションにも染みとおった。床の排水溝に入り込んだガスは、そこにまだ滞留していた消毒液にたどり着いた。最後に、防護服を着用した汚染除去チームがモンキー・ハウス内にもどり、胞子のサンプルを回収した。ニジェール枯草菌は、すべて殺されていた。

微生物災害対策に従事する人々の間には、こういう教訓がゆきわたっている――ある微生物が死滅したかどうか、明瞭《めいりょう》にはだれも知り得ない。生命は、ほとんどいかなる攻撃にも耐え得るのである。徹底的な滅菌を実施するのは至難の業で、その効果をあとで立証するのもほとんど不可能に近い。だが、〝サンビーム〟・フライパン方式で生成されたガスが三日間にわたってある建物内に留まり、ニジェール枯草菌の胞子が全滅したとすると、その建物の滅菌は成功したと見ていい。

モンキー・ハウスはかくして滅菌された。エボラは抵抗に遭ったのである。しばらくの間、生命が再びそこに誕生するまで、レストン検疫所は、そこにどんな生命も、いかなる形態の生物も存在しない、この世で唯一の建物でありつづけた。

最も危険なウイルス

一九九〇年一月

ワシントン近郊で発生したエボラ・ウイルス株は、再び熱帯雨林のいずこかに身を隠した。循環はつづいた。ウイルスが存在しつづけようとするかぎり、増殖の循環はつづく。

陸軍はモンキー・ハウスが完全に〝ニューク〟されたと確信して、その管理権をヘイズルトン・リサーチ・プロダクツ社に返還した。ヘイズルトンはさらに多くのサルをフィリピンから、そう、マニラ近郊のあの同じ商社から輸入した。ミンダナオの雨林で捕獲されたカニクイザルが、再び大量に、あのモンキー・ハウスで飼われはじめた。

それから一月もたたない一月中旬になって、C室のサルの中に、鼻を血まみれにして死ぬものが出はじめた。ダン・ダルガードがピーター・ヤーリングに電話してきて、言った。

「また、はじまったようなんだがね」

ウイルスは、エボラだった。それはフィリピンからやってきた。最初の発生の際、人間の犠牲者が出なかったことにかんがみて、陸軍、CDC（疾病対策センター）、ヘイズルトン社の三者が話し合った結果、今回は制圧策をとらずに、サルを隔離することに決定した——つまりサルを放置して、ウイルスに焼き尽くされるに任せよう、というわけである。ダン・ダルガードはできるだけサルを救いたかったし、ヘイズルトン社は、防護服を着た軍人たちの再来を望まなかったのだ。

二度目のウイルス発生に際してモンキー・ハウスで起きたことは、一種の実験でもあった。限定された空間、ある種の〝都市〟に棲《す》むサルの間に野放しにされた場合、エボラはどんなことをしでかすか、彼らはじっくりと観察することにしたのだ。

結果はどうだったか？　エボラ・レストン・ウイルスはたちまちサル室からサル室へ飛び移った。そして、サルの中で増殖しながら、風邪に酷似した何かに突然変異していくかに見えた。もちろん、それはただの風邪ではなく、〝エボラ風邪〟にほかならない。サルは、その鼻孔《びこう》から凝固しない血のまじった透明な粘液や緑色の粘液を大量に流しながら死んでいった。彼らの肺は破壊され、壊死《えし》し、エボラ・ウイルスの泳ぐ海と化した。彼らは肺炎にもかかった。一つの部屋に鼻を血まみれにしたサルが一匹出ると、残りのサルの八割がほどなく死んだ。サルに対するそのウイルスの感染力が、尋常ならざるものであることは明らかだった。

いま自分たちが相見《あいまみ》えているのはエボラの突然変異体ではないのか、ほんの一月前に陸軍が〝ニューク〟したウイルスとは若干異なる、新しい株ではないのか、という疑念が、〝研究所〟の科学者たちの胸に兆しはじめた。それは恐るべき推測だった——もしその疑念が的中しているとすると、エボラはごく短時日にその性質を自ら変えられる能力を有していることになるからだ。たかだか一か月のうちに、それは本当に別種の株に変身できるのだろうか？　こんどの症状から推すと、エボラは、人間の子供に見られるある種の風邪とも関連があるのかもしれない。それは、エボラが新しい宿主に迅速に適応する能力を持ち、新たな集団に浸透するにつれて、速やかにその性質を変えていく、ということを予想させる。

エボラがモンキー・ハウスの空調ダクトを通って移動しているのは明らかだった。一月二十四日になると、エボラはB室に侵入し、その部屋のサルがショック状態に陥って死にはじめた。どのサルも目が赤く、鼻から血を流し、顔には仮面のような表情が貼《は》りついていた。それにつづく数週間のうちに、エボラはI室、F室、E室、それにD室に広がり、それらの部屋のサルがほぼ全滅した。

そして、二月中旬のこと。仮にジョン・コリアスとその名を呼ぶことにする飼育係が、死んだサルの検屍《けんし》を行なっている最中、過って自分の手の親指をメスで切ってしまった。彼がそのとき切開していたのは、エボラが好んで巣くう場所である肝臓だった。肝臓の細胞や血の塗りたくられたメスの刃は、彼の親指深く沈んだ。コリアスはまごうかたなく、エボラと直接接触したのである。

彼が切開していた肝臓は、直ちに分析のためユーサムリッド（アメリカ陸軍伝染病医学研究所）に運ばれた。それを顕微鏡で見たのは、こんどもトマス・ガイスバートだった。彼の目には何が映ったか？　ガイスバートの言葉を借りよう――〝そいつは信じられないほどホットだったね――とにかく、細胞の壁から壁まで、ウイルスで一杯だったんだ〟。

ジョン・コリアスの命運は定まったも同然だ、と〝研究所〟のだれもが思った。「われわれはみんな――」とピーター・ヤーリングは後に私に語ってくれた。「この男が時限爆弾になるのではないかと恐れたものさ」

ところがCDCは、彼を隔離しないことに決めたのである。で、コリアスは自由に酒場に出入りして友人たちとビールを飲み交わしたりした。

「〝研究所〟では」と、ピーター・ヤーリングは語った。「あの男がバーに出入りして飲み食いしたと知って、みんな愕然《がくぜん》としたものだよ。そんなことをさせたCDCの方針は、絶対に間違っていたと思う。これは本当に深刻なウイルスであり、あのときは本当に深刻な状況だったんだ。はっきり言って、このウイルスに関しては、まだまだわかってないことが多い。感染の仕方も、風邪に似ているのかもしれないしね――その病状が現われるまで潜伏期間があって、感染者はその間にウイルスをまき散らしているかもしれない――で、はっきり病状を自覚したときには、もう十数人の人間に感染させた後だった、ということにもなりかねないんだ。とにかく、このウイルスに関しては、未知のことが多すぎる。最初にどこから現われたのかもわからないし、次に現われるときはどんな形態をとるかもわからないんだから」

ジョン・コリアスはその後、手術を必要とする、さほど重くない病気にかかった。医師たちは、まだエボラの潜伏期間中に彼の手術を行なった。手術に際して彼が大量の出血をしたという記録はない。その後彼は回復し、エボラとの接触による別段の悪影響もなく、現在も存命している。

モンキー・ハウスはどうなったか？　そこにいたサルは全滅した。こんどは陸軍が〝ニューク〟するまでもなかった。モンキー・ハウスは、エボラ・レストン・ウイルスによって〝ニューク〟されたのだ。こんどもまた、人間の犠牲者は一人も出なかった。が、その一方で、実に無気味な、考えようによっては不吉きわまる事態も起きたのである。

モンキー・ハウスでは、四人の男性が飼育係として働いていた。心臓発作を起こしたジャーヴィス・パーディ。芝生に嘔吐《おうと》したミルトン・フランティグ。親指を切ったジョン・コリアス。そして、ここには名前を記さない四人目の男。その四人が、この二度目のウイルス禍に際して、実は全員エボラに感染したのである。エボラは彼らの血流に侵入し、彼らの細胞の中で増殖した。エボラは彼らの体の中で繁殖した。彼らの中で循環した。彼らの中で生命を保ちつづけた。にもかかわらず、彼らの中に一人として——エボラが彼らの体内で増殖している最中ですら——発病した者はいなかった。その期間、特に頭痛を覚えたり、吐き気を催したりしたことを記憶している者は、彼らの中に一人もいない。そのうちウイルスは自然に彼らの体から遊離し、彼らの血中から消えてしまった。この本を書いている現在、彼ら四人の中にエボラの後遺症をわずらっている者は一人もいない。

この四人は、エボラに感染したにもかかわらず生き延びた、きわめて稀有《けう》な例と言っていい。ジョン・コリアスは、血まみれのメスで自分の親指を切ってしまった際、エボラに感染した。それは間違いない。そして、これも奇態なことなのだが、残りの三人は自分の体を傷つけてはいないのに、その血流の中にエボラが侵入したのである。とにかく、エボラはどうかして彼らの血流に入り込んだ。いちばん可能性が高いのは、肺との接触によって彼らの血の中に入り込んだという線だろう。それは空気を伝って彼らに感染したのだ。この四人のうち三人までが、自分の身を傷つけてないのに感染した事実が明らかになったとき、ユーサムリッドの科学者たちのほぼ全員が、エボラはやはり空気感染し得るのだ、という結論に達したのだった。

フィリップ・ラッセル博士——最初のウイルス発生に際し、モンキー・ハウスにウイルス制圧チームを送り込む決断を下した、あの将軍——は、つい最近、私にこう語った——あのときも自分は〝恐怖にすくみあがった〟のだが、この災害の真の恐ろしさをつくづく感じさせられたのは、あとになってエボラが空気感染する実例をサルに見たときだった、と。「あとで振り返ったときに、恐ろしさがひたひたと身に迫ってきたね」彼は言った。「あのサルたちの呼吸器のサンプルを見たとき、わたしは思わず胸に呟《つぶや》いていたよ——なんてこった、あとほんのわずかの変化が生じれば、このウイルスは人間のあいだで簡単に呼吸感染し得る病原体に変身するかもしれんじゃないか、と。わたしの念頭にあるのは、黒死病のことなんだがね。インフルエンザのように簡単に伝染して、しかもその致死率が中世における黒死病に匹敵するほど高いウイルスを想像してみたまえ——われわれが懸念しているのは、それなんだ」

レストン・モンキー・ハウスの従業員たちが感染したのは、病状の出ないエボラ・ウイルスだった。なぜこのウイルスは彼らを殺さなかったのだろう？ 今日に至るまで、その疑問に明快に答え得る人間はいない。病状の出ないエボラ——彼らのかかったのは、〝エボラ風邪〟とでも言うべきものだった。おそらくは、このウイルスのごく微小な遺伝子コードの相違が、このウイルス粒子中の七つの謎《なぞ》の蛋白《たんぱく》質の一つの形態を変えた。それがたぶん、人間に与える効果を劇的に変えて、サルには致命的でも人間にはほとんど無害なウイルスを誕生させたのではあるまいか？ いずれにしろ、このウイルス株がサルと人間の相違を知っているのは事実である。そしてもし将来、このウイルスがまた別の方向に突然変異したとしたら……。

春の一日、私はナンシー・ジャックスを訪問した。レストン事件に際して彼女の果たした役割についてインタヴューしたかったのである。会見は彼女の勤務先のオフィスで行なわれた。彼女の着ている黒い軍用セーターには、銀の鷲《わし》の肩章がついていた——つい最近、彼女は大佐に昇進したのだ。部屋の隅の鳥籠《とりかご》の中で、子供のオウムが眠っていた。そいつが突然目を覚まして、甲高い声で鳴いた。

「どうしたの、おなかがすいたの？」ナンシーはオウムにたずねた。「そうなのね、わかったわ」

彼女は袋の中から投餌《とうじ》器をとりだし、それにオウム用の練り餌《え》をつめた。その投餌器をオウムのくちばしに突っ込んで中身を絞りだしてやると、オウムは満足そうに目を閉じている。

壁の書類棚に向かって手をふると、彼女は言った。「じゃあ、エボラの写真を見てみる？どれでも、お好きなものを選んでいいわ」

「いや、あなたのほうで選んでください」

書類棚の中を捜して何枚かのガラス・スライドをとりだすと、彼女はそれを持って別室に入った。その部屋のテーブルには顕微鏡が置かれていた。接眼鏡を備えたタイプなので、二人の人間が同時にサンプルを覗《のぞ》くことができる。

私は腰を下ろして、顕微鏡を覗き込んだ。もちろん、そこにはまだ何も映っていない。

「そうね、これなんかどうかしら」彼女は言って、一枚のスライドをレンズの下にすべらせた。

私の下には細胞の〝地雷原〟が広がっていた。あちこちで細胞のポケットが炸裂《さくれつ》し、融解している。

「これは雄の睾丸《こうがん》の組織なのよ」ナンシー・ジャックスは言った。「かなり重度の感染をしてるでしょう。一九八六年に、肺からエボラ・ザイールに感染したサルのものなの。ジーン・ジョンスンと二人で研究してた頃の写真なんだけど」

サルの睾丸の切片を見ているうちに、私はしだいに気持が悪くなった。「というと、このエボラは最初サルの肺に侵入して、そこからずっと下の――？」

「ええ。虫酸《むしず》が走るでしょう。じゃあこんどは、眩暈《めまい》がするようなものを見せてあげるわ。

肺の組織の写真をね」

　眼下の光景が変わって、腐ったピンク色のベルギー・レースのようなものが映った。「これは肺の組織の切片なの。肺から感染したサルのものだけど。ほら、肺の中でウイルスが膨らんでいるでしょう？　エボラ・ザイールよ」

　そこには個々の細胞が映っており、そのうちのいくつかは、黒っぽい斑点《はんてん》が内部から膨れあがっている。

「じゃあ、倍率を上げてみるわね」

　細胞はぐんと拡大された。黒っぽい斑点は、角張った影のような塊に変わった。その塊が、ちょうど細胞から孵化《ふか》しかけているように、飛びだそうとしている。

「かなり大きな、太った〝レンガ〟だわ」

　それは、肺から外に飛びだそうとしているエボラ結晶体だった。エボラは肺の組織から、肺の中の空気中に弾《はじ》け出ようとしているのだ。後頭部のあたりがムズムズしてきて、私は突然、何かの軍事機密を見せられた民間人のような心地になった。

「この肺は相当エボラに冒されてるわ」ごく事務的な声でナンシーはつづける。「この〝レンガ〟が肺の空間に直接出芽しようとしているのがわかるでしょう？　こういう肺の主が咳《せき》をしたりすると、この〝レンガ〟は喉《のど》を伝って唾液《だえき》の中に入りこむわけよ。だから、エボラに感染した人の咳を、直接顔に受けたりはしないほうがいいの」

「驚いたな。エボラってやつは、肺の機能を熟知してるんですね？」

「そうとも言えないわね。エボラは昆虫の中にも棲《す》みついてるかもしれないんだけど、昆虫には肺がないでしょう。でも、エボラがいかにこの肺に適応したか、見てごらんなさい。いままさに肺から出芽して空気に飛びこもうとしてるじゃないの」

「するとこいつは、かなり高等な生命体ということになるわけですか？」

「その通りね。このとんでもないウイルスときたら、ちゃんと自分なりのライフ・サイクルを確立してるんだから。〝もし——したら？〟というゲームをしてみる？　もしこいつが人間の肺に侵入したら、どうなると思う？　もしこいつが突然変異したら、これは問題でしょうね。ええ、大問題になるわ、人間にとっては」

一九九〇年三月、レストンで二度目に発生したウイルスが猛威をふるっている最中、CDCはサルの輸入商社に重い制約を課して、検疫プロセスを一段と強化した。CDCはまた、ヘイズルトン・リサーチ・プロダクツ社、チャールズ・リヴァー・サル輸入商会、ワールドワイド・サル輸入商社の各社が検疫法を侵害したとして、三社の営業認可を一時的に取り消した（三社の営業権は、後に再認可された）。このCDCの措置によって、アメリカ合衆国へのサルの輸入は数か月間中断された。各商社の経済的損失はかなりの額にのぼったという。ヘイズルトン社の場合、損失は数百万ドルにのぼった。サルは金になるのである。

ヘイズルトン社に対するCDCの制裁措置は制裁措置として、ユーサムリッドの学者たちは——CDCの学者たちですら——ダン・ダルガードと彼の会社がモンキー・ハウスを陸軍に委ねる決断を下したことを高く評価している。〝ヘイズルトンにとっては困難な決断だったと思うけれど、彼らは正しいことをしたと思うね〟というピーター・ヤーリングの発言は、専門家たちの見方を代表していると言えるだろう。

ヘイズルトン社は、あのモンキー・ハウスを別の地主から賃借りしていたのだという。驚くにあたらないことだが、陸軍の介入から第二のエボラ発生時にかけて、ヘイズルトン社と地主の関係にはひびが入ったらしい。その後、ヘイズルトン社はあの建物を明け渡し、今日に至るもそこは空き家になっている。

あのエボラのフラスコの臭《にお》いを嗅《か》いだものの事なきを得たピーター・ヤーリングは、現在、ユーサムリッドの学者たちの中心的な存在になっている。彼とトマス・ガイスバートは、新しいウイルスに命名する場合の慣例に則って、彼らの発見したウイルス株を〝レストン〟と名づけた。もちろん、このウイルスが最初に発見された場所にちなんだ命名であることは言うまでもない。

私との会話の最中、二人はこのウイルスをごくさりげなく〝エボラ・レストン〟と呼ぶことがある。ある日のこと、ピーター・ヤーリングは自分のオフィスで、エボラ・ウイルス粒子の写真を何枚か私に見せてくれた。それは歯応《ごた》えのあるヌードルにそっくりだった。「ほら、こいつを見てごらん。この細長いやつを」言いながらヤーリングは、一つの粒子の環を指でなぞった。「これがレストンさ――いや、待てよ、いまレストンと言ってしまったががうな――こいつはザイールだ。ほら、ね、まさにそこが問題なんだ。一目見ただけでは、この二つのウイルスは区別がつかない。そこでいつも、一つの哲学的な疑問にぶつかるんだけれども、エボラ・ザイールとエボラ・レストン、この二つはこんなに外見がそっくりなのに、どうしてザイールのほうは人間にとって危険で、レストンのほうはそうじゃないのか？エボラ・レストンのほうが空中を伝う何らかのルートで感染することはまず確実なんだ。このウイルスに感染したヘイズルトンの従業員たちにしても——空気感染したことは、まず間違いないと思うね」

「われわれは結局、危険な弾丸をよけられたんですかね？」

「いや、わたしはそうは思わない」ヤーリングは答えた。「弾丸はわれわれに命中したんだよ。ただ、われわれにとって幸いだったのは、それが四十五口径のダムダム弾ではなく、二十二口径のゴムの弾丸だったという点でね。心配なのは、〝やったぞ、われわれは弾丸をよけたんだ！〟とみんなが舞いあがることだな。で、次にエボラを顕微鏡で覗くと、〝なんだ、こいつはレストンじゃないか〟と言って、微生物封じ込め施設の外にそいつを持ち出す。ところが、そいつはレストンではなく、凶悪なその兄貴分だということがわかったら、そのときはもう手遅れじゃないか」

ジーンズ姿がトレードマークのC・J・ピーターズは、その後陸軍を去って、CDCの特殊病原体研究室の室長に就任した。ある日、レストン事件を回顧して、彼は私に語った。

「エボラが空気感染で広がったのは間違いないだろうな。伝染のパターン、それに、ほかのサル室にも広がったという事実は、あのとき、あの建物内に、エボラ粒子を含んだエアロゾ

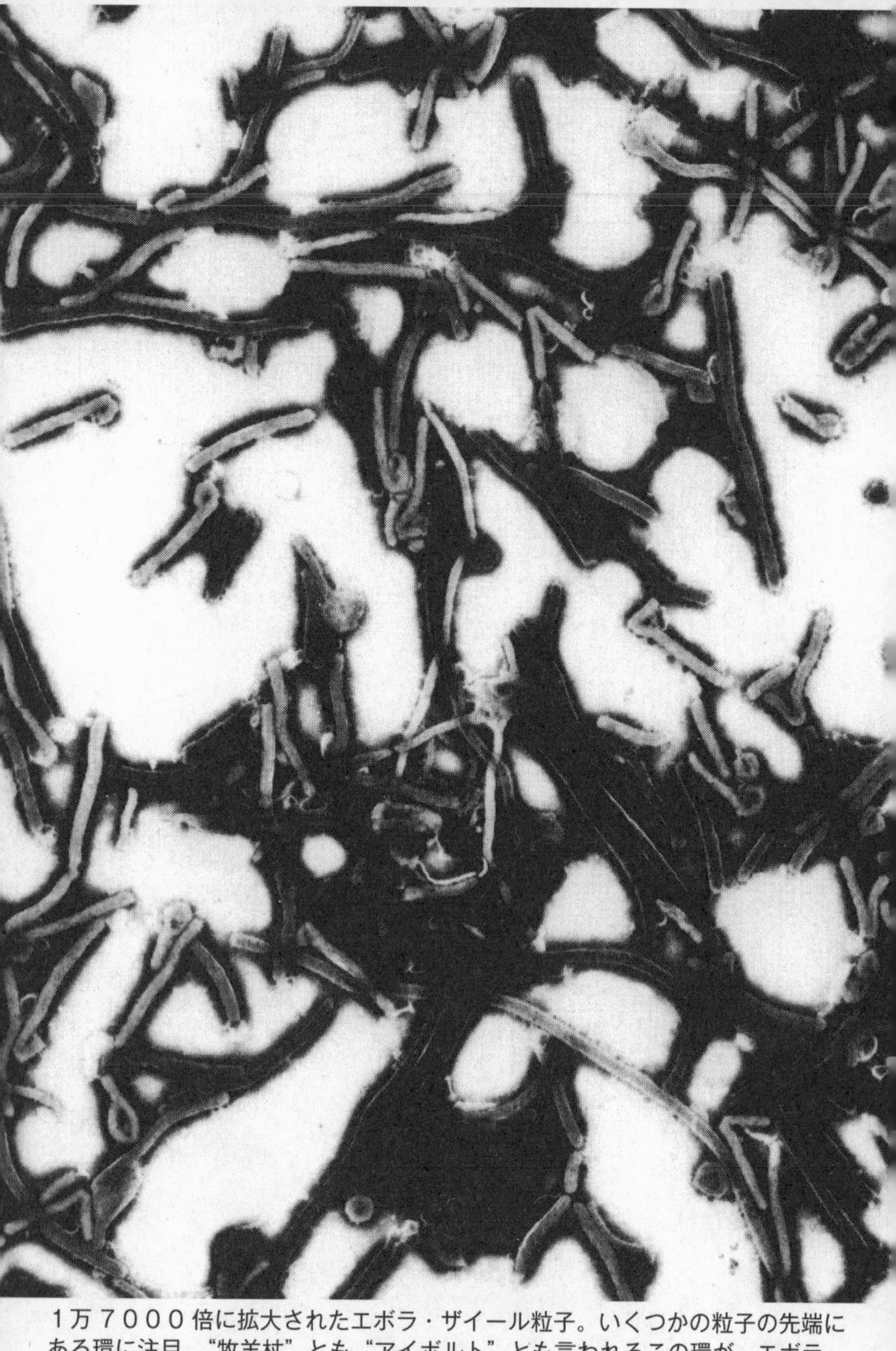

1万7000倍に拡大されたエボラ・ザイール粒子。いくつかの粒子の先端にある環に注目。“牧羊杖”とも“アイボルト”とも言われるこの環が、エボラ・ザイールとその兄弟たちの特徴である。撮影：トマス・ガイスバート（ユーサムリッド）

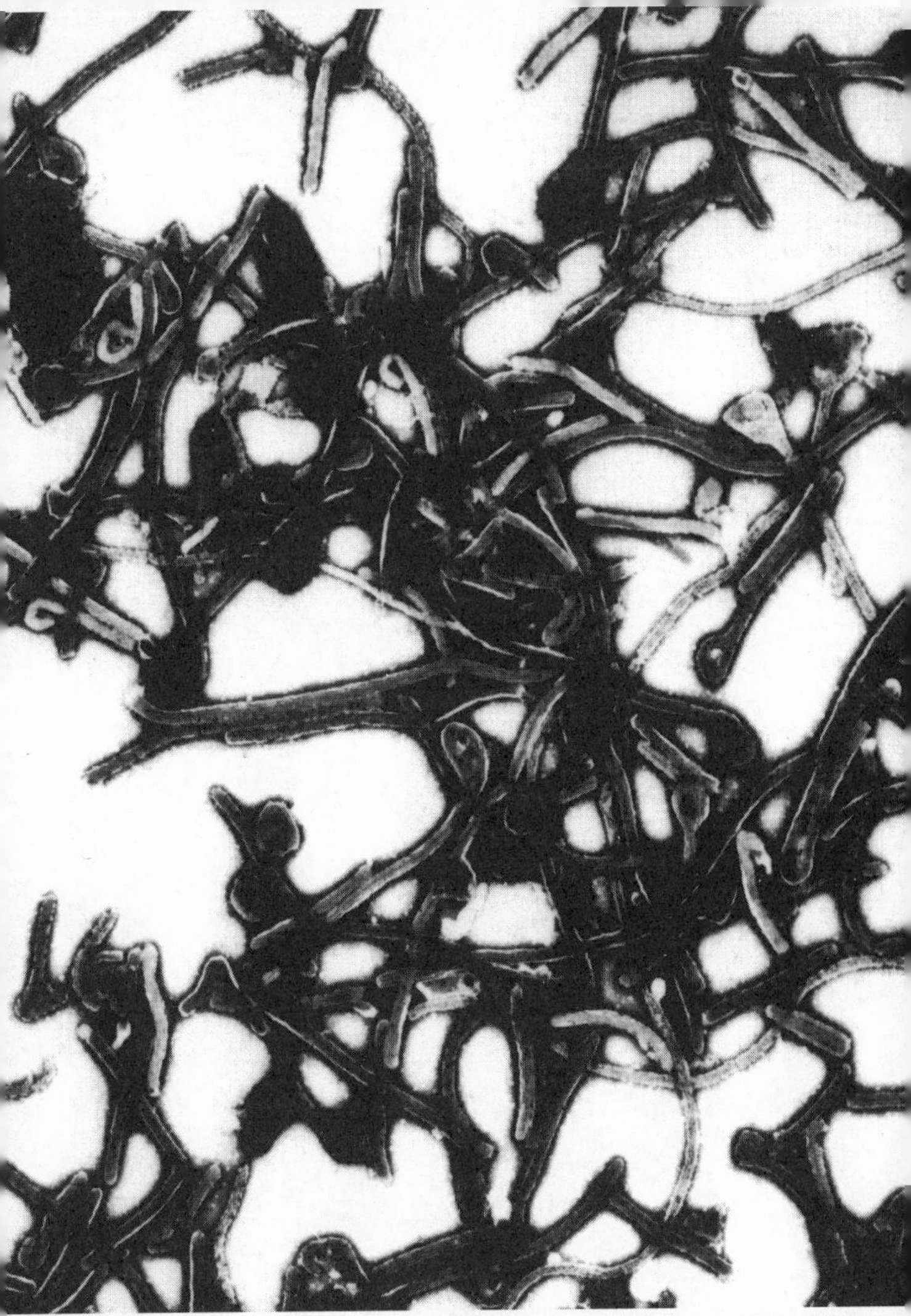

1万７０００倍に拡大されたエボラ・レストン粒子。“問題は、一目見ただけでは、この二つの粒子の区別がつかない点なんだ”——ピーター・ヤーリング。撮影：トマス・ガイスバート（ユーサムリッド）

ルが存在していたということを物語っていると思うね。肺からエボラ・ザイールに感染したサルの写真を見ると、肺がエボラでくもっているのがわかるんだ。そういう写真は、見たことがあるかね？」

「ええ、ナンシー・ジャックスに見せてもらいました」

「じゃあ、わかるだろう。肺の空気の中にエボラ粒子がはっきり見えるんだからな」

「エボラ・レストンを空中に散乱させて、それがサルの間に広がるかどうか、実験してみたことはありますか？」

私がたずねると、

「いや、ないね」彼は言下に否定した。「それは名案とは思えなかったのさ。エボラ・ウィルスが呼吸器官に広がるかどうかを調べる実験を、もし陸軍が行なって、それがだれかに探知されたら、われわれはおそらく、微生物の最終兵器を創ろうとして、細菌戦の準備をしているという非難を受けただろうからね」

「ということは、エボラが空気感染するかどうか、科学的な実験に基づいて断言することはできないということですね？」

「まあ、そういうことになるだろう。断言はできない。エボラが空気感染するかどうか、厳密に言えば、それはいまのところ想像の領域に入る。しかし、もしその答がイエスだとしたら、そいつは人類が想像し得る最悪のことだろうな」

かくして、三人の兄弟――マールブルグ、エボラ・スーダン、エボラ・ザイール――に、四人目の弟、レストンが加わった。これらすべてのフィロウイルスの遺伝子は、CDCの特殊病原体研究室の学者グループ――なかんずくアンソニー・サンチェスとハインツ・フェルドマン――によって識別された。彼らによれば、ザイールとレストンはあまりにも酷似していて、相違点を指摘することも困難だ、という。

私がアンソニー・サンチェスに会って、その点をたずねたとき、彼はこう答えた。「この二つは実際、〝似たもの同士〟と呼んでいいだろうな。しかし、レストンがなぜ人間には無害なのか、そいつはわからない。わたし自身は、レストンにしても、最高度封じ込め態勢の下、防護服着用で扱うのでないかぎり、安心はできないがね」

フィロウイルスに属する各ウイルスは、すべて七つの蛋白質を含んでおり、そのうちの四つまでがまったく未知の存在である。おそらくレストン株の蛋白質の一つが、わずかにほかとちがっている点が、ワシントンで大災害に発展するに至らなかった理由なのだろう。その後も陸軍とCDCは、このウイルスの危険度を格下げしてはいない。エボラ・レストンは依然としてレヴェル4のホットなウイルスとして分類されている。このウイルスと握手したい方がいたら、防護服を着用してからにしたほうがいい。

安全問題の専門家たちは、レストン株がさほど危険ではないことを示す証拠はまだ不十分だと見ている。さほど危険ではないどころか、考えようによっては、このウイルスこそフィロウイルスの兄弟中、最も危険な存在だと言うこともできるだろう。なぜなら、再三述べたように、それはほかの兄弟よりずっと容易に空中を移動できる能力を有している可能性があるからだ。今後、もしこのウィルスの遺伝子コードがほんのわずかでも変化すれば、それは咳によって人間に伝染するようになるかもしれない。そのとき、人類はおそらく、存亡の分かれ目に立たされるだろう。

ところで、エボラ・レストンがアジアから伝わったのだとすると、それはどうしてエボラ・ザイールに酷似しているのだろう？　異なる大陸で生れたウィルスは、異なる形態をしていて当然ではないか。その疑問に対する一つの解答は、レストンはもともとアフリカで生れたのだが、その後、比較的最近、飛行機でフィリピンに伝わったのではないか、とする仮説である。言い換えれば、エボラは世界の航空輸送網にすでに忍び込んで、旅してきたということになる。ウィルスはわずか数日間で世界を飛びまわれることを、疑う専門家はいない。エボラはたぶん、数年前にアフリカからアジアにやってきたのだろう。

これは一つの推論にすぎないが、エボラはアフリカの野生動物の体に忍び込んで、アジアに旅してきたのかもしれない。数年前から流れている噂《うわさ》だが、フィリピンの雨林に広大な農園を所有している裕福な人々が、アフリカの野生動物を非合法に輸入してフィリピンの密林に放ち、それを狩猟の対象にしているという。仮にエボラがアフリカの狩猟動物——豹《ひょう》、ライオン、ケープ・バッファロー等——の中に棲みついているとしたら、そういう形で渡ってきたことは十分考えられよう。これはもちろん、一つの推測にすぎないのだが。

　他のフィロウイルス同様、エボラ・レストンも秘密の場所に隠れている。だが、レストンにおけるウイルス禍の火つけ役になったのはフィリピンのたった一匹のサルだったという仮説は、十分に成り立つはずだ。たった一匹の病気のサル。そのサルこそは〝指針症例〟、すなわち、この病気の最初の症例だった。その一匹のサルがあれだけの騒動を引き起こしたのだ。おそらくそのサルには四、五個のエボラ粒子がとりついていたにちがいない。では、それらの粒子はどこからきたのかといえば……それはもはや推測するしかない。

第四部

キタム洞窟
KITUM CAVE

一九九三年　秋

ハイウェイ

エルゴン山に至る道路はナイロビから北西に向かってケニア高地に入り、アフリカの空に頭突きを食らわせている緑の丘陵をのぼってゆく。しばらく小農場やシーダーの森の間を進んだその道は、やがて上り坂の頂点に達して宙に飛びだしたかと見る間に、黄色い靄《もや》のたちこめる盆地に下降してゆく。その盆地がアフリカ大地溝帯だ。道は地溝に向かって下ってゆき、皺《しわ》の寄った膝頭《ひざがしら》のような崖《がけ》を横切ってゆくうちに広々とした谷間の底に達し、アカシアの木が点々と生えているサヴァンナに合流する。

道路はそこから地溝の底のいくつかの湖の周囲をめぐり、陽光に黄緑色に映えているフィーヴァー・トゥリー（解熱剤になると信じられている各種の木）の林の間を抜けてゆく。湖岸に点在する町をめぐった道は、やがて西方へ、大地溝帯の西の縁をなしている青い山脈に向かう。それはいまや舗装された細い二車線のハイウェイだ。まっしぐらに山中に進入してゆくその道は、急に、いぶしたような臭《にお》いを発する渡り労働者たちのトラックで込み合ってくる。あえぎあえぎ坂をのぼってゆくトラックは、どれもウガンダやザイールを目指している。

エルゴン山に至る道路は、キンシャサ・ハイウェイ、別名〝エイズ・ハイウェイ〟の一区間でもある。付近の熱帯雨林のどこかから発生したエイズ・ウイルスは、かつて、アフリカ大陸を両断するこのハイウェイに沿って移動し、この地上のあらゆる都市に広がっていったのだ。このハイウェイはもとアフリカの中央部をくねくねと縫う未舗装道路で、その全区間を踏破するのはほとんど不可能だった。それが、一九七〇年代に入ってかなりの区間が舗装され、トラックが轟々《ごうごう》と走るようになった。それから間もなく、このハイウェイ沿いの町々にエイズが現われたのである。このウイルスが正確にどこから出現したのかは、いまもって大きな謎《なぞ》の一つだ。

エルゴン山に至る道路は、私には馴染《なじ》み深かった。というのも、かつて少年時代に、私はこの道を歩いたことがあるからである。当時、私は両親や兄弟と一緒に、ヴィクトリア湖を見下ろす丘陵の農場で、その農場を所有するルオ族の家族と共にしばらく暮らしたことがある。それは泥の小屋や家畜囲いを備えた、伝統的な農場だった。アフリカに帰るのはそのとき以来、つまり十二歳の少年のとき以来なのだが、少年時代にアフリカを体験した者にとって、この大陸はすでに心の一部となっている。

私は素足で川の砂を踏みしめた感触をいまも覚えているし、ワニの臭いも覚えている。ツェツェ蠅《ばえ》が頭髪の間を這《は》っているときの、あのザワザワした感触も覚えている。そして、ルオ族の訛《なま》りのある英語で、〝楽にして、楽にして、この雄羊の尻尾《しっぽ》の脂肪をもっと食べてみなよ〟と私に促す、あの親しげな声も。暁闇《ぎょうあん》の灰色の光の中で目覚めると、一瞬、自分がどこにいるのかわからない。ぼうっとして泥の壁にあいた穴を見ているうちに、その穴が小屋の窓であることがしだいに思い出されてくる。そのとき、私はその窓越しに、大勢の子供たちから覗《のぞ》かれていたのだ。

それから何十年ぶりかで再びアフリカに相見《あいまみ》えたとき、それはかつての謎を伴って、生き生きと、輝かしく、まるごとよみがえってきた。最初によみがえってきたのは、アフリカの匂《にお》いだった。料理をこしらえる火の、あのいぶしたような匂い。それはアカシアやユーカリの木が燃える匂いで、それと共に靄のように生じる煙は、町々を覆い、人々の体にまとわりつく。

次によみがえってきたのは、そう、ハッとするような覚醒《かくせい》感と共によみがえってきたのは、あたかも時間が誕生した時から歩きつづけてきたように、いずこに向かうともなく、また至るところに向かって、道路を歩いている人々の姿だった。ケニアの高地では、彼らがサンダルばきの足や素足で踏みしめるハイウェイの路肩が、赤土のひものようにどこまでもつづいている。女たちはキリスト教の聖歌を歌いながら歩いている。その中にはギターを抱えている者もいれば、炭や塩の入った袋を器用に頭にのせて運んでいる者もいる――。

ランドローヴァーはディーゼルの排気ガスの間を突っ切って、ガクンと跳ね上がった。路面の穴を踏み越えたのだ。私のガイドのロビン・マクドナルドは、ぐっとハンドルを握り直して達観したように言う。「なあに、これでもマシなほうさ。この前ここを通ったときなんざ、あんまり路面が荒れてるんで、泣きたくなってきたもんな。エルゴン山にいくのは何年ぶりかな――ひょっとすると、おれがまだガキだった頃《ころ》以来かもしれないや。当時、親父の友人が、あのあたりにシャンバを持ってたんだ」――〝シャンバ〟とは農園を意味する――「で、しょっちゅう、その農園を訪ねてたんだ。あそこは素晴らしかったな。いまはなくなっちまったがね、その農園は。そう、クイシャだよ」〝クイシャ〟とは、〝終り〟の意味だ。ロビンは盛大にホーンを鳴らして、ヤギの群をかわしてゆく。「ほらほら、どいた、どいた！」一匹のヤギに向かって、彼は叫んだ。「見ろよ、動こうともしやがらん」

ランドローヴァーは轟音と共にスピードを上げた。

道路は小規模なトウモロコシ畑の間を縫ってゆく。それぞれの畑の真ん中には、たいてい泥やセメント造りの小屋が建っている。農夫たちは根掘り鍬《くわ》を振るって、機械に頼らずに彼らの土地を耕作している。この付近の土地は、どこも小屋の戸口に至るまで、隈《くま》なく耕作されているようだ。われわれは、ひもをくくりつけたスーツケースを手に道路際に立っている男のそばを通りすぎた。男はこちらに向かって手を振った。次に追い抜いた男はイギリスのレインコートを着てフェルトの中折れ帽をかぶり、杖《つえ》をついてゆっくり歩いていた。灼熱《しゃくねつ》の陽光に照らされた灰色の人影。われわれが追い越すと、こちらに手を振る者もいれば、ただ振り返ってじっとこちらを眺める者もいる。前方を牛の群がよぎりだしたので、われわれは停止した。牛を追っているのは、木の小枝を持ったキクユ族の少年だった。

「そういえば」夢見るような口調で、ロビンが言う。「おれが子供の頃は、この土地のどこへいくにも三日はかかったもんだった。トムソンガゼルを一頭撃って、その肉を食べながら旅したものさ。昔は、そう、いまから二十年くらい前まで、このあたりは一面、森と草原だったもんだ。いまじゃ、トウモロコシだからな。どこを見てもトウモロコシ畑とくる。森は永遠に消えちまった」

ロビン・マクドナルドは、プロのハンター兼サファリのガイドである。この東アフリカにいまも残る二十人ばかりのプロのハンターたちの一人だ。彼らは客を奥地に案内して、大きな獲物を狩る。ロビンは丸い赤ら顔の男だ。頬骨《ほおぼね》が広がっていて唇は薄く、眼鏡《めがね》の奥の目は突き刺すように鋭い。額には、ナイフで切り揃《そろ》えたような黒い巻き毛の髪が幾房か垂れている。奥地に分け入るときの彼は、黒いTシャツに半ズボンと野球帽、腰には鋭く反ったアフリカのナイフ、という格好だ。スニーカーは、数え切れないほどのキャンプファイアで乾き切ってしまったせいだろう、ズック地が焦げて、ゴムも溶けかけている。

ロビンは、イアン・マクドナルドという著名なプロのハンターの息子である。この父親は一九六七年、ロビンがまだ十三歳のとき、操縦していた軽飛行機がアフリカの高地に墜落して死亡した。しかし、そのときまでにロビンは、狩猟に必要なことをほとんど学びとっていたという。ロビンはすでに父親に同行して豹《ひょう》やライオンを狩っていた。がむしゃらに突進してくるケープ・バッファローの最初の一頭も仕留めていた。さすがにそのときは、もしもの場合に備えて、父親がいつでも銃でバックアップできるようにわきに立っていてくれたという。

あるときロビンは、ヤッタ高地のソーンブッシュ（トゲのある低木林）の間を数日も歩きつづけて象を追ったことがある。そのとき携帯していたのは、水筒とリンゴ一個だけだった。

「あのとき案内したのは、テキサスからきた男でね」ロビンはその思い出を語ってくれた。「歩くのは自信があるから心配要《い》らない、とその客は言う。自分は狩猟の経験も積んでるんだとね。ところが、最初の日が暮れたとき、その客は地面にうずくまって言いやがったね、〝もうだめだ、これ以上は歩けない、ここでキャンプを張ってくれ〟。で、その客にはテントで寝てもらって、親父とおれはなおも歩きつづけた。それから二日間、象を追いつづけたんだ。親父は象に接近したときしか水を飲まない。で、〝さあ、そのリンゴをしまって出発だ〟と、おれに言う。それから二日かけて、おれたちはヤッタ高地を横断した。そこでようやく象を見つけ、客をそこまで案内した。客はどうにかその象を仕留めたよ」

「あんたがいくつのときの話なんだい、それは？」

「七歳さ」

いまは、彼ももう象狩りはしない――最近の世界的な象牙売買の規制を、彼も認めているのだ――だが、ケープ・バッファローはいまも狩ることがある。ケープ・バッファローは、絶滅の危機に瀕《ひん》してはいないからだ。

実はアフリカに向かう前、エルゴン山の周辺で部族紛争が起きているという情報が耳に入った。エルゴン・マサイ族が山の南側に住むブクス族を襲撃し、彼らの小屋を焼き払ったり、自動小銃で彼らを撃ったりして、ブクスの人たちを駆逐しようとしている、というのだ。私は心配になって、アメリカからロビンに電話をかけ、彼の意見を聞いてみた。

「で、どこにいきたいんだ？　エルゴン山か？」ロビンの声は遠くかすれて聞こえた。

「防護服を二、三着持っていくつもりなんだ」私は言った。

「どこだろうと案内するぜ」

「エルゴン山周辺を旅するのは、危険じゃないのかい？」

「いまは心配ないって。血で血を洗う騒ぎになりゃ別だけどな」

アフリカの安物のタバコに火をつけると、ロビン・マクドナルドは助手席の私をかえりみた。

「洞窟《どうくつ》では何をするつもりなんだ？　何かの見本でも集めるのか？　コウモリの糞《ふん》とかなんとか？」

「いや。ただ、洞窟の中を歩きまわってみたいのさ」

「あの洞窟には、おれもガキの頃によくいったもんだ。で、あそこでいま、何か病気が発生してるんだって？　エイズなんぞ、ただの鼻風邪みたいに思えてくるようなやつがさ、え？　そいつにかかると、体がスープみたいになっちまうってのは本当かい？　体が崩壊しちまうんだって？　驚いたね――体中の孔《あな》という孔から血が出てくるんだってな？　潜伏期間は、どれくらいなんだい？」

「七日間だ」

「まさか！　そいつはすごいや。どうすると、そいつにかかるんだ？」

「すでに感染している血に接触すると、かかる。空気感染もするかもしれない。セックスを通じてもうつるようだ」

「エイズみたいにかい？」

「ああ。睾丸《こうがん》が膨れあがって、青黒くなっちまうんだ」

「なんだって？　大切なタマが膨れあがるのか？　そいつは豪勢だ！　青いサルのタマみたいになっちまうわけだ！　驚いたね！　とんでもない野郎だな、そのウイルスは」

「ああ、その呼び方はぴったりだな、あのウイルスに」私は答えた。

ロビンはタバコをふかした。野球帽を頭からとり、髪の毛を撫《な》でてからまたかぶり直して、彼は言った。「なあるほどね。で、あんたは洞窟の中に入ってコウモリの糞を見たりするわけだ。で――それから、その――運悪く、おれのテントの一つの中で〝崩壊〟しちまったら、おれはどうすりゃいい？」

「ぼくには触らないでくれ。もし触ると、あんたまで病気になる恐れがある。もしぼくが倒れたら、ぼくをテントごとぐるぐる巻いて、病院に届けてくれればいい」

ロビンは笑いだした。「なあるほど。じゃあ、〝空飛ぶ医師団〟を呼ぶことにするか。連中は何でも運んでくれるからな。で、どこの病院に届ければいい？」

「ナイロビ病院がいい。あそこの救急外来まで届けてくれよ」

「ようし、わかった。必ずそうしてやるぜ」

はるか遠方に、チェランガニ山脈が姿を現わした。大地溝帯の端にそそり立つ、ゴツゴツした緑の山並みは、そのあたりの主のような雨雲に押しつぶされている。エルゴン山に近づくにつれ、その雲は黒く厚みを増し、やがて大きな雨粒がランドローヴァーのフロント・ガラスを叩《たた》きだした。空気が急に冷え込んでしめってくる。ロビンはヘッドライトを点灯した。

「消毒液は持ってきてくれたかい？」私はたずねた。

「ああ、後ろのトランクに一ガロン積んであるぜ」

「ふつうの洗濯用の消毒液だね？」

「ああ。このケニアじゃ、ジクと呼んでるんだ。強力ジクさ」

「クロロックスのようなものかな？」

「そうとも。ジクだ。こいつを飲みゃ、まずおっ死《ち》ぬことは間違いない」

「マールブルグも死んでくれるといいんだが」

周囲にはしだいに人の居住区が多くなり、われわれはいくつかの町を通りすぎた。至るところに板とトタンでできた小屋があり、その前に渡り労働者たちのトラックが止まっている。それは小さな食堂なのだ。なかにはフル・サーヴィスの店もあって、そこではヤギの料理、タスカー・ビール、ベッド、それに女が提供される。東アフリカで働く医師は、このハイウェイ沿いで商売している娼婦たちの九十パーセントはＨＩＶ（ヒト免疫不全ウイルス）感染者だと見ている。確実なことは言えないが、地元の医師の推定では、エルゴン山の近辺に住むすべての成年男女の三十パーセントはＨＩＶ感染者だという。彼らのほとんどはやがてエイズで死ぬ運命にある。彼らの間に生れる子供たちの多くもエイズに感染し、まだ子供のうちにエイズで死ぬ者が多い。

思えばエイズは、実にひそやかに出現した。それは何年も人間の宿主の中に潜伏してから本性を現わして、その人間を殺すのだ。もしエイズがもっと早期に探知されていたら、おそらく、そいつが最初にアフリカの密林に出現してから各地に拡散するのに手を貸したハイウェイの名をとって、キンシャサ・ハイウェイ・ウイルスと呼ばれたかもしれない。

まだ少年の頃に私が利用した当時のキンシャサ・ハイウェイは、ヴィクトリア湖に向かって大地溝帯の間を縫っている、未舗装の、細い、埃《ほこり》だらけの道だった。走っている車も、さほど多くはなかった。それは洗濯板のように凹凸の烈《はげ》しい砂利道で、ところどころに深くえぐれた溝が走っており、その上を通過するとランドローヴァーのフレームにすら亀裂が走るほどだった。その道を走っていくと遠方にぽっと砂埃があがり、それがしだいにふくらみつつこちらに接近してくる。向こうからも車が走ってきたのだ。こちらは急いで路肩に車を寄せてスピードを落とす。相手が近づいてくるのを見て、こっちは自分の車のフロント・ガラスを両手で押える。すれちがう車の跳ね上げる小石がぶつかって、ガラスが砕けるのを防ぐためである。対向車は轟音と共に通りすぎ、こちらは黄色い砂埃に包まれて、一瞬前方が見えなくなる——そういう時代だったのだ、あの頃は。

そしていま、この道は舗装されており、中央にはセンターラインまで引かれている。行き交う車はとぎれることがない。渡り労働者たちのトラックに加えて、人を満載したピックアップ・トラックやヴァンが往来し、路面には排気ガスが濃く漂っている。思えば、このキンシャサ・ハイウェイの舗装化は、この地球上のすべての人間に影響を及ぼした二十世紀最大の事件の一つだったと言っていいだろう。このハイウェイを通って拡散したエイズは、すくなくとも一千万の人間をすでに殺している。全世界における最終的な犠牲者の数は、第二次大戦の死者の総数を優に上まわるにちがいない。埃だらけの細い道が黒い舗装道路に変身したとき、それはエイズの世界的流行というのっぴきならない事件を予言していたのだ。

キャンプ

　ロビンの妻キャリー・マクドナルドは、彼のビジネス・パートナーでもあって、客を案内するサファリにもしばしば同行する。もし客が許せば、マクドナルド夫妻は二人の小さな息子たちもつれてゆく。キャリーはまだ二十代。金髪と茶色い瞳《ひとみ》の主で、その口調には歯切れのいいクイーンズ・イングリッシュ風の訛《なま》りがある。彼女はまだ少女の頃《ころ》、イギリスから両親につれられてアフリカに渡ってきたのだった。

　われわれは二台のランドローヴァーに分乗して進んでいた。一台はキャリーが運転し、もう一台をロビンが運転していた。「この国ではいつも二台で旅行するのがふつうなのよ、一台が故障したときに備えて」キャリーは説明してくれた。「実際、そういうことってしょっちゅう起こるんだから」

　夫妻の二人の小さな息子はキャリーの車に乗っていた。われわれには、ロビンのサファリ・スタッフの三人のメンバーも同行していた。彼らの名前は、カタナ・チャゲ、ハーマン・アンデンベ、それにモリス・ムラトヤである。三人ともプロのサファリ・ガイドで、野営地の雑用のほとんどをこなしてくれる。いずれも多種多様な職業を経てきているが、英語は片言しかしゃべれない。

以上の面々に加えて、このときの旅には私の二人の友人も同行していた。一人はフレドリック・グラントという子供の頃からの友人。もう一人はジェイミー・ブキャナンという女性。二人ともアメリカ人である。私は、自分が万一マールブルグに感染して発症した場合に備えて、対策を箇条書きしたものを用意してあった。それは封筒に入れて、バックパックの底に隠してあった。内容は三ページ、行間をあけずにびっしりとタイプで打ってあった。主として、フィロウイルスに人間が感染した場合の徴候、それに、末期の融解を防ぎ得るかもしれない実験的な治療法を、私はそこに記しておいた。この封筒の件は友人たちに伏せてあったが、もし私に頭痛が起きた場合は、そのメモを彼らに手渡すつもりでいた。それは、ごく控え目に言っても、私の緊張ぶりを示す証拠以外の何物でもない。

すぐ前のトラックを追い抜こうとして、ロビンが反対車線に入った。と、前方から車が一台走ってくる。そいつはヘッド・ライトをパッとひらめかせてから、ホーンを鳴らした。

フレドリック・グラントがシートをつかんで叫んだ。「なんであいつはおれたちに向かってくるんだ？」

「うん、おれたちは死ぬんだよ、心配しなさんな」ロビンが言う。あわや衝突する寸前、彼は元の車線にもどって、歌をがなりだした。

生きて、愛して

愛して、生きる——ヤア！

そのうち、路傍《ろぼう》に炭火のコンロを置いて焼きトウモロコシを売っている女性がいたので、われわれは車を止めて何本か買った。焼きたてのトウモロコシは熱くて、適当に焦げていて、美味《おい》しかった。値段はたったの五セント。

ロビンはトウモロコシを食べながら運転をつづけた。そのうち突然顎《あご》をつかんで、激しく悪態をつきはじめた。「くそ、おれの歯が！　なんてこった！　詰めものがとれちまった！あのインチキ歯医者め！」サイド・ウィンドウを下ろすと、彼はトウモロコシをペッと風の中に吐き捨てた。「呆《あき》れたぜ、まったく。三本詰めたのが、みんなとれちまった。あの医者には、キャリーに勧められていったんだ。すごく腕のいい医者だって触れ込みだったのに——くそ！」

彼はアクセルを思い切り踏み込んで、キャリーの運転するランドローヴァーのすぐ背後についた。二台の車は、さながら連結されているように接近したまま、ハイウェイを飛ばしてゆく。窓を下ろしたロビンは、身をのりだして、嚙《か》じりかけのトウモロコシを妻のランドローヴァー目がけて投げつけた。それはリア・ウィンドウにぶつかって跳ね返ったが、キャリーは気がつかなかったらしい。そのとき通過した道路標識にはこう書いてあった——〝交通事故を減らそう——安全運転を心がけよ〟。

日没近くになって、われわれはエルゴン山の麓《ふもと》の町、キタレに立ち寄った。タスカー・ビールと炭を買いたかったのだ。キタレは市場の町である。中央市場は町に入ってゆくハイウェイ沿い、イギリス人が建造した古い鉄道の駅の近くにある。道路の両側には天を突くようなユーカリの木が立ち並んでいるのだが、その木の下の、踏み固められた土の上や、降ったばかりの雨の水溜《たま》りのあいだに屋台が並んで、コウモリ傘《がさ》やプラスティックの腕時計などを売っている。ランドローヴァーを市場の中に乗り入れたロビンは、人込みを縫ってゆっくりと進んでいった。

「ここは一方通行だぞ」一人の男がスワヒリ語で叫んだ。

「どこに標識があるんだ？」ロビンが叫び返す。

「ここにゃ標識なんかないんだよ！」

われわれは車を止めて、町の中を歩きだした。とたんに、ポン引きが取り囲んでくる。スキー・パーカを着た一人の男が言った。「そこの旦那《だんな》、キガウェラにいきたくない？　いきたいだろう？　つれてってやるよ。おれについといで。さあ。きれいな女のコが待ってるぜ。さあ、一緒にきなって」

そこはたぶん、シャルル・モネのガールフレンドが住んでいたところなのだろう。ちょうどラッシュアワーにぶつかって、ユーカリの木の下、どこまでもつづく屋台の前を人々がぞろぞろ歩いてゆく。町の背後にはエルゴン山が果て知れぬ高みにまで聳《そび》えており、金色の夕日に洗われたその横顔の一部が積乱雲に包まれている。山の一方の尾根は鋭く斜めに雲の中に突き入っていた。音もなく稲妻がひらめいた。一度、二度——が、雷鳴はこの町までは届かない。重くよどんだ大気はじっとりと冷たく、コオロギのすだく声に満たされていた。

エルゴン山をめぐる泥濘《でぃねい》の道にさしかかると、最近の紛争の跡が目に入ってきた。焼け落ちて、主のいない小屋があちこちに残っている。いずれもブクス族の農夫が住んでいた家だ。夜には銃声も聞こえるかもしれないと警告してくれた者もいたのだが、そんなことはなかった。枯れかけたバナナの木が、主のいない小屋の周囲で倒れかかっている。その付近の休耕畑には、アフリカ特有の雑草や若い木が点々と生えていた。

われわれは、かつてシャルル・モネがキャンプした草原で野営することにした。調理人のモリス・ムラトヤが、一袋分の炭を地面にあけて火をおこし、まずは紅茶を入れるべく金属製のティーポットをそこにかける。ロビン・マクドナルドは折り畳み式の椅子《いす》に腰を下ろして、スニーカーを脱いだ。しばらく両手で足を揉《も》んでいたと思うと、彼はナイフを鞘《さや》から抜きとり、爪先《つまさき》の皮を削りはじめた。われわれの野営地を囲んでいる森のはずれ、こちらからさほど離れていないところで、一頭のケープ・バッファローがじっとこちらを見ていた。

「あいつは雄だな」ロビンがそっちを見て呟《つぶや》く。「やつらには気が抜けないんだ。しっかり見張ってないとな。やつらにかかると、宙に放り上げられちまうからな。アフリカの野獣の中でいちばん人間を殺しているのが、ケープ・バッファローさ。いや、もっとたちの悪いやつがいる。カバだ。やつらはもっと人間を殺してるよ」

私は草むらに跪《ひざまず》いて、段ボールの箱を整えはじめた。その中には、防護服、汚染除去用の道具、それに懐中電灯等が入っている。空中にはキャンプ・ファイアの煙がたちのぼり、ガチッ、ガツッ、とロビンのスタッフがテントを張る音が近くで響いている。キャリー・マクドナルドはスワヒリ語で男たちに指示を与えながら、野営の準備を進めていた。近くには小川も流れている。ロビンが顔をあげて、小鳥の鳴き声に耳をすました。

「聞こえるかい、あれ？　エボシドリだよ。モリヤツガシラもまじってるな。ハイイロネズミドリもいる。あの長い尻尾《しっぽ》が見えるかい？」

ロビンは小川のほうにぶらぶら歩いていく。私もその後にしたがった。「鱒《ます》は棲《す》んでるかな、ここには」川面を覗き込みながら、彼は言った。「きっと、フライ・フィッシングに向いてるぞ」

私は水に手を入れてみた。氷のように冷たくて、底から泡が浮かんでくる。火山灰のせいだろう、灰色に濁っていて、とても鱒が棲んでるとは思えない。

「フライ・フィッシングと言えば、ワニのフライ・フィッシングってやつ、聞いたことあるかい？」ロビンが訊《き》いた。

「いや」

「鎖に肉を一個とりつけりゃいいんだ。これくらいのデカさの肉をな。それにフライ（蠅《はえ》）なら、この辺にゃいくらでもいるからな！　こういうフライ・フィッシングは、めったに体験できないぜ！　ワニってのは、すごい悪臭がするんだ。川の浅瀬に立ってると、やつらはこっちに泳いでくる。ところが、水が泥で濁ってるから、やつらの姿がこっちには見えない。

やつらの臭《にお》いを知ってないと、やつらがそこにいることもわからないんだ。そして突然――ザバーッ！　やつらにくわえられて、水中に引きずり込まれる。一巻の終り。こっちは歴史上の人物になっちまう。自然というやつは、実際、油断がならんぜ。川から海まで、殺戮者《さつりく》がウヨウヨ棲んでるんだから」

戦闘服にベレー帽姿で、ロシア製のアソールト・ライフルを抱えた若者が、近くの草むらに片膝《ひざ》ついて、面白そうにこちらを見ている。彼の名は、ポリカープ・オクク。われわれに同行しているアスカリ、つまり、護衛である。

「イコ・シンバ・ハパ？」ロビンが彼に呼びかけた。この辺に、ライオンはいるかい？

「ハクナ・シンバ」いや、ライオンはもう一頭もいないね。

近年、ウガンダ人の密猟者たちがエルゴン山周辺にやってきて、動くものと見ると片っ端から撃ちまくっているのだ。人間も例外ではない。で、ケニア政府は、エルゴン山を訪れる者は武装した護衛を伴わなければならない、というお触れを出したのである。〝アスカリ〟というスワヒリ語は、元来、〝槍を携える者〟を意味した。いま、その言葉は、アソールト・ライフルを携帯して人を護衛する者、を意味するようになってしまった。

キタム洞窟《どうくつ》はエルゴン山の東面、高度八千フィートの、樹木の生い茂った渓谷にある。

「ひでえ臭いだ！」息をはずませて山道をのぼりながら、ロビンが言った。「ほら、わかるだろう、ケープ・バッファローの臭いが？　ミンギ・バッファロー」

〝ミンギ〟とは〝多数〟を意味する。この辺にはたくさんのバッファローが出没するらしい。バッファローの通る道が、人間の通る道を斜めに横切っている。彼らの道のほうが人間の道よりずっと幅広く、深く、真っすぐで、通りよさそうだ。もっとも、その道にはバッファローの尿の臭いがしみついているが。

私はバックパックを背負っていた。道の水たまりをよけながら、私は進んでいった。

ポリカープ・オククが、アソールト・ライフルの銃身のレヴァーを引く。カチッ、カチッ。この動作で弾丸が薬室に送り込まれ、発射準備が整う。「雨季にはケープ・バッファローのやつ、群を組んで移動することが多いんでね」とオククは説明する。

ライフルが装弾された音を聞いて、ロビンも緊張する。「あぶない、あぶない」彼は呟いた。「やつが持ってるオモチャは、どっちに弾丸が飛びだすかわからんぜ」

「ほら、あそこ」オククが岩場を指差した。「ハイラックスですよ」

見ると、ウッドチャック（アメリカのリスの一種）くらいの大きさの茶色い動物が、岩の上を軽やかに走ってゆく。あれも、マールブルグ・ウイルスの宿主かもしれない。

渓谷は様々な樹木に覆われていた。アフリカ・オリーヴ、アフリカ・シーダー、広葉樹のクロトン、苔《こけ》に覆われたハゲニア・アビシニカ、そして鞭《むち》のようにしなやかな灰色のエルゴン・チーク。そこかしこにイヌマキの木も目立つ。銀色のすらっとしたその幹ははるか上の信じられない高みにまで伸びて、揺れ動く緑の宇宙の彼方に消えている。

一般に低地雨林では、個々の木々の樹冠が重なり合って閉じた林冠をなしているものだが、ここはそれとはちがって山地雨林であり、木々の樹冠が織りなす林冠にはところどころ穴があいているのである。陽光はそこから林床に注ぎ込み、イラクサやカミガヤツリや野生のスミレの葉がきらめく湿地を洗う。樹木と樹木のあいだにはゆとりがあり、見あげると雲と空にジグザグ模様を描いている枝は、さながら天をつかもうとする腕のようだ。われわれの立つ地点からは、山の低い麓の農場が見わたせた。視線を低地から高地に徐々に移してゆくと、農場は灌木《かんぼく》の茂みに変わり、それはさらに大きな樹木の集落に変わって、最後に裂け目のない毛布のように連なる東アフリカの熱帯雨林に変わる。それは、この地上で最も稀有《けう》な存在でありながら、いま最も深い危機に直面している熱帯雨林と呼んでいいだろう。

この森の主調をなしている色はオリーヴの銀色がかった灰緑色だが、そこかしこで暗緑色のポドの木が林冠を突き抜けている。ポドの木の幹には浅い縦溝がついており、真っすぐ天に伸びている。低い位置には枝がない。高くなるにつれて幹が螺旋《らせん》形によじれたり、わずかに曲がったりする場合があるが、それがこの木に、あたかも弓のように張りつめた雄々しさを与えている。樹冠は楡《にれ》の木に似ている。幹が分かれて広がり、横から見ると逆三角形になるのだ。そこから下向いた枝は常緑の針のような葉に覆われて、そこかしこに球形の実が輝いている。キタム洞窟の近くの森には、このポドの木はあまり見かけない。この渓谷では大きく成長しないからだろう。だが、私は幹の直径が七フィートくらいの若いポドの木を一本見つけた。高さは百フィートくらいあっただろう。その木はたぶん、ベートーヴェンの時代に伸びはじめたのだと思う。

「ここに欠けてるのは、大型の獲物だな」ロビンが言った。彼は立ち止まって、野球帽の位置を直しながら森を見わたしていた。「象はほとんど撃たれちまったんだ。もしあんなにやたらと撃たれなかったら、この山にはまだたくさんいたはずなんだが。たぶん、この辺は象だらけだったはずだよ」

渓谷は静まり返っていて、耳に入る音と言えば、コロブス・サルのハッ、ハッという鳴き声くらいのもの。彼らは、われわれがのぼるにつれて、山の奥に後退していた。セコイアのように大きなポドの森を象の大群が悠然と移動する様はどんなだっただろう、と私は思った。密猟がはじまる前、いまからわずか十年くらい前までのエルゴン山は、この地上の輝ける宝石の一つだったのである。

キタム洞窟の入口は、苔むした大きな岩に遮られて、登山道からはほとんど見えなかった。洞窟の入口の上にはアフリカ・シーダーの木が一列に茂っており、その間を流れ降りた水が洞窟の下の岩に落下している。滝のようなその音が、渓谷中に響いていた。近づくにつれ水の音は大きくなり、空気には何かの臭いがまじりはじめた。それはコウモリの臭いだった。

岩の間には巨大なイラクサが固まって生えていて、それにむきだしの脚をこすられると、火のような熱さが走る。イラクサの刺は注射針のようなものだな、と私は思った。イラクサの細胞がわれわれの肌に毒を注射するのだ。肌はそれで引き裂かれてしまう。ひょっとすると、イラクサの中にはウイルスが棲んでいるかもしれない。

洞窟の入口から絶えず外に流れる冷気にのって、蛾《が》や小さな昆虫が飛びだしてくる。宙に漂う昆虫は、風に吹きあおられる雪片のようだ。しかし、この〝雪片〟は生きている。それは宿主の雪片なのだから。それらの昆虫の中には、ウイルスを運んでいるものがいるかもしれないし、いないかもしれない。

われわれは、洞窟の中に通じている象の道でいったん停止した。すぐ隣の岩壁には、塩を求める象が牙《きば》で削った跡が斜めについている。かつてエルゴン山の密林は、二千頭あまりの象の故郷だった。そこへ機関銃を持った男たちがウガンダからやってきて、事情が一変してしまったのである。

いまやエルゴン山の象の群は、七十頭あまりに減ってしまった。密猟者たちはキタム洞窟の入口に機関銃を据えたのだから、悪質この上ない。生き残った象たちは、彼らなりに教訓を学んだ。彼らは山のもっと奥に隠れて、あまり姿を見せなくなったのだ。一族を率いるのは年老いた利口な雌たちだが、彼女たちはいまでは二週間に一回くらいしか一族をキタム洞窟につれてこない。それはおそらく、塩に対する渇望が、撃ち殺される恐怖にもまさったときなのだろう。

キタム洞窟を訪れているのは、象だけではない。洞窟に通じる獣道には、ケープ・バッファローの蹄《ひづめ》の跡もついていた。私は緑色の、まだほやほやのバッファローの糞《ふん》も見たし、ウォーターバックの蹄の跡も見かけた。その獣道自体、乾燥した動物の糞が幾層にも重なってできているようだった。実際、キタム洞窟に出入りしている動物は、象以外にもたくさんいる――ブッシュバック（レイヨウの一種）、レッド・ダイカー（小型のレイヨウ）、それにサルやヒヒもたぶん出入りしているだろう。並の猫よりいくぶん大型の、猫に似た野生動物、ジェネットが出入りしているのは確実だ。まだいる。ネズミ、トガリネズミ、それにハタネズミ等も、餌《えさ》を貯蔵したり塩を捜したりする目的で、出入りしていることだろう。それら小型の哺乳《ほにゅう》動物の通り道は、洞窟内の全域にわたっている。その他豹《ひょう》なども、夜間、餌を捜して洞窟に入ってくるようだ。キタム洞窟はいわば、タイムズ・スクエアの地下鉄駅のエルゴン版なのである。それは地下の交通網、限られた空間内で多種多様な動物や昆虫が交錯し合う生物学的な交流点なのだ。ウィルスが種を超えて新たな宿主に乗り換えるには最適の場所と言っていい。

私はバックパックをあけて、中からとりだした道具類を岩の上に並べた。まずはレヴェル4の野外バイオハザード用防護服を準備する。これは、オレンジ色のラカル・スーツのような、与圧服ではない。フードとフルフェイス・マスクのついた、ニュートラル・プレッシャーの全身服である。服の生地は、湿気と埃に強い、なめらかな白い合成繊維、タイヴェックだ。次いで岩の上に、肘《ひじ》まで覆う緑色のゴム手袋、黄色のゴム・ブーツ、それに紫色のフィルターを二個備えた黒いマスクを並べた。このマスクはノース社のシリコン・ゴム・マスクで、良好な視界が得られるレクサンのフェイス・プレートを備えている。紫色のフィルターは、ウイルスも阻止できる。こいつを装着すると、なにやら顔が昆虫に似てくる。黒いゴムの感じも、どこかおどろおどろしい。岩の上には、粘着テープも一巻置いた。それに、ビニールのシャワー・キャップ――ウールワース・デパートで一つ十セントで売ってるやつだ。

あとは懐中電灯と、頭に装着できるヘッド・ランプ。

準備ができたところで、まず防護服を着る。最初に足から入れて、服をわきの下まで引きあげ、両腕を袖《そで》に通した。シャワー・キャップをしっかりかぶってから、防護服のフードをその上にかぶる。そして前部のジッパーを股《また》から顎まで引きあげた。

野外用防護服を着る際は、たいていサポート・チームに手伝ってもらうのが普通だ。今回は、同行している友人のフレドリック・グラントがその役をつとめてくれた。

「その粘着テープをとってくれないか？」私は彼に頼んだ。

まず防護服の前部ジッパーの上にテープを貼《は》り、手袋の裾《すそ》を防護服に貼りつける。最後にブーツの上の部分も防護服にしっかりと貼りつけた。

ポリカープ・オククは、膝に銃を抱えて岩の上にすわっている。防護服に着替える私を、彼はつとめて無表情な顔で眺めていた。キタム洞窟に防護服姿で入る男がいると知って、自分がびっくりしているように見られたくない、と思っているのだろう。そのうち彼はロビン・マクドナルドのほうを向いて、スワヒリ語で何か問いかけた。

ロビンがこっちを向いて言った。「この洞窟で何人死んだのか、知りたいとさ」

「二人だよ」私は答えた。「しかし、洞窟の中で死んだんじゃない――洞窟から帰ってきて死んだんだ。一人は大人、もう一人はまだ子供だったんだけどね」

オククはうなずいた。

「そんなに危険なわけじゃないんだ」私は言った。「これは万一の用心のためさ」

ロビンが土をスニーカーで蹴《け》り、オククのほうを向いて言った。「いや、怖いんだぞ、本当は。体が崩壊しちまうんだからな。この病気にかかったら最後、体がどろどろに溶けて、一巻の終り。それでこの世におさらばだ」

「そのウィルスのことは、聞いたことがあるよ」オククは言った。「以前、アメリカ人たちが、ここで何かやっただろう」

「じゃあ、きみもあのとき、ここで働いたのかい？」私はたずねた。オククは、ジーン・ジョンスンの探検隊のことを言ってるのだ。

「いや、ここにはこなかった」オククは答えた。「噂《うわさ》を聞いただけだよ」

私は顔にマスクを装着した。フィルターを通して吸い込む自分の息の音が聞こえる。吐く息は、マスクの排気孔《こう》からシュッと出ていく。頭のまわりにもひもを巻きつけて、しっかりと固定した。

「どうだい、感じは？」フレドリックが訊《き》く。

「上々だな」自分の声が遠くのほうで、くぐもって聞こえる。息を吸い込んでみた。空気がフェイス・マスクの内面を通って、くもりを拭《ぬぐ》ってくれる。みんなの見守る前で、私は鉱夫用のヘッド・ランプを頭に装着した。

「どのくらい洞窟の中に入ってるつもりなんだ？」フレドリックが訊いた。

「一時間くらいと思ってくれ」

「一時間？」

「ああ——一時間は必要だな」

「わかった。それから？」

「それから？　電話で救急車でも呼んでくれよ」

巨大な洞窟の入口から奥に入ると、内部はさらに大きく広がっていた。獣道の跡のついたぬかるんだ一帯を横切って、私は粘ついた糞で覆われた幅広い岩床を進んだ。マスクをしているので、コウモリや糞の臭いは伝わってこない。入口に流れ落ちる水の音が、洞窟の中にも谺《こだま》していた。振り返って見あげると、空に黒い雲が張り出している。午後には雨が降るだろう。ヘッド・ランプを点灯すると、私はゆっくり前進していった。

最初に到達したのは、崩落した岩石が散らばっている広大な空間だ。実は一九八二年、シャルル・モネがここを訪れた二年後に、洞窟の天井が崩れ落ちたのである。その際、かつて洞窟を支えていた柱も倒壊し、あとには直径百ヤード以上の岩石の山ができた。その山の上に、新しい天井が形成されたのだ。私はビニールの防水袋に入れた地図を携帯していた。ビニールの袋は、地図を保護し、ウイルスにとりつかれないようにするための措置だった。そうしておけば、地図を損なうことなしに、消毒液で洗うことができる。その地図を描いたのは、イアン・レッドモンドというイギリス人の象研究家だった。彼はあるとき、キタム洞窟の中で五か月間暮らしたことがあるのだ。洞窟の入口近くの岩の隣にテントを張って、夜間洞窟に出入りする象の生態を観察したのだという。レッドモンドはバイオハザード用防護服を着ていたわけではないが、健康を保ちつづけた（後に、その話をユーサムリッド〔アメリカ陸軍伝染病医学研究所」のピーター・ヤーリングにしたところ、ヤーリングは真剣そのものの顔で私に言った。「どうかね、ほんのすこしでいいから彼の血液を手に入れられないかね？　検査をしてみたいんだが」）。キタム洞窟を掘ったのは象ではないかという興味深い仮説を考えついたのも、このイアン・レッドモンドである。

母親の象は、岩を削って塩分を摂取する方法を子供の象に教える——岩の掘削は象の本能ではなく、子供が親から教えられて身につける学習行動なのである。この知識はおそらく何十万年にわたって、たぶん現代人の祖先が出現するはるか前から、象の代々にわたって伝えられてきたのだろう。もし象が一晩に数ポンドの割合で岩を削ったとすると、たしかに数十万年後にはキタム洞窟が誕生したかもしれない。イアン・レッドモンドはそう考えたのだ。彼はそれを〝象によるスピリーオジェネシス〟、すなわち、〝象による洞窟の創造〟と呼んでいる。

洞窟内部はしだいに薄暗くなり、背後の入口は、崩落した高い天井に陽光が反映する三日月形の空間になった。その入口が半月形に変わったとき、私はコウモリの棲息《せいそく》している区域に達した。そこに棲んでいるのは、オオコウモリだった。こちらのヘッド・ランプの光がうるさいのだろう、彼らは天井を離れ、小人の笑い声のような鳴き声を発しつつ、私の頭の横をかすめ飛ぶ。コウモリたちの下の岩は一面に粘ついた糞で覆われていた。灰色の斑点《はんてん》のまじった、ホウレン草のような緑色のその糞を見て、私はロックフェラー牡蠣《かき》を思いだした。

一瞬、なぜということもなく、そのコウモリの糞はどんな味がするのだろう、という思いが頭をよぎった。が、その思いはすぐに払いのけた。それは私の脳細胞の一瞬の悪戯《いたずら》だった。レヴェル4ゾーンでコウモリの糞を味わったりしたら、とんでもないことになる。

コウモリのねぐらをすぎてさらに進むと、洞窟は一段と乾燥して埃っぽくなった。乾燥した埃っぽい洞窟は、稀有な存在である。たいていの洞窟は水にうがたれてできるので、しめっぽいのが普通だ。この洞窟には、水の流れている気配がどこにもない。流床もなければ鍾《しょう》乳《にゅう》石もない。ここはエルゴン山の側面にあいた、乾き切った、巨大な穴なのだ。概してウイルスは、乾いた空気や埃や暗闇《くらやみ》を好む。湿気や陽光にさらされると、ウイルスの大半は長生きできない。したがって、乾燥した洞窟は、ウイルスが存在しつづけるにはもってこいの場所ということになる。ここならウイルスは、動物たちの糞や乾いた尿の中でじっと身をひそめていることができるだろうし、暗い、冷《ひ》んやりした、停滞した空気の中を漂っていることすらできるだろう。

マールブルグ・ウイルスの粒子は、実に強靱《きょうじん》だ。おそらく、暗い洞窟の中でなら、かなりの時間生きつづけられるにちがいない。水中においても、マールブルグはすくなくとも五日間、変質せずにいられる。これはトマス・ガイスバートによって立証された。あるときトマス・ガイスバートは好奇心に駆られて、室温の水の入ったフラスコにマールブルグ粒子をいくつか入れ、台の上に五日間放置しておいた（その台はレヴェル4のゾーンに置かれていた）。それから、その水を生きたサルの細胞の入ったフラスコに落してみたのである。サルの細胞はすぐに結晶体で埋め尽くされ、〝崩壊〟して、死んだ。それによって、五日を経たマールブルグ・ウイルスの感染力は新しいウイルスのそれと変わらないことが立証されたのだった。

たいていのウイルスは、宿主の体外では長く存続することはできない。エイズ・ウイルスなどは、大気にさらされると、わずか二十秒で死んでしまう。乾いた表面に付着したマールブルグやエボラがどのくらい存続できるか実験した者はまだ一人もいないが、たぶん、かなり長時間存続できるだろう。ただし、その場合、太陽の光が当っていなければ、という条件つきである。太陽光線はウイルスの遺伝物質を分解させてしまうのだ。

高く隆起した岩盤のてっぺんに到達した私は、手袋をはめた手をのばして天井にさわってみた。そこには褐色の矩《く》形《けい》の物体と白っぽい断片がいくつも埋め込まれていた。矩形の物体は石化した木の枝であり、白っぽい断片は石化した骨だった。この岩は、エルゴン山の噴火の記念碑とも言うべき石化した灰なのである。そこに埋め込まれた石化した枝は、噴火の際溶岩流に押し流されて灰と泥に埋まった熱帯雨林の形見にほかならない。

枝は暗褐色に輝いており、私のヘッド・ランプの光を受けてオパール色に照り映えた。なかには天井から落下した枝もあったらしい。枝の抜け落ちた跡が丸い穴になっていて、白い水晶で縁どられていた。水晶は鉱物の塩でできている。それは不吉なくらいに先端が鋭かった。あのピーター・カーディナルは、この水晶に手をのばして、さわったのだろうか？　それらの穴の中には、コウモリ——入口近くに群がっていたオオコウモリではなく、もっと小型の、昆虫を食べるコウモリ——が巣くっているものもあった。その穴をヘッド・ランプで照らすと、彼らがいっせいに飛びだしてきて、私の頭の周囲を旋回したと思うと、いずこかに消えてしまった。次の瞬間、私はとても素晴らしいものを見つけた。岩の中に、ワニの歯が閉じ込められていたのだ。おそらく、はるかな昔、エルゴン山が噴火した際、灰の流れがワニの棲んでいた川を埋めてしまったのだろう。ワニは熱い灰に閉じ込められて焼死してしまったのだ。

天井から落下した、剃刀《かみそり》の刃のように鋭い岩の断片をまたいでなおも前進すると、比較的新しい象の糞にぶつかった。小さなビヤ樽《だる》くらいの大きさがあった。それをまたいでさらに進むと、クレヴァスの前に出た。ランプでその亀裂の中を照らしてみたが、子象のミイラは見つからなかった。さらに進むと、岩の壁に遮られた。象の牙で削られた跡がたくさんついている。あたり一面、象のえぐった岩のかけらが散らばっていた。その辺からやや下り坂になり、なおも進むと倒壊した柱にゆき当った。そのわきにトンネルがあって、下のほうにつづいている。体を揉《も》むようにしてそのトンネルに入り込み、四つん這《ば》いで進んだ。トンネルはなだらかな弧を描いて、中央の広々とした区画に出た。

その頃になると防護服の中はうだるように暑くなっていた。汗の滴がフェイス・マスクの内面を覆い、顎のあたりのマスクのへこみに、かなりたまっていた。歩くにつれ、爪先で蹴った塵《ちり》がブーツのまわりに舞いあがる。乾燥した塵の間を進みながら汗をかいているのは、妙な気分だった。最後にトンネルを抜けだすとき、頭をしたたかに岩にぶつけてしまった。

もし防護服を着ていなかったら、頭に切傷ができていただろう。洞窟の中では、簡単に頭に傷ができてしまう。ひょっとすると、それが感染の経路なのかもしれない。岩にへばりついていたウイルスが、その傷を伝って血流に入り込んでくるのだ。

なおも奥へ奥へと進んでいくと、とうとう洞窟の喉《のど》の部分にあたる壁の前に出た。ヘッド・ランプがなかったら漆黒《しっこく》の闇である。その闇の、膝のあたりの高さのところで、蜘蛛《くも》の巣とその主を見つけた。周囲の岩から蜘蛛の卵もぶらさがっている。キタム洞窟の奥では、蜘蛛までが世代交代を繰り返していたのだ。それは、彼らが暗闇の中でも餌を見つけていたことを意味する。闇の中を飛んできて、巣にひっかかるものを彼らは食べているにちがいない。洞窟の入口から外に飛びだしてくる蛾や羽虫の類を、私はすでに見ていた。彼らの中にはきっと、外からこの付近までもどってくるものもいるのだろう。とすると、蜘蛛もまた宿主である可能性は十分にある。御馳走《ごちそう》として食べた昆虫から、彼らはウイルスまでつかまえてしまうのかもしれない。

シャルル・モネとピーター・カーディナルは、ひょっとして蜘蛛に嚙まれたのだろうか？　その場合は、蜘蛛の巣が顔にひっかかったな、と思ったとたん、チクリと何かに刺されたような痛みを覚えたはずだ。その後は何も感じない。ウイルスなど見ることもできなければ、その臭いも嗅《か》げないし、その存在を感じられもしない。で、感染したなどとは夢にも思っていないうちに、ある日突然、出血がはじまるわけである。

ここでは、私の知らないことが余りにもたくさん起きているようだった。キタム洞窟は密林の生態系に何らかの役割を果たしている。が、それがどんな役割なのか、正確に知る者はいないのだ。それからしばらくして、私は澄んだ水がたまっているようなクレヴァスを見つけた。いや、ここには水などありっこない、この洞窟は乾燥していなければおかしいのだから。そう思って石を拾い、亀裂の中に投げてみた。途中まで落下したところで、ぴちゃっと水が跳ね返るような音がした。石はゆっくりと回転してなおも落下してゆき、すぐに見えなくなった。水たまりに波紋が広がったと思うとすぐに消えて、石の壁に私のヘッド・ランプの光が反映した——。

そこから崩落した岩の山にもどると、そのてっぺんに再びのぼって、周囲をヘッド・ランプで照らしてみた。中央ホールとでも言うべきその空間は、直径百ヤード以上はありそうだった。フットボール競技場がすっぽり入って、まだ周囲が余りそうな感じだ。私のランプの光も端までは届かず、どっちの方角を見ても、はるか端のほうは暗闇に向かって下降しているように見える。中央にあるこの瓦礫《がれき》の山に立つと、洞窟は人間の口蓋《こうがい》のように見えた。だれかの口を覗くと、口蓋の下に舌がある。その舌の奥のほうは喉に下降していて先が見えない。キタム洞窟の内部は、まさにそんな感じだった。

さあ、〝ああ〟と言ってみろよ、キタム洞窟。おまえはその口の奥にウイルスを飼っているのか？

どんな道具を使おうと、どんなに鋭く感覚を研ぎすまそうと、この周辺にミクロの食肉獣がひそんでいるかどうか、確言することは不可能だ。

私はヘッド・ランプを消してみた。胸にだらだらと汗が流れ落ちる。脈打つ心臓の音と、ずきんずきんとこめかみを打つ血の音を聞きながら、私はしばし漆黒の闇の中に立ちすくんでいた。

やはり、洞窟の外には午後の雨が降っていた。フレドリック・グラントは洞窟の入口の内側に立って、雨をよけていた。〝アスカリ〟は近くの岩にすわり、退屈そうな顔で、膝に置いた機関銃を揺すぶっている。

「やあ、おかえり」グラントが言った。「どうだい、目的は果たせたか？」

「結果は一週間後にわかるよ」私は答えた。

グラントはこちらの全身をじろじろ見まわしている。「フェイス・マスクが、何かで濡れてるようだな」

「何かって、いうと？」

「水のようだ」

「マスクの内側が、汗で濡れてるんだよ。これからこいつを脱ぐから、ちょっと待っててくれないか」

私はプラスティックの浴槽《よくそう》――洞窟まで運んできた装備の一つ――を持ちだしてきて、洞窟の上から降り注いでいる水の下に置いた。そいつが水で一杯になると、入口の象の道のところまで持ってゆき、地面に置く。そして、その中に、〝ろくでもないジク〟――消毒液―

―一ガロン分のほとんどを注ぎ込んだ。

ここからが私流の汚染除去作業である。まず、浴槽の中に踏み込んだ。ブーツが水の中に消え、付着していた泥が落ちてジクが茶色に染まる。手袋をはめたままの両手を茶色いジクに突っ込み、液体をすくいあげて、頭の上や顔に注ぐ。ブーツの汚れ落しには万全を期さなければならない。入浴用のブラシを使って、こびりついていた泥を落した。それから、ビニール袋に入った地図をジクに浸した。懐中電灯とヘッド・ランプも浸した。フェイス・マスクをはずして、紫色のフィルターごと浸した。眼鏡《めがね》もジクに浸した。

ついで、肘まで覆う手袋をはずし、それもジクへ。粘着テープをはがしつつ、タイヴェック・スーツを脱ぎ、黄色いブーツと共にジクへ沈める。それはまさしく、バイオハザード用具のシチューだった。

タイヴェック・スーツの下には下着とスニーカーを身につけていたのだが、それも全部脱いで全裸になる。下着はビニールのゴミ袋に詰め、いったんジクに浸してから別の袋に詰める。その袋の外側もジクで洗った。これで、だいたいよし。バックパックから清潔な服をとりだして、それを着た。残りのバイオハザード用具も二重の袋に入れて、ジクで洗った。

そのとき、洞窟の入口の上の岩に、スニーカーをはいたロビン・マクドナルドが音もなく現われて、呼ばわった。

「おい、コウモリの糞まみれの大将！　首尾はどうだったたい？」

われわれはホットなゴミ袋を持って山を下り、野営地にもどった。雨脚は一段と強くなっていた。まずは寛ごうというわけで、食堂テントにスコッチ・ウィスキーのボトルを持ち込んで、みんなが集まった。雨がテントを叩き、木々の葉の上を間断なく流れ落ちる。時刻は午後の三時。雲がますます厚みを増して、空が暗くなった。われわれはテントの中にオイル・ランプをともした。雷鳴が山の周囲に轟《とどろ》き、雨は土砂降りに変わった。

ロビンが折り畳み式の椅子に腰を下ろした。

「こいつがエルゴン名物の雨さ。とにかく、一年中降りつづけるんだから」

ストロボのように閃光《せんこう》が走ったと思うと、とてつもない大音響が轟き、オリーヴの木が一本、メリメリと裂けた。なおも止《や》まぬ稲光りにみんなの顔が浮かびあがる。タスカー・ビールをチェイサーに、われわれはスコッチを飲みながらポーカーに興じた。ロビンはゲームに加わろうとはしなかった。

「ウィスキーをやれよ、ロビン」

グラントが勧めると、

「いや、おれはいいんだ」彼は断わった。「胃が受けつけないんだよ。おれはビールのほうがいい。蛋白質《たんぱく》を摂取できるし、よく眠れるからな」

雨の勢いが弱まり、つかのま雲間に明かりがさした。根本が影に埋もれているオリーヴの木木が、頭上に大きくしなって身もだえている。林冠にあいた穴から、雨滴が落ちてくる。ネズミドリがフルートのような鳴き声を発していたが、それもやがて止み、エルゴン山は静寂に包まれた。森はかすかに前後に揺れていた。雨が、また降りはじめた。

「気分はどうだい、コウモリ糞大将？」ロビンが言った。「何か、精神的徴候でも出てきたか？　トイレの中で独《ひと》りごとを言いはじめる、とかさ。いつはじまったって、おかしくないんだろう」

精神的徴候は、すでにはじまっていた。洞窟の天井に頭をぶつけたことを、私は思いだしていたのだ。その部分に、小さなコブができていた。そのコブの周囲の皮膚の中には、ごく微小な裂け目が生じているかもしれない。フィロウイルスに接触した人間の気持が、私にはわかりかけていた。なあに、大丈夫、と私は自分に言い聞かせる。どうってことないって。感染なんかしちゃいないさ。

エイズ、エボラをはじめ多くの熱帯雨林系のウイルスが出現したことは、熱帯生物圏が破壊された当然の結果のように思えてならない。新顔のウイルスは、環境破壊の進んだ地域から浮上している。その多くは、綻《ほころ》びかけた熱帯雨林の一隅か、人間の入植が急速に進んでいる熱帯のサヴァンナから生れているようだ。

熱帯雨林はこの地球の生命の芳醇な貯蔵地であり、世界の植物や動物の種の大半がそこに含まれている。熱帯雨林は同時に、ウイルスの最大の貯蔵地でもある。なぜなら、すべての生物はその身にウイルスを帯びているからだ。ある生態系からウイルスが出現すると、それはあたかも死滅しつつある生物圏の悲鳴の谺のように、人間界に波状的に広がっていく傾向がある。試みに、最近出現したウイルスのいくつかをあげてみよう——ラッサ。リフト・ヴアレー熱。オロポーシェ。ロシオ。Qグァナリト。ヴェネズエラ・ウマ脳脊髄《せきずい》炎。サル痘。デング熱。チクングニア。ハンタウイルス。ボリビア出血熱。アルゼンチン出血熱。狂犬病に似たモコラとドゥヴェンハーゲ。レダンテ・キサヌール森林脳ウイルス。HIV（このウイルスは現在急速に人間界に浸透し、終息する見通しもない故に、新顔ウイルスの代表的存在と言えよう）。セムリキ森林熱。クリミアン・コンゴ出血熱。シンドビス。オニョングニョン。まだ正式名のついてないサン・パウロ。マールブルグ。エボラ・スーダン。エボラ・ザイール。そして、エボラ・レストン。

ある意味で、地球は人類に対して拒絶反応を起こしているのかもしれない。人間という寄生体、その洪水のような増加、地球の全域を覆っているコンクリートの死斑、ヨーロッパ、日本、そしてアメリカに癌《がん》のように広がる工場廃棄物埋立地――すべてこういった現象に対して、地球は自己防衛反応を起こしはじめているのかもしれない。たしかにいま、人類はとめどなく増殖し、その居住地は拡大の一途をたどって、生物圏を大量絶滅の危機に追いやっているではないか。

あるいは、こういう見方もできるだろう――わずか百年の間に起きた人口の爆発的増加は、ウイルスの前に、突然、大量の肉を投げだしたのだ、と。しかも、その肉はこの地球の至るところの生物圏に転がっていて、なお且《か》つ、それを食い尽くそうとする生命体から自己を守る術《すべ》を持っていないのだ。

自然は、それ自体のバランスを保つ興味深い方法を知っている。熱帯雨林は独特の自衛法を備えている。地球の免疫システムはいま、自己を脅かす人類の存在に気づいて、活動をはじめたのかもしれない。人間という寄生体の感染から自己を守ろうとしているのかもしれない。ひょっとしてエイズは、地球の自己浄化プロセスの最初の一歩なのだろうか。

エイズはたぶん、二十世紀における最悪の環境病と言っていいだろう。このエイズ・ウイルスは、アフリカのサルや類人猿から人類に飛び火した可能性がある。たとえばＨＩＶ―２（ＨＩＶの主な二つの株の一つ）は、スーティ・マンガベイというアフリカ・サルから人間界に侵入した突然変異体のウイルスかもしれないのだ。おそらく、サルの狩猟者や密猟者が、このサルの血まみれの肉体組織に触れたときに、乗り移られたのだろう。

またＨＩＶ―１（もう一つの株）は、狩猟者がチンパンジーを殺した際に、人間に乗り移ったのかもしれない。つい最近、西アフリカのガボンで、サル・エイズ・ウイルスがチンパンジーから分離された。いままでのところ、それは動物界で過去に発見されたいかなるウイルスよりもＨＩＶ―１に近い。

エイズ・ウイルスが最初に発見されたのは、一九八〇年のことだった。ロス・アンゼルスのある医師が、自分の診《み》ているゲイの男性患者が感染性のウイルスで死につつあることに気づいたのである。もしそのとき、南カリフォルニアのゲイの男性たちの中に巣くっている未知の病原体はアフリカのチンパンジーから飛び火したのだと言う者がいたら、アメリカの医学界の物笑いになったことだろう。だが、いま、その説を笑う者は一人もいない。私が深甚な興味を誘われるのは、チンパンジーという動物が絶滅の脅威にさらされた熱帯雨林の動物である、という事実であり、そのチンパンジーから人間に乗り換えたウイルスのほうはいまや絶滅の危機を免れた、という事実である。熱帯雨林のウイルスは自己の利益を守る術にすこぶる長《た》けていると言っても、間違いではあるまい。

エイズ・ウイルスは、迅速な突然変異体である。それは絶えず自己を変質させてゆく。その意味では〝超突然変異体〟と言うべきか、さまざまな種、さまざまな個体に乗り移るにつれて、自発的にその性質を変えてゆくのだ。ある一個の宿主に乗り移っている最中にすら、それは変質してゆく。だから、ＨＩＶで死亡する人間の体中には、たいてい複数の株が巣くっている。それは、その肉体の中で自然に起きたことなのである。エイズ・ウイルスのワクチンの開発が困難なのは、このウイルスがどんどん突然変異していくからでもあるのだ。

ある意味で、エイズ・ウイルスは生態系の変化を克服して生き延びた存在と言うこともできるだろう。エイズをはじめとする新顔のウイルスたちは、生態系におけるいかなる変化より早く突然変異できるが故に、熱帯生物圏の破壊の犠牲にならずにすんでいるのである。彼らの中には、四十億年も前からこの地上に存在しつづけてきたものもいるらしい。とすれば、自己保存の術にすこぶる長けていたとしても不思議ではない。エイズ・ウイルスのことを考えるとき、私がよく連想するのは、難破船からいち早く逃げだすというネズミである。

私には、エイズが〈自然〉による圧倒的な力の誇示だとは思えない。この先人類がホットなウイルスの犠牲にならずに五十億、ないしそれ以上の人口を維持していけるかどうかは、一つの未解決の疑問として残るだろう。その答はおそらく、熱帯の生態系の迷路の中に隠されている。エイズは熱帯雨林の復讐《ふくしゅう》なのだ。しかも、その復讐は、まだほんの第一幕が切って落されたにすぎない。

どうってことないさ、と私は思った。もちろん、大丈夫。発症なんかするもんか。病気になんか、なりっこない。キタム洞窟に入ってもウイルスに感染しなかった人間はたくさんいるのだ。潜伏期間は三日から十八日。仮に増殖がはじまっても、自覚症状は何もない。私は、ジョー・マコーミックのことを考えた。エボラ・レストン対策をめぐって陸軍と対立した、あのCDC（疾病対策センター）の幹部だ。エボラ・ウイルスを追って彼がスーダンに入ったときの体験を、私は思いだした。奥地に向かって飛行機で飛んだ後、彼は瀕死《ひんし》の患者たちが呻吟《しんぎん》している小屋でエボラと対決した。その際、血まみれの注射針で親指を刺してしまったにもかかわらず、彼は生き延びたではないか。それに、エボラ・レストンに関して言えば、結局はジョー・マコーミックの主張が正しかった。人間に対して、エボラ・レストンはほぼ無害であることが立証されたのだから。次いで私の頭には、ジョー・マコーミックの〝発見〟したもう一つの事実、エボラ・ウイルスの治療法における数少ない〝突破口〟の一つ、が浮かんだのだった。自分はエボラで死ぬかもしれない、とマコーミックがスーダンで思ったとき、彼は、スコッチのボトルこそフィロウイルスに接触した場合の唯一の治療法であることを発見したのである！

秋の一日、私はレストンに向かって車を走らせた。放棄されたモンキー・ハウスのその後を探りたかったのだ。ポカポカと暖かい小春日和で、ワシントンの上空には茶色い靄《もや》がかかっていた。ベルトウェイを降りると、私は目立たないようにゆっくりとモンキー・ハウスに接近していった。周囲はひっそりと静まり返って、人気もほとんどない。正面に立っているモミジバフウの木から、ときどきヒラヒラと葉が舞い落ちている。駐車場の周囲のオフィスには、〝貸しオフィス〟の看板のかかっているところが多かった。私がまず感じとったのは、ウイルスの存在ではなく、経済的な不況の影だった――高熱にかかった後に皮膚が剝《は》がれ落ちるような、バブルに躍った八〇年代の後遺症とでも言えばいいだろうか。

建物の背後の芝生を進んでいくと、〝進入点〟のガラスのドアの前に出た。鍵《かぎ》がかかっていた。銀色のダクト・テープの断片がドアの端からぶらさがっている。中を覗き込むと、赤褐色のしみのついた床が見えた。壁には、〝自分で汚した箇所は自分で清掃しろ〟という張り紙。その向こうに見えるのが、〝エアロック〟通路だろう。兵士たちがそこを経由してホット・ゾーンに進入していった、グレイ・ゾーンである。壁は灰色のシンダーブロックで、これならたしかに、もってこいのグレイ・ゾーンだったように思われる。

芝生に落ちているビニールの切れ端を足が踏んで、カサカサという音がする。錆《さび》ついた空調機の周囲で、アメリカニワトコの実が熟していた。ボールが弾む音を耳にして目を転じると、一人の少年が遊び場でバスケットボールをドリブルしていた。かつてはモンキー・ハウスだった建物の壁に、ゴムのボールの弾む音が谺する。木立ちを通して、託児所のほうから、子供たちの叫び声が伝わってきた。建物の背後を見てまわっているうちに窓が一つあったので、覗き込んでみる。部屋の中に蔦《つた》が育っていて、窓ガラスに茎が張りついていた。光と熱を求めているのだろう。この蔦は、建物の中のどこに水を見つけたのだろう？　蔦はタータリアン・ハニーサックルというスイカズラの一種だった。荒れ地や人に見捨てられた場所によく生える雑草である。この蔦のつける花にはほとんど香りがない。ということはつまり、ウイルスのような臭いがする、とも言えるだろう。廃墟《はいきょ》に咲く花の香り。このタータリアン・ハニーサックルを見ているうちに、ローマの詩人ウェルギリウスの『アイネーイス』に描かれた冥府《めいふ》タルタロスを思いだした。その地下の国では、死者の影が暗がりの中でささやき合うのだ。

蔦がもつれ合っているので、かつてのホット・ゾーンを見透かすことはできない。まるでジャングルを覗き込んでいるようなものだった。建物の側面にまわると、テープがぶらさがっているガラスのドアがまたひとつ見つかった。ガラスに鼻を押しつけ、陽光を遮るべく両手で目を囲って中を覗き込んだ。乾いた茶色い固まりのこびりついたバケツが見えた。茶色い固まりは、乾燥したサルの糞のように見える。いずれにしろ、それはクロロックス消毒液の洗礼を受けているはずだ。そのバケツと壁の間に、蜘蛛の巣が張られていた。その下に蝿の死骸と、昆虫の黄色い表皮の一部が落ちている。時は秋。蜘蛛はすでに卵を巣に付着させ、彼らなりの増殖サイクルの準備をすませていた。見捨てられたモンキー・ハウスの中では、すでに生命が根づいていた。かつてエボラはこの中の部屋に出現してその本性を剝《む》き出しにし、飽食した末に、森林に退いていった。いつの日か、それはまたもどってくるだろう。

追記　二〇一四年エボラ・アウトブレークに際して

この文章を書いているあいだも、エボラ・ウイルスは西アフリカの人々のあいだで猛威を振るっている。二〇一四年のエボラ・アウトブレークは、エイズを発症させるＨＩＶウイルスが一九八〇年代初期に地球的規模で出現して以来、新興感染症としては最も爆発的な最悪のアウトブレークとなった。

エボラ・ウイルスが最初に確認されたのは、一九七六年、ザイール（現コンゴ民主共和国）のエボラ川に近いヤンブク村の小さな病院で、出血熱の患者が何人も死亡したときだった。それ以後、エボラ・ウイルスは赤道アフリカの僻地で、小規模のアウトブレークを二十数回引き起こした。

いずれの場合も犠牲者は比較的少数で、多くてもせいぜい数百人程度だった。どのケースでも、ウイルスはしばらくすると衰えて、姿を消していったのである。ウイルスは、その拡大を食い止める方法をなんとか編みだした医師や医療従事者の手で阻止されたのだ。その威力があまりに破壊的だったため、犠牲者は多くの人にウイルスを感染させる暇もないうちに死亡してしまったという事情もある。その結果、医学界においてすら、エボラは人類にとってたいした脅威ではない、という見方が広がった。

とんでもない間違いだった。

ひとたびエボラがアフリカの大都市で発生しようものなら、燎原の火のように拡大してしまう。その事実をだれもが見逃した結果、エボラは驚くべき破壊力で人間界を席捲することになってしまったのである。この文章を書いているいま、エボラをくいとめ得る可能性、その方法について、はっきりした見通しを示せる人間はだれもいない。

いずれにしろ、エボラは長いあいだ、何よりもむごたらしく恐ろしい病気を人類に与えるウイルスの一つと見なされてきた。現在、エボラの種類としては、その最も近しい親類とも言うべきマールブルグ・ウイルスと並んで、五つの種が知られている。いずれの種のウイルスも、ふだんは赤道アフリカの森林やサヴァンナに棲む未知の自然宿主の体内で、何事もなく静かに暮らしている。

エボラの自然宿主、つまり、エボラがふだん棲みついている動物は、コウモリの一種類かもしれない。もしくは、コウモリの体に巣食っている微小な昆虫やダニかもしれないし、それ以外の、まだだれも思いつかないような生き物かもしれない。

正確なところはだれにもわからない。そしてときどき、なんらかの理由でエボラ・ウイルスは自然宿主から飛びだして、人間にとりつく。その人間はまた別の人間にウイルスを感染させる。かくしてエボラのアウトブレークがはじまるのだ。

エボラは、汗、糞便、吐瀉物、唾液、尿、血液等に直接触れることで感染する。エボラに感染した病人はたいてい、それらの体液を抑えようもなく、ときとして大量に、排出する。出血するケースも、全体の半数程度ある。大出血する場合もままあるが、ごく微量の出血にとどまる場合もある。目蓋のふちにぽつんと一滴生じた血が、感染を物語ることもあり得るのだ。

内出血する場合もあるが、血のまじった吐瀉物や下血でしかそれを認知することはできない。それらの体液に素手で触れたり、素肌でそれに触れた人間は等しく感染の危険を負う——そして、エボラ・ウイルスの感染力は途方もなく大きいのだ。

エボラ・ウイルスの粒子がほんの一個人間の血流に入っただけで、致命的な感染を引き起こす（それと比較すると、HIVの感染力はエボラよりもずっと弱い。HIVウイルスの粒子一万個ほどが人の血流に入って初めて、その人物はHIVに感染するのだから）。いまのところ、エボラに効くとはっきり認証された治療薬も存在しないし、効果が立証されたワクチンも存在しない。

実験室でエボラを扱う研究者は、常に全身を覆う与圧防護服を着る。実験室は、化学消毒液のシャワーを備えたエアロック（気圧調整気密室）の奥に隔離されている。この種の実験室は、危険なエボラに直接触れる可能性があるため、〝ホット・ゾーン〟と呼ばれている。

現在、西アフリカでは至るところにホット・ゾーンが存在する。それは目に見えず、拡散していて、死に直結する。ホット・ゾーンは、エボラに感染した赤子を介護する母親の腕の中にある。ホット・ゾーンは、瀕死の家族を助けようと必死につとめる人々の住む質素な家の中にある。そしてそれは、リベリアの首都モンロビアの汚れた路上で、遠巻きにする人々に見守られながらうつ伏せに倒れている若者の周囲にある。

何よりも、エボラ・ウイルスは人類にとっての大災害であり、怪物であり、暗黒の寄生体だ。それは無意識、無感覚のうちに人間の体内で執拗に自らのコピーをつくりつづけて耐え難い苦しみを生みだす。いまやエボラの出現した町や地域は、ちょうどペストに苦しんだ中世の町のような相貌を呈しかねない。

いま、エボラを克服するためには、この人類の敵と渉り合える潤沢な資金と資源を持つ先進諸国に率いられた、地球規模の強力な努力が不可欠だ。これだけは肝に銘じておこう。エボラは全人類の敵なのである。もしこのウイルスが人間のあいだを渡り歩きながら変身をとげ、恐ろしい突然変異をくり返したら、それこそバングラデシュからビバリー・ヒルズまで、地球のいかなる場所にも移動し得る能力を身につけることだろう。

この本はナラティヴ（物語風の）・ノンフィクションである。ひとことで言えば、実話ということになる。登場人物はすべて実在する。語られている事件も事実であって、わたしは自分の能力の限りを尽くしてその裏付けをとり、可能な限り正確に記録した。

ノンフィクションのライターとして、わたしは相当量の時間をかけて作中にとりあげる人々と付き合う。そして彼らの人柄を物語るさまざまなことを頭に入れる。彼らの日頃の習慣、仕事の流儀、顔かたち、声の響き、好きな人や嫌いな人、日頃どんなものを食べているか。そして、夜にはどんな夢を見るかまで。彼らの人生の決定的な瞬間にどんなことを考えていたか、詳しく問いただすこともある。この最後の手法によって、小説的な内面の想念、そのとき当人の頭に浮かんでいる思いをノンフィクション風に再現することができた。たとえば、防護服を着たナンシー・ジャックス中佐が化学消毒液のシャワーを浴びながら、エボラに侵されたサルの血が防護服内に入り込んだかどうか必死に考える描写などは、すべて本人と会って事実の裏付けをとってある。ナンシー・ジャックスの場合、彼女はわたしの文章をつぶさに読んでチェックし、こまかい訂正をいくつもしてくれた。それによって、自分はエボラのために死ぬかもしれないと彼女が考えたとき、その胸に去来していた思いを、わたしは可能な限り彼女の記憶に忠実に再現することができたのである。

結局のところ、われわれ人間は、無限とも思われる宇宙の豪華なつづれ織りの、ほんの些細な一部としてのみ存在している。自然の壮大な空間の中にあっては、われわれは何物でもない。われわれは、つづれ織りの中の、ほとんど目に見えない糸くずにすぎないのだ。

自然を支配しようとするわれわれの努力と闘いは、ときに悲壮にも、自己中心的にも見える。英雄的に見えることもあれば、勘違いも同然に見えることもある。それでも、わたしのすべての作品の主題は人間であり、人間と自然との関係であり、われわれの闘いと苦しみと幸福であり、われわれの人生を貫く共通の諸要素だ。一つの生物種としての人間は書かれるべき存在だし、どの人間の人生も語るに値する物語だ。そう思って、わたしはいつも書いている。

二〇一四年九月十八日　プリンストンにて

本書は、一九六七年から一九九三年にかけて起きた出来事を描いている。そこで言及されている各ウイルスの潜伏期間は、最長でも二十四日間である。それらのウイルス病にかかった人間、もしくはそれらの患者と接触した人間のだれ一人として、この潜伏期間をすぎた後に、ウイルスを他人に感染させることはあり得ない。本書に登場し、いまも存命している人々のだれ一人として、現在、伝染病にかかっている者はいない。特別な実験室において、特別な方法で冷凍保存されない限り、ウイルスはそれ自体で生き延びることはできない。したがって、本書に登場するワシントン及びレストンのいかなる地区も、現在はウイルス感染の危険もなく、安全である。

解説

エボラからコロナへ、終わりなき戦い

神戸大学医学研究科感染治療学分野教授
岩田健太郎

今回、解説を書くよう依頼されて本書のゲラを開いてみた。すぐに思い出した。『ホット・ゾーン』を初めて読んだのはぼくが医学生だった九〇年代前半のいつかである。英語の原書で読んだか、高見氏の翻訳で読んだのか、いや、両方だったか。そこは、とんと思い出せない。

あのころ、ぼくは一介の医学生に過ぎず、感染症についてはあまりに無知だった。そのことは、数年後に沖縄県立中部病院研修医になった初日に感染症科をローテート（研修医が病院で各科を順に回って研修すること）し、日本臨床感染症界のパイオニアである喜舎場朝和先生に「お前のプレゼンは何を言っとるか全然わからん」と激怒されたことからも明らかだ。当時のぼくは医学生的な微生物の知識や抗菌薬の知識はあったが、それが「感染症」という概念をもって形成されてはいなかったのである。

だから、そんな感染症に無理解だった医学生のぼくが『ホット・ゾーン』を初めて読んだときその内容を十分に理解したかというと、甚《はなは》だ心もとない。再読してみて当時気づいていなかったであろう発見が多々あった。貴重な読書体験であった。

もちろん、本書を読むのに特段の専門知識は必要ない。リチャード・プレストンの文章は活気にあふれて読みやすいし、専門書のような冗長さ、難解さはまったくない。それは日本語の訳文も同様だ。例えば、本書の冒頭に登場する「出血熱」患者であるモネ氏が発症したときの臨床描写は正確であるだけでなく非常にビビッドであり、彼が「ゾンビに似てきた」経緯もよく理解できる。まさにゾンビ映画にあるように、モネ氏を診察したムソキ医師も、彼の体液を浴びてしまい自ら感染、発症してしまう。後に、彼らの病の原因は「マールブルグウイルス」だと判明する。アフリカ由来のウイルスでサルから人間に感染し、ドイツのマールブルグで一九六〇年代に発見されたウイルスだ。致死率が二五％と非常に高く、電子顕微鏡でみるとくねくねと曲がった「ひも」のような形態をしている。ラテン語で「紐状」を意味する「フィロ」という名前を使い、このウイルスはフィロウイルスに分類された。

■感染防御の研究拠点

さて、本書に登場するUSAMRIID（アメリカ陸軍伝染病医学研究所、ユーサムリッド）。学生時代はあまり注意していなかったが、今読み直すと実に感慨深い。

もともと、ユーサムリッドは軍の生物兵器開発目的で作られた研究所だった。しかし、一九六九年に当時大統領だったニクソンが攻撃的生物兵器の開発を禁じた。その後は、生物兵器の防御といった、攻撃目的ではない研究に従事するようになる。

ユーサムリッドは日本とも縁がある。

二〇〇一年九月一一日に米国で起きた同時多発テロ事件（いわゆる「911」）以後、郵便物に炭疽菌という微生物を入れてばら撒くという、「バイオテロ」事件が起きた。この事件については未だに不明な点が多いが、当時、ニューヨーク市で感染症フェロー（後期研修医）をしていたぼくは最上丈二の筆名で『バイオテロと医師たち』という本を書いて事件の解説をした。そこから文章を一部引用する。

フォート・ディートリックが生物兵器を開発してきたことは周知の事実である。古くは第二次世界大戦時、悪名高い日本の七三一部隊が中国人を対象に多くの生物兵器を開発し、たくさんの人を死に至らしめた。戦後、マッカーサーは七三一部隊のノウハウに注目、関係者の極東裁判からの免責を条件にその資料を全て米国に譲渡させた。資料は極秘のままメリーランド州フォート・ディートリックに保存され、生物兵器の開発に大いに役立ったという。米国陸軍は炭疽菌を兵器として開発し、野兎病の原因菌であるツラレミアや、ペスト菌の噴霧器の実用化に成功し、着々と生物兵器を開発していた。

ところが、時の大統領ニクソンが一九六九年に生物兵器の使用を批判し、一九七二年以降自国での生物兵器の開発を一切禁止した。当時開発していた生物兵器はすべて破棄され、それ以後、全米では生物兵器開発は行われていない。

（最上丈二『バイオテロと医師たち』集英社新書より）

ここでいうフォート・ディートリックとはユーサムリッドがある地名のことだ。前述のように一九七〇年代以降はユーサムリッドは感染「防御」の目的のための研究に専念し、兵器そのものの開発はしていないとされる。しかし、バイオテロ事件に用いられた炭疽菌が実は中東やロシア、北朝鮮といった国ではなく米国産の「エイムズ株」であったこと、合衆国司法省が「バイオテロの犯人」と断定した科学者ブルース・イビンズがかつてユーサムリッドに長年勤務していたこと、そのイビンズも二〇〇八年に服薬自殺し、本件の真相が闇の中な状態のままであることなどから、ユーサムリッドが本当に一九七〇年代以降、生物兵器開発を止めてしまったかどうかについては異論もある。

■専門家たちの恐怖と日常

そのユーサムリッドの専門家たちが戦慄したのが、一九八九年に起きたヴァージニア州レストンでのサルのエボラ・ウイルス感染症事件（レストン事件）だ。

エボラ・ウイルスが発見されたのは、一九七〇年代のアフリカだ。マールブルグと同様、フィロウイルスである。ザイール（現コンゴ民主共和国）にあるエボラ川からその名をとったウイルスである。非常に致死率が高いマールブルグよりもさらに死亡率は高く、エボラ・ザイールと呼ばれる株は死亡率九〇％（当時）の実に恐ろしいウイルスだった。

その恐怖のウイルス感染がなんと、アメリカ合衆国で発生した。これが本書で紹介される「レストン事件」である。

アフリカのウイルスと思われていたエボラ・ウイルスが、アメリカのヴァージニア州の霊長類検疫所（モンキー・ハウス）で、なぜかフィリピンから輸入されたカニクイザルから発見された。レストン型と呼ばれる、当時は知られていなかったエボラ・ウイルスの一種である。次々に出血して死亡するサルたち。現場に入るものの惨状に恐怖する専門家たち。

専門家たちのアクションやそのときの葛藤が実に興味深い。例えば、ナンシー・ジャックスは最大級の微生物封じ込めの防護レベルを持つレヴェル4（ホット・ゾーン）に入り、ユージーン・ジョンスンとともにエボラ・ウイルスの研究をしていた。手に怪我をしていたのだが、実験中に手袋に穴があいたために、すわ感染か、という恐怖の体験をする。

ホット・ゾーンとは本書のタイトルにもなっているが、危険なウイルスなどの病原体がいて、最大級の防護措置が必要となるエリアのことをいう。病原体がいない安全なエリアと目される場所は本書ではホットに対比して「コールド」なゾーンと称されている。その中間にあるのがグレイ・ゾーンだ。これは、二〇二〇年、本解説を執筆している時点で世界中で猛威をふるっている新型コロナウイルス感染症（COVID‐19）対策における「レッド・ゾーン」と「グリーン・ゾーン」に対比できる。いわゆる「ゾーニング」の問題だ。

ナンシー・ジャックスと彼女の夫でやはりユーサムリッドの専門家のジェリー・ジャックスの共闘も興味深く読んだ。とくに興味深かったのが、彼らが「ホット・ゾーン」にいる描写だけではなく、彼らの平穏な私生活も描かれていたことだ。彼らにも家庭があり、子どももいる。家に帰ればくつろぐし、睡眠をとったり、食事もする。そのような日常に生きる彼らも「ホット・ゾーン」に入るとき、非日常に入るときは命に関わる緊張感を突如強いられる。そして、ナンシーが体験したように、ちょっとした切り傷、ちょっとした手袋の破れが生命の危機を意味するのだ。ぼくも、ぼくの妻も感染症の専門家だが、平穏な夫婦や子どもたちとの生活と、自らの生命の危機も頭をよぎるリスキーな瞬間が同居する。とても、感慨深い描写と構成だと思う。

二〇一四年から二〇一六年にかけて、これまでエボラが一度も流行したことがなかった西アフリカ諸国で巨大なエボラ感染症のアウトブレイクが発生した。ぼくも二〇一四年一二月から翌年一月にシエラレオネの流行地帯に入り、感染症専門家として病院の感染治療や予防の支援をした。

ある日、国際赤十字の治療センターにヨーロッパの看護師と一緒に入り、患者のケアをしたのだが、突如、点滴輸液をしていた患者の血管内カテーテルが抜けて、患者の血液が看護師の体に飛散した。これまで冷静にてきぱきと仕事をしていた彼女は悲鳴を上げ、そのときの恐怖の顔をぼくは忘れることができない。おそらくぼくも同じような顔をしていたことだろう。彼女は翌日、医療脱出（メディカル・エバキュエーション）の対象となり、ヨーロッパへ飛行機により緊急搬送された。幸い、感染はなかったと聞いたがまさに「九死に一生を得た」のだった。手袋の破れたナンシーの恐怖はよく理解できる。

■新たな〝敵〟、コロナウイルス

ジャックスやジョンスンたちが活躍した一九八九年のレストン・エボラ事件から三〇年以上が経っている。いろんなことがその間にわかってきた。

例えば、ナンシー・ジャックスやジョンスンが「実験室の中でサルの実験で」証明したと考えていたエボラやマールブルグの「空気感染」だったが、現実世界ではほとんど発生しないことがわかっている。そして、フィリピンから輸入された「レストン型」のエボラ・ウイルスは、実はアフリカのエボラと違って人間には病原性がない、サルにだけ病気を起こすウイルスだったことも判明した。

アフリカのエボラについても、二〇一五年にはわかっていなかった治療薬やワクチンの有効性が明らかになり、こうした医学の進歩のおかげで、最近も年単位で流行していたコンゴ民主共和国でのエボラ・ウイルス流行も二〇二〇年四月に流行終了宣言が出そうになっている。『ホット・ゾーン』に描かれた事件当時には恐怖のウイルスだった（そして二〇一四年にぼくがアフリカに行ったときも同様だった）エボラ・ウイルスも、治療、抑え込み可能なウイルスに転じようとしている。

しかし、人類と感染症との戦いはこれで終わりにはならない。いや、おそらく終わりはこないのだろう。二〇一九年暮れから中国の武漢を中心に流行しはじめた呼吸器感染症はこれまで人類が経験したことがない新しいタイプのコロナウイルスが原因の感染症であることが判明した。当初は人から人の感染もほとんど起きない、重症者も出にくい「大したことがない」ウィルスだと思われたが、蓋を開けてみるととんでもないことで、どんどん人から人に感染が広がり、日本にも流行は伝播し、世界中に感染が広がる「パンデミック」の状態になってしまった。

新型コロナウィルス感染症（COVID－19）の致死率はエボラ・ウィルス感染症のそれよりもずっと低い。が、そこがこのコロナウィルスの怖いところである。重症化しない、しにくいウィルスであるがゆえに感染が広がりやすい。アフリカからほとんど外に出たことがないエボラと違い、感染がどんどん広がっていく。そして二割程度の感染者は重症化し、彼らの約半数は死亡してしまう。

西アフリカで二万人以上の感染者を発生させ、一万人もの死亡者を出し、世界を恐怖させたエボラ・ウィルスであるが、コロナウィルスははるかに多くの感染者を発生させ（その感染者数の実態は世界的にも日本国内でもわかっていない。検査で診断されたのは氷山の一角に過ぎないと考える）、本稿執筆時点で二万人以上の死をもたらした。二〇一四－一五のエボラよりもはるかに多い犠牲者であり、おそらくこの犠牲者はまだまだ増えていくだろう。一九一八年に世界中で流行した「スペイン風邪（インフルエンザウィルス感染）」以来の厄災、「一〇〇年に一度の大感染症」といってもよい。

昨日もぼくは指定医療機関で「レッド・ゾーン」に入り、患者を診察した。やはり恐怖はある。若くて健康な成人であればこのウィルス感染の死亡率は極めて低い。だから、「エボラ」のような恐怖はない。しかし、他者への感染リスクは非常に高く、ぼくがもし感染してしまえば、ぼくの家族や同僚たちにどんどん感染を広げかねない。これは、また別な種類の恐怖である。

我々はこのコロナウイルスについて全てを知っているわけではない。ちょうど、「レストン事件」当時の専門家たちがこのウイルスについて多くを知らなかったように。こうして、感染症との戦いは未知の病原体に対する恐怖、その恐怖を乗り越える学知と勇気、人類による病原体の克服、さらに新しい病原体の出現という「いつか来た道」を繰り返す。本書を読み直し、先人たちの格闘の歴史に敬意を払うとともに、先人の学知と勇気を参照して、ぼくらもまた今日も格闘するのである。コロナウイルス感染は人類全てに大きな影響を与えており、読者もまたコロナとは全く無縁ではいられないであろう。本書を読み、過去のドキュメンタリーを通じて専門家の葛藤を追体験するとき、自分たちの不安、恐怖を重ねずにはいられないであろう。

二〇二〇年四月一五日

本書は、二〇一四年九月に飛鳥新社より刊行された『ホット・ゾーン――「エボラ出血熱」制圧に命を懸けた人々』を改題・文庫化したものです。

紙つなげ！彼らが本の紙を造っている

再生・日本製紙石巻工場

佐々涼子

ハヤカワ文庫NF

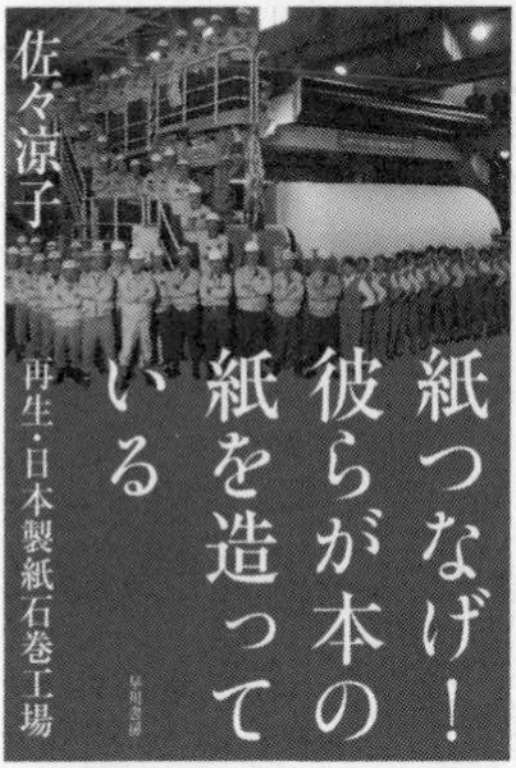

「この工場が死んだら、日本の出版は終わる……」

東日本大震災で被災した日本製紙石巻工場。出版業界を支えていたその機能は全停止し、従業員でさえ復旧を諦めた。しかし工場長はたった半年での復興を宣言。その日から石巻工場の闘いは始まった。開高健ノンフィクション賞作家による、感動のノンフィクション